新 JLPT
절대적인 우위
종결자
일본어능력시험
N3
쉽게
상세하게
독학으로
합격까지!
글로벌문화원

초판인쇄 ǀ 2011년 5월 1일

지 은 이 ǀ 임승진. 원영순

펴 낸 이 ǀ 김용부

등록번호 ǀ 제2–407

등록일자 ǀ 1987년 12월 15일

펴 낸 곳 ǀ 글로벌문화원 일본어 연구회

서울시 종로구 관철동 11–19 글로벌빌딩 4F

tel. 02)725–8282

fax. 02)753–6969

http://www.globalbooks.co.kr

편집디자인 ǀ 김은선

ISBN ǀ 978–89–8233–190–9   13730

정가 18,500원

新 JLPT
종결자
일본어능력시험 N3

新일본어 능력시험은

단편적인 문법 지식이나 어휘를 묻는 출제방식이 아니라 좀 더 종합적으로 일본어를 이해하고 있는가에 초점을 맞추어 새로운 문제유형을 제시하고 있습니다. 따라서 일본어에 관한 지식과 실제 운용 가능한 일본어 능력을 중시합니다. 이 책은 기존의 일본어능력시험에서 다루어왔던 핵심적인 문법사항을 철저히 분석함과 동시에 신경향 출제패턴에 맞추어 커뮤니케이션 상의 과제 수행 능력을 향상시킬 수 있는 문제들을 예상하여 제시하고 있습니다.

기존 능력시험은 자격증을 가지고 있어도, 실제로 회화수준은 거기에 못 미친다는 것이 지적이 되어 왔었습니다. 따라서 新시험유형은 그러한 단점을 보완한다는 취지에서 회화능력을 간접적으로 평가할 수 있는 문제들로 많이 변화되었습니다. 그리고 합격평가기준도 절대평가에서 과락제로 기준이 바뀌면서 파트별로 골고루 점수를 취득하지 못하면 합격이 어렵게 되었습니다. 이러한 흐름에 맞춰 응시생들에게 꼭 필요한 교재가 있어야 한다고 판단이 되어 본 교재를 만들게 되었습니다.

본 교재는 기존의 능력시험 학습서와는 달리 한 과에 실제 시험문제와 같은 형식인 언어지식(문자/어휘, 문법), 독해, 청해순으로 구성되어져 있습니다. 그러므로 한 권만으로도 모든 파트를 다 마스터할 수 있습니다. 그리고 독학 학습자들을 위해서 자세한 해석과 해설을 달아 혼자서도 충분히 일본어능력시험 준비를 할 수 있도록 했습니다.
문자/어휘파트에서는 품사별로 설명이 되어져 있어 문자와 어휘를 쉽게 정리 할 수 있게 했고, 문법은 각 과마다 연관성이 있는 문법을 주제별로 묶어서 학습자들이 문법을 쉽게 정리할 수 있도록 했습니다. 청해와 독해파트도 자세한 스크립트 및 문법해설을 첨부해 혼자서도 충분히 학습이 가능하도록 했습니다.

그리고 본 교재의 언어지식 파트 실력다지기 문제에서는 본시험과 같이 한자에 ふりがな(후리가나-한자 옆이나 위에 읽는 음을 히라가나로 단 것)를 거의 표기하지 않았지만, 그 밖의 부분에서는 독학 학습자들의 학습의 편의를 돕기 위해서 ふりがな를 달았으니 참조하시기 바랍니다.

아무쪼록 본 교재가 新일본어 능력시험대비자들에게 큰 도움이 되길 바라며 더불어 능력시험 합격을 진심으로 바라는 바입니다.

목적

일본 국내 및 해외에서 일본어를 모국어로 하지 않는 사람을 대상으로 일본어 능력시험을 측정하고 인정하는 것을 목적으로 한다.

주최 및 시험일시

일본 국내는 재단법인 일본국제교육협회가 주최한다.
일본 국외는 독립행정법인 국제교류기금이 주최한다.
시험은 매년 7월과 12월에 실시된다.

시험과목과 시험시간

시험은 1급 ~ 5급으로 나뉘어져 있어 수험자의 능력에 맞는 급수를 선택한다.
각 급마다 문자, 어휘 / 문법, 독해 / 청해 세 부분으로 나뉜다.

레벨	시험과목(시험시간)	
N1 (기존 1급과 비슷)	언어지식(문자, 어휘, 문법), 독해/110분	청해(60분)
N2 (기존 2급과 비슷)	언어지식(문자, 어휘, 문법), 독해/105분	청해(50분)
N3 (기존 2급과 3급의 사이 레벨)	언어지식(문자,어휘)/ 30분 언어지식(문법), 독해/70분	청해(40분)
N4 (기존 3급과 비슷)	언어지식(문자,어휘)/30분 언어지식(문법), 독해/60분	청해(35분)
N5 (기존 4급과 비슷)	언어지식(문자,어휘)/25분 언어지식(문법), 독해/50분	청해(30분)

* 시험시간은 변경되는 경우도 있습니다. 또한 청해는 시험문제의 녹음 길이에 따라 시험시간이 다소 변하기도 합니다.

* N1과 N2의 시험과목은 [언어지식(문자, 어휘, 문법), 독해] 와 [청해]로 2과목입니다.

* N3,N4,N5의 시험과목은 [언어지식(문자, 어휘)][언어지식(문법),독해][청해]로 3과목입니다.

구성

각 과는 문자.어휘/문법.독해/청해로 구성되어 있다.

특징(각 파트별)

문자/어휘　일본어능력시험 N3 문제 유형별로 단어를 정리한 후 연습문제와 해설을 제시한다.

문자 어휘 1번 문제(한자 읽기)

문자 파트에 해당된다. 한자 읽기문제로서 한자로 쓰여 있는 말의 읽는 법을 묻는 문제이다.

문자 어휘 2번 문제(한자표기)

문자 파트에 해당된다. 한자 표기문제로서 히라가나로 쓰여 있는 말을 한자로 어떻게 표기해야 하는지를 묻는 문제이다.

문자 어휘 3번 문제(문맥규정)

어휘 파트에 해당된다. 문맥에 맞는 적당한 어휘를 선택하는 문제이다.

문자 어휘 4번 문제(유의어)

어휘 파트에 해당된다. 같은 뜻의 어구 고르기 문제로 밑줄 친 부분의 제시어와 의미상 가장 가까운 말을 고르는 문제이다.

문자 어휘 5번 문제(용법)

어휘 파트에 해당된다. 제시된 어휘가 바르게 사용된 문장을 고르는 문제이다.

문법/독해　N3에서 나올 가능성이 높은 문법 패턴을 정리한 후 연습문제와 해설을 제시한다.

문법 1번 문제

문법형식판단문제 (문장 내용에 맞는 바른 문법형식 찾기)

문법 2번 문제

문장구조문제 (문장을 문법에 맞게 배열하는 문제)

문법 3번 문제

문장문법문제 (단문 속에서 바른 문법형식 찾기)

독해 4번 문제 (내용이해/단문)

학습. 생활, 일에 관련된 다양한 화제가 포함된 150자에서 200자정도의 텍스트를 읽고 내용을 이해하는지를 묻는 문제이다.

독해 5번 문제(내용이해/중문)

해설, 에세이 등 350자 정도의 텍스트를 읽고 키워드나 인과관계를 이해하는지를 묻는 문제이다.

독해 6번 문제(내용이해/장문)

해설, 에세이, 편지 등 550자 정도의 텍스트를 읽고 개요나 필자의 생각 등을 이해하는지를 묻는 문제이다.

독해 7번 문제(정보검색)

광고, 팸플릿, 정보지, 비즈니스문서 등의 정보소재(600자정도)중에서 필요한 정보를 찾아낼 수 있는지를 묻는 문제이다.

청해

청해 1번 문제(과제 이해 문제)

구체적인 과제해결에 필요한 정보를 듣고 다음에 어떤 행동을 취해야하는지를 묻는 문제이다.

청해 2번 문제(포인트 이해 문제)

문장 속에서 핵심 포인트를 집어낼 수 있는 가를 묻는 문제이다.

청해 3번 문제(개요 이해 문제)

화자의 의도나 주장을 이해했는지를 묻는 문제이다.

청해 4번 문제(발화 표현 문제)

일러스트를 보며 상황설명을 듣고 일러스트의 상황에 적절한 대사를 찾는 문제이다.

청해 5번 문제(즉시 응답 문제)

짧은 질문을 듣고 적절한 대답을 신속하게 선택하는 문제이다.

목차　　　新 JLPT 종결자

Part 01

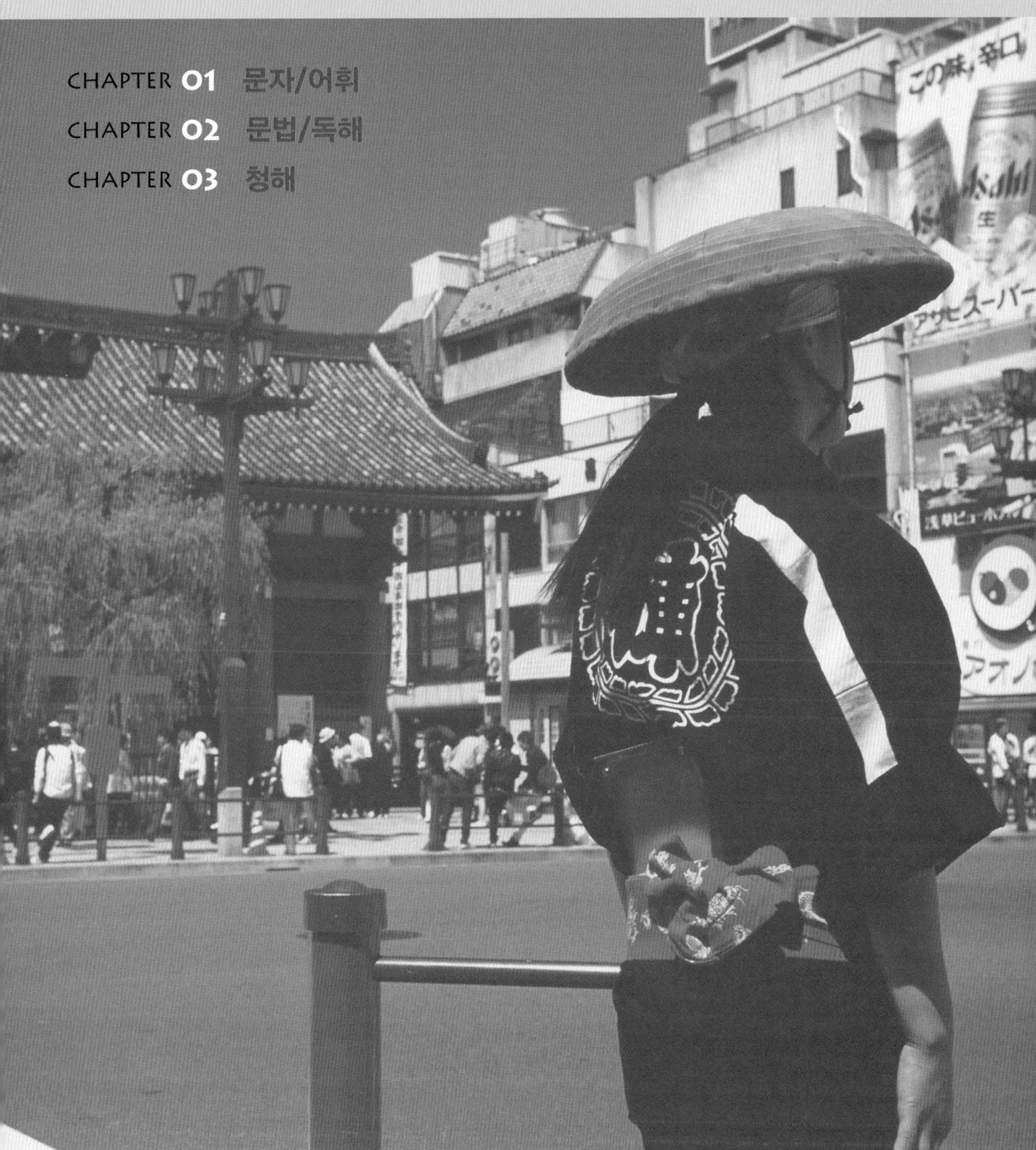

新 JLPT 종결자

CHAPTER 01 문자/어휘

단어익히기 필수 1자 한자

味 あじ 맛	穴 あな 구멍	油 あぶら 기름	案 あん 안
胃 い 위	息 いき 숨, 호흡	泉 いずみ 샘, 샘물	糸 いと 실
命 いのち 목숨	岩 いわ 바위	歌 うた 노래	噂 うわさ 소문
絵 え 그림	枝 えだ 가지	夫 おっと 남편	表 おもて 표면, 겉
貝 かい 조개	数 かず 수	肩 かた 어깨	形 かたち 형태, 모양

문제로 확인하기

問題1 ______の言葉の読み方として最もよいものを1·2·3·4から一つえらびなさい。

1 岩はその形からいろいろな名称をもってよばれている。

　1 すな　　　　2 いわ　　　　3 なみ　　　　4 かい

> 해석 ▶ 바위는 그 모양에서(으로) 여러 가지 명칭을 가지고 불리고(불리어지고) 있다.
>
> 해설 ▶ 1 모래 砂すな　　2 바위 岩いわ　　3 파도 波なみ　　4 조개 貝かい
>
> 정답 ▶ 2

2 彼は感情を表に出します。

　1 おもて　　　　2 おもち　　　　3 あらわし　　　　4 あらわれ

> 해석 ▶ 그는 감정을 겉으로 드러냅니다.
>
> 해설 ▶ 1 겉 表おもて　　　　　　　　　　2 떡 お餅もち
>
> 　　　　3 나타냄 表あらわし / 나타내다 表あらわす　　4 나타남 表あらわれ / 나타나다 表あらわれる
>
> 정답 ▶ 1

角 かど 모퉁이	神 かみ 신	空 から 속이 빔	皮 かわ 가죽
傷 きず 상처	君 きみ 자네, 너	客 きゃく 손님	曲 きょく 곡
草 くさ 풀	薬 くすり 약	雲 くも 구름	件 けん 건
個 こ ～개	声 こえ 목소리	氷 こおり 얼음	心 こころ 마음
腰 こし 허리	歳 さい ～세, ～살	～際 さい ～때	先 さき 먼저
酒 さけ 술	皿 さら 접시	塩 しお 소금	式 しき 식
質 しつ 질	島 しま 섬		

문제로 확인하기

問題2 ______のことばを漢字で書くとき最もよいものを1・2・3・4から一つえらびなさい。

1 先生から、土曜日のパーティーのけんで電話がありました。

　　1 券　　　　　2 倹　　　　　3 県　　　　　4 件

> 해석 ▶　선생님으로부터 토요일 파티 건으로 전화가 있었습니다(왔었습니다).
>
> 해설 ▶　1 권 / 문서 권 券 けん　　　　　2 검 / 검소할 검 倹 けん
> 　　　　3 현 / 고을 현 県 けん　　　　　4 건 / 사건 건 件 けん
>
> 정답 ▶　4

2 これは思春期を回想して心のきずを中心に書いたエッセイである。

　　1 痛　　　　　2 俑　　　　　3 傷　　　　　4 負

> 해석 ▶　이것은 사춘기를 회상하고 마음의 상처를 중심으로 쓴 에세이다.
>
> 해설 ▶　1 통 / 아플 통 痛 つう　　　　　2 용 / 목우 용 俑 よう
> 　　　　3 상(상처) / 다칠 상 傷 きず　　　　4 부 / 질 부 負 ふ
>
> 정답 ▶　3

印 しるし 표, 상징	砂 すな 모래	棚 たな 선반	谷 たに 계곡
旅 たび 여행	度 たび 때, 적	卵 たまご 달걀	血 ち 피
次 つぎ 다음	机 つくえ 책상	妻 つま 아내	寺 てら 절
点 てん 점	所 ところ 곳, 장소	隣 となり 옆, 이웃	波 なみ 파도
涙 なみだ 눈물	庭 にわ 뜰, 마당	猫 ねこ 고양이	熱 ねつ 열
歯 は 이	倍 ばい 배	箱 はこ 상자	発 はつ 발(출발)
光 ひかり 빛			

문제로 확인하기

問題3 （　　　　）に入れるのに最もよいものを 1・2・3・4から一つえらびなさい。

1　鳩が平和の（　　　　）とされる理由は何でしょうか。

　1　ちゅうしん　　2　しるし　　　　3　ひょう　　　　4　じゆう

> 해석 ▶ 비둘기가 평화의 (　상징　)으로 여겨지는 이유는 무엇일까요?
> 해설 ▶ 1 중심 中心 ちゅうしん　2 상징, 표시 印 しるし　3 우박 雹 ひょう　　4 자유 自由 じゆう
> 정답 ▶ 2

2　（　　　　）の疲れを癒すためにゆっくりお風呂にでも入ろうかな。

　1　いねむり　　　2　きゅうけい　　3　やすみ　　　4　たび

> 해석 ▶ (　여행　)의 피로(여독)를 풀기 위해서 천천히 목욕이라도 할까?
> 해설 ▶ 1 앉아서 졺 居眠 いねむり　　　　　　　2 휴식 休憩 きゅうけい
> 　　　　3 휴식, 휴가 休 やすみ
> 　　　　4 여행 旅 たび / 여독을 풀다 旅 たび の疲 つか れを癒 いや す
> 정답 ▶ 4

味 あじ 맛 ＝ あじわい 음식 맛　　命 いのち 목숨 ＝ 生命 せいめい 생명

印 しるし 표, 상징 ＝ シンボル 상징　　旅 たび 여행 ＝ 旅行 りょこう 여행

所 ところ 곳, 장소 ＝ 場所 ばしょ 장소　　額 ひたい 이마 ＝ おでこ 이마

街 まち 거리 ＝ 市街 しがい 시가, 거리　　湖 みずうみ 호수 ＝ 湖水 こすい 호수

皆 みな 모두, 전부 ＝ すべて 모두, 모조리　　港 みなと 항구 ＝ 港口 こうこう 항구

夢 ゆめ 꿈 ＝ ドリーム 꿈　　用 よう 볼일, 용무 ＝ 用事 ようじ 용무, 일

訳 わけ 이유, 까닭 ＝ 事情 じじょう 사정, 이유, 까닭

문제로 확인하기

問題4 ______に意味が最も近いものを１・２・３・４から一つえらびなさい。

1 額のシワで悩みましたが、マッサージでかなり改善されました。

　1　おでこ　　　　2　ほっぺた　　　3　くちびる　　　4　まつげ

> 해석 ▶ 이마의 주름 때문에 고민했습니다만, 마사지로 꽤 개선되었습니다.
>
> 해설 ▶ 1 이마, 마빡　　2 뺨, 볼 頬 ほっぺた　　3 입술 唇 くちびる　　4 속눈썹
>
> 정답 ▶ 1

2 皆知らない顔ばかりだ。

　1　すこし　　　　2　すべて　　　　3　ほとんど　　　4　だいたい

> 해석 ▶ 모두 모르는 얼굴뿐이다.
>
> 해설 ▶ 1 조금 少 すこし　　2 모두 全 すべて　　3 대부분 殆 ほとんど　　4 대체로 大体 だいたい
>
> 정답 ▶ 2

匹 ひき 마리(작은 동물)	額 ひたい 이마	埃 ほこり 먼지	星 ほし 별
骨 ほね 뼈	街 まち 거리	窓 まど 창	丸 まる 동그라미
湖 みずうみ 호수	皆 みな 모두, 전부	港 みなと 항구	昔 むかし 옛날
虫 むし 벌레	娘 むすめ 딸	面 めん 면	元 もと 원래
約 やく 약(대략)	指 ゆび 손가락	夢 ゆめ 꿈	用 よう 볼일, 용무
量 りょう 양	例 れい 예	礼 れい 답례, 사례, 예의	列 れつ 열
訳 わけ 까닭, 이유			

문제로 확인하기

問題5　つぎのことばの使い方として最もよいものを 1・2・3・4 から一つえらびなさい。

1 礼（れい）

1　いろいろアドバイスをしてくださったので、お礼にケーキをさしあげた。
2　約束を破った同僚にお礼を言った。
3　試験に落ちた弟はお礼の状態だ。
4　離婚した友達にお礼を言ってあげるつもりだ。

해석 ▶ 답례

1　여러 가지 어드바이스를 해 주셔서 답례로 케이크를 드렸다. (O)
2　약속을 어긴 동료에게 답례를 했다. (X)
3　시험에 떨어진 남동생은 답례 상태다. (X)
4　이혼한 친구에게 답례를 해 줄 생각이다. (X)

정답 ▶ 1

② わけ

1 ご<u>わけ</u>のある方は診察室までおいでください。

2 もらった<u>わけ</u>を全部彼に返してやりました。

3 今回沖縄へ突然行った<u>わけ</u>は何ですか。

4 失敗は成功の<u>わけ</u>だといわれています。

해석 ▶　까닭, 이유

1 <u>이유</u>가 있으신 분은 진찰실까지 와 주십시오. (X)

2 받은 <u>이유</u>를 전부 그에게 돌려주었습니다. (X)

3 이번에 오키나와에 갑자기 간 <u>이유</u>는 무엇입니까? (O)

4 실패는 성공의 <u>이유</u>라고 일컬어집니다. (X)

정답 ▶　3

01. 동사의 ます형+たい ~하고 싶다

「~たい」는 「~하고 싶다」라는 뜻으로 희망을 나타내는 표현이다. 동사의 ます형에 접속시키며 い형용사처럼 활용시키면 된다. 行(い)く(가다) → 行(い)きたい(가고 싶다) → 行(い)きたくない (가고 싶지 않다) → 行(い)きたかった(가고 싶었다)

もっと日本語が上手に話せるようになりたい。
더 일본어를 능숙하게 말할 수 있도록 되고 싶다.

문제로 확인하기

1 部長にお(　　　)ことがあるんですが……。

　　1　聞きたい　　　2　聞きしたい　　3　聞いてたい　　4　聞いたい

> 해석 ▶ 부장님께 여쭈고 싶은 것이 있습니다만…….
>
> 해설 ▶ 「동사의 ます형+たい」는 「~하고 싶다」라는 희망표현이다. 그래서 얼핏 1번이 정답처럼 보인다. 聞 (き)く(묻다) → 聞(き)きます(묻습니다) → 聞(き)きたい(묻고 싶다) 그러나 괄호 앞에 「お」가 있으므로 聞(き)く의 겸양표현인 「お+동사의 ます형+する」를 쓴 것이다. 聞(き)く(묻다) → お聞(き)きする(여쭈다) → お聞(き)きしたい(여쭈고 싶다)
>
> 정답 ▶ 2

02. 동사의 ます형＋はじめる ～하기 시작하다

「동사의 ます형」에 「はじめる(시작하다)」라는 동사를 접속시키면 「～하기 시작하다」라는 뜻이 된다.

彼は来月から東京にある貿易会社で働きはじめるそうだ。

그는 다음 달부터 도쿄에 있는 무역회사에서 일을 하기 시작한다고 한다.

문제로 확인하기

1 ちょうど試験勉強を（　　　　）はじめた時に友達に遊びに来られて困りました。

　　1　やった　　　　　2　やり　　　　　　3　やって　　　　　4　やる

해석 ▶　마침 시험공부를 하기 시작했을 때에 친구가 놀러 와서 난처했습니다.

해설 ▶　① やる(하다) → やりはじめる(하기 시작하다) → やりはじめた(하기 시작했다)
　　　　② 来(こ)られる는 来(く)る(오다)의 수동형이다. 따라서 「Aに来(こ)られる」는 직역을 하면 「A에게
　　　　　 옴을 당하다」이지만 이런 피해의식이 강한 수동형의 경우 한국어에서는 사용하지 않는 수동형이
　　　　　 므로 해석은 능동으로 하되 뉘앙스만 피해를 많이 받았다는 식으로 이해해야 한다. 그러므로 「友
　　　　　 達(ともだち)に遊(あそ)びに来(こ)られて困(こま)りました」는 「친구에게 놀러 옴을 당해 난처
　　　　　 했습니다」라고 해석하지 말고 「친구가 놀러 와서 난처했습니다」로 해석하자.

정답 ▶　2

03. 동사의 ます형＋だす ～하기 시작하다

「동사의 ます형」에 「だす(내다)」라는 동사를 접속시키면 「～하기 시작하다」라는 뜻으로, 「동사의 ます형＋はじめる」처럼 동작의 시작을 나타낸다. 단 「동사의 ます형＋だす」는 갑작스럽게 동작이 시작되는 경우에 주로 쓰인다.

彼女は部屋に入ってきて、急に泣きだした。

그녀는 방에 들어와서 갑자기 울기 시작했다.

1 信号が青になると、止まっていた車がいっせいに走り（　　　）。

　　1　つづけた　　　　2　すぎた　　　　　3　たかった　　　　4　だした

> 해석 ▶ 　신호가 파랑이 되자, 멈춰 있던 차가 일제히 달리기 시작했다.
>
> 해설 ▶ 　① 「동사의 ます형+つづける」는 「계속 ~하다」라는 뜻이다. 따라서 走(はし)る(달리다) → 走(はし)りつづける(계속 달리다) → 走(はし)りつづけた(계속 달렸다)
>
> 　　　　② 「동사의 ます형+すぎる」는 「지나치게 ~하다」라는 뜻이다. 따라서 走(はし)る(달리다) → 走(はし)りすぎる(지나치게 달리다) → 走(はし)りすぎた(지나치게 달렸다)
>
> 　　　　③ 「동사의 ます형+たい」는 「~하고 싶다」라는 뜻이다. 따라서 走(はし)る(달리다) → 走(はし)りたい(달리고 싶다) → 走(はし)りたかった(달리고 싶었다)
>
> 　　　　④ 「동사의 ます형+だす」는 「~하기 시작하다」라는 뜻이다. 따라서 走(はし)る(달리다) → 走(はし)りだす(달리기 시작하다) → 走(はし)りだした(달리기 시작했다)
>
> 정답 ▶ 　4

04. 동사의 ます형+すぎる 지나치게 ~하다

「동사의 ます형」에 「すぎる(지나치다)」라는 동사를 접속시키면 「지나치게 ~하다, 너무 ~하다」라는 뜻이 된다. 형용사의 경우 형용사의 어간, 즉 い형용사의 경우에는 い를 탈락시킨 앞부분, な형용사의 경우 だ를 탈락시킨 앞부분에다 접속시키면 모양이나 상태가 「지나치게 ~이다」라는 표현이 된다.

冷たい物を食べすぎて、お腹を壊した。

찬 것을 너무 많이 먹어서 배탈이 났다.

いくら性能がよくても、値段が高すぎる。

아무리 성능이 좋다고 해도 가격이 지나치게 비싸다.

真面目すぎる性格を直したい。

지나치게 성실한 성격을 고치고 싶다.

1 中村さんはお酒を（　　　　）すぎると、人目もかまわず、泣きだす癖がある。

　　1　飲み　　　　　2　飲む　　　　　3　飲んで　　　　　4　飲みます

해석 ▶　나카무라씨는 술을 과음하면, 남의 눈도 개의치 않고 울기 시작하는 버릇이 있다.

해설 ▶　① 「동사의 ます형＋すぎる」는 「지나치게 ～하다」라는 뜻이다. 따라서 飲(の)む(마시다) → 飲(の)
　　　　みます(마십니다) → 飲(の)みすぎる(지나치게 마시다)

　　　　② 「～もかまわず」는 「～도 개의치 않고, ～도 신경 쓰지 않고」라는 뜻이다. 따라서 「人目(ひとめ)
　　　　もかまわず」는 「남의 눈도 개의치 않고」라는 뜻이 된다.

정답 ▶　1

05. 동사의 ます형＋つづける 계속 ～하다

「동사의 ます형」에 「つづける(계속하다)」라는 동사를 접속시키면 「계속 ～하다」라는 뜻이 된다.

弟はフランス語を３年間勉強しつづけている。

남동생은 프랑스어를 3년간 계속 공부하고 있다.

1 小さい字を2時間も書き（　　　　）、手がつかれました。

　　1　たくて　　　　　2　おわって　　　　　3つづけて　　　　　4やすくて

해석 ▶　작은 글자를 2시간이나 계속 써서, 손이 피로해졌습니다.

해설 ▶　① 書(か)く(쓰다) → 書(か)きます(씁니다) → 書(か)きたい(쓰고 싶다) → 書(か)きたくて(쓰고 싶
　　　　어서)

　　　　② 書(か)く(쓰다) → 書(か)きます(씁니다) → 書(か)きおわる(다 쓰다) → 書(か)きおわって(다 쓰
　　　　고/다 써서)

　　　　③ 書(か)く(쓰다) → 書(か)きます(씁니다) → 書(か)きつづける(계속 쓰다) → 書(か)きつづけて
　　　　(계속 쓰고/계속 써서)

　　　　④ 書(か)く(쓰다) ・書(か)きます(씁니다) → 書(か)きやすい(쓰기 쉽다) → 書(か)きやすくて(쓰
　　　　기 쉬워서)

정답 ▶　3

06. 동사의 ます형＋おわる 다 ～하다, ～하기를 마치다

「동사의 ます형」에 「おわる(끝나다)」라는 동사를 접속시키면 「다 ～하다, ～하기를 마치다」라는 뜻
이 된다.

このバッグは読みおわった新聞紙で作られました。

이 가방은 다 읽은 신문지로 만들어졌습니다.

문제로 확인하기

1　その雑誌、読み(　　　　)、私に貸してください。

　　1　すぎたら　　　2　たかったら　　　3　つづけたら　　　4　おわったら

> 해석 ▶　그 잡지 다 읽으면 저에게 빌려 주세요.
> 해설 ▶　① 読(よ)む(읽다) → 読(よ)みすぎる(지나치게 읽다) → 読(よ)みすぎたら(지나치게 읽으면–조건)
> 　　　　② 読(よ)む(읽다) → 読(よ)みたい(읽고 싶다) → 読(よ)みたかった(읽고 싶었다) → 読(よ)みたか
> 　　　　　った(읽고 싶으면–조건)
> 　　　　③ 読(よ)む(읽다) → 読(よ)みつづける(계속 읽다) → 読(よ)みつづけたら(계속 읽으면–조건)
> 　　　　④ 読(よ)む(읽다) → 読(よ)みおわる(다 읽다) → 読(よ)みおわったら(다 읽으면–조건)
> 정답 ▶　4

07. 동사의 ます형＋やすい ～하기 쉽다, ～하기 편하다

「동사의 ます형」에 「やすい」를 접속시키면 「～하기 쉽다, ～하기 편하다」라는 뜻이 된다.

白いズボンは汚れやすいです。

흰색 바지는 더러워지기 쉽습니다.

문제로 확인하기

1　この花瓶は倒れ(　　　　)ので、注意してくださいね。

　　1　やすい　　　　2　にくい　　　　3　ない　　　　4　た

08. 동사의 ます형+にくい ～하기 어렵다, ～하기 불편하다

「동사의 ます형」에 「にくい」를 접속시키면 「～하기 어렵다, ～하기 불편하다」라는 뜻이 된다. 「동사의 ます형+がたい」도 「～하기 어렵다」라는 뜻이지만 「～にくい」는 할 수는 있지만 하기 어렵다, 불편하다는 뉘앙스이고 「～がたい」는 행위자체가 불가능하다는 뉘앙스가 강하다.

この魚は骨が多すぎて食べにくい。

이 생선은 뼈가 너무 많아서 먹기 어렵다.(먹을 수는 있지만 불편하다는 뉘앙스이므로 にくい)

彼のしたことは許しがたい。

그가 한 일은 용서하기 어렵다.(용서하기 불가능하다는 뉘앙스가 강하므로 がたい)

문제로 확인하기 ○

1 交通も不便だし、とても暮らし（　　　）所です。

1 やすい　　　　　2 たい　　　　　3 にくい　　　　　4 つづける

09. 동사의 ます형＋方(かた) ~하는 법

「동사의 ます형」에 「方(かた)(방법)」을 접속시키면 「~하는 법, ~하는 방법」이라는 뜻이 된다.

履歴書の書き方をご存じですか。

이력서 쓰는 법을 아십니까?

1 吉村さんはこの機械の（　　　）方を教えてくれると言っていたのに全然教えてくれない。

 1　使う 2　使います 3　使って 4　使い

> 해석 ▶　요시무라씨는 이 기계의 사용법을 가르쳐 준다고 했는데도 전혀 가르쳐주지 않는다.
>
> 해설 ▶　① 「동사의 ます형＋方(かた)(~하는 법)」使(つか)う(사용하다) → 使(つか)います(사용합니다) → 使(つか)い方(かた)(사용법)
>
>   ② 「~てくれる」는 상대방이 나에게 어떤 동작을 「~해주다」라는 의미이다.
>
>   ③ 「~のに」는 「~인데/~하는데도/~함에도 불구하고」라는 뜻으로 보통 일반적인 예상과는 반대 되는 사항이 일어남을 나타내거나 화자의 실망이나 불만, 후회 등을 나타낼 때 쓰는 접속조사이다.
>
> 정답 ▶　4

10. ~ないほうがいい ~하지 않는 편이 좋다

「~ないほうがいい」는 「~하지 않는 편이 좋다」라는 어드바이스 표현이다.

こんな寒い日は外に出ないほうがいいですよ。

이런 추운 날은 바깥에 나가지 않는 편이 좋아요.

1 女性に年齢を聞くのは失礼なので（　　　）。

 1　聞かないほうがいい   2　聞いてほしい

 3　聞かなければならない 4　聞いてください

11.　～なくてもいい ～하지 않아도 된다

「～なくてもいい」는 「～하지 않아도 좋다, ～하지 않아도 된다」라는 허가를 나타내는 표현이다.

話したくなければ、話さなくてもいいです。

이야기하고 싶지 않으면 이야기하지 않아도 됩니다.

문제로 확인하기

1　「金曜日までにこれを全部やらなければなりませんか」「（　　　）、できるだけ早くしてくださいね」

　1　してもかまいませんが　　　　　2　しなくてもいいですが

　3　しないといけませんが　　　　　4　しないほうがいいですが

12. ～なくてもかまわない ～하지 않아도 상관없다

「～なくてもかまわない」는 「～なくてもいい」의 유사표현으로「～하지 않아도 상관없다, ～하지 않아도 괜찮다」라는 허가 표현이다.

体の具合が悪ければ、来なくてもかまわない。
몸의 컨디션이 나쁘면 오지 않아도 상관없다.

문제로 확인하기

1 もう間に合わないから走ら(　　　)かまいません。

　1　なくでも　　　2　ないても　　　3　ないでも　　　4　なくても

> 해석 ▶ 벌써 늦었기 때문에 달리지 않아도 괜찮습니다.
>
> 해설 ▶ 走(はし)る(달리다) → 走(はし)らない(달리지 않다) → 走(はし)らなくてもかまわない(달리지 않아도 괜찮다) → 走(はし)らなくてもかまいません(달리지 않아도 괜찮습니다―공손)
>
> 정답 ▶ 4

13. ～なくてはいけない ～하지 않으면 안 된다

「～なくてはいけない」는 「～하지 않으면 안 된다, (반드시) ～해야 한다」라는 의무표현이다.

学校の規則だから守らなくてはいけない。
학교 규칙이므로 지키지 않으면 안 된다.

문제로 확인하기

1 一人暮しはすべて自分で(　　　)から大変だと思います。

　1　やらなくてはいけない　　　　　2　やらなくてもいい

　3　やってしまう　　　　　　　　　4　やってもかまわない

해석 ▶　독신 생활은 모두 스스로 하지 않으면 안 되기 때문에 힘들다고 생각합니다.

해설 ▶　①　～なくてはいけない(～하지 않으면 안 된다) → やらなくてはいけない(하지 않으면 안 된다)

　　　　②　～なくてもいい(～하지 않아도 좋다) → やらなくてもいい(하지 않아도 좋다)

　　　　③　～てしまう(～해 버리다) → やってしまう(해 버리다)

　　　　④　～てもかまわない(～해도 상관없다) → やってもかまわない(해도 상관없다)

정답 ▶　1

14.　～なければならない ～하지 않으면 안 된다

「～なければならない」는 「～なくてはいけない」의 유사표현으로 「～하지 않으면 안 된다. (반드시) ～해야 한다」는 의무표현이다.

お金が惜しくて、出さなければならないお金も出さない人をけちと言います。

돈이 아까워서, 내지 않으면 안 되는 돈도 내지 않는 사람을 구두쇠라고 합니다.

문제로 확인하기

1　どうせ誰か行か(　　　　　)のなら、私に行かせてください。

1　なくてもいい　　　　　　　　2　なくてもかまわない

3　なければならない　　　　　　4　なければいい

해석 ▶　어차피 누군가 가지 않으면 안 되는 것이라면, 저에게 가게 해 주세요(제가 가겠습니다).

해설 ▶　①　～なくてもいい(～하지 않아도 좋다) → 行(い)かなくてもいい(가지 않아도 좋다)

　　　　②　～なくてもかまわない(～하지 않아도 상관없다) → 行(い)かなくてもかまわない(가지 않아도 상관없다)

　　　　③　～なければならない(～하지 않으면 안 된다) → 行(い)かなければならない(가지 않으면 안 된다)

　　　　④　行(い)かなければ(가지 않으면)+いい(좋다/된다)

　　　　⑤　「동사의 사역형+てください」는 「～하게 해 주세요」라는 표현으로 보통 「(제가) ～하겠습니다」라는 정중한 표현이다. 行(い)く(가다) → 行(い)かせる(가게 하다-사역) → 行(い)かせてください (가게 해 주세요/〈제가〉 가겠습니다)

정답 ▶　3

15. 〜ずに 〜하지 않고

「〜ずに」는 동사의 ない형에 접속하며 「〜하지 않고」라는 뜻이다. 기본적으로 「〜ないで」와 같은
표현이다.

買う 사다 → 買わないで 사지 않고 ＝ 買わずに 사지 않고
見る 보다 → 見ないで 보지 않고 ＝ 見ずに 보지 않고
する 하다 → しないで 하지 않고 ＝ せずに 하지 않고–예외적인 접속형태

문제로 확인하기

1 手紙に住所を書か（　　　）出してしまった。

  1　ずに　　　　　2　なくて　　　　　3　ずで　　　　　4　ないでは

> **해석 ▶** 편지에 주소를 쓰지 않고 부쳐 버렸다.
>
> **해설 ▶** ① 「〜ずに(하지 않고)」는 동사의 ない형에 접속한다. 書く(쓰다) → 書(か)かない(쓰지 않다—부정
> 형) → 書(か)かずに ＝ 書(か)かないで(쓰지 않고)
>
> ② 〜てしまう(〜해 버리다) → 手紙(てがみ)を出(だ)す(편지를 부치다) → 手紙(てがみ)を出(だ)
> してしまう(편지를 부쳐 버리다) → 手紙(てがみ)を出(だ)してしまった(편지를 부쳐 버렸다)
>
> **정답 ▶** 1

問題　次の文章を読んで、質問に答えなさい。答えは、1・2・3・4から最もよいものを一つ
　　　えらびなさい。

　　ダイエットで痩せたいというなら、夜6時以降は絶対に食べないこと。これ
はなかなか難しいと思うが我慢しないといけない。インターネットをしたりテ
レビを見たりしながら遅くまで起きていると、どうしてもお腹が空くのでお菓
子とかに手が行ってしまう。
　　食べ物を前にして我慢するのはとてもつらいと思うのではやく寝るのもいい
方法である。
　　ちなみにご飯の前にお水やミルクなどをいっぱいぐらい飲んでおくと、お腹
が膨らんで満腹感を感じ普段食べていた量より少なめに食べるからダイエット
に効果があると思う。

1　この人は食事の前にどうしてお水やミルクなどを飲んでおくのがダイエットに
　　効果があると言っているのか。
　　1　ご飯の量がその分減るから
　　2　体にいいと思うから
　　3　食欲がもっと出るから
　　4　ご飯のかわりに一番いいから

　　다이어트로 야위고 싶다면(싶다고 한다면), 밤 6시 이후는 절대로 먹지 않을 것. 이것은 꽤 어렵다고 생각하지만 참지 않으면 안 된다. 인터넷을 하거나 텔레비전을 보거나 하면서 늦게까지 일어나(깨어) 있으면, 아무래도 배가 고파서 과자 같은 것에 손이 가 버린다.

　　음식을 앞에 두고 참는 것은 매우 괴롭다고 생각하기 때문에 일찍 자는 것도 좋은 방법이다.

　　덧붙여서 식사 전에 물이나 우유 등을 한잔 정도 마셔 두면, 배가 불러 올라 만복감을 느껴서 평소에 먹고 있던 양보다 적게 먹기 때문에 다이어트에 효과가 있다고 생각한다.

1 이 사람은 식사 전에 어째서 물이나 우유 등을 마셔 두는 것이 다이어트에 효과가 있다고 말하고 있는가?

　　1　밥의 양이 그 만큼 줄어들기 때문에 (O)
　　2　몸에 좋다고 생각하기 때문에 (X)
　　3　식욕이 더 생기기 때문에 (X)
　　4　밥 대용으로 가장 좋으니까 (X)

동사의 ます형 + たい → ~하고 싶다
　　예)　痩(や)せる→ 痩(や)せます→ 痩(や)せたい 야위고 싶다
い형용사의 기본형 + と思(おも)う → ~라고 생각 한다
　　예)　難(むずか)しいと思(おも)う 어렵다고 생각 한다
동사의 ない형(부정형) + ないといけない → ~하지 않으면 안 된다
　　예)　我慢(がまん)する → 我慢(がまん)しない → 我慢(がまん)しないといけない 참지 않으면 안 된다
동사의 ます형 + ながら → ~하면서
　　예)　勉強(べんきょう)する → 勉強(べんきょう)します → 勉強(べんきょう)しながら 공부하면서
동사의 て형 + しまう → ~해버리다
　　예)　行(い)く → 行(い)って → 行(い)ってしまう 가 버리다
동사의 기본형 + から → ~이니까, ~때문에
　　예)　食(た)べるから　먹기 때문에(먹으니까)

　痩やせる 야위다　　以降いこう 이후　　絶対ぜったいに 절대로　　なかなか 꽤
我慢がまんする 참다　　起おきる 일어나다　　どうしても 아무래도
お腹なかが空すく 배가 고프다　　つらい 괴롭다　　方法ほうほう 방법
ちなみに 덧붙여서　　膨ふくらむ 부풀다　　満腹感まんぷくかん 만복감
感かんじる 느끼다　　普段ふだん 평소　　量りょう 양　　少すくなめ 적은 듯함
効果こうか 효과

　　1

CHAPTER 03 청해

 과제 이해 문제 1

과제 이해 문제는 구체적인 과제 해결에 필요한 중요한 정보를 듣고 다음에 어떤 행동을 취할 것인지를 예측하는 문제이다. 따라서 「이 사람은 앞으로 무엇을 합니까? / 이 사람은 무엇을 해야만 합니까? / 어떤 것을 선택합니까?」와 같은 질문 패턴이 자주 나온다. 다양한 상황이 제시됨으로 먼저 어떤 주제에 대해 이야기를 하는지 주제 파악을 확실히 해야 한다. 중반 이후 갑작스러운 변수로 혼란을 주는 경우도 있으니 반전에 유의해 끝까지 집중하여 들어야 한다. 또한 대화 속에서 누구의 행동을 예측해야하는 지도 신경을 써야한다.

문제로 확인하기

1番

1 　銀行に行きます

2 　パスタを食べます

3 　中華料理を食べます

4 　お金を借りに行きます

2番

1 　タクシーです

2 　歩いて行きます

3 　バスです

4 　電車です

스크립트 ▶

質問：男おとこの人ひとと女おんなの人ひとが話はなしています。二人ふたりはこの後あと何なにをしますか。

男：林はやしさんはもうお昼ひるを食たべましたか。

女：いいえ、まだ食たべていません。

男：じゃあ、一緒いっしょに食たべませんか。

女：いいですよ。でも先さきに銀行ぎんこうに行いきたいです。

男：僕ぼくも一緒いっしょに銀行ぎんこうに行いきます。銀行ぎんこうの近ちかくにおいしいパスタの店みせがあるので、そこで食たべませんか。

女：パスタですか。私、パスタはちょっと…。

男：じゃあ、中華ちゅうか料理りょうりはどうですか。近ちかくに中華ちゅうか料理りょうりの店みせもあります。この間あいだ行いきましたが、とてもおいしかったです。

女：そうですか。じゃあ、そこで食たべましょう。

二人ふたりはこの後あと何なにをしますか。

1 銀行ぎんこうに行いきます。
2 パスタを食たべます。
3 中華ちゅうか料理りょうりを食たべます。
4 お金かねを借かりに行いきます。

해석 ▶

질문 : 남자와 여자가 이야기하고 있습니다. 두 사람은 이후에 무엇을 합니까?

남 : 하야시씨는 벌써 점심을 먹었습니까?

여 : 아니오, 아직 안 먹었습니다.

남 : 자, 함께 안 드실래요?

여 : 좋아요. 그렇지만 먼저 은행에 가고 싶습니다.

남 : 저도 함께 은행에 가겠습니다. 은행 근처에 맛있는 파스타 가게가 있으니까 거기서 먹지 않을래요?

여 : 파스타말입니까? 저, 파스타는 조금….

남 : 그럼, 중화요리는 어떻습니까? 근처에 중화요리 가게도 있습니다. 요전에 갔었는데 매우 맛있었습니다.

여 : 그렇습니까? 그럼, 거기서 먹읍시다.

두 사람은 이후에 무엇을 합니까?

1 은행에 갑니다.
2 파스타를 먹습니다.
3 중화요리를 먹습니다.
4 돈을 빌리러 갑니다.

포인트문법 ▶

「아직 ~하지 않았습니다」라고 표현할 때 일본어에서는 아직 완료되지 않은 일이므로 과거시제를 쓰지 않는다. 그러므로 「まだ ~ませんでした」가 아닌 「まだ ~ていません」이라고 해야 한다. 따라서 「まだ食(た)べていません」은 「아직 안 먹었습니다」라는 뜻이다.

정답 ▶　1

2번 문제

質問：男おとこの人ひとと女おんなの人ひとが話はなしています。二人ふたりはこの後あと何なにに乗のりますか。

男：さて、ここからは歩あるこうかな。

女：近ちかいの？歩あるいてどのくらいかかる？

男：そうだね。４０分ぷんぐらいかな。

女：えー？いやだ。足あし痛いたくなっちゃう。タクシーがいい。

男：ここはタクシーなんて来こないって。じゃ、バスにしよう。

女：バス亭ていはどこ？

男：ここ。あれ？バスずいぶん待またなければならないよ。

女：じゃ、電車でんしゃは？

男：そうしようか。駅えきはここから歩あるいて１５分ぷん。

女：もういやだ、いやだ。歩あるきたくないよ。

男：わかったよ。じゃ、ここで待まつしかないね。

二人ふたりはこの後あと何なにに乗のりますか。

1　タクシーです。
2　歩あるいて行いきます。
3　バスです。
4　電車でんしゃです。

해석 ▶

질문 : 남자와 여자가 이야기하고 있습니다. 두 사람은 이후에 무엇을 탑니까?

남 : 자. 여기서부터는 걸을까?

여 : 가까워? 걸어서 어느 정도 걸려?

남 : 글쎄. 40분 정도일까.

여 : 뭐? 싫어. 다리 아파(아프게 되어 버려). 택시가 좋아.

남 : 여기는 택시 같은 건 오지 않는다니까. 그러면, 버스로 하자.

여 : 버스정류장은 어디야?

남 : 여기. 어? 버스 꽤 기다리지 않으면 안 돼.

여 : 그럼, 전철은?

남 : 그렇게 할까. 역은 여기에서 걸어서 15분.

여 : 정말 싫어, 싫어. 걷고 싶지 않아.

남 : 알았어. 그러면, 여기서 기다릴 수 밖에 없네.

두 사람은 이후에 무엇을 탑니까?

1　택시입니다.
2　걸어갑니다.
3　버스입니다.
4　전철입니다.

포인트문법 ▶

① 「さて」는 「어떤 동작을 시작하려 할 때 하는 말. 자. 이제」라는 뜻이다.

② 「～ちゃう」는 「～てしまう(～해 버리다. ～하고 말다)」의 회화체 축약형이다. 痛(いた)くなる(아프게 되다) → 痛(いた)くなってしまう(아프게 되어 버린다) → 痛(いた)くなっちゃう(축약형)

③ 「って」는 「(한)다니까」이라는 뜻으로 가벼운 자기주장을 나타냄. 来(こ)ないって(오지 않는다니까)

정답 ▶　3

Part 02

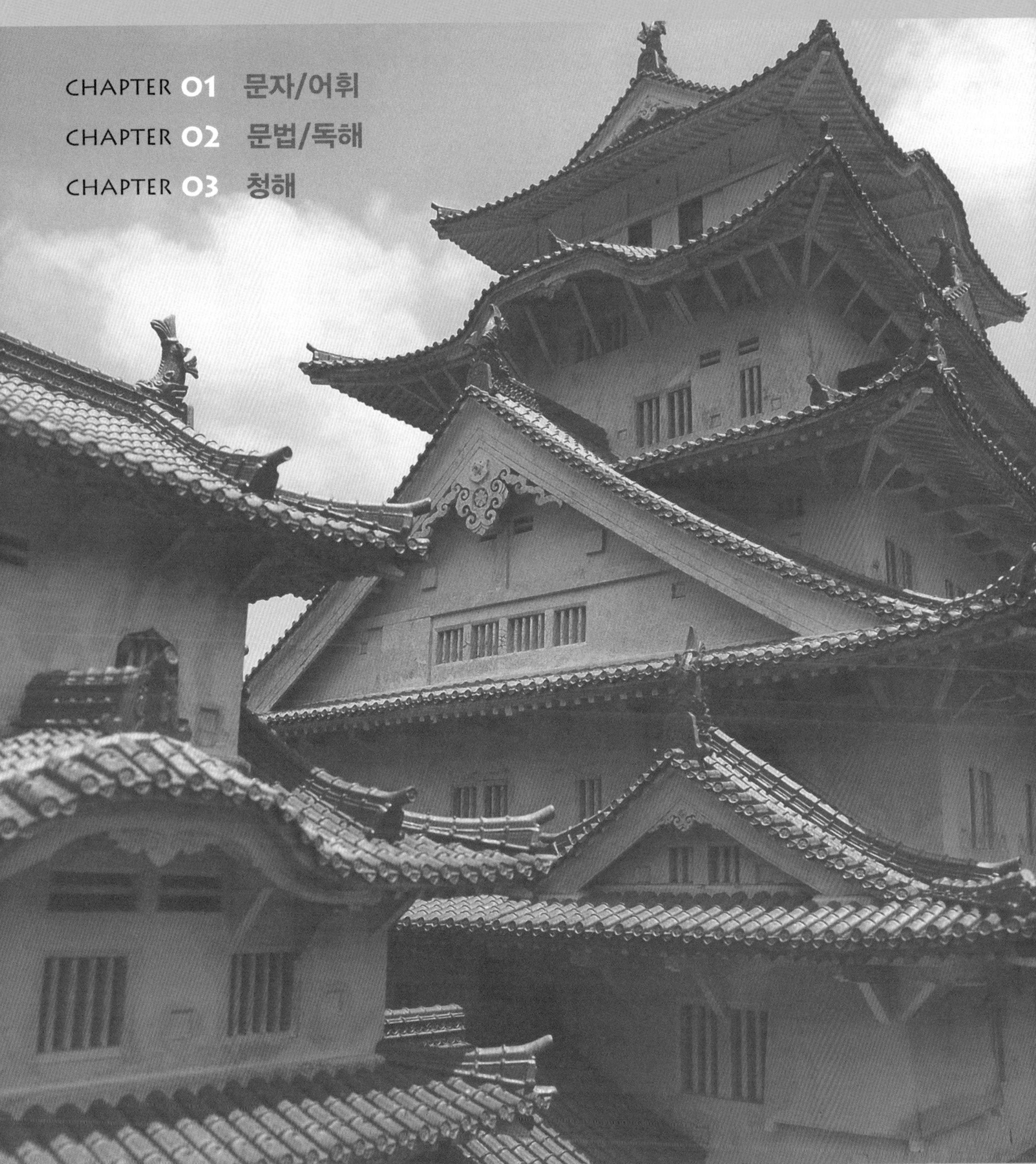

新 JLPT 종결자

문자/어휘

愛情 あいじょう 애정	合図 あいず 신호	相手 あいて 상대
朝日 あさひ 아침 해	圧力 あつりょく 압력	油絵 あぶらえ 유화
案外 あんがい 의외임	安定 あんてい 안정	案内 あんない 안내
医学 いがく 의학	以後 いご 이후	以降 いこう 이후
医師 いし 의사	以前 いぜん 이전	位置 いち 위치
一部 いちぶ 일부	一流 いちりゅう 일류	一家 いっか 일가
一緒 いっしょ 같음	一生 いっしょう 일생	一定 いってい 일정
一杯 いっぱい 한잔	一般 いっぱん 일반	移転 いてん 이전
移動 いどう 이동	以内 いない 이내	意味 いみ 의미
移民 いみん 이민	印刷 いんさつ 인쇄	飲酒 いんしゅ 음주
印象 いんしょう 인상	引退 いんたい 은퇴	引用 いんよう 인용

문제로 확인하기

問題1 ______の言葉の読み方として最もよいものを1・2・3・4から一つえらびなさい。

1 「助^{たす}けて」と<u>合図</u>をしてもノーアンサーだった。

  1 ごうず   2 ごうと   3 あいず   4 あいと

해석 ▶	「도와줘」라고 <u>신호</u>를 해도 노 앤서(no answer 대답이 없음)였다.
해설 ▶	1 ×　　　2 ×　　　3 신호 合図 あいず　　　4 ×
정답 ▶	3

2 彼女に初めて会ったとき強烈な印象を受けました。
かのじょ　はじ　　　あ　　　　　きょうれつ　　　いんしょう　　　う

1　いんかん　　　　2　いんしょう　　3　いんたい　　　　4　いんよう

해석 ▶　그녀를 처음 만났을 때 강렬한 인상을 받았습니다.

해설 ▶　1　인감 **印鑑** いんかん　　　　　　　2　인상 **印象** いんしょう
　　　　3　은퇴 **引退** いんたい　　　　　　　4　인용 **引用** いんよう

정답 ▶　2

단어익히기　필수 2자 한자

受付 うけつけ 접수, 접수처	宇宙 うちゅう 우주	有無 うむ 유무
雨量 うりょう 강우량	運営 うんえい 운영	運送 うんそう 운송
運動 うんどう 운동	永遠 えいえん 영원	永久 えいきゅう 영구
影響 えいきょう 영향	営業 えいぎょう 영업	栄養 えいよう 영양
笑顔 えがお 웃는 얼굴	液体 えきたい 액체	演奏 えんそう 연주
鉛筆 えんぴつ 연필	応援 おうえん 응원	応対 おうたい 응대
往復 おうふく 왕복	応募 おうぼ 응모	大家 おおや 집주인
屋上 おくじょう 옥상	音楽 おんがく 음악	温室 おんしつ 온실
温泉 おんせん 온천	御中 おんちゅう 귀중	開会 かいかい 개회
海外 かいがい 해외	海岸 かいがん 해안	会議 かいぎ 회의
解決 かいけつ 해결	会見 かいけん 회견	外見 がいけん 외관, 겉모습
会合 かいごう 회합, 모임	会場 かいじょう 회장, 집회장소	
外食 がいしょく 외식	解説 かいせつ 해설	会談 かいだん 회담
開店 かいてん 개점	回答 かいとう 회답	会費 かいひ 회비
外部 がいぶ 외부	価格 かかく 가격	係員 かかりいん 담당자
家具 かぐ 가구	各自 かくじ 각자	学者 がくしゃ 학자
学習 がくしゅう 학습	角度 かくど 각도	確認 かくにん 확인
学問 がくもん 학문	学力 がくりょく 학력	

問題2 ＿＿＿のことばを漢字で書くとき最もよいものを１・２・３・４から一つえらびなさい。

1 元カレは私のえがおが好きって言ってくれた。

1　笑顔　　　　　2　絵顔　　　　　3　似顔　　　　　4　真顔

> 해석 ▶ 전 남자 친구는 나의 <u>웃는 얼굴</u>을 좋아한다고 말해 주었다.
>
> 해설 ▶ 1 웃는 얼굴 **笑顔** えがお　　　　　　　　　2 ×
>
> 　　　　 3 초상화 **似顔絵** にがおえ의 준말　　　　 4 진지한 얼굴 **真顔** まがお
>
> 정답 ▶ 1

2 昨日、東京で日・中首脳かいだんが実現されました。

1　介談　　　　　2　開談　　　　　3　回談　　　　　4　会談

> 해석 ▶ 어제 도쿄에서 일・중 수뇌 <u>회담</u>이 실현되었습니다.
>
> 해설 ▶ 1 ×　　　　　　 2 ×　　　　　　 3 ×　　　　　　 4 회담 **会談** かいだん
>
> 정답 ▶ 4

단어익히기　필수 2자 한자

過去 かこ 과거	火事 かじ 화재	家事 かじ 집안 일
加速 かそく 가속	家族 かぞく 가족	課題 かだい 과제
肩書 かたがき 직함	課長 かちょう 과장	学会 がっかい 학회
学期 がっき 학기	楽器 がっき 악기	各国 かっこく 각국
活動 かつどう 활동	家庭 かてい 가정(집)	仮定 かてい 가정
画面 がめん 화면	科目 かもく 과목	過労 かろう 과로
観客 かんきゃく 관객	環境 かんきょう 환경	関係 かんけい 관계
歓迎 かんげい 환영	観察 かんさつ 관찰	感謝 かんしゃ 감사

関心 かんしん 관심	感心 かんしん 감탄	完全 かんぜん 완전
感動 かんどう 감동	監督 かんとく 감독	管理 かんり 관리
気温 きおん 기온	機会 きかい 기회	期間 きかん 기간
帰国 きこく 귀국	記述 きじゅつ 기술	技術 ぎじゅつ 기술
帰省 きせい 귀성	季節 きせつ 계절	期待 きたい 기대
北区 きたく 북구	切手 きって 우표	切符 きっぷ 표
記入 きにゅう 기입	記念 きねん 기념	機能 きのう 기능
気分 きぶん 기분	希望 きぼう 희망	疑問 ぎもん 의문
休息 きゅうそく 휴식	共通 きょうつう 공통	牛肉 ぎゅうにく 소고기
急用 きゅうよう 급한 용무	器用 きよう 솜씨가 좋음	教育 きょういく 교육
教師 きょうし 교사		

문제로 확인하기 ○

問題3（　　　　）に入れるのに最もよいものを1・2・3・4から一つえらびなさい。

1 もしそうだと（　　　　）したら、いったいどうしてそこまでして自分を責めて
いるのでしょう。

1 仮定　　　　　2 家庭　　　　　3 加定　　　　　4 家低

> 해석 ▶ 만약 그렇다고 (가정) 한다면, 도대체 어째서 그렇게까지 해서 자신을 책망하고 있는 걸 까요?
> 해설 ▶ 1 가정 仮定 かてい　　2 가정(집) 家庭 かてい　3 ×　　　　　4 ×
> 정답 ▶ 1

2 彼女の心のひろさに（　　　　）してしまったらしい。

1 関心　　　　　2 感心　　　　　3 感じ　　　　　4 完全

> 해석 ▶ 그녀의 마음의 넓음에 (감탄) 해 버린 것 같다.
> 해설 ▶ 1 관심 関心 かんしん　2 감탄 感心 かんしん　3 느낌 感 かんじ　　4 완전 完全 かんぜん
> 정답 ▶ 2

合図 あいず 신호 = サイン 신호

案外 あんがい 의외임 = 予想外 よそうがい 예상외, 뜻밖에

以後 いご 이후 = 以降 いこう 이후

雨量 うりょう 강우량 = 降水量 こうすいりょう 강우량, 강수량

永遠 えいえん 영원 = 永久 えいきゅう 영원

海外 かいがい 해외 = 外国 がいこく 외국

外見 がいけん 외관, 겉모습 = 見 みかけ 겉보기, 외관

会合 かいごう 회합, 모임 = 集 あつまり 모임

回答 かいとう 회답 = 返答 へんとう 회답

価格 かかく 가격 = 値段 ねだん 가격

係員 かかりいん 담당자 = 担当者 たんとうしゃ 담당자

火事 かじ 화재 = 火災 かさい 화재

各国 かっこく 각국 = 国々 くにぐに 각국

関心 かんしん 관심 = 興味 きょうみ 관심, 흥미

機会 きかい 기회 = チャンス 기회

切符 きっぷ 표 = チケット 티켓

希望 きぼう 희망 = 望 のぞみ 희망

教師 きょうし 교사 = 教員 きょういん 교원, 교사

近所 きんじょ 근처 = 付近 ふきん 근처, 부근

勤務 きんむ 근무 = 勤 つとめ 근무

空港 くうこう 공항 = エアポート 공항

偶然 ぐうぜん 우연 = たまたま 마침, 우연히

果物 くだもの 과일 = フルーツ 과일

靴下 くつした 양말 = ソックス 양말

計画 けいかく 계획 = プラン 계획

契機 けいき 계기 = きっかけ 계기

문제로 확인하기

問題4 ________に意味が最も近いものを1・2・3・4から一つえらびなさい。

1 ６ヶ月のあかちゃんが絵に興味をみせる。

1 自慢　　　　2 特技　　　　3 関心　　　　4 趣味

> 해석 ▶ 6개월 된 갓난아기가 그림에 흥미(관심)를 보이다.
> 해설 ▶ 1 자랑 自慢 じまん　2 특기 特技 とくぎ　3 관심 関心 かんしん　4 취미 趣味 しゅみ
> 정답 ▶ 3

2 ぬれた靴下をストーブのそばでかわかす。

1 サンダル　　　2 ブーツ　　　3 シューズ　　　4 ソックス

> 해석 ▶ 젖은 양말을 스토브(난로) 옆에서 말리다.
> 해설 ▶ 1 샌들　　　　2 부츠　　　　3 슈즈(구두, 단화)　　4 양말
> 정답 ▶ 4

競争 きょうそう 경쟁	兄弟 きょうだい 형제	共通 きょうつう 공통
共同 きょうどう 공동	興味 きょうみ 흥미, 관심	協力 きょうりょく 협력
許可 きょか 허가	曲線 きょくせん 곡선	曲名 きょくめい 곡명
巨大 きょだい 거대	記録 きろく 기록	禁止 きんし 금지
近所 きんじょ 근처, 이웃	勤務 きんむ 근무	空港 くうこう 공항
偶然 ぐうぜん 우연	果物 くだもの 과일	靴下 くつした 양말
工夫 くふう 궁리	苦労 くろう 고생	経営 けいえい 경영
計画 けいかく 계획	警官 けいかん 경찰관	景気 けいき 경기
契機 けいき 계기	経験 けいけん 경험	計算 けいさん 계산
形式 けいしき 형식	芸能 げいのう 예능	経由 けいゆ 경유
今朝 けさ 오늘 아침	血圧 けつあつ 혈압	血液 けつえき 혈액
決心 けっしん 결심	欠席 けっせき 결석	欠点 けってん 결점
結論 けつろん 결론	気配 けはい 낌새	原因 げんいん 원인
喧嘩 けんか 싸움, 다툼	限界 げんかい 한계	玄関 げんかん 현관
元気 げんき 원기, 기운	研究 けんきゅう 연구	現金 げんきん 현금
検査 けんさ 검사	現実 げんじつ 현실	減少 げんしょう 감소
県庁 けんちょう 현청	限定 げんてい 한정	検討 けんとう 검토
見物 けんぶつ 구경	幸運 こううん 행운	講演 こうえん 강연
公園 こうえん 공원	高価 こうか 고가	効果 こうか 효과
郊外 こうがい 교외	工業 こうぎょう 공업	光景 こうけい 광경
広告 こうこく 광고	講座 こうざ 강좌	

問題5　つぎのことばの使い方として最もよいものを1・2・3・4から一つえらびなさい。

1　景気（けいき）

1　私は部活で陸上景気をしています。

2　海外景気の動きが一目でわかります。

3　景気の悪い子は当然叱るべきです。

4　今年のクリスマス景気はホームメイドでどうですか。

해석 ▶　(경제)경기

1　나는 동아리로 육상 경기(스포츠 경기는 競技(きょうぎ))를 하고 있습니다. (X)

2　해외 경기의 움직임을 한눈에 알 수 있습니다. (O)

3　경기가 나쁜 아이는 당연 꾸짖어야 합니다. (X)

4　금년 크리스마스 경기는 홈 메이드로 어떻습니까? (X)

정답 ▶　2

2　現金（げんきん）

1　財布から現金だけ抜き取る。

2　現金が出る言葉を教えてほしい。

3　現金から逃避するのは卑怯だ。

4　一番前のせきをとって現金している。

해석 ▶　현금

1　지갑에서 현금만 빼내다. (O)

2　현금이 나오는 말을 가르쳐 주었으면 좋겠다. (X)

3　현금에서 도피하는 것은 비겁하다. (X)

4　맨 앞자리를 잡아서 현금하고 있다. (X)

정답 ▶　1

문법/독해

01. ～ていく ～하고 가다/～해 가다

「～ていく」는 「～하고 가다」라는 뜻 이외에 현재시점에서 앞으로의 상태변화 즉 「～해 가다/～해 나가다」라는 뜻도 있다.

便利な施設を増やしていきたい。

편리한 시설을 늘려나가고 싶다.

문제로 확인하기

1 これからもボランティア活動は続け(   )つもりです。

　1　てくる　　　　2　てしまう　　　3　ていく　　　4　ておく

해석 ▶ 　앞으로도 봉사활동은 계속해 나갈 생각입니다.

해설 ▶ 　① ～てくる(～하고 오다/～해 오다/～하기 시작하다) → 続(つづ)けてくる(계속해 오다)

　　　② ～てしまう(～해 버리다) → 続(つづ)けてしまう(계속해 버리다)

　　　③ ～ていく(～하고 가다/～해 가다/～해 나가다) → 続(つづ)けていく(계속해 나가다)

　　　④ ～ておく(～해 두다) → 続(つづ)けておく(계속해 두다)

정답 ▶ 　3

02. ～てくる ～하고 오다/～해 오다/～하기 시작하다

「～てくる」는 「～하고 오다」라는 뜻 이외에 과거시점에서 지금까지의 상태변화 즉 「～해 오다/～하기 시작하다」라는 뜻도 있다.

このごろ仕事^{しごと}がだんだんおもしろくなってきました。

요즘 일이 점점 재미있어 지기 시작했습니다.

문제로 확인하기 ○━━━━━━━━━━━━━━━━━━

1 今月^{こんげつ}に入^{はい}って、景気^{けいき}がよくなって（　　　）ね。

　　1　きました　　　　2　いきました　　　3　なりました　　　4　おきました

> 해석 ▶ 이번 달 들어 경기가 좋아지기 시작했네요(좋아졌네요).
>
> 해설 ▶ ① ～てくる(～하고 오다/～해 오다/～하기 시작하다) → よくなってくる(좋아지기 시작하다) →
> 　　　　　 よくなってきました(좋아지기 시작했습니다)
> 　　　② ～ていく(～하고 가다/～해 가다/～해 나가다) → よくなっていく(좋아져 가다−현재 시점부터
> 　　　　　 앞으로 좋아져 간다는 의미이므로 정답이 아님)
> 　　　③ なる(되다) → よくなってなりました(좋아져 되었습니다—문맥이 맞지 않는 오답)
> 　　　④ ～ておく(～해 두다) → よくなっておく(좋아져 두다—문맥이 맞지 않는 오답)
>
> 정답 ▶ 1

03. ～ておく ～해 두다, ～해 놓다

「동사의 て형」에 「おく(놓다, 두다)」라는 동사를 접속시키면 「～해 놓다, ～해 두다」라는 뜻이 된다.

忘^{わす}れないように書^かいておいたほうがいいですよ。

잊어버리지 않도록 써 놓는 편이 좋습니다.

문제로 확인하기 ○━━━━━━━━━━━━━━━━━━

1 私^{わたし}も使^{つか}いたいので、使^{つか}いおわったらテーブルの上^{うえ}において（　　　）ください。

　　1　しまって　　　　2　おいで　　　　　3　みて　　　　　　4　いて

04.　～てみる ～해 보다

「～てみる」는 시도를 나타내는 표현으로 「(시험 삼아) ～해 보다」라는 뜻이다.

飛行機に乗ったことがないので、一度乗ってみたいです。
비행기를 탄 적이 없어서, 한 번 타 보고 싶어요.

문제로 확인하기

1 服を買う時は、買う前に一度着て（　　　）.

　1　おきます　　　2　きます　　　3　みます　　　4　いきます

05.　〜てしまう 〜해 버리다

「동사의 て형」에 「しまう(끝내다, 마치다)」라는 동사를 접속시키면 「〜해 버리다, (하면 안 되는데) 〜하고 말다」라는 뜻이 된다. 회화체축약형은 「〜ちゃう」이다.

友達との約束をうっかり忘れてしまった/忘れちゃった。

친구와의 약속을 깜박 잊어 버렸다.

お金もないのに買ってしまった/買っちゃった。

돈도 없는데 사 버렸다.

문제로 확인하기

1　とても疲れて、シャワーを浴びるどころか、食事もせずに（　　　　）。

1　寝なければならない　　　　　2　寝てしまった

3　寝たほうがいい　　　　　　　4　寝てほしい

解석 ▶　너무 피곤해서 샤워를 하기는커녕, 식사도 하지 않고 자 버렸다.

解説 ▶　① 〜なければならない(〜하지 않으면 안 된다) → 寝(ね)なければならない(자지 않으면 안 된다)

② 〜てしまう(〜해 버리다) → 寝(ね)てしまう(자 버리다) → 寝(ね)てしまった(자 버렸다)

③ 〜たほうがいい(〜하는 편이 좋다) → 寝(ね)たほうがいい(자는 편이 좋다)

④ 〜てほしい(〜해 주었으면 한다, 〜해 주길 바란다) → 寝(ね)てほしい(자 주었으면 한다)

⑤ 「〜どころか」는 「〜커녕」이라는 뜻이다. 「〜ずに」는 「〜ないで」와 같은 표현으로 「〜하지 않고」라는 뜻이다. 부정형에 접속하나 する(하다)의 경우에는 예외적으로 「せずに(하지 않고)」라는 특별한 접속형태를 띤다.

正답 ▶　2

06.　〜てもいい 〜해도 좋다, 〜해도 된다

「〜てもいい」는 「〜해도 좋다, 〜해도 된다」라는 뜻으로 허가를 나타내는 표현이다.

お酒は飲んでもいいですけど、タバコはできるだけ吸わないようにしてください。술은 마셔도 됩니다만, 담배는 가능한 한 피우시 않도록 해 주세요.

1 もし鶏肉(とりにく)がきらいなら、（　　　　）。

1　残(のこ)さないでください　　　2　残(のこ)してしまいました

3　残(のこ)してはいけません　　　4　残(のこ)してもいいです

> 해석 ▶　혹시 닭고기를 싫어하면 남겨도 좋습니다.
>
> 해설 ▶　① ~ないでください(~하지 마세요) → 残(のこ)さないでください(남기지 마세요)
>
> ② ~てしまう(~해 버리다) → 残(のこ)してしまう(남겨 버리다) → 残(のこ)してしまいました (남겨 버렸습니다)
>
> ③ ~てはいけません(~해서는 안 됩니다) → 残(のこ)してはいけません(남겨서는 안 됩니다)
>
> ④ ~てもいいです(~해도 좋습니다) → 残(のこ)してもいいです(남겨도 좋습니다)
>
> 정답 ▶　4

07.　~てもかまわない ~해도 상관없다, ~해도 괜찮다

「~てもかまわない」는 「~てもいい(~해도 좋다, ~해도 된다)」와 마찬가지로 허가를 나타내는 표현이며 「~해도 상관없다, ~해도 괜찮다」라는 뜻이다.

体調(たいちょう)が悪(わる)い時(とき)なら、優先席(ゆうせんせき)に座(すわ)ってもかまわないと思(おも)います。

몸이 불편할 때라면, 노약자석에 앉아도 상관없다고 생각합니다.

1　A「ここで野球(やきゅう)をしてもかまいませんか」

B「（　　　　）」

1　はい、してはいけません　　　2　いいえ、してもかまいません

3　はい、してもいいです　　　　4　いいえ、したことがありません

해석 ▶ 「여기서 야구를 해도 상관없습니까?」 「예, 해도 됩니다.」

해설 ▶ ① ～てはいけません(～해서는 안 됩니다) → してはいけません(해서는 안 됩니다)

② ～てもかまわない(～해도 상관없다) → ～てもかまいません(～해도 상관없습니다) → しても
かまいません(해도 상관없습니다)

③ ～てもいいです(～해도 좋습니다) → してもいいです(해도 좋습니다)

④ ～たことがない(～한 적이 없다) → したことがない(한 적이 없다) → したことがありません
(한 적이 없습니다)

정답 ▶ 3

08. ～てはいけない ～해서는 안 된다

「～てはいけない」는 「～해서는 안 된다」라는 뜻으로 강한금지를 나타내는 표현이다.

図書館の中では騒いではいけない。

도서관 안에서는 떠들어서는 안 된다.

문제로 확인하기 ◯

1 迷惑だから夜遅く電話を(　　　)。

1　かけてもいいです　　　　　　2　かけなくてもかまいません

3　かけてください　　　　　　　4　かけてはいけません

해석 ▶ 민폐니까 밤늦게 전화를 걸어서는 안 됩니다.

해설 ▶ ① ～てもいいです(～해도 좋습니다) → かけてもいいです(걸어도 좋습니다)

② ～なくてもかまいません(～하지 않아도 상관없습니다) → かけなくてもかまいません(걸지 않
아도 상관없습니다)

③ ～てください(～해 주세요) → かけてください(걸어 주세요)

④ ～てはいけません(～해서는 안 됩니다) → かけてはいけません(걸어서는 안 됩니다)

정답 ▶ 4

「〜ちゃ」는「〜ては」의 회화체축약형이다. 「〜では」는「〜じゃ」로 축약된다.

ここに座っちゃだめだよ。(座っては＝座っちゃ)

여기에 앉아서는 안 돼.

風邪ぐらいで学校を休んじゃだめだよ。(休んでは＝休んじゃ)

감기 정도로 학교를 쉬어서는 안 돼.

문제로 확인하기

1 ここだけの話だよ！誰にも（　　　　）だめだよ！

1 言った　　　2 言う　　　3 言っちゃ　　　4 言ちゃ

해석 ▶ 우리끼리만 하는 이야기야! 누구에게도 말해서는 안 돼!

해설 ▶ ① 「〜てはだめだ」는 「〜해서는 안 된다」라는 뜻. 그리고 「〜ては」의 회화체축약형이 「〜ちゃ」이다.
言(い)ってはだめだ(말해서는 안 된다) → 言(い)っちゃだめだ(말해서는 안 된다)
② 「ここだけの話(はなし)」는 여기서만 하는 이야기 즉 「우리끼리만 하는 이야기, 비밀이야기」라는 뉘앙스이다.

정답 ▶ 3

10. 〜たことがある 〜한 적이 있다

「〜たことがある」는 「동사의 과거형」에 「ことがある(일이 있다)」를 접속시킨 형태이다. 「〜한 적이 있다」라는 뜻으로 과거의 경험을 나타내는 표현이다. 동사의 현재형에 접속시킬 경우에는 과거의 경험이 아닌 「(때때로) 〜하는 경우가 있다/(때때로) 〜할 때가 있다」라는 뜻이 된다.

野村さんはエベレスト山に5回ものぼったことがあるそうだ。

노무라씨는 에베레스트산에 5번이나 오른 적이 있다고 한다.(과거 경험)

私はときどき転職を考えることがあります。

나는 이따금 이직을 생각할 때가 있습니다.(과거 경험이 아님)

1 この絵、どこかで(　　　)ことがあるような気がします。

1　見る　　　　　2　見て　　　　　3　見ない　　　　　4　見た

> 해석 ▶　이 그림 어딘가에서 본 적이 있는 것 같은 생각이 듭니다.
> 해설 ▶　① ～たことがある(～한 적이 있다–과거 경험) → 見(み)る(보다–원형) → 見(み)た(봤다–과거형)
> 　　　　→ 見(み)たことがある(본 적이 있다)
> 　　　　② 「気(き)がする」는 「그런 기분이 든다, 생각이 든다」라는 뜻의 관용어이다.
> 　　　　예) 彼(かれ)は今日(きょう)来(こ)ない気(き)がする(그는 오늘 오지 않을 것 같은 생각이 든다)
> 정답 ▶　4

11.　～たことがない ～한 적이 없다

「～たことがない」는 「～たことがある(～한 적이 있다)」의 부정표현으로 「～한 적이 없다」라는 표현이다.

私は一度も会議に遅れたことがない。

나는 한 번도 회의에 늦은 적이 없다.

문제로 확인하기 ○

1 このチームは今まで一度も(　　　)。おそらく今度も負けるだろう。

1　勝ったことがない　　　　　　2　負けたことがない

3　勝ったことがある　　　　　　4　負けたことがある

> 해석 ▶　이 팀은 지금까지 한 번도 이긴 적이 없다. 아마 이번에도 질 것이다.
> 해설 ▶　① ～たことがない(～한 적이 없다–과거 경험) → 勝(か)つ(이기다–원형) → 勝(か)った(이겼다–과
> 　　　　거형) → 勝(か)ったことがない(이긴 적이 없다)
> 　　　　② 負(ま)ける(지다) → 負(ま)けたことがない(진 적이 없다)
> 　　　　③ ～たことがある(～한 적이 있다–과거 경험) → 勝(か)ったことがある(이긴 적이 있다)
> 　　　　④ 負(ま)けたことがある(진 적이 있다)
> 　　　　⑤ 「おそらく」는 「아마, 틀림없이, 필시」라는 뜻이다.
> 정답 ▶　1

12. ～たほうがいい ～하는 편이 좋다

「～たほうがいい」는 동사의 과거형에 「ほうがいい(편이 좋다)」를 접속시킨 형태이다. 「～하는 편이 좋다」라는 뜻으로 상대방에게 권유나 조언을 할 때 주로 쓰인다. 이렇게 조언이나 권유의 뜻으로 쓰일 경우 반드시 た형(동사의 과거형)에 접속시켜야 한다.

健康のために、朝ご飯は毎日食べたほうがいい。
건강을 위해서 아침은 매일 먹는 편이 좋다.

문제로 확인하기

1 行くにせよ、行かないにせよ、早く（　　　　）ほうがいいですよ。

　1　決めた　　　　　2　決める　　　　　3　決めて　　　　　4　決め

> 해석 ▶　가든 안 가든 빨리 결정하는 편이 좋아요.
>
> 해설 ▶　① ～たほうがいい(～하는 편이 좋다) → 決(き)める(결정하다–원형) → 決(き)めた(결정했다–과거형) → 決(き)めたほうがいい(결정하는 편이 좋다)
>
> 　　　　② 「～にせよ ～にせよ」는 「～이든 ～이든」이라는 표현이다.
>
> 　　　　예) 出席(しゅっせき)するにせよ欠席(けっせき)するにせよ～(출석하든 결석하든～)
>
> 　　　　　　買(か)うにせよ買(か)わないにせよ～(사든 사지 않든～)
>
> 정답 ▶　1

13. ～たまま ～한 채로

상태의 방치와 유지를 나타내는 표현이다. 접속형태가 た형(동사의 과거형)인 점에 주의하자.

帽子をかぶったまま食事をする若い人が多い。
모자를 쓴 채로 식사를 하는 젊은 사람이 많다.

1 昨日、扇風機を(　　　　)寝たので、風邪を引いてしまいました。

1　つけまま　　　　2　つけてまま　　　3　つけるまま　　　4　つけたまま

해석 ▶ 어제 선풍기를 켠 채로 잤기 때문에 감기에 걸려 버렸습니다.

해설 ▶ ① ～たまま(～한 채로) → つける(켜다-원형) → つけた(켰다-과거형) → つけたまま(켠 채로)
　　　 ② ～てしまう(～해 버리다) → 風邪(かぜ)を引(ひ)く(감기에 걸리다) → 風邪(かぜ)を引(ひ)いて
　　　 しまう(감기에 걸려 버리다) → 風邪(かぜ)を引(ひ)いてしまいました(감기에 걸려 버렸습니다)

정답 ▶ 4

問題　次の文章を読んで、質問に答えなさい。答えは、1・2・3・4から最もよいものを一つ
　　　えらびなさい。

　　急速に発達する低気圧の影響で西日本から東日本では十日夜から十一日にか
けて広い範囲で雪が降り大雪となる見通しだ。東京都心でも十一日午後6時ま
でに5センチの降雪が予測されており、気象庁は交通機関の混乱や路面の凍結
などに注意を呼びかけている。同庁によると、十一日午後6時までに予想され
る降雪量は、近畿、中国、四国地方20センチ、東海、九州では15センチぐらい
で東京では7センチから10センチと予想される。

読売新聞　2月10日（木）

1　これはなんの情報なのか。
　　1　地域ごとの低気圧情報
　　2　地域ごとの降雪情報
　　3　地域ごとの交通情報
　　4　地域ごとの凍結情報

해석 ▶

　급속히 발달하는 저기압의 영향으로 서 일본에서부터 동 일본에서는 10일 밤부터 11일에 걸쳐 넓은 범위로 눈이 내려 폭설이 될 전망이다. 도쿄도심에서도 11일 오후 6시까지 5cm의 강설이 예측되고 있어 기상청은 교통기관의 혼란이나 노면의 동결 등에 주의를 호소하고 있다.

동청(기상청)에 따르면, 11일 오후 6시까지 예상되는 강설량은, 킨키. 츄–고꾸. 시코쿠 지방에서 20cm. 토–카이. 큐–슈–에서는 15센티 정도이고 도쿄에서는 7cm에서 10cm로 예상된다.

요미우리신문 2월 10일 (목)

1 이것은 어떤 정보인가?

   1　지역마다의 저기압 정보 (X)

   2　지역마다의 강설정보 (O)

   3　지역마다의 교통정보 (X)

   4　지역마다의 동결정보 (X)

포인트문법 ▶

명사 + で(이유, 원인) → 〜로, 〜 때문에

   예)　影響(えいきょう)で 영향으로

명사 + にかけて → 〜에 걸쳐

   예)　十一日(じゅういちにち)にかけて 11일에 걸쳐

동사의 ます형 → 〜고, 〜서

   예)　降(ふ)る → 降(ふ)ります → 降(ふ)り 내리고, 내려서

する의 수동표현 される → 〜당하다, 되다

   예)　予測(よそく)する → 予測(よそく)される 예측되다

명사 + によると → 〜에 따르면, 〜에 의하면

   예)　気象庁(きしょうちょう)によると 기상청에 따르면

단어 ▶

急速きゅうそく 급속	発達はったつする 발달하다	低気圧ていきあつ 저기압
影響えいきょう 영향	広ひろい 넓다	範囲はんい 범위　降ふる 내리다
大雪おおゆき 폭설	見通みとおし 전망	都心としん 도심　降雪こうせつ 강설
予測よそく 예측	気象庁きしょうちょう 기상청	交通機関こうつうきかん 교통기관
混乱こんらん 혼란	路面ろめん 노면　凍結とうけつ 동결	注意ちゅうい 주의
呼よびかける 호소하다	同庁どうちょう 동청(본문에서는 기상청을 뜻함)	
予想よそう 예상	量りょう 양　地方ちほう 지방	

정답 ▶　2

청해

과제 이해 문제는 구체적인 과제 해결에 필요한 중요한 정보를 듣고 다음에 어떤 행동을 취할 것인지를 예측하는 문제이다. 따라서 「이 사람은 앞으로 무엇을 합니까? / 이 사람은 무엇을 해야만 합니까? / 어떤 것을 선택합니까?」와 같은 질문 패턴이 자주 나온다. 다양한 상황이 제시됨으로 먼저 어떤 주제에 대해 이야기를 하는지 주제 파악을 확실히 해야 한다. 중반 이후 갑작스러운 변수로 혼란을 주는 경우도 있으니 반전에 유의해 끝까지 집중하여 들어야 한다. 또한 대화 속에서 누구의 행동을 예측해야하는 지도 신경을 써야한다.

문제로 확인하기

1番

1　吉田さんからの電話を待ちます

2　吉田さんからのファックスを待ちます

3　桜電気の吉田さんに電話します

4　桜電気にファックスを送ります

2番

1　病院に行きます

2　お風呂に入って寝ます

3　お風呂に入らないで寝ます

4　薬を飲んでお風呂に入ります

스크립트 ▶

質問：男おとこの人ひとと女おんなの人ひとが話はなしています。女おんなの人ひとはこれから何なにをしなければなりませんか。

男：清水しみずさん、桜さくら電気でんきの吉田よしださんに電話でんわしてくれましたか。

女：はい。先さきほど電話でんわしましたが、吉田よしださんはいませんでした。ですから、後あとでまたお掛かけします。

男：うーん…。じゃ、内容ないようを今いますぐ桜さくら電気でんきにファックスで送おくってください。

女：はい。では、電話でんわはしなくてもいいですか。

男：電話でんわは私がしますから、気きにしないでください。もし吉田よしださんから電話でんわがきたら、私を呼よんでください。

女：はい、かしこまりました。

女おんなの人ひとはこれから何なにをしなければなりませんか。

1 吉田よしださんからの電話でんわを待まちます。
2 吉田よしださんからのファックスを待まちます。
3 桜さくら電気でんきの吉田よしださんに電話でんわします。
4 桜さくら電気でんきにファックスを送おくります。

해석 ▶

질문: 남자와 여자가 이야기하고 있습니다. 여자는 지금부터 무엇을 하지 않으면 안 됩니까?

남 : 시미즈씨, 사쿠라전기의 요시다씨에게 전화했습니까?

여 : 네. 방금 전에 전화했습니다만, 요시다씨는 없었습니다. 그래서 나중에 또 걸겠습니다.

남 : 음…. 그러면, 내용을 지금 당장 사쿠라전기에 팩스로 보내 주세요.

여 : 네. 그럼, 전화는 하지 않아도 됩니까?

남 : 전화는 내가 할 테니까, 신경 쓰지 마세요. 만약 요시다씨에게서 전화가 오면 나를 불러 주세요.

여 : 네. 잘 알았습니다.

여자는 지금부터 무엇을 하지 않으면 안 됩니까?

1 요시다씨로부터의 전화를 기다립니다.
2 요시다씨로부터의 팩스를 기다립니다.
3 사쿠라전기의 요시다씨에게 전화합니다.
4 사쿠라전기에 팩스를 보냅니다.

포인트문법 ▶

① 「お+ます형+する(하다–자기 쪽의 행동을 낮추는 겸양표현)」 掛(か)ける(걸다) → 掛(か)けます(걸겠습니다) → お掛(か)けします(걸겠습니다–공손)

② ~なくてもいい(~하지 않아도 된다) 電話(でんわ)する(전화하다) → 電話(でんわ)しない(전화하지 않다) → 電話(でんわ)しなくてもいいです(전화하지 않아도 됩니다)

③ 「気(き)にする」는 「신경을 쓰다/걱정을 하다」라는 의미이다.

정답 ▶ 4

2번 문제

스크립트 ▶

質問：男おとこの人ひとと女おんなの人ひとが話はなしています。女おんなの人ひとは今日きょう何なにをしますか。

女：ゴホ、ゴホ(セキの音おと)。

男：風邪かぜ？

女：うん、そうみたい。のども痛いたいし、鼻水はなみずも止とまらない。

男：熱ねつは？

女：熱ねつはないんだけど。

男：じゃ、病院びょういんには行いってきた？

女：ううん、まだ。今日きょうは日曜日にちようびで病院びょういんも休やすみだから、明日あした行いくわ。

男：じゃ、今日きょうはお風呂ふろに入はいってすぐ寝ねたほうがいいよ。

女：えっ？ お風呂ふろに入はいったほうがいいの？ 風邪かぜを引ひいた時ときは、入はいらないほうがいいんじゃないの？

男：ううん、この前まえテレビで見みたんだけど、あまり熱ねつが高たかくなければ、入はいったほうがいいらしい。

女：へえー、そうなの。知しらなかった。 じゃ、木村きむらさんの言いう通とおりにするわ。

女おんなの人ひとは今日きょう何なにをしますか。

1　病院びょういんに行いきます。
2　お風呂ふろに入はいって寝ねます。
3　お風呂ふろに入はいらないで寝ねます。
4　薬くすりを飲のんでお風呂ふろに入はいります。

해석 ▶

질문: 남자와 여자가 이야기하고 있습니다. 여자는 오늘 무엇을 합니까?

여 : 콜록 콜록 (기침 소리)

남 : 감기?

여 : 응, 그런 것 같다. 목도 아프고, 콧물도 멈추지 않아.

남 : 열은?

여 : 열은 없지만.

남 : 그럼, 병원에는 다녀왔어?

여 : 아니, 아직. 오늘은 일요일이고 병원도 휴일이니까 내일 갈 거야.

남 : 그럼, 오늘은 목욕을 하고 곧장 자는 편이 좋아.

여 : 어? 목욕을 하는 편이 좋아? 감기에 걸렸을 때는 목욕하지 않는 편이 좋은 거 아니야?

남 : 아니, 일전에 TV에서 봤는데, 별로 열이 높지 않으면, 목욕하는 편이 좋다는 것 같아.

여 : 어~ 그래? 몰랐어. 그러면 기무라씨가 말하는 대로 할게.

여자는 오늘 무엇을 합니까?

1 병원에 갑니다.
2 목욕을 하고 잡니다.
3 목욕을 하지 않고 잡니다.
4 약을 먹고 목욕을 합니다.

포인트문법 ▶

① ~みたいだ(~한 것 같다–아마도 그런 것 같다고 주관적으로 추측하는 표현, ~ようだ의 회화체) 말할 때는 일반적으로 「だ」를 떼고 말함. そうみたいだ(그런 것 같다) → そうみたい(그런 것 같다)

② 「~たほうがいい」는 「~하는 편이 좋다」 「~ないほうがいい」는 「~하지 않는 편이 좋다」라는 뜻이다. お風呂(ふろ)に入(はい)る(목욕하다) → お風呂(ふろ)に入(はい)ったほうがいい(목욕을 하는 편이 좋다) → お風呂(ふろ)に入(はい)らないほうがいい(목욕을 하지 않는 편이 좋다)

③ 종조사 「わ」는 어감이 가벼운 주장·결의·영탄을 나타낸다. 여성들이 주로 사용하는 부드러운 말투이다.

정답 ▶ 2

Part 03

新 JLPT 종결자

문자/어휘

단어익히기   필수 2자 한자

工場 こうじょう 공장	紅茶 こうちゃ 홍차	交通 こうつう 교통
校庭 こうてい 교정	行動 こうどう 행동	後輩 こうはい 후배
幸福 こうふく 행복	交流 こうりゅう 교류	誤解 ごかい 오해
呼吸 こきゅう 호흡	国際 こくさい 국제	故障 こしょう 고장
個人 こじん 개인	骨折 こっせつ 골절	小包 こづつみ 소포
言葉 ことば 말	小鳥 ことり 작은 새	小麦 こむぎ 밀
今回 こんかい 이번	混雑 こんざつ 혼잡	在学 ざいがく 재학
最近 さいきん 최근, 요즈음	最後 さいご 최후, 마지막	最高 さいこう 최고
財産 ざいさん 재산	最初 さいしょ 최초	最新 さいしん 최신
最大 さいだい 최대	最中 さいちゅう 한창 진행되고 있는 도중	
最低 さいてい 최저	才能 さいのう 재능	財布 さいふ 지갑

문제로 확인하기

問題1 ＿＿＿＿の言葉の読み方として最もよいものを 1·2·3·4から一つえらびなさい。

1 アメリカ現地（げんち）の小学校（しょうがっこう）との<u>交流</u>が始（はじ）まった。

  1 こうりゅう   2 ごうりゅう   3 こりゅう   4 ごりゅう

> 해석 ▶ 미국 현지 초등학교와의 <u>교류</u>가 시작되었다.
>
> 해설 ▶ 1 교류 交流 こうりゅう   2 합류 合流 ごうりゅう
>   3 옛 격식 古流 こりゅう   4 ×
>
> 정답 ▶ 1

② 自分がどんな才能を持っているかというのも重要です。

1　ざいの　　　　　2　ざいのう　　　　3　さいの　　　　4　さいのう

해석 ▶　자신이 어떤 재능을 가지고 있는가 라는 것도 중요합니다.

해설 ▶　1　×　　　　　　　　　　　　　　　2　돈주머니 財嚢ざいのう

　　　　3　×　　　　　　　　　　　　　　　4　재능 才能さいのう

정답 ▶　4

단어익히기　필수 2자 한자

材木 ざいもく 재목	採用 さいよう 채용	材料 ざいりょう 재료
作業 さぎょう 작업	昨日 さくじつ 어제	作品 さくひん 작품
作文 さくぶん 작문	座席 ざせき 좌석	作家 さっか 작가
作曲 さっきょく 작곡	雑誌 ざっし 잡지	差別 さべつ 차별
作法 さほう 예의범절	左右 さゆう 좌우	参加 さんか 참가
参考 さんこう 참고	残高 ざんだか 잔고	試合 しあい 시합
寺院 じいん 사원	司会 しかい 사회	仕方 しかた 방법
時期 じき 시기	試験 しけん 시험	事件 じけん 사건
事故 じこ 사고	自己 じこ 자기	指示 しじ 지시
事実 じじつ 사실	自身 じしん 자신	時代 じだい 시대, 시절
支度 したく 채비, 준비	失業 しつぎょう 실업	実験 じっけん 실험
実現 じつげん 실현	実行 じっこう 실행	実際 じっさい 실제
実習 じっしゅう 실습	失敗 しっぱい 실패	実物 じつぶつ 실물
質問 しつもん 질문	実用 じつよう 실용	実力 じつりょく 실력
失礼 しつれい 실례	実例 じつれい 실례	指定 してい 지정
自動 じどう 자동	品物 しなもの 상품	自分 じぶん 자기 자신
死亡 しぼう 사망	市民 しみん 시민	写真 しゃしん 사진

問題2 ＿＿＿のことばを漢字で書くとき最もよいものを 1・2・3・4 から一つえらびなさい。

1 50万円の買い物予定があるのに、カード利用可能<u>ざんだか</u>が30万円しかない。

1　浅高	2　残高	3　浅稿	4　残稿

> 해석 ▶ 50만 엔 쇼핑 예정(스케줄)이 있는데 카드 이용 가능 <u>잔액</u>이 30만 엔밖에 없다.
>
> 해설 ▶ 1　✕ 　　　　　　　　　　　　　　　　2　잔고, 잔액 **残高**ざんだか
> 　　　　3　✕ 　　　　　　　　　　　　　　　　4　✕
>
> 정답 ▶ 2

2 「食事の<u>したく</u>は、30分で済ませろ」と母からそう教わってきました。

1　仕渡	2　試渡	3　支度	4　司度

> 해석 ▶ 「식사준비는 30분에 끝마쳐라!」라고 어머니에게 그렇게 배워 왔습니다.
>
> 해설 ▶ 1　✕　　　　2　✕　　　　3　준비 **支度**したく　　4　✕
>
> 정답 ▶ 3

단어익히기　필수 2자 한자

邪魔 じゃま 방해	自由 じゆう 자유	周囲 しゅうい 주위
習慣 しゅうかん 습관	就職 しゅうしょく 취직	住宅 じゅうたく 주택
収入 しゅうにゅう 수입	住民 じゅうみん 주민	重要 じゅうよう 중요
重量 じゅうりょう 중량	授業 じゅぎょう 수업	祝日 しゅくじつ 경축일
宿題 しゅくだい 숙제	宿泊 しゅくはく 숙박	首相 しゅしょう 수상
手段 しゅだん 수단	出席 しゅっせき 출석	出発 しゅっぱつ 출발
趣味 しゅみ 취미	主要 しゅよう 주요	種類 しゅるい 종류
順番 じゅんばん 순번	準備 じゅんび 준비	仕様 しよう 하는 수, 도리, 방법
常温 じょうおん 상온	紹介 しょうかい 소개	賞金 しょうきん 상금

条件 じょうけん 조건	上司 じょうし 상사	正直 しょうじき 정직
招待 しょうたい 초대	商売 しょうばい 장사	商品 しょうひん 상품
正面 しょうめん 정면	将来 しょうらい 장래, 미래	食事 しょくじ 식사
食堂 しょくどう 식당	職場 しょくば 직장	食欲 しょくよく 식욕
書類 しょるい 서류	人工 じんこう 인공	人材 じんざい 인재
真実 しんじつ 진실	申請 しんせい 신청	人生 じんせい 인생
人造 じんぞう 인조	診断 しんだん 진단	身長 しんちょう 신장, 키
心配 しんぱい 걱정	人物 じんぶつ 인물	進歩 しんぽ 진보
信用 しんよう 신용	水泳 すいえい 수영	水道 すいどう 수도
数年 すうねん 수년	頭痛 ずつう 두통	図表 ずひょう 도표
図面 ずめん 도면		

문제로 확인하기

問題3 （　　　　　）に入れるのに最もよいものを 1・2・3・4 から一つえらびなさい。

1 新聞など広げて読んでいると猫が上にのり（　　　　　）をすることがある。

1 種類　　　　2 読書　　　　3 餌　　　　4 邪魔

해석 ▶	신문 등을 펼치고 읽고 있으면 고양이가 위로 올라와 (　방해　)를 하는 일이 있다.
해설 ▶	1 종류　　　2 독서　　　3 먹이　　　4 방해
정답 ▶	4

2 オーディションの中でも、（　　　　　）が出るのは公開オーディションの場合が多いです。

1 招待　　　　2 正直　　　　3 賞金　　　　4 紹介

해석 ▶	오디션 중에서도 (　상금　)이 나오는 것은 공개 오디션의 경우가 많습니다.
해설 ▶	1 초대　　　2 정직　　　3 상금　　　4 소개
정답 ▶	3

幸福 こうふく 행복 = 幸 しあわせ 행복

今回 こんかい 이번 = 今度 こんど 이번

在学 ざいがく 재학 = 在校 ざいこう 재학

最近 さいきん 최근, 요즈음 = このごろ 최근

作家 さっか 작가 = ライター 작가

雑誌 ざっし 잡지 = マガジン 잡지

作法 さほう 예의범절 = エチケット 예의범절

仕方 しかた 방법 = 方法 ほうほう 방법

品物 しなもの 상품, 물건 = 品 しな 상품

周囲 しゅうい 주위 = 回 まわり 주위

重量 じゅうりょう 중량 = 重 おもさ 중량, 무게

商売 しょうばい 장사 = 商 あきない 장사

職場 しょくば 직장 = 勤 つとめ先 さき 근무처, 직장

真実 しんじつ 진실 = まこと 진실

申請 しんせい 신청 = 申込 もうしこみ 신청

身長 しんちょう 신장, 키 = 背 せの高 たかさ 키

成人 せいじん 성인 = 大人 おとな 성인, 어른

制服 せいふく 제복 = ユニフォーム 유니폼

全員 ぜんいん 전원 = 総員 そういん 전원

体調 たいちょう 몸의 상태 = コンディション 컨디션

態度 たいど 태도 = 見 みぶり 태도

台所 だいどころ 부엌 = キッチン 부엌

題名 だいめい 제목 = タイトル 제목, 표제

卓球 たっきゅう 탁구 = ピンポン 탁구

問題4 ______に意味が最も近いものを1・2・3・4から一つえらびなさい。

1 中学生の息子は<u>身長</u>が父親とほとんど同じだ。

1 背の高さ　　　2 顔の大きさ　　　3 髪の長さ　　　4 足の太さ

> 해석 ▶　중학생인 아들은 <u>신장</u>이 아버지와 거의 같다.
>
> 해설 ▶　1 키의 크기　　　2 얼굴 크기　　　3 머리 길이　　　4 다리 굵기
>
> 정답 ▶　1

2 <u>成人</u>式のお祝いなら判子がおすすめです。

1 おば　　　　2 おじ　　　　3 おとな　　　4 おとめ

> 해석 ▶　<u>성인</u>식 축하선물이라면 도장을 추천합니다.
>
> 해설 ▶　1 백모 · 숙모 · 외숙모 · 고모 · 이모의 총칭　叔母 おば
>
> 　　　　2 부모의 형제. 백부 · 숙부 · 외숙부 · 고모부 · 이모부의 총칭　叔父 おじ
>
> 　　　　3 어른　大人 おとな
>
> 　　　　4 소녀　乙女 おとめ
>
> 정답 ▶　3

性格 せいかく 성격	生活 せいかつ 생활	制限 せいげん 제한
生産 せいさん 생산	正式 せいしき 정식	政治 せいじ 정치
性質 せいしつ 성질	正常 せいじょう 정상	成人 せいじん 성인
成績 せいせき 성적	生存 せいぞん 생존	成長 せいちょう 성장
生徒 せいと 학생	制度 せいど 제도	性能 せいのう 성능
政府 せいふ 정부	制服 せいふく 제복	生物 せいぶつ 생물
成分 せいぶん 성분	性別 せいべつ 성별	生命 せいめい 생명
正門 せいもん 정문	世界 せかい 세계	責任 せきにん 책임
説明 せつめい 설명	節約 せつやく 절약	背中 せなか 등
全員 ぜんいん 전원	先日 せんじつ 일전	選手 せんしゅ 선수
戦争 せんそう 전쟁	全体 ぜんたい 전체	洗濯 せんたく 세탁
選択 せんたく 선택	先輩 せんぱい 선배	全般 ぜんぱん 전반
全部 ぜんぶ 전부	専門 せんもん 전문	線路 せんろ 선로
増加 ぞうか 증가	相互 そうご 상호	相談 そうだん 상담
卒業 そつぎょう 졸업	祖父 そふ 할아버지	存在 そんざい 존재
体育 たいいく 체육	退院 たいいん 퇴원	体調 たいちょう 몸의 상태
態度 たいど 태도	台所 だいどころ 부엌	代表 だいひょう 대표
台風 たいふう 태풍	題名 だいめい 제목	大陸 たいりく 대륙
対立 たいりつ 대립	体力 たいりょく 체력	多少 たしょう 다소
立場 たちば 입장	卓球 たっきゅう 탁구	

問題5　つぎのことばの使い方として最もよいものを1・2・3・4から一つえらびなさい。

1 節約

1　日本では毎年2月3日が節約の日である。

2　あの人が彼の節約者です。

3　節約のため外食より家で食事をすることにした。

4　お金の出入りをしっかり把握するだけで節約をなくす。

> 해석 ▶ 절약
>
> 1　일본에서는 매년 2월 3일이 절약의 날이다. (X)
>
> 2　저 사람이 그의 절약자입니다. (X)
>
> 3　절약을 위해 외식보다 집에서 식사를 하기로 했다. (O)
>
> 4　돈의 수입과 지출을 확실히 파악하는 것만으로 절약을 없앤다. (X)
>
> 정답 ▶　3

2 体調

1　高校時代、英語は得意だったが、体調は苦手だった。

2　体調をつけるため屋外でスポーツをするように勧めているという。

3　フィットネスクラブでは体力づくりの体調と自分の好きなスポーツも楽しめる。

4　試合のために体調を整えるべきだ。

> 해석 ▶ 몸의 상태(컨디션)
>
> 1　고교시절 영어는 자신 있었지만, 컨디션은 서툴렀다. (X)
>
> 2　컨디션을 붙이기 위해 집밖에서 스포츠를 하도록 권하고 있다고 한다. (X)
>
> 3　휘트니스클럽에서는 체력 만들기의 컨디션과 자신이 좋아하는 스포츠도 즐길 수 있다. (X)
>
> 4　시합에 대비하여 컨디션을 조절해야 한다. (O)
>
> 정답 ▶　4

문법/독해

01.　～ことができる ～할 수 있다

「동사의 원형+ことができる」는 「～하는 것이 가능하다」 즉 「～할 수 있다」라는 가능표현이다. 부정
표현은 「동사의 원형+ことができない」라고 하면 된다.

彼女は楽器なら何でも上手に弾くことができるそうだ。

그녀는 악기라면 뭐든지 능숙하게 칠 수 있다고 한다.

急に用事ができて、行くことができない。

갑자기 용무가 생겨서 갈 수 없다.

문제로 확인하기

1　怪我で入院することになって、（　　　　）ことができなくなりました。

　1　働き　　　　2　働く　　　　3　働いた　　　　4　働いて

해석 ▶　부상으로 입원하게 되어서 일할 수 없게 되었습니다.

해설 ▶　① 동사의 원형+ことになる(～하게 되다―결정 난 사항을 나타내는 표현) → 入院(にゅういん)す
　　　　る(입원하다) → 入院(にゅういん)することになる(입원하게 되다) → 入院(にゅういん)するこ
　　　　とになって(입원하게 되어서)
　　　　② 동사의 원형+ことができる(～할 수 있다―가능) → 働(はたら)く(일하다) → 働(はたら)くこと
　　　　ができる(일할 수 있다)
　　　　③ ～くなる(～게 되다―변화를 나타내는 표현)　働(はたら)くことができない(일할 수 없다) → 働
　　　　(はたら)くことができなくなる(일할 수 없게 되다) → 働(はたら)くことができなくなりまし
　　　　た(일할 수 없게 되었습니다)

정답 ▶　2

일본어에서 가능을 표현하는 또 하나의 방법은 동사의 원형을 가능형으로 활용시키는 것이다.

1그룹동사의 가능형

う단 → え단+る (う단 어미를 え단으로 고치고 る를 붙인다)

買う 사다
→ 買える 살 수 있다 → 買えない 살 수 없다 → 買えます 살 수 있습니다

飲む 마시다
→ 飲める 마실 수 있다 → 飲めない 마실 수 없다 → 飲めます 마실 수 있습니다

話す 말하다
→ 話せる 말할 수 있다 → 話せない 말할 수 없다 → 話せます 말할 수 있습니다

2그룹동사의 가능형

る → られる (어미 る를 떼고 られる를 붙인다)

食べる 먹다
→ 食べられる 먹을 수 있다 → 食べられない 먹을 수 없다
→ 食べられます 먹을 수 있습니다

寝る 자다
→ 寝られる 잘 수 있다 → 寝られない 잘 수 없다 → 寝られます 잘 수 있습니다

3그룹동사의 가능형 (불규칙동사이므로 그냥 외우자)

する 하다
→ できる 할 수 있다 → できない 할 수 없다 → できます 할 수 있습니다

くる 오다
→ こられる 올 수 있다 → こられない 올 수 없다 → こられます 올 수 있습니다

문제로 확인하기

1 　今度の新製品は操作が簡単で、小学生でも簡単に(　　　　)ようにしました。
　　　1 使ける　　　　2 使うられる　　　3 使える　　　　4 使られる

해석 ▶　이번 신제품은 조작이 간단해서, 초등학생이라도 간단히 사용할 수 있게 했습니다.

해설 ▶　① 使(つか)う(사용하다) → 使(つか)える(사용할 수 있다-1그룹동사의 가능형)

　　　② 「～ようにする」는 「～하도록 하다」라는 표현으로 의도적으로 하도록 노력한다는 뉘앙스이다.

　　　　 使(つか)えるようにする(사용할 수 있도록 하다) → 使(つか)えるようにしました(사용할 수 있도록 했습니다)

　　　　 예) なるべく早(はや)く行(い)くようにします(되도록 빨리 가도록 하겠습니다)

정답 ▶　3

2 信頼していた人に裏切られてから、誰も（　　　）。

1　信じている　　　　　　　　　　　2　信じられなくなった

3　信じられる　　　　　　　　　　　4　信じられるようになった

해석 ▶　믿고 있던 사람에게 배신당한 후, 누구도 믿을 수 없게 되었다.

해설 ▶　① 信(しん)じる(믿다) → 信(しん)じている(믿고 있다-현재 진행)

　　　② 信(しん)じる(믿다) → 信(しん)じられる(믿을 수 있다-2그룹동사의 가능형) → 信(しん)じられない(믿을 수 없다-가능의 부정) → 信(しん)じられなくなる(믿을 수 없게 되다) → 信(しん)じられなくなった(믿을 수 없게 되었다)

　　　③ 信(しん)じる(믿다) → 信(しん)じられる(믿을 수 있다-가능)

　　　④ 동사의 가능형+ようになる(~할 수 있게 되다-변화를 나타내는 표현)　信(しん)じる(믿다)→ 信(しん)じられる(믿을 수 있다-가능) → 信(しん)じられるようになる(믿을 수 있게 되다) → 信(しん)じられるようになった(믿을 수 있게 되었다)

　　　⑤ 裏切(うらぎ)る(배신하다) → 裏切(うらぎ)られる(배신당하다-2그룹동사의 수동형은 어미 る를 떼고 られる로 고치면 된다)

정답 ▶　2

3 課長は用事があって、忘年会に（　　　）そうです。

1　こられない　　　2　こられる　　　3　こさせる　　　4　くれない

해석 ▶　과장님은 일이 있어 망년회에 올 수 없다고 합니다.

해설 ▶　① くる(오다) → こられる(올 수 있다-3그룹동사의 가능형) → こられない(올 수 없다-가능의 부정)

　　　② くる(오다) → こられる(올 수 있다-가능)

　　　③ くる(오다) → こさせる(오게 하다, 오게 시키다-3그룹동사의 사역형)

　　　④ くれる(주다) → くれない(주지 않다)

03. 가능형과 헷갈리는 동사

자신의 의지와는 상관없이 자연적으로 보이거나 들린다고 하는 지각동사 「見(み)える(보이다)」와 「聞(き)こえる(들리다)」는 흔히 「見(み)られる(볼 수 있다–見(み)る의 가능형)」와 「聞(き)ける(들을 수 있다–聞(き)く의 가능형)」등과 헷갈리기 쉬우니 주의하자.

サクラ美術館へ行くと、ピカソの全作品が見られる。

사쿠라 미술관에 가면 피카소의 전 작품을 볼 수 있다.

富士山が見える宿に泊まりたい。

후지산이 보이는 숙소에 묵고 싶다.

公開講座に行けば、この分野の専門家の話が聞ける。

공개강좌에 가면 이 분야의 전문가의 이야기를 들을 수 있다.

窓を開けると鳥の鳴き声が聞こえる。

창문을 열면 새 우는 소리가 들린다.

문제로 확인하기

1 隣の部屋からテレビの音がいつも(　　　　)。うるさくて勉強ができません。

1 聞けない

2 聞くことができない

3 聞く

4 聞こえる

2 ここは田舎_{いなか}なので、新作映画_{しんさくえいが}は（　　　　）。

1　見_みません　　2　見_みえません　　3　見_みせません　　4　見_みられません

04.　동사의 가능형+ようになる ～할 수 있게 되다

보통 「동사의 원형+ようになる」는 변화를 나타내는 표현으로 「(안 하다가) ～하게 되다」라는 뜻이고, 「동사의 가능형+ようになる」는 변화를 나타내는 표현이긴 하나 가능형이 사용되었으므로 「(못 하다가) ～할 수 있게 되다」라는 뜻이 된다.

日本語_{にほんご}を習_{なら}ってから、日本_{にほん}の雑誌_{ざっし}をよく読_よむようになりました。

일본어를 배우고 나서 일본 잡지를 자주 읽게 되었습니다.(원형−자주 안 읽었는데 빈도가 늘었다는 뉘앙스)

半年前_{はんとしまえ}はひらがなも読_よめなかったけど、今_{いま}は難_{むずか}しい漢字_{かんじ}も読_よめるようになりました。

반년 전에는 히라가나도 못 읽었는데 지금은 어려운 한자도 읽을 수 있게 되었습니다.(가능형−못 읽었는데 가능하게 되었다는 뉘앙스)

문제로 확인하기

1 今年二十歳_{ことしはたち}になったので、お酒_{さけ}が（　　　　）ようになりました。

1　飲_のむ　　　　2　飲_のんだ　　　　3　飲_のめる　　　　4　飲_のんで

해석 ▶ 올해 스무 살이 되었기 때문에 술을 마실 수 있게 되었습니다.

해설 ▶ ① 동사의 가능형+ようになる(~할 수 있게 되다–변화를 나타내는 표현)

飲(の)む(마시다) → 飲(の)める(마실 수 있다–1그룹동사의 가능형) → 飲(の)めるようになる
(마실 수 있게 되다) → 飲(の)めるようになりました(마실 수 있게 되었습니다)

② 「명사+になる」는 「~이 되다」라는 뜻이다. 조사 「に」가 쓰이는 것에 주의하자. 二十歳(はたち)に
なる(스무 살이 되다) → 二十歳(はたち)になった(스무 살이 되었다)

정답 ▶ 3

2 勉強してある程度日本語が聞き取れる(　　　)、日本のドラマがもっとおもし

ろくなりました。

1　ようになるまで　　　　　　　　2　ようになってから

3　ことができるまで　　　　　　　4　ことができてから

해석 ▶ 공부를 해서 어느 정도 일본어를 알아들을 수 있게 되고나서, 일본 드라마가 더 재미있어 졌습니다.

해설 ▶ ① 동사의 가능형+ようになる(~할 수 있게 되다–변화를 나타내는 표현)

聞(き)き取(と)る(알아듣다) → 聞(き)き取(と)れる(알아들을 수 있다–1그룹동사의 가능형) →
聞(き)き取(と)れるようになる(알아들을 수 있게 되다)

② 「~てから」는 「~하고나서, ~한 다음에」라는 표현이니까
「聞(き)き取(と)れるようになってから」는 「알아들을 수 있게 되고 나서」라는 뜻이다.

③ 1번 지문은 「알아들을 수 있게 되기까지」라는 뜻이고 3번과 4번 지문은 聞(き)き取(と)れる라
는 가능형 뒤에 다시 ことができる(할 수 있다)라는 가능표현이 접속되었으므로 문법형식도 올
바르지 않고 문맥과도 맞지 않다.

정답 ▶ 2

05.　~つもりだ ~할 생각이다

「~つもりだ」는 「~할 생각이다(~할 작정이다)」라는 뜻으로, 개인적인 계획이나 강한의지를 나타
내는 표현이다.

夏休(なつやす)みを利用(りよう)して、バイクの免許(めんきょ)を取(と)るつもりです。
여름방학을 이용해 오토바이 면허를 딸 생각입니다.

1 A 「大学を卒業した後はどうしますか」

B 「たとえ家族に反対されても、カナダに留学する（　　　）」

1　つもりです　　　　　　　　2　はずです

3　べきではないです　　　　　4　ところです

해석 ▶　A 「대학을 졸업한 후에는 어떻게 할 겁니까?」

　　　　B 「설령 가족에게 반대당하더라도 캐나다에 유학 할 생각입니다.」

해설 ▶　①　~つもりだ(~할 생각이다) → 留学(りゅうがく)するつもりです(유학 갈 생각입니다)

　　　　②　~はずだ(~할(일) 것이다–틀림없이 그럴 것이라는 확실한 추측) → 留学(りゅうがく)するはず

　　　　　　です(유학 갈 것입니다)

　　　　③　~べきだ(~해야만 한다—의무) → 留学(りゅうがく)するべきです(유학 가야만 합니다)

　　　　　　~べきではない(~해서는 안 되다–금지) → 留学(りゅうがく)するべきではないです(유학을

　　　　　　가서는 안 됩니다)

　　　　④　동사의 현재형+ところだ(지금 막 어떤 동작을 하려는 참이다) → 留学(りゅうがく)するとこ

　　　　　　ろです(유학을 갈려는 참입니다)

　　　　⑤　「たとえ　~ても」는 「설령 ~라도」라는 표현이다. 反対(はんたい)される(반대당하다)는 反対

　　　　　　(はんたい)する(반대하다)의 수동형이다.

정답 ▶　1

---

06. 동사의 의지형

동사의 의지형은 「~해야지」라는 본인의 의지를 나타내는 뜻과 「~하자」라며 누군가에게 권유를 하는 뜻이 있다.

1그룹동사의 의지형

う단 → お단+う(う단 어미를 お단으로 바꾸고 う를 붙인다)

書く 쓰다　→　書こう 써야지/쓰자

会う 만나다　→　会おう 만나야지/만나자

待つ 기다리다　→　待とう 기다려야지/기다리자

2그룹동사의 의지형

る → よう (어미 る를 떼고 よう를 붙인다)

食べる 먹다 → 食べよう 먹어야지/먹자

見る 보다 → 見よう 봐야지/보자

3그룹동사의 의지형 (불규칙동사이므로 그냥 외우자)

する 하다 → しよう 해야지/하자

くる 오다 → こよう 와야지/오자

문제로 확인하기

1 気分転換に映画でも見に（　　　）。

　　1　行くよう　　　　2　行おう　　　　3　行こう　　　　4　行くう

> 해석 ▶　기분전환으로 영화라도 보러가자.
>
> 해설 ▶　① 行(い)く(가다) → 行(い)こう(가야지/가자 –1그룹동사의 의지형)
>
> 　　　　② 「동사의 ます형+に」는 「〜하러」라는 목적표현이다. 見(み)る(보다) → 見(み)に(보러) → 見(み)に行(い)く(보러 가다) → 見(み)に行(い)こう(보러 가야지/보러 가자)
>
> 정답 ▶　3

2 あ、疲れた！今日は早く（　　　）。

　　1　寝よう　　　　2　寝よ　　　　3　寝ろう　　　　4　寝るよう

> 해석 ▶　아, 피곤해! 오늘은 빨리 자야지.
>
> 해설 ▶　① 寝(ね)る(자다) → 寝(ね)よう(자야지/자자–2그룹동사의 의지형)
>
> 　　　　② 「疲(つか)れる」는 「피로해지다 , 지치다」라는 뜻이다. 따라서 과거형인 「疲(つか)れた」는 「피로해졌다. 지쳤다」 즉 한국어로 의역하면 「피곤하다, 힘들다」가 된다.
>
> 정답 ▶　1

3 A「ここの定食おいしいね。来週また（　　　）」

B「うん、そうしよう」

1　きよう　　　　2　きろう　　　　3　くよう　　　　4　こよう

07.　동사의 의지형＋と思(おも)う　〜하려고 생각하다

「동사의 의지형＋と思(おも)う」는 「〜つもりだ」의 유사표현으로 직역을 하면 「〜해야지 라고 생각하다」 즉 「〜하려고 생각하다/〜하려고 하다」라는 자신의 의지를 표현하는 대표적인 문형이다.

水泳を習おうと思っています。

수영을 배우려고 합니다.

문제로 확인하기

1 来年息子を幼稚園に（　　　）ようと思っています。

1　行かせる　　　2　行こう　　　3　行かせ　　　4　行く

❷ なるべく早く（　　　　）と思うのですが、なかなか起きられません。

1　起きろう　　　2　起きろ　　　3　起きる　　　4　起きよう

> 해석 ▶　되도록 일찍 일어나려고 합니다만, 좀처럼 일어날 수 없습니다.
>
> 해설 ▶　① 동사의 의지형+と思(おも)う(~해야지 라고 생각하다)
> 　　　　起(お)きる(일어나다) → 起(お)きよう(일어나야지/일어나자-2그룹동사의 의지형) → 起(お)き
> 　　　　ようと思(おも)う(일어나야지 라고 생각하다 = 일어나려고 하다)
> 　　　　② 起(お)きる(일어나다) → 起(お)きられる(일어날 수 있다-2그룹동사의 가능형 어미 る를 られる
> 　　　　로 고침) → 起(お)きられます(일어날 수 있습니다) → 起(お)きられません(일어날 수 없습니다)
>
> 정답 ▶　4

08. 동사의 의지형+とする ～하려고 하다

「동사의 의지형+とする」는 「~하려고 하다」라는 뜻으로 「어떤 동작이 막 그렇게 행해지려는 직전」
이라는 뉘앙스를 나타낸다.

会議が始ろうとしています。

회의가 시작되려고 하고 있습니다.

出かけようとした時、友達から電話がかかってきた。それで、約束の時間に遅
れてしまった。

외출하려고 했을 때, 친구에게서 전화가 걸려왔다. 그래서 약속시간에 늦고 말았다.

문제로 확인하기

❶ 走って電車に乗ろう（　　　　）時、ドアが閉まってしまった。

1　とあった　　　2　とした　　　3　とみた　　　4　といた

> 해석 ▶　뛰어가서 전철을 타려고 했을 때 문이 닫혀 버렸다.
>
> 해설 ▶　① 동사의 의지형+とする(~하려고 하다)
> 　　　　乗(の)る(타다) → 乗(の)ろう(타야지/타자-의지형) → 乗(の)ろうとする(타려고 하다) → 乗(の)
> 　　　　ろうとした (타려고 했다) → 乗(の)ろうとした時(とき)(타려고 했을 때)
> 　　　　② ~てしまう(~해 버리다)
> 　　　　閉(し)まる(닫히다) → 閉(し)まってしまう(닫혀 버리다) → 閉(し)まってしまった(닫혀 버렸다)
>
> 정답 ▶　2

問題　次の文章を読んで、質問に答えなさい。答えは、1・2・3・4から最もよいものを一つ
　　　えらびなさい。

　　私たち日本人は、「喋る」ということに関して十分になれていないし、まだ
まだ熱心ではありません。多く喋ることによって試行錯誤をくり返し、喋った
ための失敗も重ねることが大切なのです。しかしその失敗の中から、やがて洗
練された喋り手、深みのある喋り手として、私たちは成長していくことができ
るのではないでしょうか。そのためには、まず喋ること。人がなんといおうと
喋ることによって人間は成長するのです。
　　よきお喋りのできる女性こそ、魅力的な女性であると、ぼくは固く信じてい
ます。

五木寛之「生きるヒント」より

문제로 확인하기

1　この文章の内容と合っているものはどれか。
　　1　よく喋るのはいいが、失敗を重ねてはいけない。
　　2　女性はあまり喋らないほうが魅力的だ。
　　3　日本人は喋るということによくなれている。
　　4　人は喋ることによって成長していくのだ。

해석 ▶

해석 ▶

　우리 일본사람들은 「말하다」 라고 하는 것에 대해서 충분히 익숙하지 않아서, 아직도 열성적이지는 않습니다. 많이 말하는 것에 의해서 시행착오를 반복하고, 말로 인해 실패도 쌓이는 것이 중요합니다. 그러나 그 실패 안에서 결국 세련되게 말하는 사람, 깊이 있게 말하는 사람으로 우리는 성장해 갈 수 있는 것이 아닐까요?　그러기 위해서는 우선 말을 할 것. 다른 사람들이 뭐라고 하든지, 말을 하는 것에 따라서 인간은 성장하는 것입니다.

　말(수다)을 잘 할 수 있는 여성이야말로 매력적인 여성이라고 나는 굳게 믿고 있습니다.

이츠키 히로유키 「生(い)きるヒント」에서

1 이 문장의 내용과 일치하는 것은 어느 것인가?

　　1　말(수다)을 잘 하는 것은 좋지만, 실패를 거듭해서는 안 된다. (X)

　　2　여성은 그다지 말을 하지 않는 편이 매력적이다. (X)

　　3　일본인들은 말을 하는 것에 충분히 익숙해져 있다. (X)

　　4　사람은 말을 하는 것에 따라서 성장해 가는 것이다. (O)

포인트문법 ▶

명사 + に関(かん)して ～에 관해서, ～에 대해서

종지형 + し ～이고, ～인데다가

　　예) 彼氏(かれし)もいないし、お金(かね)もないし、家(いえ)で映画(えいが)でも見(み)るつもりです。　남자친구도 없고 돈도 없고 집에서 영화나 볼까 생각 중입니다

명사 + によって ～에 따라

　　예) 喋(しゃべ)ることによって 말을 하는 것에 따라서

동사의 た형(과거형) + ために ～했기 때문에

　　예) 話(はな)す → 話(はな)した → 話(はな)したために 이야기를 했기 때문에

동사의 て형(연결형) + ていく ～해 가다, ～하고 가다

　　예) 成長(せいちょう)する → 成長(せいちょう)して → 成長(せいちょう)していく 성장해 가다

동사의 ます형 + 手(て) ～ 하는 사람

　　예) 喋(しゃべ)る → 喋(しゃべ)ります → 喋(しゃべ)り手(て) 말하는 사람

동사의 う단 형태 + ことができる　～할 수 있다(가능표현)

　　예) 行(い)くことができる 갈 수 있다, 食(た)べることができる 먹을 수 있다

단어 ▶　喋しゃべる 수다 떨다, 말하다　　関かんする 관련하다, 관계하다

　　　　十分じゅうぶんに 충분히　　まだまだ 아직도　　熱心ねっしんだ 열심이다, 열성적이다

　　　　試行錯誤しこうさくご 시행착오　　繰くり返かえす 반복하다　　失敗しっぱい 실패

　　　　重かさなる 겹치다, 쌓이다　　大切たいせつだ 중요하다　　洗練せんれんされる 세련되다

　　　　深ふかみ 깊이　　成長せいちょうする 성장하다　　なんといおうと 뭐라고 하든지

　　　　人間にんげん 인간　　よき 좋다(よい와 같은 뜻임)　　女性じょせい 여성　　こそ ～야말로

　　　　魅力的みりょくてきだ 매력적이다　　固かたく 굳게　　信しんじる 믿다

정답 ▶　4

포인트 이해 문제 1

포인트 이해 문제는 문장을 들려주고 내용을 잘 이해했는가를 묻는 문제로서 특히 여러 가지 사실에 근거해 문장 속에서 핵심 포인트를 집어낼 수 있는 가를 묻는 문제가 출제된다.

일반적으로 포인트 이해문제는 다양한 주제의 문제가 많이 출제되므로 다양한 주제를 가진 문장을 많이 듣고 정확하게 전체내용을 파악해 핵심을 찾아내는 연습을 해야 한다. 특히 원인과 이유를 묻는 문제가 자주 출제되므로 문제를 풀 때 화자가 그런 행동을 취하는 원인과 이유가 무엇인지에 집중하며 문제를 푸는 연습을 많이 하는 것이 좋다.

문제로 확인하기 

1番

1　電話番号を知りたかったから

2　壊れていないか確かめたかったから

3　電話番号が分からなかったから

4　どれが男の人の物か確かめたかったから

2番

1　アパートが駅から遠いから

2　スーパーでアルバイトをしなければならないから

3　隣のスーパーがうるさいから

4　寝不足だから

스크립트 ▶

質問：男おとこの人ひとと女おんなの人ひとが話はなしています。女おんなの人ひとが男おとこの人ひとに電話でんわをかけさせたのはどうしてですか。

男：すみません。社員食堂しゃいんしょくどうに携帯電話けいたいでんわを忘わすれたんですが。こちらに届とどいていませんか。

女：色いろは何色なにいろですか。

男：白しろです。

女：白しろい携帯電話けいたいでんわですね。少々しょうしょうお待まちください。三みっつ届とどいているんですが。

男：中なかを見みせていただけませんか。画面がめんが猫ねこの写真しゃしんなら、それが私のです。

女：三みっつとも猫ねこの写真しゃしんです。あ、では、事務所じむしょの電話でんわから自分じぶんの携帯電話けいたいでんわにかけてみてください。

男：はい。

女：こちらですね。

男：どうもありがとうございます。

女おんなの人ひとが男おとこの人ひとに電話でんわをかけさせたのはどうしてですか。

1　電話番号でんわばんごうを知しりたかったから

2　壊こわれていないか確たしかめたかったから

3　電話番号でんわばんごうが分わからなかったから

4　どれが男おとこの人ひとの物ものか確たしかめたかったから

해석 ▶

질문 : 남자와 여자가 이야기하고 있습니다. 여자가 남자에게 전화를 걸게 한 것은 왜입니까?

남 : 실례합니다. 사원식당에 휴대 전화를 잊고 왔는데요. 여기에 들어와 있지 않습니까?

여 : 색은 무슨 색입니까?

남 : 흰색입니다.

여 : 흰 휴대폰이군요. 조금 기다려 주세요. 세 개 들어와 있는데요.

남 : 안을 보여줄 수 없으시겠습니까? 화면이 고양이의 사진이라면 그것이 제 것입니다.

여 : 세 개다 고양이 사진입니다. 아, 그럼, 사무실 전화로 자신의 휴대폰에 걸어 보세요.

남 : 네.

여 : 이쪽이군요.

남 : 대단히 고맙습니다.

여자가 남자에게 전화를 걸게 한 것은 왜입니까?

1　전화번호를 알고 싶었으니까.

2　고장 나지 않았는지 확인하고 싶었으니까.

3　전화번호를 몰랐으니까.

4　어느 것이 남자의 물건인가 확인하고 싶었으니까.

포인트문법 ▶

① 「お+ます형+ください」는 「~てください(~해 주세요)」보다 더 공손한 표현이다. 待(ま)つ(기다리다) → 待(ま)ってください(기다려 주세요) → お待(ま)ちください(기다려 주세요–더 공손함)

② ~ていただけませんか(~해 줄 수 없으시겠습니까?) 見(み)せる(보여주다) → 見(み)せていただけませんか(보여줄 수 없으시겠습니까?)

정답 ▶ 4

스크립트 ▶

質問：男おとこの人ひとと女おんなの人ひとが話はなしています。女おんなの人ひとが引ひっ越こしをする理由りゆうは何なんですか。

女：清きよし君くん、金曜日きんようび暇ひま？

男：夕方ゆうがたからアルバイトがあるけど、どうしたの？

女：新あたらしいアパートに引ひっ越こすんだ。でも、一人ひとりじゃ大変たいへんだし、手伝てつだってもらえないかなと思おもって。

男：アルバイトは５時じだから、４時じまでならいいよ。友達ともだちももう一人ひとり連つれていくよ。

女：ありがとう！

男：でも、今いまのアパートは交通こうつうの便べんもいいし、隣となりに大おおきなスーパーがあって便利べんりなのに。どうして引ひっ越こすの。

女：実じつはそのスーパーのせいで引ひっ越こすのよ。２４時間じかん営業えいぎょうしてるから、夜よるはうるさくてよく眠ねむれないの。

男：いや、それは困こまるね。

女おんなの人ひとが引ひっ越こしをする理由りゆうは何なんですか。

1　アパートが駅えきから遠とおいから
2　スーパーでアルバイトをしなければならないから
3　隣となりのスーパーがうるさいから
4　寝不足ねぶそくだから

해석 ▶

질문 : 남자와 여자가 이야기하고 있습니다. 여자가 이사를 하는 이유는 무엇입니까?

여 : 키요시군, 금요일 한가해?

남 : 저녁부터 아르바이트가 있지만, 무슨 일이야?

여 : 새로운 아파트에 이사해. 하지만 혼자서는 힘들어서, 도움을 받을 수 없을까라고 생각해서.

남 : 아르바이트는 5시이니까, 4시까지라면 괜찮아. 친구도 한명 더 데리고 갈게.

여 : 고마워!

남 : 하지만 지금 사는 아파트는 교통편도 좋고, 근처에 큰 슈퍼가 있어 편리한데. 왜 이사해?

여 : 사실은 그 슈퍼 때문에(탓으로) 이사해. 24시간 영업하니까, 밤에는 시끄러워 잘 잘 수 없어.

남 : 야, 그건 곤란하네.

여자가 이사를 하는 이유는 무엇입니까?

1　아파트가 역에서 멀기 때문에
2　슈퍼에서 아르바이트를 해야 하니까
3　근처 슈퍼가 시끄러우니까
4　수면 부족이니까

포인트문법 ▶

① 「せいで」는 「～탓으로」라는 뜻이다. 따라서 「スーパーのせいで引(ひ)っ越(こ)す(슈퍼 탓으로 이사해)」라는 문장은 여자가 이사를 하는 이유를 알 수 있는 키포인트 문장이다.

② 眠(ねむ)る(자다) → 眠(ねむ)れる(잘 수 있다―1 그룹동사의 가능형 う단 어미를 え단으로 바꾸고 る를 접속) → 眠(ねむ)れない(잘 수 없다)

정답 ▶　3

PracticeTest 1 문자/어휘

問題1 ＿＿＿＿の言葉の読み方として最もよいものを1・2・3・4から一つえらびなさい。

1 どんな作家も作品には<u>命</u>をかけている。

　　1　いのり　　　　2　いのう　　　　3　いのしし　　　4　いのち

2 7時<u>以降</u>はだいたい家にいます。

　　1　いぜん　　　　2　いこう　　　　3　いせん　　　　4　いごう

3 いい<u>印象</u>を<ruby>与<rt>あた</rt></ruby>えるのはとても大事なことです。

　　1　じんしょう　　2　じんしょ　　　3　いんしょう　　4　いんしょ

4 エンジンの<u>故障</u>などのトラブルを乗り越え、無事に帰った。

　　1　こしょう　　　2　こしょ　　　　3　こきょう　　　4　こきょ

5 火事の現場はとても<u>混雑</u>だった。

　　1　ごんざつ　　　2　こんざつ　　　3　ごんぞう　　　4　こんぞう

問題2　＿＿＿のことばを漢字で書くとき最もよいものを１・２・３・４から一つえらびなさい。

6　かどを曲がって三番目の家です。

　　1　角　　　　　　2　右　　　　　　3　左　　　　　　4　隣

7　えいぎょう時間は、ランチが11時30分から15時までで、ディナーは18時から23時30分までです。

　　1　営事　　　　　2　営業　　　　　3　英業　　　　　4　富業

8　正月に家族とおんせん旅行に行ったんです。

　　1　御泉　　　　　2　恩泉　　　　　3　温泉　　　　　4　温線

9　不当なさべつはやめるべきである。

　　1　左別　　　　　2　査別　　　　　3　差捌　　　　　4　差別

10　都市部のしつぎょう率は前年と比べ 0.2ポイント減った。

　　1　疾業　　　　　2　質業　　　　　3　室業　　　　　4　失業

問題3 （　　　　）に入れるのに最もよいものを１・２・３・４から一つえらびなさい。

11 京都は伝統的な（　　　　）です。

　　1　旅行　　　　　2　道　　　　　　3　所　　　　　4　お菓子

12 今日だけディスカウント（　　　　）で販売される。

　　1　価格　　　　　2　割引　　　　　3　値上げ　　　　4　卸売り

13 病気になった原因は（　　　　）だったそうだ。

　　1　楽しみ　　　　2　過労　　　　　3　喜び　　　　　4　通過

14 （　　　　）のために上京する若い人たちが増えている。

　　1　就職　　　　　2　退職　　　　　3　引退　　　　　4　就任

15 日航東京ホテルに（　　　　）することになりました。

　　1　バイキング　　2　外食　　　　　3　入院　　　　　4　宿泊

問題4 ______に意味が最も近いものを1・2・3・4から一つえらびなさい。

16 <u>急用</u>ができて慌（あわ）てて帰ってしまった。

1　退屈な用事　　2　さわぎの用事　3　適当な用事　　4　いそぎの用事

17 <u>空港</u>まで友達をみおくりに行った。

1　スクール　　　2　マンション　　3　エアポート　　4　アパート

18 彼の言うことには<u>真実性</u>がないようにみえる。

1　ほんとうでないこと　　　　　2　うそでないこと

3　話がないこと　　　　　　　　4　かねがないこと

問題5 つぎのことばの使い方として最もよいものを 1・2・3・4から一つえらびなさい。

19 工夫

1 工夫現場を管理する仕事をしている。

2 工夫げんかの原因は家事をきちんとしなかったからだ。

3 ちょっとの工夫でかわいいケーキができあがりました。

4 お菓子の工夫でバイトをしたことがある。

20 立場

1 立場からの生中継でお送りいたしました。

2 子供の立場はお断りします。

3 ビルのむかいに立場のみ店舗があります。

4 親は子供の立場になって理解する姿勢が必要だ。

PracticeTest 2 문법

問題1　つぎの文の（　　　）に入れるのに最もよいものを、1・2・3・4から一つえらびなさい。

1　どんなに生活が苦しくても、息子にだけはいい教育を（　　　）。

　　1　受けなければならない　　　　　2　受けさせたい

　　3　受けるはずがない　　　　　　　4　受けられない

2　急に雨が降り（　　　）のでやねのある所まで走った。

　　1　だした　　　2　たかった　　　3　おわった　　　4　でた

3　一週間練習して少し日本の歌が（　　　）ようになりました。

　　1　歌う　　　2　歌った　　　3　歌える　　　4　歌られる

4　今日は天気も悪いし、家でのんびり（　　　）と思っています。

　　1　休み　　　2　休もう　　　3　休む　　　4　休むつもり

5　いったん約束をした以上、どんなことがあっても守ら（　　　）。

　　1　なくてもいい　　　　　　　　　2　なくてもかまわない

　　3　ないでください　　　　　　　　4　なくてはいけない

6　砂糖（さとう）を（　　　）すぎたので、甘くて食べられません。

　　1　はいって　　　2　はいり　　　3　いれ　　　4　いれて

7 雨なのに、彼女は傘も（　　　）歩いています。

　　1　ささずに　　　　2　ささなくて　　　3　さしないで　　　4　さしながら

8 今まで海外旅行に（　　　）ので、一度行ってみたいです。

　　1　行ったことがない　　　　　　2　行ったことがある

　　3　行かなければならない　　　　4　行かなくてもいい

9 引っ越しの前に部屋の掃除をして（　　　）ほうがいいですよ。

　　1　おく　　　　　2　おいた　　　　3　おき　　　　4　おいて

10 父に電話を（　　　）とした時、父から電話がかかってきました。

　　1　かける　　　　2　かけろう　　　3　かけよう　　　4　かけるよう

問題2　つぎの文の___★___に入る最もよいものを、1・2・3・4から一つえらびなさい。

11　先生の声が_____　__★__、_____　_____移った。

1　いちばん前の　　2　席に　　　　3　聞こえない　　4　ので

12　今日は_★__　_____　_____　_____勉強しましょう。

1　について　　　　2　間違えやすい　3　使い方　　　　4　敬語の

13　この辞書は字が_____　_____　__★__　_____と思う。

1　にくい　　　　　2　小さ　　　　　3　すぎて　　　　4　読み

14　ヘアドライヤーを_____　__★__　_____　_____か。

1　くれません　　　2　貸して　　　　3　おわったら　　4　使い

15　林さんは口が軽い_____　_____　__★__　_____いい。

1　から　　　　　　2　言わない　　　3　このことは　　4　ほうが

問題3　つぎの文章を読んで、　16　から　20　の中に入る最もよいものを、1・2・3・4か
　　　ら一つえらびなさい。

　　僕はもう18歳になりました。もうすぐ大学に進学します。自分を大人だと思
っているのに、まだ両親から子供扱いされています。ときどき母の世話やきに
はうんざり　16　ことがあります。

　　この間、僕は友達とサッカーをしていた時に、足を怪我して　17　。涙が出
るくらい痛くて　18　。でも僕はもう18歳です。笑って友達とタクシーで病院
に行きました。医者に診てもらってから、怪我の重さがわかりました。足を骨
折してギプスを　19　そうです。

　　その晩、僕は包帯を巻いて家に帰りました。母はびっくりして、僕が「も
う大丈夫だから」と何度説明しても、「ほんとうに大丈夫なの?」「痛くな
い?」としつこく聞きました。その時僕は足の痛みと煩わしさで「もうほっと
いてくれ」と叫びたくなりました。

　　次の日、母は　20　病院の再診察にいっしょに行くと言いました。僕は同意
するしかありませんでしたが、居心地はよくありませんでした。

16　1　する　　　　2　した　　　　3　して　　　　4　し

17　1　みました　　　　　　2　しまいました
　　　3　おきました　　　　　　4　いきました

18　1　歩きませんでした　　　2　歩くことができました
　　　3　歩けませんでした　　　4　歩けました

19　1　はめなくてもいい　　　2　はめてもかまわない
　　　3　はめなければならない　4　はめてもいい

20　1　たとえ　　　　2　どんなに　　　3　なんだか　　　4　どうしても

PracticeTest 1 문자/어휘

문제 1

1 해석 ▶ 어떤 작가도 작품에는 <u>목숨</u>을 걸고 있다.

해설 ▶ 1 기도, 기원 祈いのり 2 특이한 재능 異能いのう

3 멧돼지 猪いのしし 4 생명 命いのち

단어 ▶ 作家さっか 작가 作品さくひん 작품 命いのちをかける 목숨을 걸다

정답 ▶ 4

2 해석 ▶ 7시 <u>이후</u>는 대체로 집에 있습니다.

해설 ▶ 1 이전 以前いぜん 2 이후 以降いこう

3 의학 전문학교 医専いせん 4 불교의 의업 意業いごう

단어 ▶ だいたい 대체로 うち 집

정답 ▶ 2

3 해석 ▶ 좋은 <u>인상</u>을 주는 것은 매우 중요(소중)한 일입니다.

해설 ▶ 1 인증 人証じんしょう → 인적증거 (人的証拠じんてきしょうこ의 준말)

2 진소 陣所じんしょ

3 인상 印象いんしょう

4 인서 印書いんしょ

단어 ▶ いい 좋다 与あたえる 주다, 부여하다 大事だいじだ 중요하다

정답 ▶ 3

4 해석 ▶ 엔진 <u>고장</u> 등의 트러블을 넘어서 무사히 돌아갔(왔)다.

해설 ▶ 1 고장 故障こしょう 2 고서(옛날 책) 古書こしょ

3 고향 故郷こきょう 4 고허(낡은 성곽 등의 흔적) 故墟こきょ

단어 ▶ 乗のり越こえる 극복하다, 뛰어넘다 無事ぶじだ 무사하다 帰かえる 돌아가(오)다

정답 ▶ 1

5 해석 ▶ 화재의 현장은 매우 <u>혼잡</u>했다.

해설 ▶ 1 X 2 혼잡 混雑こんざつ

3 (짚신의 일종)권장 権蔵ごんぞう 4 X

포인트문법 ▶ 명사 + だった(명사의 과거형)

예) 昨日(きのう)は雨(あめ)だった 어제는 비가 내렸다

단어 ▶ 火事かじ 화재 現場げんば 현장

정답 ▶ 2

문제 2

6 해석 ▶ <u>모퉁이</u>를 돌아 3번째 집입니다.

해설 ▶ 1 모퉁이 角かど　　　　　　　　2 오른쪽 右みぎ

3 왼쪽 左ひだり　　　　　　　　4 옆, 이웃 隣となり

포인트문법 ▶ 수량적인 말 + 目(め)(~째)

예) 一杯目(いっぱいめ) 한 잔째, 一(ひと)つ目(め) 한 개째

단어 ▶ 曲まがる 돌다

정답 ▶ 1

7 해석 ▶ <u>영업시간</u>은 런치가 11시 30분부터 15시까지이고, 디너는 18시부터 23시 30분까지입니다.

해설 ▶ 1 X　　　　　　　　　　2 영업 営業えいぎょう

3 X　　　　　　　　　　4 부업 副業ふくぎょう

포인트문법 ▶ ～から～まで ～로부터～까지

단어 ▶ 時間じかん 시간　　ランチ 점심식사　　ディナー 저녁식사

정답 ▶ 2

8 해석 ▶ 정월(신정)에 가족과 <u>온천</u> 여행에(하러) 갔습니다.

해설 ▶ 1 X　　　　　　　　　　2 X

3 온천 温泉おんせん　　　　　　4 X

단어 ▶ 家族かぞく 가족　　行いった 갔다 → 行いく 가다의 과거형

정답 ▶ 3

9 해석 ▶ 부당한 <u>차별</u>은 그만두어야 한다.

해설 ▶ 1 X　　　　　　　　　　2 X

3 X　　　　　　　　　　4 차별 差別さべつ

포인트문법 ▶ 동사의 う단 형태 + べきだ ～해야 한다.

예) 日本(にほん)のドラマを見(み)るべきだ 일본드라마를 봐야 한다.

단어 ▶ 不当ふとうだ 부당하다　　止やめる 그만두다

정답 ▶ 4

10 해석 ▶ 도시지역의 <u>실업률</u>은 전년과 비교해서 0.2포인트 줄었다.

해설 ▶ 1 X　　　　　　　　　　2 X

3 X　　　　　　　　　　4 실업 失業しつぎょう

포인트문법 ▶ 명사+と比(くら)べ → ～에 비해서(비교해서)

단어 ▶ 都市部としぶ 도시지역　　率りつ 율, 비율　　前年ぜんねん 전년(지난해)

比くらべる 비하다(비교하다)

정답 ▶ 4

문제3

---

11 해석 ▶ 쿄토는 전통적인 (　곳　)입니다.

해설 ▶ 1 여행　旅行りょこう　　　　　2 길　道みち

　　　　3 장소　所ところ　　　　　4 과자　お菓子かし

단어 ▶ 伝統的でんとうてきな 전통적인　　所ところ 곳, 장소

정답 ▶ 3

---

12 해석 ▶ 오늘만 디스카운트(　가격　)으로 판매된다.

해설 ▶ 1 가격　価格かかく　　　　　2 할인　割引わりびき

　　　　3 가격인상　値上ねあげ　　　4 도매　卸売おろしうり

단어 ▶ 今日きょう 오늘　　だけ ~만　　される → する의 수동표현으로 당하다, 되다

　　　　販売はんばいされる 판매되다

정답 ▶ 1

---

13 해석 ▶ 병이 난 원인은 (　과로　)였다고 한다.

해설 ▶ 1 즐거움　楽たのしみ　　　　2 과로　過労かろう

　　　　3 기쁨　喜よろこび　　　　　4 통과　通過つうか

포인트문법 ▶ 명사의 과거형 + そうだ→~라고 한다(そうだ의 전문용법)

　　　　　　예) 雪(ゆき)だったそうだ 눈이 내렸다고 한다

단어 ▶ 病気びょうきになる 병이 나다　　原因げんいん 원인

정답 ▶ 2

---

14 해석 ▶ (　취업　)을 위해서 상경하는 젊은 사람들이 증가하고 있다.

해설 ▶ 1 취업　就職しゅうしょく　　　2 퇴직　退職たいしょく

　　　　3 은퇴　引退いんたい　　　　4 취임　就任しゅうにん

포인트문법 ▶ 명사 + のために ~위해서

　　　　　　예) あなたのために 당신을 위해서, 親(おや)のために 부모님을 위해서

단어 ▶ 上京じょうきょう 상경　　若わかい 젊다　　たち ~들(복수형)　　増ふえる 늘다, 증가하다

정답 ▶ 1

---

15 해석 ▶ 니꼬 도쿄 호텔에서 (　숙박　) 하게 되었습니다.

해설 ▶ 1 바이킹(뷔페)　　　　　　2 외식　外食がいしょく

　　　　3 입원　入院にゅういん　　　4 숙박　宿泊しゅくはく

포인트문법 ▶ 동사의 う단형태 + ことになる ~하기로 정해지다, 결정이 나다

　　　　　　예) 行(い)くことになる 가기로 결정이 되다

단어 ▶ ホテル 호텔　　成なる 되다

정답 ▶ 4

문제4

16 해석 ▶ <u>급한 용무</u>가 생겨서 황급히 돌아가 버렸다.

해설 ▶ 1 지루한 용무　退屈たいくつな用事ようじ　　2 소동의 용무　さわぎの用事ようじ

　　　3 적당한 용무　適当てきとうな用事ようじ　　4 급한 용무　いそぎの用事ようじ

포인트문법 ▶ ～てしまう ～해버리다

　　　　　예) 食(た)べてしまう 먹어버리다, 行(い)ってしまう 가버리다

　　　　しまった는 しまう의 과거형임

단어 ▶ できる 생기다　慌あわてる 허둥거리다, 몹시 서두르다　帰かえる 돌아가(오)다

정답 ▶ 4

17 해석 ▶ <u>공항</u>까지 친구를 배웅하러 갔다.

해설 ▶ 1 스쿨　スクール　　　　　2 맨션　マンション

　　　3 공항　エアポート　　　　4 아파트　アパート

포인트문법 ▶ 동사의 ます형 + に　～하러

　　　　　예) 仕事(しごと)をしに 일을 하러, 友達(ともだち)に会(あ)いに 친구를 만나러

　　　　行(い)った 갔다 → 行(い)く(가다)의 과거형

단어 ▶ 友達ともだち 친구　見送みおくる 배웅하다

정답 ▶ 3

18 해석 ▶ 그가 말하는 것에는 진실성이 없어 보인다.

해설 ▶ 1 사실이 아닌 것　ほんとうでないこと　　2 거짓말이 아닌 것　うそでないこと

　　　3 이야기가 없는 것　話はなしがないこと　　4 돈이 없는 것　かねがないこと

단어 ▶ 그(그 남자) 彼かれ　말하다 言いう　보이다 見みえる

정답 ▶ 2

문제5

19 해석 ▶ 궁리, 고안

1 <u>궁리</u> 현장을 관리하는 일을 하고 있다. (X)

2 <u>궁리</u> 싸움의 원인은 가사 일을 제대로 하지 않았기 때문이다. (X)

3 약간의 <u>궁리</u>로 귀여운 케이크가 완성되었습니다. (O)

4 과자의 <u>궁리</u>에서 아르바이트를 한 적이 있다. (X)

포인트문법 ▶ い형용사의 과거형 → い를 지우고 かった를 붙인다

예) 昨日(きのう)は寒(さむ)かった 어제는 추웠다

동사의 た형(과거형)+ことがある → ~한 적이 있다(과거의 경험)

예) 刺身(さしみ)を食(た)べたことがある 회를 먹어본 적이 있다

단어 ▶ 現場げんば 현장　　管理かんり 관리　　仕事しごと 일　　喧嘩けんか 싸움

原因げんいん 원인　　家事かじ 가사　　きちんと 정확히, 단단히, 제대로

可愛かわいい 귀엽다　　できあがる 완성되다　　お菓子かし 과자　　バイト 아르바이트

정답 ▶ 3

20 해석 ▶ 입장

1 <u>입장</u>으로부터의 생중계로 보내드렸습니다. (X)

2 아이의 <u>입장</u>은 거절하겠습니다. (X)

3 빌딩 맞은편에 <u>입장</u> 마시는 점포가 있습니다. (X)

4 부모는 아이의 <u>입장</u>이 되어서 이해하는 자세가 필요하다. (O)

포인트문법 ▶ お + 동사의 ます형 + する(いたす) 겸양어 공식

예) お書(か)きします 쓰겠습니다. お読(よ)みいたします 읽겠습니다.

단어 ▶ 生中継なまちゅうけい 생중계　　送おくる 보내다, 부치다　　子供こども 아이

断ことわる 거절하다　　むかい 맞은편　　店舗てんぽ 가게, 점포　　親おや 부모

理解りかいする 이해하다　　必要ひつようだ 필요하다

정답 ▶ 4

PracticeTest 2 문법

문제1

1 해석 ▶ 아무리 생활이 어려워도, 아들에게만은 좋은 교육을 받게 하고 싶다.

해설 ▶ ① ～なければならない(～하지 않으면 안 된다) 受(う)ける(받다) → 受(う)けなければならない(받지 않으면 안 된다)

② 受(う)ける(받다) → 受(う)けさせる(받게 하다–2그룹동사의 사역형 어미 る를 떼고 させる를 접속) → 受(う)けさせたい(받게 하고 싶다)

③ ～はずがない(～할 리가 없다) 受(う)ける(받다) → 受(う)けるはずがない(받을 리가 없다)

④ 受(う)ける(받다) → 受(う)けられる(받을 수 있다–2그룹동사의 가능형 어미 る를 られる로 바꿈) → 受(う)けられない(받을 수 없다)

단어 ▶ 生活せいかつ 생활　　苦くるしい 괴롭다, 힘겹다, 궁색하다　　息子むすこ 아들
教育きょういく 교육

정답 ▶ 2

2 해석 ▶ 갑자기 비가 내리기 시작했기 때문에 지붕이 있는 곳까지 달렸다.

해설 ▶ ① 「동사의 ます형＋だす(～하기 시작하다)」

降(ふ)りだす(내리기 시작하다) → 降(ふ)りだした(내리기 시작했다)

② 동사의 ます형＋たい(～하고 싶다) → 동사의 ます형＋たかった(～하고 싶었다)

③ 동사의 ます형＋おわる(～하기를 마치다)

④ でる(나가다) → でた(나갔다)

단어 ▶ 急きゅうに 갑자기　　雨あめ 비　　降ふる 내리다　　やね 지붕　　所ところ 장소, 곳
走はしる 달리다

정답 ▶ 1

3 해석 ▶ 일주일간 연습해 조금 일본 노래를 부를 수 있게 되었습니다.

해설 ▶ ① 「동사의 가능형＋ようになる(～할 수 있게 되다)」

歌(うた)う(노래 부르다) → 歌(うた)える(노래 부를 수 있다–1그룹동사의 가능형 う단 어미를 え단으로 바꾸고 る를 접속) → 歌(うた)えるようになる(노래 부를 수 있게 되다) → 歌(うた)えるようになりました(노래 부를 수 있게 되었습니다)

② 歌(うた)う(노래 부르다) → 歌(うた)った(노래 불렀다–과거형) 4번 지문의 歌(うた)られる(잘못된 문법형식임)

단어 ▶ 一週間いっしゅうかん 일주일　　練習れんしゅう 연습　　少すこし 조금　　歌うた 노래
歌うたう 노래 부르다

정답 ▶ 3

4 해석 ▶ 오늘은 날씨도 나쁘고, 집에서 한가로이 쉬려고 생각하고 있습니다.

해설 ▶ ① 동사의 의지형+思(おも)う(~하려고 생각하다)

休(やす)む(쉬다) → 休(やす)もう(쉬어야지/쉬자−1그룹동사의 의지형 う단 어미를 お단으로 바꾸고 う를 접속) → 休(やす)もうと思(おも)う(쉬려고 생각하다) → 休(やす)もうと思(おも)っています(쉬려고 생각하고 있습니다)

② 1번 지문의 「休(やす)み」는 「휴일」, 4번 지문의 「동사의 기본형+つもりだ」는 「~할 생각(작정)이다」라는 뜻. 따라서 休(やす)むつもりだ(쉴 생각이다) → 休(やす)むつもりです(쉴 생각입니다)

단어 ▶ 今日きょう 오늘   天気てんき 날씨   悪わるい 나쁘다   家うち 집

のんびり 한가로이   思おもう 생각하다

정답 ▶ 2

5 해석 ▶ 일단 약속을 한 이상, 어떤 일이 있어도 지키지 않으면 안 된다.

해설 ▶ ① ~なくてもいい(~하지 않아도 된다) → 守(まも)らなくてもいい(지키지 않아도 된다)

② ~なくてもかまわない(~하지 않아도 상관없다) → 守(まも)らなくてもかまわない(지키지 않아도 상관없다)

③ ~ないでください(~하지 마세요) → 守(まも)らないでください(지키지 마세요)

④ ~なくてはいけない(~하지 않으면 안 된다) → 守(まも)らなくてはいけない(지키지 않으면 안 된다)

단어 ▶ いったん 일단   約束やくそく 약속   以上いじょう 이상   どんな 어떤

守まもる 지키다

정답 ▶ 4

6 해석 ▶ 설탕을 너무 넣어서, 달아서 먹을 수 없습니다.

해설 ▶ 동사의 ます형+すぎる(지나치게 ~하다, 너무 ~하다)

入(はい)る(들어가다) → 入(はい)ります(들어갑니다) → 入(はい)りすぎる(너무 들어가다) → 入(はい)りすぎた(너무 들어갔다)

入(い)れる(넣다) → 入(い)れます(넣습니다) → 入(い)れすぎる(너무 넣다) → 入(い)れすぎた(너무 넣었다) 앞부분이 「砂糖(さとう)を(설탕을)」이므로 내용상 「入(はい)りすぎる(너무 들어가다)」가 아니라 「入(い)れすぎる(너무 넣다)」가 되어야 한다.

단어 ▶ 砂糖さとう 설탕   甘あまい 달다   食たべる 먹다

정답 ▶ 3

7 해석 ▶ 비인데(비가 오는데) 그녀는 우산도 쓰지 않고 걷고 있습니다.

해설 ▶ ① ～ずに(～하지 않고–ない형에 접속한다)

さす(쓰다–우산) → ささない(쓰지 않다) → ささずに(쓰지 않고)

② ～なくて(～하지 않아서–원인과 이유)

さす(쓰다) → ささない(쓰지 않다) → ささなくて(쓰지 않아서)

③ 「～ないで」도 「～ずに」와 같은 「～하지 않고」라는 뜻이다. 따라서 ない형에 접속해야 하므로 「さしないで」는 잘못된 문법형식이고 정답이 되려면 「ささないで」가 되어야 한다.

④ 동사의 ます형＋ながら(～하면서–동시진행)

さす(쓰다) → さします(씁니다) → さしながら(쓰면서)

단어 ▶ 彼女かのじょ 그녀   傘かさ 우산   歩あるく 걷다

정답 ▶ 1

8 해석 ▶ 지금까지 해외여행에 간 적이 없기 때문에, 한 번 가보고 싶습니다.

해설 ▶ ① ～たことがない(～한 적이 없다)

行(い)く(가다) → 行(い)ったことがない(간 적이 없다)

② ～たことがある(～한 적이 있다)

行(い)く(가다) → 行(い)ったことがある(간 적이 있다)

③ ～なければならない(～하지 않으면 안 된다)

行(い)く(가다) → 行(い)かなければならない(가지 않으면 안 된다)

④ ～なくてもいい(～하지 않아도 된다)

行(い)く(가다) → 行(い)かなくてもいい(가지 않아도 된다)

단어 ▶ 今いま 지금   海外かいがい 해외   旅行りょこう 여행   一度いちど 한 번

정답 ▶ 1

9 해석 ▶ 이사 전에 방 청소를 해 두는 편이 좋아요.

해설 ▶ 동사의 た형＋ほうがいい(～하는 편이 좋다)

掃除(そうじ)をしておく(청소를 해 두다) → 掃除(そうじ)をしておいた(청소를 해 두었다) → 掃除(そうじ)をしておいたほうがいい(청소를 해 두는 편이 좋다) → 掃除(そうじ)をしておいたほうがいいです(청소를 해 두는 편이 좋습니다)

단어 ▶ 引ひっ越こし 이사   前まえ 앞, 전   部屋へや 방   掃除そうじ 청소

정답 ▶ 2

10   해석 ▶   아버지에게 전화를 걸려고 했을 때, 아버지로부터 전화가 걸려 왔습니다.

해설 ▶   ①   동사의 의지형+とする(~하려고 하다)

電話(でんわ)をかける(전화를 걸다) → 電話(でんわ)をかけよう(전화를 걸자/전화를 걸어야 지-2그룹동사의 의지형 어미 る를 떼고 よう를 접속) → 電話(でんわ)をかけようとする(전화를 걸려고 하다) → 電話(でんわ)をかけようとした(전화를 걸려고 했다)

②   2번 지문 「かけろう」와 4번 지문 「かけるよう」는 올바른 문법형식(의자형)이 아니다.

단어 ▶   父ちち 아버지   電話でんわ 전화   時とき 때   かかる 걸리다   くる 오다

정답 ▶   3

문제2

11   先生(せんせい)の声(こえ)が聞(き)こえない ★のので、いちばん前(まえ)の 席(せき)に移(うつ)った。

해석 ▶   선생님의 목소리가 들리지 않으므로 제일 앞자리로 옮겼다.

해설 ▶   「聞(き)く」는 「듣다. 묻다」 「聞(き)こえる」는 「들리다」라는 뜻이다. 헷갈리지 말자.

단어 ▶   声こえ 목소리   席せき 자리   移うつる 옮기다

정답 ▶   4

12   今日(きょう)は★ 間違(まちが)えやすい 敬語(けいご)の 使(つか)い方(かた) について勉強(べんきょう)しましょう。

해석 ▶   오늘은 틀리기 쉬운 경어 사용법에 대해서 공부합시다.

해설 ▶   ①   동사의 ます형+やすい(~하기 쉽다)

間違(まちが)える(틀리다) → 間違(まちが)えます(틀립니다) → 間違(まちが)えやすい(틀리기 쉽다)

②   동사의 ます형+方(かた)(~하는 법)

使(つか)う(사용하다) → 使(つか)います(사용합니다) → 使(つか)い方(かた)(사용법)

③   「~について(~에 대해서)」는 「어떤 주제나 내용에 대해서」라는 뜻이다.

단어 ▶   敬語けいご 경어   勉強べんきょう 공부

정답 ▶   2

13 この辞書(じしょ)は字(じ)が<u>小(ちい)さ</u>　すぎて　★<u>読(よ)み</u>　にくいと思(おも)う。

해석 ▶　이 사전은 글자가 너무 작아서 읽기 어렵다고 생각한다.

해설 ▶　① 형용사의 어간+すぎる(지나치게 ～이다, 너무 ～이다)

　　　　小(ちい)さい(작다) → 小(ちい)さすぎる(너무 작다) → 小(ちい)さすぎて(너무 작아서)

　　　② 동사의 ます형+にくい(～하기 어렵다)

　　　　読(よ)む(읽다) → 読(よ)みます(읽습니다) → 読(よ)みにくい(읽기 어렵다)

단어 ▶　辞書じしょ 사전　　　字じ 글자　　　思おもう 생각하다

정답 ▶　4

---

14 ヘアドライヤーを<u>使(つか)い</u>　★<u>おわったら</u>　<u>貸(か)して</u>　くれませんか。

해석 ▶　헤어드라이어를 다 사용하면 빌려 주시지 않겠습니까?

해설 ▶　① 동사의 ます형+おわる(다 ～하다)

　　　　使(つか)う(사용하다) → 使(つか)いおわる(다 사용하다) → 使(つか)いおわったら(다 사용하면−
　　　　たら조건표현)

　　　② 「貸(か)す」는 「빌려주다」 「借(か)りる」는 「빌리다」라는 뜻이다. 헷갈리기 쉬우니 조심하자.

단어 ▶　ヘアドライヤー 헤어드라이어　　　くれる 주다

정답 ▶　3

---

15 林(はやし)さんは口(くち)が軽(かる)い<u>から</u>　<u>このことは</u>　★<u>言(い)わない</u>　ほうがいい。

해석 ▶　하야시씨는 입이 가벼우니까 이것은 말하지 않는 편이 좋다.

해설 ▶　① 동사의 ない형+ほうがいい(～하지 않는 편이 좋다)

　　　　言(い)う(말하다) → 言(い)わない(말하지 않다) → 言(い)わないほうがいい(말하지 않는 편이 좋다)

단어 ▶　口くち 입　　　軽かるい 가볍다

정답 ▶　2

문제3

해석 ▶

나는 벌써 18살이 되었습니다. 곧 있으면 대학에 진학합니다. 자신을 어른이라고 생각하는데 아직 부모님으로부터 아이취급을 받고 있습니다. 가끔 어머니의 참견은 진절머리 [16] 나는 경우가 있습니다.

요전에, 나는 친구와 축구를 하고 있었을 때에 다리에 부상을 입고 [17] 말았습니다. 눈물이 나올 정도로 아파서 [18] 걸을 수 없었습니다. 그렇지만 나는 벌써 18살입니다. 웃으며 친구와 택시로 병원에 갔습니다. 의사에게 진찰을 받고 나서, 부상 정도가 중함을 알았습니다. 다리를 골절해서 기브스를 [19] 끼지 않으면 안 된다고 합니다.

그날 밤, 나는 붕대를 감고 집에 돌아왔습니다. 어머니는 놀라서 내가 「이제 괜찮으니까」이라고 몇 번 설명해도 「정말로 괜찮아?」 「아프지 않아?」라고 끈질기게 물었습니다. 그 때 나는 다리의 아픔과 성가심으로 「이제 내버려 둬 줘」라고 외치고 싶어졌습니다.

다음날 어머니는 [20] 아무래도 병원의 재진찰에 함께 간다고 했습니다. 나는 동의할 수밖에 없었습니다만, 기분은 좋지 않았습니다.

단어 ▶

僕ぼく 나(남자)　　大学だいがく 대학　　進学しんがく 진학　　自分じぶん 자기 자신

大人おとな 어른　　両親りょうしん 부모　　子供こども 扱あつかい 아이취급

母はは 어머니　　世話せわやき 남의 일에 참견하기 좋아함

うんざりする 진절머리나다　　この間あいだ 요전에　　足あし 다리, 발

怪我けが 부상　　涙なみだ 눈물　　出でる 나가다(나오다)　　痛いたい 아프다

笑わらう 웃다　　病院びょういん 병원　　医者いしゃ 의사　　診てもらう 진찰받다

重おもさ 무게, 중함　　骨折こっせつ 골절　　はめる 끼우다　　晩ばん 저녁, 밤

包帯ほうたい 붕대　　巻まく 감다　　帰かえる 돌아가다(돌아오다)　　何度なんど 몇 번

説明せつめい 설명　　しつこく 끈질기게　　聞きく 듣다, 묻다　　痛いたみ 아픔

煩わずらわしさ 성가심　　ほっておく (ほっとく─축약) 내버려 두다　　叫さけぶ 외치다

次つぎ 다음　　日ひ 날　　再診察さいしんさつ 재진찰　　同意どういする 동의하다

～しか ～밖에　　居心地いごこち 어떤 장소·지위에 있을 때의 느낌이나 기분

---

[16] 해설 ▶　① 「동사의 원형＋ことがある」는 「～하는 경우가 있다」라는 뜻이다. 따라서 정답은 うんざりすることがあります(진절머리 나는 경우가 있습니다)

　② 「동사의 た형＋ことがある」는 「～한 적이 있다」라는 과거 경험의 뜻이다. 따라서 うんざりしたことがあります(진절머리 난 적이 있습니다) 라는 뜻이 된다.

　③ して(하고)

　④ し(する동사의 ます형)

정답 ▶　1

17 해설 ▶ ① ～てみる(～해 보다–시도)
怪我(けが)してみる(부상입어 보다) → 怪我(けが)してみました(부상입어 봤습니다) 문맥과 맞지 않음.
② ～てしまう(～해 버리다,～하고 말다)
怪我(けが)してしまう(부상입고 말다) → 怪我(けが)してしまいました(부상입고 말았습니다)
③ ～ておく(～해 두다)
怪我(けが)しておく(부상입어 두다) → 怪我(けが)しておきました(부상입어 두었습니다)
문맥과 맞지 않음.
④ ～ていく(～하고 가다)
怪我(けが)していく(부상입고 가다) → 怪我(けが)していきました(부상입고 갔습니다)

정답 ▶ 2

18 해설 ▶ ① 歩(ある)きませんでした(걷지 않았습니다)
② 歩(ある)くことができました(걸을 수 있었습니다)
③ 歩(ある)く(걷다) → 歩(ある)ける(걸을 수 있다–1그룹동사의 가능형 う단 어미를 え단으로 바꾸고 る를 접속) → 歩(ある)けます(걸을 수 있습니다) → 歩(ある)けませんでした(걸을 수 없었습니다)
④ 歩けました(걸을 수 있었습니다)

정답 ▶ 3

19 해설 ▶ ① ～なくてもいい(～하지 않아도 된다) → はめなくてもいい(끼지 않아도 된다)
② ～てもかまわない(～해도 상관없다) → はめてもかまわない(껴도 상관없다)
③ ～なければならない(～하지 않으면 안 된다) → はめなければならない(끼지 않으면 안 된다)
④ ～てもいい(～해도 된다) → はめてもいい(껴도 된다)

정답 ▶ 3

20 해설 ▶ ① たとえ(설령)
② どんなに(얼마나, 아무리)
③ なんだか(어쩐지, 무엇인지)
④ どうしても(아무래도)

정답 ▶ 4

Part 04

新 JLPT 종결자

단어익히기　필수 2자 한자

他人 たにん　타인	団体 だんたい　단체	担当 たんとう　담당
担任 たんにん　담임	暖房 だんぼう　난방	地位 ちい　지위
地下 ちか　지하	地球 ちきゅう　지구	遅刻 ちこく　지각
注意 ちゅうい 주의	中央 ちゅうおう　중앙	中止 ちゅうし　중지
駐車 ちゅうしゃ　주차	昼食 ちゅうしょく　중식	中心 ちゅうしん　중심, 중앙
注目 ちゅうもく　주목	注文 ちゅうもん　주문	調子 ちょうし　상태
直接 ちょくせつ　직접	通過 つうか　통과	通勤 つうきん　통근
通行 つうこう　통행	通信 つうしん　통신	通常 つうじょう　통상
通訳 つうやく　통역	通用 つうよう　통용	都合 つごう　형편, 사정
低下 ていか　저하	定価 ていか　정가	定期 ていき　정기
程度 ていど　정도	出口 でぐち　출구	鉄道 てつどう　철도
手間 てま　수고	手前 てまえ　자기의 바로 앞, 어떤 곳에 약간 못 미치는 지점	

문제로 확인하기

問題1 ＿＿＿＿＿の言葉の読み方として最もよいものを１・２・３・４から一つえらびなさい。

1 作業場（さぎょうば）に暖房がなく風邪（かぜ）をひいてしまった。

1 だんぼ　　　　2 なんぼ　　　　3 だんぼう　　　　4 なんぼう

해석 ▶	작업장에 난방이 없어서 감기에 걸리고 말았다.
해설 ▶	1 ×　　　2 ×　　　3 난방 暖房 だんぼう　4 ×
정답 ▶	3

2 <u>都合</u>のよろしい時に来て下さい。

1 つご　　　　　2 つごう　　　　　3 とご　　　　　4 とごう

단어익히기　필수 2자 한자

店員 てんいん 점원	電子 でんし 전자	電卓 でんたく 전자계산기
電池 でんち 전지	電灯 でんとう 전등	道具 どうぐ 도구
動作 どうさ 동작	倒産 とうさん 도산	同時 どうじ 동시
到着 とうちゃく 도착	動物 どうぶつ 동물	道路 どうろ 도로
都会 とかい 도시	特徴 とくちょう 특징	時計 とけい 시계
登山 とざん 등산	年上 としうえ 연상	年下 としした 연하
都心 としん 도심	土地 とち 토지	途中 とちゅう 도중
特急 とっきゅう 특급	友達 ともだち 친구	努力 どりょく 노력
内部 ないぶ 내부	内容 ないよう 내용	中身 なかみ 알맹이, 내용물
日課 にっか 일과	二倍 にばい 2배	荷物 にもつ 짐
人気 にんき 인기	人間 にんげん 인간	値段 ねだん 값
熱湯 ねっとう 뜨거운 물(열탕)	寝坊 ねぼう 늦잠	場合 ばあい 경우
拝啓 はいけい 배계	拝見 はいけん 삼가 봄	配達 はいたつ 배달
売店 ばいてん 매점	発刊 はっかん 발간	発見 はっけん 발견
発生 はっせい 발생	発送 はっそう 발송	発達 はったつ 발달
発売 はつばい 발매	発表 はっぴょう 발표	発明 はつめい 발명
花束 はなたば 꽃다발	花火 はなび 불꽃	母親 ははおや 엄마
場面 ばめん 장면	番組 ばんぐみ 프로그램	反対 はんたい 반대
半年 はんとし 반년, 6개월	販売 はんばい 판매	

問題2 ＿＿＿のことばを漢字で書くとき最もよいものを1・2・3・4から一つえらびなさい。

1 かばんの<u>なかみ</u>を全部出してみせた。

 1 中身 2 中見 3 仲身 4 仲見

해석 ▶	가방 속 <u>내용물</u>을 다 꺼내서 보여줬다.
해설 ▶	1 내용물, 속에 든 것 **中身** なかみ　　　　　2 ×
	3 ×　　　　　　　　　　　　　　　　　　4 ×
정답 ▶	1

2 施設内には喫煙エリアや<u>ばいてん</u>、ロッカーなどもあります。

 1 売虎 2 売店 3 売屋 4 売点

해석 ▶	시설 안에는 흡연 구역이나 <u>매점</u>, 로커(자물쇠가 달린 장) 등도 있습니다.
해설 ▶	1 ×　　　　2 매점 **売店** ばいてん　3 ×　　　　4 ×
정답 ▶	2

단어익히기 필수 2자 한자

被害 ひがい 피해	比較 ひかく 비교	筆記 ひっき 필기
必要 ひつよう 필요	皮肉 ひにく 비꼼, 짓궂음	秘密 ひみつ 비밀
費用 ひよう 비용	病気 びょうき 병	表現 ひょうげん 표현
表面 ひょうめん 표면	広場 ひろば 광장	夫婦 ふうふ 부부
付近 ふきん 부근	複雑 ふくざつ 복잡	復習 ふくしゅう 복습
服装 ふくそう 복장	服用 ふくよう 복용	不足 ふそく 부족
部長 ぶちょう 부장	普通 ふつう 보통	物価 ぶっか 물가
布団 ふとん 이불	船便 ふなびん 배편	部品 ぶひん 부품

不平 ふへい 불평	分解 ぶんかい 분해	文学 ぶんがく 문학
文章 ぶんしょう 문장	分野 ぶんや 분야	閉館 へいかん 폐관
閉店 へいてん 폐점	平和 へいわ 평화	変化 へんか 변화
返事 へんじ 답장, 대답	貿易 ぼうえき 무역	方向 ほうこう 방향
防止 ぼうし 방지	帽子 ぼうし 모자	方針 ほうしん 방침
法則 ほうそく 법칙	包丁 ほうちょう 부엌칼	方法 ほうほう 방법
方面 ほうめん 방면	法律 ほうりつ 법률	保守 ほしゅ 보수
募集 ぼしゅう 모집	保存 ほぞん 보존	本日 ほんじつ 오늘
本人 ほんにん 본인	毎朝 まいあさ 매일 아침	毎晩 まいばん 매일 밤
満員 まんいん 만원	満点 まんてん 만점	身分 みぶん 신분

문제로 확인하기

問題3（　　　　）に入れるのに最もよいものを1・2・3・4から一つえらびなさい。

1 台風のため、全国に（　　　　）があいついで起った。

1　被告　　　　2　行事　　　　3　祭り　　　　4　被害

> 해석 ▶　태풍 때문에 전국에 (　피해　)가 연달아 일어났다.
> 해설 ▶　1 피고　　　　2 행사　　　　3 축제　　　　4 피해
> 정답 ▶　4

2 （　　　　）で行くと安いですが、ふなよいがひどくて気が向かないですね。

1　船便　　　　2　飛行機　　　　3　新幹線　　　　4　高速バス

> 해석 ▶　(　배편　)으로 가면 저렴하지만, 배 멀미가 심해서 기분이 내키지 않네요.
> 해설 ▶　1 배편　　　　2 비행기　　　　3 신칸센　　　　4 고속버스
> 정답 ▶　1

昼食 ちゅうしょく 중식 = 昼 ひるごはん 점심

中心 ちゅうしん 중심, 중앙 = 真ん中 まんなか 중앙, 한가운데

都合 つごう 형편, 사정 = 具合 ぐあい 형편, 사정

程度 ていど 정도 = 度合 どあい 정도

登山 とざん 등산 = 山登り やまのぼり 등산

年上 としうえ 연상 = 年長 ねんちょう 연상

友達 ともだち 친구 = 友人 ゆうじん 친구

場面 ばめん 장면 = シーン 장면

病気 びょうき 병 = 病 やまい 병, 질환

表現 ひょうげん 표현 = 表出 ひょうしゅつ 표현

不足 ふそく 부족 = 足りないこと たりないこと 부족함

返事 へんじ 답장, 대답 = 返答 へんとう 대답, 회답

本日 ほんじつ 오늘 = 今日 きょう 오늘

本人 ほんにん 본인 = 当人 とうにん 본인

見本 みほん 견본 = サンプル 샘플

未来 みらい 미래 = 将来 しょうらい 미래

無料 むりょう 무료 = ただ 무료, 공짜

目的 もくてき 목적 = 目当 めあて 목표

役者 やくしゃ 배우 = 俳優 はいゆう 배우

役目 やくめ 임무 = 任務 にんむ 임무

野菜 やさい 야채 = 青物 あおもの 야채

家賃 やちん 집세 = 部屋代 へやだい 집세, 방세

夕方 ゆうがた 저녁때 = 夕暮 ゆうぐれ 저녁때, 해질녘

用事 ようじ 용무, 일 = 用件 ようけん 용무

流行 りゅうこう 유행 = 流行 はやり 유행

老人 ろうじん 노인 = としより 노인

문제로 확인하기

問題４　＿＿＿＿に意味が最も近いものを１・２・３・４から一つえらびなさい。

1 招待状の返事の書き方が分からない。

　　１　万事　　　　　　２　時事　　　　　　３　返還　　　　　　４　返答

해석 ▶ 초대장의 답장 쓰는 법을 모른다.
해설 ▶ 1 만사　　　　　　2 시사　　　　　　3 반환　　　　　　4 대답, 회답
정답 ▶ 4

2 コーヒーのおかわりは無料です。

　　１　たった　　　　　２　ただ　　　　　　３　ただいま　　　４　だまり

해석 ▶ 커피를 추가로 드시는 것은 무료입니다.
해설 ▶ 1 다만, 단지, 겨우　　　　　　　　2 공짜, 무료, 오직, 단지
　　　　3 방금　　　　　　　　　　　　　　4 침묵함 / 침묵하다 黙 だまる
정답 ▶ 2

見本 みほん 견본	土産 みやげ 선물(기념품)	未来 みらい 미래
息子 むすこ 아들	無料 むりょう 무료	面接 めんせつ 면접
目的 もくてき 목적	物語 ものがたり 이야기	紅葉 もみじ 단풍
名刺 めいし 명함	眼鏡 めがね 안경	面会 めんかい 면회
面接 めんせつ 면접	文句 もんく 불평	問題 もんだい 문제
役員 やくいん 임원	約束 やくそく 약속	役者 やくしゃ 배우
役所 やくしょ 관청	役職 やくしょく 직무, 관리직	役目 やくめ 임무
役割 やくわり 역할	野菜 やさい 야채	家賃 やちん 집세
屋根 やね 지붕	山道 やまみち 산길	夕方 ゆうがた 저녁때
優勝 ゆうしょう 우승	友人 ゆうじん 친구	夕飯 ゆうはん 저녁밥
有料 ゆうりょう 유료	行方 ゆくえ 행방	輸出 ゆしゅつ 수출
輸入 ゆにゅう 수입	容器 ようき 용기	用事 ようじ 용무, 일
様子 ようす 모양, 상황	洋服 ようふく 옷, 양복	予算 よさん 예산
予習 よしゅう 예습	予想 よそう 예상	予定 よてい 예정
夜中 よなか 한밤중	予報 よほう 예보	予約 よやく 예약
理解 りかい 이해	両替 りょうがえ 환전	料金 りょうきん 요금
流行 りゅうこう 유행	両国 りょうこく 양국	旅館 りょかん 여관
例外 れいがい 예외	歴史 れきし 역사	冷房 れいぼう 냉방
列島 れっとう 열도	恋愛 れんあい 연애	連休 れんきゅう 연휴
練習 れんしゅう 연습	連続 れんぞく 연속	連絡 れんらく 연락
老人 ろうじん 노인	労働 ろうどう 노동	論文 ろんぶん 논문
若者 わかもの 젊은이	和食 わしょく 일식	割合 わりあい 비율
割引 わりびき 할인		

問題5　つぎのことばの使い方として最もよいものを 1・2・3・4から一つえらびなさい。

1 行方（ゆくえ）

1　駅に近い、勤務先の行方が楽だ。

2　秋葉原までの行方が分からないので、教えてください。

3　今度の旅行の行方を変更します。

4　いまだにその犯人の行方が分からない。

> 해석 ▶ 행방
>
> 1　역에 가깝고 근무지 행방이 편하다. (X)
>
> 2　아끼하바라까지의 행방을 모르니까 가르쳐 주십시오. (X)
>
> 3　이번 여행의 행방을 변경하겠습니다. (X)
>
> 4　아직까지도 그 범인의 행방을 모른다. (O)
>
> 정답 ▶ 4

2 和食（わしょく）

1　日本風の食事のことを和食といいます。

2　西洋風の料理や食事のことを和食といいます。

3　朝の食事のことを和食といいます。

4　昼の食事またはひるめしのことを和食といいます。

> 해석 ▶ 일식
>
> 1　일본풍의 식사를 와쇼크(일식)라고 합니다. (O)
>
> 2　서양풍의 요리나 식사를 와쇼크(일식)라고 합니다. (X)
>
> 3　아침 식사를 와쇼크(일식)라고 합니다. (X)
>
> 4　점심 식사 또는 점심밥을 와쇼크(일식)라고 합니다. (X)
>
> 정답 ▶ 1

문법익히기 명령 및 지시 / 전달 / 비유, 예시 표현

01. 동사의 명령형 ～해

1그룹동사의 명령형

う단 → え단 (う단 어미를 え단으로 바꾼다)

待つ 기다리다 → 待て 기다려
帰る 돌아가다 → 帰れ 돌아가

2그룹동사의 명령형

る → ろ (어미 る를 ろ로 바꾼다)

食べる 먹다 → 食べろ 먹어
着る 입다 → 着ろ 입어

3그룹동사의 명령형 (불규칙동사이므로 그냥 외우자)

する 하다 → しろ 해 / せよ 해
くる 오다 → こい 와

문제로 확인하기

1 時間がないぞ！(　　　)！

　　1 急ぐな　　　　2 急げ　　　　3 急ぎ　　　　4 急げなさい

해석 ▶ 시간이 없어! 서둘러!

해설 ▶ ① 동사의 원형+な(~하지 마-금지 표현)

急(いそ)ぐ(서두르다) → 急(いそ)ぐな(서두르지 마)

② 急(いそ)ぐ(서두르다) → 急(いそ)げ(서둘러-1그룹동사의 명령형)

③ 急(いそ)ぎ(急(いそ)ぐ 동사의 ます형으로 이 자체로는 해석불가능)

④ 동사의 ます형+なさい(~해라-명령)

急(いそ)ぐ(서두르다) → 急(いそ)ぎなさい(서둘러라)

4번 지문은 急(いそ)げなさい가 되어있으니 문법형식이 바르지 않음.

⑤ 「ぞ」는 대등한 사람이나 손아랫사람에게 자기 생각을 강하게 주장함을 나타냄.

정답 ▶ 2

2 ほら、(　　　)、今起きないと学校に遅れるよ！

1　起きる　　　　　2　起きられる　　3　起きれ　　　　4　起きろ

해석 ▶ 자, 일어나, 지금 안 일어나면 학교에 늦어!

해설 ▶ ① 起(お)きる(일어나다-원형)

② 起(お)きる(일어나다) → 起(お)きられる(일어날 수 있다-2그룹동사의 가능형 어미 る를 떼고 られる로 고침)

③ 起(お)きれ(올바른 문법형식이 아님)

④ 起(お)きる(일어나다) → 起(お)きろ(일어나-2그룹동사의 명령형)

⑤ 「ほら」는 상대의 주의를 끌려고 할 때에 내는 소리이다. (저) 말이야. 이봐. 자.

⑥ 종조사 「よ」는 문장 끝에 붙어 상대에게 알리는 뜻을 나타냄.

정답 ▶ 4

3 私は子供の頃から今まで一回も「勉強(　　　)」って言われたことがない。

1　する　　　　　2　せろ　　　　3　しろ　　　　4　しる

해석 ▶ 나는 어릴 때부터 지금까지 한 번도 「공부해라」 라는 말을 들은 적이 없다.

해설 ▶ ① する(하다) → しろ(해-3그룹동사의 명령형)

② 「って(라고)」는 「と(라고)」와 같은 뜻이다. 따라서 「~と言(い)う(~라고 말하다)」는 「~って言(い)う(~라고 말하다)」「~と言(い)われる(~라고 말을 듣다)」는 「~って言(い)われる(~라고 말을 듣다)」로 바꿔 쓸 수 있다.

③ ~たことがない(~한 적이 없다-과거 경험)

言(い)う(말하다) → 言(い)われる(말을 듣다-1그룹동사의 수동형 う단 어미를 あ단으로 바꾸고 れる를 접속) → 言(い)われたことがない(말을 들은 적이 없다)

정답 ▶ 3

02. 동사의 ます형＋なさい ～하시오, ～해라

일본어에서 명령표현으로 바꾸는 방법에는 동사 자체를 명령형으로 활용시키는 방법과 「동사의 ます형」에 「なさい」를 접속시키는 방법이 있다. 「동사의 ます형＋なさい」쪽이 동사 자체를 명령형으로 활용하는 것 보다는 부드러운 어투이다. 흔히 교사가 학생에게 부모가 자녀에게 사용하는 경우가 많다.

寝る前に、明日持っていくものをかばんの中にちゃんと入れておきなさい。
자기 전에 내일 가지고 갈 물건을 가방 안에 잘 넣어 놔라.

この荷物は邪魔だから、片付けなさい。
이 짐은 방해가 되니까 치워라.

문제로 확인하기

1 母親に「自分のことは自分で（　　　）」と叱られました。

1 しろなさい　　2 すなさい　　3 するなさい　　4 しなさい

해석 ▶	어머니에게 「자기 일은 자기 스스로 해라」라고 꾸지람을 들었습니다.
해설 ▶	① 동사의 ます형＋なさい(～해라-명령)
	する(하다) → します(합니다) → しなさい(해라)
	② 叱(しか)る(꾸짖다) → 叱(しか)られる(꾸지람을 듣다. 혼나다-1그룹동사의 수동형 う단 어미를 あ단으로 바꾸고 れる를 접속)
정답 ▶	4

03. 동사의 원형＋な ～하지 마

「～하지 마」라는 부정명령 즉 금지표현을 만들 때는 「동사의 원형」에 종조사 「な」를 붙이면 된다. 「なよ」의 형태로 쓰면 조금 부드러운 어감이 된다.

見るなと言われるとよけい見たくなる。
보지 말라고 하면 더한층 보고 싶어진다.

何も知らないくせに勝手なこと言うなよ。
아무것도 모르는 주제에 제멋대로 말하지 마.

1 「立入禁止」は（　　　）という意味です。

1 入りなさい　　2 入るな　　3 入れ　　4 入りたい

> 해석 ▶ 「출입금지」는 들어가지 말라고 하는 의미입니다.
>
> 해설 ▶ ① 동사의 ます형+なさい(～해라－명령)
> 入(はい)る(들어가다) → 入(はい)ります(들어갑니다) → 入(はい)りなさい(들어가라)
> ② 동사의 원형+な(～하지 마－금지표현)
> 入(はい)る(들어가다) → 入(はい)るな(들어가지 마)
> ③ 入(はい)る(들어가다) → 入(はい)れ(들어가ー1그룹동사의 명령형　う단 어미→え단)
> ④ 동사의 ます형+たい(～하고싶다－희망표현)
> 入(はい)る(들어가다) → 入(はい)ります(들어갑니다) → 入(はい)りたい(들어가고 싶다)
> ⑤ 「Aという」는 「A라고 하는」이라는 뜻이다.
>
> 정답 ▶ 2

04. ～ように言(い)う ～하도록 말하다

「동사의 원형+ように言(い)う」는 「～하도록 말하다」라는 뜻으로 일종의 지시표현이다. 반대로 「동사의 부정형+ように言(い)う」는 「～하지 않도록 말하다」라는 표현이다. 또한 「言(い)う(말하다)」의 수동형인 「言(い)われる(말을 듣다)」를 써서 「～ように言(い)われる(～를 하라는 말을 듣다)」의 형태로도 쓰일 수 있다.

すみませんが、木村(きむら)さんに明日(あした)の授業(じゅぎょう)に必(かなら)ず出席(しゅっせき)する**ように言(い)って**ください。

죄송합니다만, 기무라씨에게 내일 수업에 반드시 출석하도록 말해 주세요.

彼女(かのじょ)にできるだけ無理(むり)は**しないように言(い)って**ください。

그녀에게 가능한 한 무리는 하지 않도록 말해 주세요.

お医者(いしゃ)さんに、もっと運動(うんどう)をする**ように言(い)われた。**

의사선생님에게 더 운동을 하라는 말을 들었나.

1 すみませんが、お宅（たく）の娘（むすめ）さんにラジオの音（おと）を小（ちい）さく（　　）ように言（い）ってください。

1　する　　　　　2　して　　　　　3　した　　　　　4　しろ

> 해석 ▶　죄송합니다만, 댁의 따님에게 라디오 소리를 낮추도록 말해 주세요.
>
> 해설 ▶　① 동사의 원형+ように言（い）う（～하도록 말하다–지시표현）
> 　　　　する（하다）→ するように言（い）う（하도록 말하다）→ するように言（い）ってください（하도록 말해 주세요）
> 　　　　② お宅（たく）는 상대편의 집·가정의 높임말, 댁
> 　　　　③ い형용사의 어미 い를 く로 바꾸면 부사가 된다.
> 　　　　小（ちい）さい（작다）→ 小（ちい）さく（작게–부사）→ 小（ちい）さくする（작게 하다）
> 　　　　예）大（おお）きい（크다）→ 大（おお）きく（크게–부사）→ 大（おお）きく書（か）いてください（크게 써 주세요）
>
> 정답 ▶　1

2 皆（みんな）に出発時間（しゅっぱつじかん）に遅（おく）れない（　　）言（い）ってください。

1　そうに　　　　2　ことに　　　　3　ために　　　　4　ように

> 해석 ▶　모두에게 출발시간에 늦지 않도록 말해 주세요.
>
> 해설 ▶　① 동사의 부정형+ように言（い）う（～하지 않도록 말하다）
> 　　　　遅（おく）れる（늦다）→ 遅（おく）れない（늦지 않다）→ 遅（おく）れないように言（い）う（늦지 않도록 말하다）→ 遅（おく）れないように言（い）ってください（늦지 않도록 말해 주세요）
> 　　　　② 1번 지문의 「そうに」와 2번 지문의 「ことに」는 문맥에 따라 다양한 기능과 뜻이 있으므로 여기에서는 단독으로 해석이 가능하지 않다.
> 　　　　③ 「ために」는 크게 「～때문에」라는 뜻과 「～위해서」라는 뜻이 있다.
> 　　　　예）事故（じこ）があったために遅（おく）れた（사고가 있었기 때문에 늦었다）
> 　　　　　　友達（ともだち）のためにうそをついた（친구를 위해서 거짓말을 했다）
>
> 정답 ▶　4

3 家族（かぞく）からお酒（さけ）を（　　）ように言（い）われているのだが、なかなかやめられない。

1　やめる　　　　2　やめない　　　　3　やめた　　　　4　やめて

해석 ▶ 　가족들에게 술을 끊으라는 말을 듣고 있지만, 좀처럼 끊을 수 없다.

해설 ▶ ① ～ように言(い)われる(～를 하라는 말을 듣다) 「やめる」는 「그만두다」라는 뜻이지만 술이나 담배와 호응해서 쓰면 「끊다」라는 뜻이 된다. やめるように言(い)われる(끊으라는 말을 듣다) → やめるように言(い)われている(끊으라는 말을 듣고 있다)

② やめる(끊다) → やめられる(끊을 수 있다-2그룹동사의 가능형 어미 る를 떼고 られる로 고침) → やめられない(끊을 수 없다-가능의 부정)

정답 ▶ 　1

05. ～ようにする ～하도록 하다

「동사의 원형+ようにする」는 「～하도록 하다」라는 뜻으로 「의도적으로 노력해 그렇게 하려고 하다」라는 뉘앙스를 가진 표현이다. 반대로 「동사의 부정형+ようにする」는 「～하지 않도록 하다」라는 표현이다.

なるべく毎日田舎にいる親に電話をかける**ようにして**いますが、ときどき忘れてしまいます。

가능한 한 매일 시골에 계신 부모님께 전화를 걸도록 하고 있습니다만, 가끔 잊어버리고 맙니다.

健康のために、寝る前には何も食べ**ないようにして**います。

건강을 위해서 자기 전에는 아무것도 먹지 않도록 하고 있습니다.

문제로 확인하기 ○

1 時には失敗することもありますが、常に前向きに（　　　　）ようにしています。

　1　考える　　　　2　考えない　　　　3　考えて　　　　4　考えた

해석 ▶ 　때로는 실패하는 일도 있습니다만, 항상 긍정적으로 생각하도록 하고 있습니다.

해설 ▶ ① 동사의 원형+ようにする(～하도록 하다)
考(かんが)える(생각하다) → 考(かんが)えるようにする(생각하도록 하다) → 考(かんが)えるようにしています(생각하도록 하고 있습니다)

② 考(かんが)えない(생각하지 않다-부정형) → 考(かんが)えないようにする(생각하지 않도록 하다) → 考(かんが)えないようにしています(생각하지 않도록 하고 있습니다)

③ 考(かんが)えく(생각하고/생각해서-연결형)

④ 考(かんが)えた(생각했다-과거형)

정답 ▶ 　1

② 暗証番号（あんしょうばんごう）は親（した）しい人（ひと）であっても決（けっ）して（　　　）してください。

1　教（おし）えないで

2　教（おし）えなくて

3　教（おし）えるように

4　教（おし）えないように

> **해석 ▶** 비밀번호는 친한 사람이라도 결코 가르쳐주지 않도록 하세요.
>
> **해설 ▶** ① ～ないでください(～하지 마세요)
>
> 教(おし)える(가르치다/가르쳐주다) → 教(おし)えない(가르쳐주지 않다) → 教(おし)えないでください(가르쳐주지 마세요) 문제문장의 ください 앞에 して가 있으므로 1번 지문이 괄호에 들어가면 올바른 문법형식이 되지 않는다.
>
> ② ～なくて(～하지 않아서-원인과 이유를 나타냄)
>
> 教(おし)える(가르치다/가르쳐주다) → 教(おし)えない(가르쳐주지 않다) → 教(おし)えなくて(가르쳐주지 않아서)
>
> ③ 동사의 원형+ようにする(～하도록 하다)
>
> 教(おし)える(가르치다/가르쳐주다) → 教(おし)えるようにする(가르쳐주도록 하다) → 教(おし)えるようにしてください(가르쳐주도록 하세요)
>
> ④ 동사의 부정형+ようにする(～하지 않도록 하다)
>
> 教(おし)える(가르치다/가르쳐주다) → 教(おし)えない(가르쳐주지 않다) → 教(おし)えないようにする(가르쳐주지 않도록 하다) → 教(おし)えないようにしてください(가르쳐주지 않도록 하세요)
>
> ⑤ 「名詞である(명사이다)」는 「名詞だ(명사이다)」와 같은 표현이다.
>
> 人(ひと)である＝人(ひと)だ(사람이다) / 人(ひと)であっても＝人(ひと)でも(사람이라도)
>
> **정답 ▶** 4

06.　～そうだ ～라고 하다

「～そうだ」는 흔히 「전문의 そうだ」라고도 하는데 「각 품사의 기본형」에 접속시켜 직접 들은 이야기를 다른 사람에게 전달하는 표현이다. 특히 명사의 현재형일 경우 「명사だ＋そうだ」의 접속 형태가 되는 점에 주의하자. 다른 곳에서 들은 것의 출처나 추측의 근거를 나타내는 「～によると(～에 의하면, ～에 따르면)」과 자주 호응해서 쓰이므로 함께 알아두자.

명사

恋人（こいびと）だそうだ 애인이라고 한다(현재)

恋人（こいびと）ではないそうだ 애인이 아니라고 한다(현재부정)

恋人（こいびと）だったそうだ 애인이었다고 한다(과거)

恋人<ruby>こいびと</ruby>ではなかったそうだ 애인이 아니었다고 한다(과거부정)

い형용사

安いそうだ 싸다고 한다

安くないそうだ 싸지 않다고 한다

安かったそうだ 쌌다고 한다

安くなかったそうだ 싸지 않았다고 한다

な형용사

便利だそうだ 편리하다고 한다

便利ではないそうだ 편리하지 않다고 한다

便利だったそうだ 편리했다고 한다

便利ではなかったそうだ 편리하지 않았다고 한다

동사

降るそうだ 내린다고 한다

降らないそうだ 내리지 않는다고 한다

降ったそうだ 내렸다고 한다

降らなかったそうだ 내리지 않았다고 한다

문제로 확인하기

1 がんの治癒率は、発見が早ければ早いほど（　　　）そうだ。

　1　高くて　　　　2　高い　　　　3　高く　　　　4　高いだ

해석 ▶　암의 치유확률은 발견이 빠르면 빠를수록 높다고 한다.

해설 ▶　① 高(たか)い(높다) → 高(たか)くて(높고/높아서–연결형)

　　　　② 高(たか)い(높다) → 高(たか)いそうだ(높다고 한다—들은 이야기, 전문)

　　　　③ 高(たか)い(높다) → 高(たか)く(높게–부사)

　　　　④ 高(たか)いだ(올바른 문법형식이 아님)

2 天気予報(てんきよほう)によると、名古屋(なごや)は58年(ねん)ぶりの(　　　)そうです。

1　大雪(おおゆき)　　　　2　大雪(おおゆき)で　　　　3　大雪(おおゆき)だ　　　　4　大雪(おおゆき)の

07.　~と言(い)う ~라고 말하다, ~라고 하다

인용을 나타내는 표현이다. 회화체에서는 「と(라고)」대신에 「って(라고)」를 사용해 「~って言(い)
う」로도 쓴다.

日本(にほん)ではご飯(はん)を食(た)べおわった時(とき)「ごちそうさまでした」と言(い)います。
일본에서는 밥을 다 먹었을 때 「잘 먹었습니다」라고 말합니다.

문제로 확인하기 ○━━━

1 星野(ほしの)さんから電話(でんわ)がありましたよ。「夕方戻(ゆうがたもど)る」(　　　)言(い)っていました。

1　に　　　　　　2　って　　　　　3　を　　　　　4　で

08.　～ようだ/～ような/～ように　～같다/～같은/～같이

비유를 하거나 예시를 하는 표현이다. 「まるで(마치)」와 같은 부사와 호응해서 쓰이는 경우가 많다.
보통 「명사の＋ようだ(ような/ように)」「동사의 기본형＋ようだ(ような/ように)」의 접속 형태로
사용된다.

9月なのに暑くて寝られない。まるで真夏のようだ。

9월인데도 더워서 잠을 잘 수 없다. 마치 한여름 같다.

彼はまるでお酒を飲んだような顔をしています。

그는 마치 술을 마신 것 같은 얼굴을 하고 있습니다.

林さんのように英語が上手になりたいです。

하야시씨처럼 영어가 능숙하게 되고 싶습니다(영어를 잘하고 싶습니다).

문제로 확인하기

1 お酒を飲んで運転する(　　　)人には見えません。

　　1　ように　　　　2　ような　　　　3　ようだ　　　　4　ようの

해석 ▶　술을 마시고 운전할 것 같은 사람으로는 보이지 않습니다.

해설 ▶　① ～ように(～같이, ～처럼)
　　　　　運転(うんてん)するように(운전할 것 같이＋서술어)
　　　　② ～ような(～같은)
　　　　　運転(うんてん)するような(운전할 것 같은＋명사) → 運転(うんてん)するような人(ひと)(운전
　　　　　할 것 같은 사람)
　　　　③ ～ようだ(～같다)
　　　　　運転(うんてん)するようだ(운전할 것 같다)
　　　　④ 運転(うんてん)するようの(올바른 문법형식이 아님)

정답 ▶　2

2 私と母はまるで（　　　　）仲がよくて、いつも一緒に買い物に行きます。

1　姉妹ように　　　2　姉妹ような　　　3　姉妹のように　　4　姉妹のような

問題　次の文章を読んで、質問に答えなさい。答えは、1・2・3・4から最もよいものを一つ
　　　えらびなさい。

売掛大金送付のお願い

拝啓

　いつも格別のお引き立てにあずかり、誠にありがとうございます。さて、
7月25日送付でご請求いたしました7月分の納入品大金〇〇円は、まだご送金
頂いておりません。お忘れかとも存じますが、帳簿整理の都合もございますの
で、もし、まだご送金前でしたら、至急ご送金願います。

　まずは、お願い申し上げます。

敬具

1　これはどんな内容のビジネスメールなのか。

　　1　送金督促のメール

　　2　結婚式の督促のメール

　　3　見積り案内のメール

　　4　委員会案内のメール

외상판매 대금 송부(보냄)의 부탁

배계(삼가 아뢰옵니다)

언제나 각별한 도움을 받아 정말로 감사드립니다. 그런데 7월 25일 송부(보냄)로 청구 했던 7월분의 납입품 대금 ○○엔은 아직 송금 받고 있지 않습니다(송금 안 해주셨습니다). 잊어 버리셨을 거라 생각합니다만, 장부정리의 사정도 있기 때문에 만약 아직 송금 전이시라면 시급히 송금 바랍니다.

아무쪼록(하여튼) 부탁 말씀드리겠습니다.

경구(삼가 말씀 드렸습니다)

1 이것은 어떤 내용의 비니지스메일인가?

1 송금 독촉 메일 (O)
2 결혼식 독촉 메일 (X)
3 견적 안내 메일 (X)
4 위원회 안내 메일 (X)

동사의 て형 + おりません(いません의 겸양어) ~하지 않은 상태입니다

　예) いただく→ いただいて → いただいております ~해 받지 않은 상태입니다(~안 해 주셨습니다)

ますな です뒤에 붙는 が→ ~만

　예) 存(ぞん)じますが 알고 있습니다만, 元気(げんき)ですが 건강합니다만

ますな です뒤의 ので → ~이므로, ~ 때문에, ~이어서(이유, 원인)

　예) ありますので 있기 때문에, 学生(がくせい)ですので 학생이라서

です의 과거형 でした + ら → でしたら(조건) ~이라면(~이시라면)

　예) 前(まえ)です → 前(まえ)でした → 前(まえ)でしたら 전 이라면, 得意(とくい)です → 得意(とく
　　　 い)でした → 得意(とくい)でしたら 잘 한다면(잘 하신다면)

  売掛大金うりかけたいきん 외상판매 대금   送付そうふ 송부(보냄)   お願ねがい 부탁

拝啓はいけい 배계(삼가 아뢰옵니다) → 편지 머리에 쓰는 인사말   格別かくべつ 각별

引ひき立だて 특별히 돌봐줌   預あずかり 맡는 사람, 맡음   誠まことに 정말로, 매우

さて 그런데, 그건 그렇고, 한편(화제를 바꿀 때의 말)   請求せいきゅうする 청구하다

いたす 하다(する의 겸양어)   納入品のうにゅうひん 납입품   いただく 받다(もらう의 겸양어)

お忘わすれ 잊어버림   存ぞんじる 알고 있다, 생각하다   帳簿整理ちょうぼせいり 장부정리

都合つごう 형편, 사정   ございます 있습니다(あります의 공손한 표현)   至急しきゅう 지급

まずは 우선은, 하여튼   申もうし上あげる 말씀드리다, 아뢰다

敬具けいぐ 경구(삼가 말씀 드렸습니다) → 편지 끝에 쓰는 인사말

  1

CHAPTER 03 청해

포인트 이해 문제 2

포인트 이해 문제는 문장을 들려주고 내용을 잘 이해했는가를 묻는 문제로서 특히 여러 가지 사실에 근거해 문장 속에서 핵심 포인트를 집어낼 수 있는 가를 묻는 문제가 출제된다.

일반적으로 포인트 이해문제는 다양한 주제의 문제가 많이 출제되므로 다양한 주제를 가진 문장을 많이 듣고 정확하게 전체내용을 파악해 핵심을 찾아내는 연습을 해야 한다. 특히 원인과 이유를 묻는 문제가 자주 출제되므로 문제를 풀 때 화자가 그런 행동을 취하는 원인과 이유가 무엇인지에 집중하며 문제를 푸는 연습을 많이 하는 것이 좋다.

문제로 확인하기

1番

1 健康のために

2 社長に痩せろと言われたから

3 かっこよくなるために

4 甘い物を食べすぎているから

2番

1 安いから

2 軽いから

3 デザインがいいから

4 小型で使いやすいから

1번 문제

質問：男おとこの人ひとと女おんなの人ひとが話はなしています。男おとこの人ひとはなぜやせようと思おもいましたか。

女：杉原すぎはらさん、先月せんげつはちょっと痩やせたんだよね。でも、最近さいきんまた太ふとったんじゃない？

男：うん、実じつは先月せんげつ３キロ痩やせたのに、今月こんげつ５キロ太ふとっちゃったんだ。

女：３キロ痩やせて、また５キロ太ふとったって？

男：うん、先月せんげつは、食事しょくじを一日いちにちに一食いっしょくしか食たべなかったんだ。

女：えっ？それはいけないよ。体からだ壊こわすわよ。

男：僕ぼくもそう思おもったんだけど、社長しゃちょうから「絶対ぜったいにやせろ」って言いわれて。

女：それでがんばってダイエットしたの？

男：そうなんだ。でも続つづけるのが難むずかしくて、先月せんげつの終おわり頃ころ甘あまい物ものをたくさん食たべちゃった。

女：だから何なんでも急いそいでやろうとしてはだめよ。

男：本当ほんとうにそうだね。

男おとこの人ひとはなぜやせようと思おもいましたか。

1　健康けんこうのために

2　社長しゃちょうに痩やせろと言いわれたから

3　かっこよくなるために

4　甘あまい物ものを食たべすぎているから

질문 : 남자와 여자가 이야기하고 있습니다. 남자는 왜 살을 빼려고 했습니까?

여 : 스기하라씨. 지난달은 조금 야위었지. 그런데 최근에 또 살쪘지 않아?

남 : 응. 실은 지난달에 3킬로 살이 빠졌었는데, 이번달에 5킬로 살쪄 버렸어.

여 : 3킬로 빠지고, 또 5킬로 쪘다고?

남 : 응. 지난달은 식사를 하루에 한 끼 밖에 먹지 않았어.

여 : 뭐라고? 그건 안 돼. 몸 망가져.

남 : 나도 그렇게 생각했지만, 사장님에게 「반드시 살 빼」라는 말을 들어서.

여 : 그래서 열심히 다이어트 한거야?

남 : 그래. 그렇지만 계속하는 것이 어려워서. 지난달 끝나갈 무렵 단 것을 많이 먹어 버렸어.

여 : 그러니까 뭐든지 서둘러 하려고 해서는 안 돼.

남 : 정말로 그래.

남자는 왜 살을 빼려고 했습니까?

1　건강을 위해서

2　사장에게 살 빼라는 이야기를 들었기 때문에

3　멋있어지기 위해서

4　단 것을 너무 많이 먹고 있기 때문에

① 「～って」는 「～って言(い)っているのですか(~라고 말하고 있는 겁니까?)」의 압축된 표현이다. 太(ふと)ったって(살쪘다고 말하고 있는 겁니까? 즉, 살쪘다고?)

② やせる(여위다, 살이 빠지다) → やせろ(여위어라 - 2그룹동사의 명령형　어미 る를 ろ로 바꿈)

③ 「동사의 의지형＋とする(~하려고 하다)」「～てはだめだ(~해서는 안 된다)」
やる(하다) → やろう(해야지/하자 1그룹동사의 의지형 う단 어미를 お단으로 바꾸고 う를 접속) → やろうとする(하려고 하다) → やろうとしてはだめだ(하려고 해서는 안 돼. 회화체에서는 だ를 생략하고 주로 씀)

2번 문제

質問：男おとこの人ひとと女おんなの人ひとが話はなしています。男おとこの人ひとが電子辞書でんしじしょを選えらんだ一番いちばんの理由りゆうは何なんですか。

女：池田いけださん、それ新あたらしい電子辞書でんしじしょ？
男：うん。先週せんしゅう買かったばかりだよ。
女：いいね。小ちいさいし、使つかいやすそう。
男：しかも軽かるいし、デザインもいい。
女：ああ、それで買かったの？
男：いやあ、何なんと言いっても手てごろな値段ねだんだよ。

男おとこの人ひとが電子辞書でんしじしょを選えらんだ一番いちばんの理由りゆうは何なんですか。

1 安やすいから
2 軽かるいから
3 デザインがいいから
4 小型こがたで使つかいやすいから

질문 : 남자와 여자가 이야기하고 있습니다. 남자가 전자사전을 선택한 최고의 이유는 무엇입니까?

여 : 이케다씨, 그것 새 전자사전?
남 : 응. 지난주에 샀어.
여 : 좋다. 작고, 사용하기 쉬울 것 같아.
남 : 게다가 가볍고, 디자인도 좋아.
여 : 아아, 그래서 샀어?
남 : 아니, 뭐니 뭐니 해도 적당한 가격이야.

남자가 전자사전을 선택한 최고의 이유는 무엇입니까?

1 싸니까
2 가벼우니까
3 디자인이 좋으니까
4 소형이고 사용하기 쉬우니까

① 「동사의 ます형＋やすい」는 「～하기 쉽다, ～하기 편하다」이고 「형용사의 어간＋そうだ」는 직감적으로 왠지 「～일 것 같다」라는 주관적인 추측표현이다. 따라서 使(つか)う(사용하다) → 使(つか)いやすい(사용하기 쉽다) → 使(つか)いやすそうだ(사용하기 쉬울 것 같다 – 회화체에서는 だ를 생략하고 주로 씀)

② 「手(て)ごろ」는 「(자기 능력·조건에) 걸맞음. 어울림. 적합함」이라는 뜻이다. 따라서 위 지문에서 뭐니 뭐니 해도 手(て)ごろな値段(ねだん)(적당한 가격) 때문에 샀다고 했으니까 비싸지 않고 적당한 가격 즉, 가격이 싸서 샀다고 볼 수 있다.

정답 ▶ 1

Part 05

新 JLPT 종결자

단어익히기 필수 3자 이상 한자

悪影響 あくえいきょう 악영향	暗証番号 あんしょうばんごう 비밀 번호
一般的 いっぱんてき 일반적	運動会 うんどうかい 운동회
運動場 うんどうじょう 운동장	映画館 えいがかん 영화관
営業部 えいぎょうぶ 영업부	絵文字 えもじ 그림 문자
温度差 おんどさ 온도차	会議室 かいぎしつ 회의실
外交官 がいこうかん 외교관	会社員 かいしゃいん 회사원
外出中 がいしゅつちゅう 외출 중	解決法 かいけつほう 해결법
価格表 かかくひょう 가격표	価値観 かちかん 가치관
活動的 かつどうてき 활동적	可能性 かのうせい 가능성
換気扇 かんきせん 환기팬	観光客 かんこうきゃく 관광객
管理人 かんりにん 관리인	企画案 きかくあん 기획안
企業名 きぎょうめい 기업명	喫茶店 きっさてん 다방
義務教育 ぎむきょういく 의무교육	救急車 きゅうきゅうしゃ 구급차
教科書 きょうかしょ 교과서	今日中 きょうじゅう 오늘 중
共通語 きょうつうご 공통어	共通点 きょうつうてん 공통점
緊急時 きんきゅうじ 긴급 시	銀行員 ぎんこういん 은행원
空気中 くうきちゅう 공기 중	空腹時 くうふくじ 공복 시
具体化 ぐたいか 구체화	区役所 くやくしょ 구청
経験談 けいけんだん 경험담	経済面 けいざいめん 경제면
警察官 けいさつかん 경찰관	

問題1 ＿＿＿＿＿の言葉の読み方として最もよいものを1・2・3・4から一つえらびなさい。

1 現代の世界で英語は世界の<u>共通語</u>だ。

1 きょうつご　　2 きょうつこ　　3 きょうつうご　　4 きょつうこ

> 해석 ▶ 현대 세계(사회)에서 영어는 세계의 <u>공통어</u>다.
> 해설 ▶ 1 ×　　　　　　　　　　　　　　　2 ×
> 　　　　3 공통어 **共通語** きょうつうご　　4 ×
> 정답 ▶ 3

2 <u>義務教育</u>とは保護者にあたる人は、その子供に受けさせなければいけない教育のことをいう。

1 きむきょういく　　　　　　　　2 ぎむきょういく

3 きむきょいく　　　　　　　　　4 ぎむきょいく

> 해석 ▶ <u>의무 교육</u>이라는 것은 보호자가 되는 사람은 그 아이에게 받게 하지 않으면 안 되는 교육을 말한다.
> 해설 ▶ 1 ×　　　　　　　　　　　　　　2 의무 교육 **義務教育** ぎむきょういく
> 　　　　3 ×　　　　　　　　　　　　　　4 ×
> 정답 ▶ 2

化粧品	けしょうひん	화장품	血液型	けつえきがた	혈액형
結婚式	けっこんしき	결혼식	研究会	けんきゅうかい	연구회
研究室	けんきゅうしつ	연구실	研究所	けんきゅうじょ	연구소
健康上	けんこうじょう	건강상	高学歴	こうがくれき	고학력
効果的	こうかてき	효과적	航空便	こうくうびん	항공편
高血圧	こうけつあつ	고혈압	高校生	こうこうせい	고등학생
交差点	こうさてん	교차점	降水量	こうすいりょう	강수량
好天気	こうてんき	좋은 날씨	国際化	こくさいか	국제화
個人的	こじんてき	개인적	午前中	ごぜんちゅう	오전 중
小麦粉	こむぎこ	밀가루	最終的	さいしゅうてき	최종적
再使用	さいしよう	재사용	再利用	さいりよう	재이용
作業員	さぎょういん	작업 원	参加者	さんかしゃ	참가자
参加費	さんかひ	참가비	三連休	さんれんきゅう	3연휴
時間割	じかんわり	시간표	仕事先	しごとさき	근무처
思春期	ししゅんき	사춘기	失業者	しつぎょうしゃ	실업자
実用書	じつようしょ	실용서	実用的	じつようてき	실용적
指定席	していせき	지정석	支店長	してんちょう	지점장
自転車	じてんしゃ	자전거	児童会	じどうかい	아동회
自動車	じどうしゃ	자동차	自動的	じどうてき	자동적
支配下	しはいか	지배 하			

問題2 ＿＿＿のことばを漢字で書くとき最もよいものを１・２・３・４から一つえらびなさい。

1 私の家族の<ruby>家族<rt>か ぞく</rt></ruby>のけつえきがたはみんなBがたです。

1 血液型   2 血液方   3 血液形   4 血液堅

> 해석 ▶ 우리 가족의 혈액형은 모두 B형입니다.
>
> 해설 ▶ 1 혈액형 **血液型** けつえきがた   2 ×
>   3 ×   4 ×
>
> 정답 ▶ 1

2 <ruby>全国<rt>ぜんこく</rt></ruby>のアメダスこうすいりょうをお<ruby>知<rt>し</rt></ruby>らせします。

1 降水料   2 降水両   3 降水量   4 高水量

> 해석 ▶ 전국 아메다스(AMeDAS 일본 지역 기상 관측시스템) 강수량을 알려드리겠습니다.
>
> 해설 ▶ 1 ×   2 ×
>   3 강수량 **降水量** こうすいりょう   4 ×
>
> 정답 ▶ 3

事務所	じむしょ	사무소	市役所	しやくしょ	시청
写真家	しゃしんか	사진가	写真集	しゃしんしゅう	사진집
自由化	じゆうか	자유화	集中力	しゅうちゅうりょく	집중력
修理代	しゅうりだい	수리비	宿泊先	しゅくはくさき	숙박 지
手術室	しゅじゅつしつ	수술실	出身地	しゅっしんち	출신지
出張中	しゅっちょうちゅう	출장 중	出発日	しゅっぱつび	출발일
準備中	じゅんびちゅう	준비 중	奨学金	しょうがくきん	장학금
小学校	しょうがっこう	초등학교	乗車券	じょうしゃけん	승차권
小説家	しょうせつか	소설가	上半身	じょうはんしん	상반신
証明書	しょうめいしょ	증명서	植物園	しょくぶつえん	식물원
食料品	しょくりょうひん	식료품	女性用	じょせいよう	여성용
新学期	しんがっき	신학기	人件費	じんけんひ	인건비
新製品	しんせいひん	신제품	新聞社	しんぶんしゃ	신문사
心理学	しんりがく	심리학	生活費	せいかつひ	생활비
生産性	せいさんせい	생산성	政治家	せいじか	정치가
政治界	せいじかい	정치계	成人式	せいじんしき	성인식
正反対	せいはんたい	정반대	生命力	せいめいりょく	생명력
世界一	せかいいち	세계 제일	世界中	せかいじゅう	온 세계
世界旅行	せかいりょこう	세계여행	接待係	せったいがかり	접대담당
説明会	せつめいかい	설명회	全国的	ぜんこくてき	전국적
選択肢	せんたくし	선택지	洗濯物	せんたくもの	세탁물
洗面器	せんめんき	세면기	洗面所	せんめんじょ	세면장
専門家	せんもんか	전문가	卒業式	そつぎょうしき	졸업식
尊敬語	そんけいご	존경어	体育館	たいいくかん	체육관
大学生	だいがくせい	대학생	大使館	たいしかん	대사관
大事件	だいじけん	대사건	太平洋	たいへいよう	태평양

多国籍	たこくせき	다국적	短期間 たんきかん	단기간
誕生日	たんじょうび	생일	地下鉄 ちかてつ	지하철
駐車場	ちゅうしゃじょう	주차장	手数料 てすうりょう	수수료
天気予報	てんきよほう	일기예보	伝染病 でんせんびょう	전염병
展覧会	てんらんかい	전람회	電話代 でんわだい	전화요금
動物園	どうぶつえん	동물원		

문제로 확인하기

問題3（　　　　　）に入れるのに最もよいものを1・2・3・4から一つえらびなさい。

1 筋トレで腕と胸の（　　　　　）が強くなっている。

1　頭部　　　　　2　足首　　　　　3　下半身　　　　　4　上半身

> 해석 ▶　근력 단련으로 팔과 가슴의 (　상반신　)이 튼튼해졌다.
> 해설 ▶　1 머리 부분　　　2 발목　　　3 하반신　　　4 상반신
> 정답 ▶　4

2 フランスを出発時点として（　　　　　）に初めて挑戦します。

1　自伝　　　　　2　世界一　　　　　3　世界旅行　　　　　4　世界中

> 해석 ▶　프랑스를 출발시점으로 (　세계 여행　)에 처음으로 도전합니다.
> 해설 ▶　1 자서전　　　2 세계 제일　　　3 세계 여행　　　4 온 세계
> 정답 ▶　3

悪影響 あくえいきょう 악영향 = 害悪 がいあく 악영향

運動場 うんどうじょう 운동장 = グラウンド 운동장

映画館 えいがかん 영화관 = シネマ 영화관

会社員 かいしゃいん 회사원 = サラリーマン 회사원

価格表 かかくひょう 가격표 = 値段表 ねだんひょう 가격표

可能性 かのうせい 가능성 = 見込 みこみ 가망, 장래성

喫茶店 きっさてん 다방 = カフェ 카페

教科書 きょうかしょ 교과서 = テキスト 텍스트 북

結婚式 けっこんしき 결혼식 = 縁組 えんぐみ 결연

個人的 こじんてき 개인적 = プライベート 사적

再使用 さいしよう 재사용 = リユース 재사용

作業員 さぎょういん 작업 원 = 働 はたらき手 て 일꾼

時間割 じかんわり 시간표 = スケジュール 스케줄

自動的 じどうてき 자동적 = オートマチック 오토매틱

事務所 じむしょ 사무소 = オフィス 오피스

乗車券 じょうしゃけん 승차권 = 乗車切符 じょうしゃきっぷ 승차권(표)

伝染病 でんせんびょう 전염병 = はやりやまい 전염병, 돌림병

専門家 せんもんか 전문가 = 玄人 くろうと 전문가

手数料 てすうりょう 수수료 = コミッション 커미션

日本製 にほんせい 일본제 = 和製 わせい 일본제

歯医者 はいしゃ 치과 의사 = 歯科医師 しかいし 치과의사

八百屋 やおや 야채가게 = 青物屋 あおものや 야채가게

問題4 ________に意味が最も近いものを 1・2・3・4 から一つえらびなさい。

1 歴史については彼は相当の<u>専門家</u>である。

1 素人　　　　　2 玄人　　　　　3 アマチュア　　　4 努力家

해석 ▶ 역사에 대해서는 그는 상당한 <u>전문가</u>다.

해설 ▶ 1 아마추어　　　2 전문가　　　　3 아마추어　　　　4 노력가

정답 ▶ 2

2 <u>伝染病</u>のひろがりを防げないと大事になります。

1 流行やまい　　　　　　　　　2 臆病

3 流行ファッション　　　　　　4 皮膚病

해석 ▶ <u>전염병</u>의 확대를 막지 못하면 큰일이 납니다.

해설 ▶ 1 전염병　流行病(はやりやまい)　　　2 겁쟁이

　　　　3 유행패션　　　　　　　　　　　　4 피부병

정답 ▶ 1

図書館	としょかん	도서관	取引先	とりひきさき	거래처
日本語	にほんご	일본어	日本酒	にほんしゅ	일본 술. 청주
日本製	にほんせい	일본제	入学式	にゅうがくしき	입학식
入場料	にゅうじょうりょう	입장료	年齢別	ねんれいべつ	연령별
歯医者	はいしゃ	치과 의사	博物館	はくぶつかん	박물관
反抗期	はんこうき	반항기	販売価	はんばいか	판매가
販売機	はんばいき	판매기	飛行機	ひこうき	비행기
美術館	びじゅつかん	미술관	非常口	ひじょうぐち	비상구
皮膚科	ひふか	피부과	美容院	びよういん	미용실
表面的	ひょうめんてき	표면적	平社員	ひらしゃいん	평사원
不規則	ふきそく	불규칙	部分的	ぶぶんてき	부분적
不良品	ふりょうひん	불량품	文学論	ぶんがくろん	문학론
文房具	ぶんぼうぐ	문방구	放送局	ほうそうきょく	방송국
保証金	ほしょうきん	보증금	保証人	ほしょうにん	보증인
北海道	ほっかいどう	북해도	満足度	まんぞくど	만족도
万年筆	まんねんひつ	만년필	未解決	みかいけつ	미해결
身分証	みぶんしょう	신분증	名場面	めいばめん	명장면
申込書	もうしこみしょ	신청서	目的地	もくてきち	목적지
八百屋	やおや	야채가게	郵便局	ゆうびんきょく	우체국
輸入量	ゆにゅうりょう	수입량	幼稚園	ようちえん	유치원
予想外	よそうがい	예상외	理想的	りそうてき	이상적
留学生	りゅうがくせい	유학생	料理店	りょうりてん	요릿집
料理屋	りょうりや	요릿집	旅行客	りょこうきゃく	여행객
留守番	るすばん	빈집을 지킴	冷蔵庫	れいぞうこ	냉장고

問題5 つぎのことばの使い方として最もよいものを1・2・3・4から一つえらびなさい。

1 八百屋（やおや）

1 今（いま）から八百屋（やおや）に洗濯物（せんたくもの）を預（あず）けにいくつもりだ。

2 八百屋（やおや）でお弁当（べんとう）を買（か）ってきた。

3 八百屋（やおや）でネギと白菜（はくさい）を買（か）ってきた。

4 電気製品（でんきせいひん）はやはり八百屋（やおや）が一番安（いちばんやす）い。

> 해석 ▶ 야채(채소)가게
>
> 1 지금부터 야채가게에 세탁물을 맡기러 갈 생각이다. (X)
>
> 2 야채가게에서 도시락을 사 왔다. (X)
>
> 3 야채가게에서 파와 배추를 사 왔다. (0)
>
> 4 전자제품은 역시 야채가게가 가장 싸다. (X)
>
> 정답 ▶ 3

2 留守番（るすばん）

1 みんな出（で）かけて、私ひとりで留守番（るすばん）をしている。

2 明日（あした）は祖父（そふ）の75歳（さい）の留守番（るすばん）だ。

3 悩（なや）みというのは人（ひと）それぞれ留守番（るすばん）である。

4 結婚（けっこん）したら誰（だれ）でも留守番（るすばん）な家庭（かてい）を夢見（ゆめみ）るものだ。

> 해석 ▶ 집 보기(빈 집을 지키는 것. 또는 그런 사람)
>
> 1 모두 외출하고 나 혼자서 집 보는 것을 하고 있다. (0)
>
> 2 내일은 할아버지의 75세 집 보기이다. (X)
>
> 3 고민이라고 하는 것은 사람마다 집 보기이다. (X)
>
> 4 결혼하면 누구라도 집 보기 한 가정을 꿈꾸는 것이다. (X)
>
> 정답 ▶ 1

문법익히기   주고받는 표현 / 동작의 시점 / 원인, 이유

01. 주고받는 표현

주고받는 표현에서 구체적인 사물을 주거나 받을 때는 「あげる(주다), くれる(주다), もらう(받다)」
라는 동사를 사용하면 된다. 단 어떤 행동을 해 주거나 해 받을 때는 「~てあげる(~해 주다), ~て
くれる(~해 주다), ~てもらう(~해 받다)」처럼 동사의 연결형에 접속해서 사용한다. 주체가 누구
인지에 따라 쓰이는 동사가 달라지므로 아래 표를 꼼꼼히 외워두도록 하자.

	누가 주는가	누가 주는가	누가 받는가
주체	나 → 제3자 제3자 → 제3자	제3자 → 나(나의 가족)	나 → 제3자, 제3자 → 나 제3자 → 제3자
손윗사람	さしあげる (드리다) てさしあげる (해 드리다)	くださる (주시다) てくださる (해 주시다)	いただく (받다) ていただく (해 받다/상대방이 ~해 주시다)
동등한 관계	あげる (주다) てあげる (해 주다)	くれる (주다) てくれる (해 주다)	もらう (받다) てもらう (해 받다/상대방이 ~해 주다)
손아랫사람 동식물	やる (주다) てやる (해 주다)	くれる (주다) てくれる (해 주다)	もらう (받다) てもらう (해 받다/상대방이 ~해 주다)

02.　〜てやる/〜てあげる/〜てさしあげる　〜해 주다/〜해 주다/〜해 드리다

동물이나 식물, 손아랫사람에게 무엇인가를 줄 때는 「やる(주다)」를 쓴다. 내가 남에게 무엇인가를 줄 때, 제3자가 제3자에게 무엇인가를 줄 때는 「あげる(주다)」를 사용한다. 손윗사람에게 무엇인가를 드릴 때는 「さしあげる(드리다)」를 쓰면 된다. 어떤 동작을 해 줄 경우에는 「〜てやる(〜해 주다)/ 〜てあげる(〜해 주다)/ 〜てさしあげる(〜해 드리다)」와 같이 동사의 연결형에 접속해 사용한다.

私は時々弟にこづかいをやります。

나는 가끔 남동생에게 용돈을 줍니다.

引っ越しを手伝ってくれた友達にプレゼントをあげるつもりです。

이사를 도와준 친구에게 선물을 줄 생각입니다.

横井さんは野村さんを駅まで送ってあげました。

요코이씨는 노무라씨를 역까지 바래다 주었습니다.

友達は先生においしいチョコレートを作ってさしあげました。

친구는 선생님께 맛있는 초콜릿을 만들어 드렸습니다.

문제로 확인하기

1　あのサーカスは面白かった。君にも見せて（　　　）よ。

1　くれたかった　　　　　　　　2　あげたかった

3　さしあげたかった　　　　　　4　いただきたかった

2 これ、長崎から買ってきたカステラでございます。少し（　　　）から、どうぞ召し上がってみてください。

1　もらいます　　2　いただきます　　3　さしあげます　　4　くださいます

03.　～てくれる/～てくださる　～해 주다/～해 주시다

남이 나, 혹은 나랑 동격화 시킬 수 있는 인물(나의 가족)에게 무엇인가를 줄 때는 「くれる(주다)」를 사용한다. 손윗사람이 무엇인가를 주실 때는 「くださる(주시다)」를 쓰면 된다. 어떤 동작을 해 줄 경우에는 「～てくれる(～해 주다)/～てくださる(해 주시다)」와 같이 동사의 연결형에 접속해 사용한다.

田中さんが古いカメラを私の妹にくれました。
다나카씨가 오래된 카메라를 내 여동생에게 주었습니다.

これは先生が私にすすめてくださった辞書です。
이것은 선생님이 나에게 추천해 주신 사전입니다.

문제로 확인하기

1　あなたが来て（　　　）、ほんとうに助かりました。

1　さしあげて　　2　もらって　　3　くれて　　4　いただいて

해석 ▶ 당신이 와 줘서 정말로 도움이 되었습니다.

해설 ▶
① ~てさしあげる(~해 드리다–윗사람에게) 문제에서는 상대방이 나에게 와 준 것이기 때문에 정답이 될 수 없다.

② ~てもらう(~해 받다, 즉 상대방이 ~해 주다)
来(き)てもらって(와 받아서, 즉 상대방이 와 줘서) 이 답이 정답이 되려면 앞문장의 あなたが(당신이)가 あなたに(당신에게)로 바뀌어야 한다. あなたに来(き)てもらって(당신에게 와 받아서, 즉 당신이 와 줘서)

③ ~てくれる(~해 주다–상대방이 나에게)
来(き)てくれて(와 줘서)

④ ~ていただく(윗사람에게 ~해 받다, 즉 윗사람이 해 주시다)
来(き)ていただいて(와 받아서, 즉 상대방이 와 주셔서) 이 답이 정답이 되려면 2번 지문과 마찬가지로 앞문장의 あなたが(당신이)가 あなたに(당신에게)로 바뀌어야 한다. あなたに来(き)ていただいて(당신에게 와 받아서, 즉 당신이 와 주셔서)

정답 ▶ 3

---

2 これは先生(せんせい)が描(か)いて(　　　)地図(ちず)です。

1　さしあげた　　　2　くださった　　　3　もらった　　　4　いただいた

해석 ▶ 이것은 선생님이 그려 주신 지도입니다.

해설 ▶
① ~てさしあげる(~해 드리다–윗사람에게)
描(か)いてさしあげる(그려 드리다) → 描(か)いてさしあげた(그려 드렸다)

② ~てくださる(~해 주시다–윗사람이)
描(か)いてくださる(그려 주시다) → 描(か)いてくださった(그려 주셨다)

③ ~てもらう(~해 받다, 즉 상대방이 ~해 주다)
描(か)いてもらった(그려 받았다, 즉 상대방이 그려 주었다)
이 답이 정답이 되려면 앞문장의 先生(せんせい)が(선생님이)가 先生(せんせい)に(선생님에게)로 바뀌어야 한다. 先生(せんせい)に描(か)いてもらった(선생님에게 그려 받았다, 즉 선생님이 그려 주었다–선생님이 윗사람이긴 하지만 경우에 따라서 선생님과 아주 친하다든가 뭐 그런 상황에서는 존칭인 いただく가 아닌 もらう를 쓸 수도 있다)

④ ~ていただく(윗사람에게 ~해 받다, 즉 윗사람이 해 주시다)
描(か)いていただいた(그려 받았다, 즉 그려 주셨다) 이 답이 정답이 되려면 앞문장의 先生(せんせい)が(선생님이)가 先生(せんせい)に(선생님에게)로 바뀌어야 한다. 先生(せんせい)に描(か)いていただいた(선생님에게 그려 받았다, 즉 선생님이 그려 주셨다)

정답 ▶ 2

04. ～てもらう/～ていただく

～해 받다(상대방이 ～해 주다)/～해 받다(손윗사람이 ～해 주시다)

남에게 무엇인가를 받을 경우 「もらう(받다)」를 사용한다. 손윗사람에게 무엇인가를 받을 때는 「いただく(받다)」를 쓰면 된다. 남에게 어떤 행위를 받았을 경우에는 「～てもらう」를 쓰면 되지만 한국어에서는 잘 쓰지 않는 표현이다. 따라서 해석을 「～해 받다」로 하게 되면 어색하기 때문에 「(상대방이) ～해 주다」로 해석하는 것이 자연스럽다. 「～ていただく」도 마찬가지로 「(손윗사람에게) ～해 받다」가 아니라 「(손윗사람이) ～해 주시다」로 해석하는 것이 자연스럽다. 그리고 흔히 의뢰나 부탁을 할 때 「～てください(～해 주세요)」나 「～てくださいませんか(～해 주시지 않으시겠습니까?)」도 많이 쓰지만 「もらう(받다)」의 가능형인 「もらえる(받을 수 있다)」와 「いただく(받다)」의 가능형인 「いただける(받을 수 있다)」를 사용해 「～てもらえますか(～해 줄 수 있습니까?)/～てもらえませんか(～해 줄 수 없습니까?)/～ていただけますか(～해 줄 수 있으시겠습니까?)/～ていただけませんか(～해 줄 수 없으시겠습니까?)」라는 형태로는 자주 사용되므로 알아두자.

傘を忘れてきましたが、田中さんに貸してもらいました。

우산을 잊어버리고 왔습니다만, 다나카씨가 빌려 주었습니다.

これは先生に撮っていただいた写真である。

이것은 선생님이 찍어주신 사진이다.

すみませんが、明日までにこの本を返していただけませんか。

죄송합니다만, 내일까지 이 책을 반납해 줄 수 없으시겠습니까?

문제로 확인하기

1 友達(　　　　)パソコンの使い方を教えてもらいました。

　　1 に　　　　　　　2 が　　　　　　　3 を　　　　　　　4 は

> **해석** ▶ 친구가 컴퓨터 사용법을 가르쳐 주었습니다.
>
> **해설** ▶ ～てもらう(～해 받다. 즉 상대방이 ～해 주다) 「もらう(받다)」가 쓰였으므로 앞문장의 조사는 「に(에게)」가 와야 한다.
> 　　　　友達(ともだち)に教(おし)えてもらう(친구에게 가르쳐 받다. 즉 친구가 가르쳐 주다)
> 　　　　만약 조사 「が」를 쓰고 싶다면 뒤에 동사 「くれる(주다)」를 써서 「友達(ともだち)が教(おし)えてくれました(친구가 가르쳐 주었습니다)」라고 표현해야 한다.
>
> **정답** ▶ 1

❷ 「すみませんが、空港まで私を迎えにきて（　　　）」

「ええ、いいですよ」

1　あげましょうか　　　　　　2　くださいましたか

3　いただけませんか　　　　　4　さしあげますか

05.　〜ところだ/〜ているところだ/〜たところだ

〜하려는 참이다/〜하고 있는 중이다/막〜한 참이다

「동사의 원형＋ところだ」는 「〜하려는 참이다」라는 뜻으로 그 동작이 일어나기 바로 직전의 상태를
나타낸다. 「〜ているところだ」는 「〜하고 있는 중이다」라는 뜻으로 동작이 완료되지 않고 진행 중
인 상태를 나타낸다. 「〜たところだ」는 「막 〜한 참이다」라는 뜻으로 동작이 바로 직전에 막 끝난
상태를 나타낸다.

今から夕飯を食べるところです。

지금부터 저녁밥을 먹으려는 참입니다.

今夕飯を食べているところです。

지금 저녁밥을 먹고 있는 중입니다.

ちょうど今夕飯を食べたところです。

지금 막 저녁을 먹은 참입니다.

1 「もうレポートは出（だ）しましたか」

「いいえ、今（いま）からレポートを（　　　）ところです」

1　書（か）いていた　　2　書（か）いた　　　3　書（か）いている　　4　書（か）く

> 해석 ▶　「벌써 리포트를 제출했습니까?」
>
> 「아니오, 지금부터 리포트를 쓰려는 참입니다.」
>
> 해설 ▶　① ～ていたところだ(하고 있었던 참이다－이제 까지 하고 있었다가 지금 말하는 시점에서 끝났다
> 는 의미)
>
> 書（か）いていたところです(쓰고 있었던 참입니다－그런데 지금 끝났다는 뉘앙스)
>
> ② ～たところだ(막 ～했다)
>
> 書（か）いたところです(막 썼습니다－직전에 막 썼다는 뉘앙스)
>
> ③ ～ているところだ(～하고 있는 중이다－한참 진행 중이라는 뉘앙스)
>
> 書（か）いているところです(쓰고 있는 중입니다)
>
> ④ 동사의 원형＋ところだ(～하려는 참이다)
>
> 書（か）くところです(쓰려는 참입니다)
>
> 정답 ▶　4

2 「お腹（なか）空（す）いた。ご飯（はん）まだ？」

「今（いま）、（　　　）ところだから、もうちょっと待（ま）っててね」

1　作（つく）っていた　　2　作（つく）って　　　3　作（つく）った　　　4　作（つく）っている

> 해석 ▶　「배고파! 밥은 아직 이야?」
>
> 「지금 만들고 있는 중이니까 조금만 더 기다리고 있어.」
>
> 해설 ▶　① ～ていたところだ(～하고 있었던 참이다－이제 까지 하고 있었다가 지금 말하는 시점에서 끝났
> 다는 의미)
>
> 作（つく）っていたところだ(만들고 있었던 참이다－그런데 지금 끝났다는 뉘앙스)
>
> ② 作（つく）ってところだ(て형에 곧바로 접속하지 않음, 잘못된 문법형식임)
>
> ③ ～たところだ(막 ～했다)
>
> 作（つく）ったところだ(막 만들었다－직전에 막 만들었다는 뉘앙스)
>
> ④ ～ているところだ(～하고 있는 중이다－한참 진행 중이라는 뉘앙스)
>
> 作（つく）っているところだ(만들고 있는 중이다)
>
> ⑤ 「待（ま）っててね」는 「待（ま）っていてね(기다리고 있어)」에서 회화체에서 「い」가 탈락된 형태이
> 다. 회화체에서는 「～ている(～하고 있다)」에서 「い」를 탈락시켜 「～てる」의 형태로 쓰는 경우가
> 많다.
>
> 정답 ▶　4

❸　「お待（ま）たせしました。すみません」

　「大丈夫（だいじょうぶ）です、私も今（いま）（　　　）ところです」

1　来（く）る　　　　　2　来（き）て　　　　　3　来（き）た　　　　　4　来（こ）ない

> 해석 ▶　「기다리게 해서 죄송합니다.」
> 　　　　「괜찮습니다. 저도 지금 막 왔습니다.」
> 해설 ▶　①　동사의 원형+ところだ(~하려는 참이다)
> 　　　　　　来(く)るところです(오려는 참입니다)
> 　　　　②　来(き)てところです(て형에 곧바로 접속하지 않음, 잘못된 문법형식임)
> 　　　　③　~たところだ(막 ~했다)
> 　　　　　　来(き)たところだ(막 왔다–직전에 막 왔다는 뉘앙스)
> 　　　　④　来(こ)ないところです(ない형에 곧바로 접속하지 않음, 잘못된 문법형식임)
> 정답 ▶　3

06.　～ため(に) ～때문에/～위해서

「~ため(に)」는 「~위해서」라는 뜻으로 목적을 나타내는 표현으로 사용되기도 하고, 「~때문에」라는 뜻으로 원인이나 이유를 나타내기도 한다. 명사의 경우 접속 형태가 「명사のために」이므로 주의하자.

寝坊（ねぼう）したため遅刻（ちこく）してしまった。(원인)
늦잠 잤기 때문에 지각하고 말았다.

この道路（どうろ）は工事中（こうじちゅう）のため通行止（つうこうど）めだ。(원인)
이 도로는 공사 중이기 때문에 통행금지이다.

旅行（りょこう）に行（い）くために休（やす）みを取（と）ろうと思（おも）っています。(목적)
여행에 가기 위해서 휴가를 얻으려고 합니다.

たまにはお酒（さけ）を飲（の）みますが、体（からだ）のために気（き）をつけています。(목적)
가끔은 술을 마시지만 몸을 위해서 조심하고 있습니다.

1 母が風邪を(　　　　)、私が朝食を作ることになりました。

　1　引いたのに　　2　引いたため　　3　引くので　　4　引くけど

> 해석 ▶　엄마가 감기에 걸렸기 때문에 내가 아침식사를 만들게 되었습니다.
>
> 해설 ▶　① ~のに(~하는데도, ~함에도 불구하고)
> 　　　　　　風邪(かぜ)を引(ひ)いたのに(감기에 걸렸는데도)
> 　　　　　② ~ため(~때문에)
> 　　　　　　風邪(かぜ)を引(ひ)いたため(감기에 걸렸기 때문에)
> 　　　　　③ ~ので(~때문에)
> 　　　　　　風邪(かぜ)を引(ひ)くので(감기에 걸리기 때문에)
> 　　　　　④ ~けど(~이지만)
> 　　　　　　風邪(かぜ)を引(ひ)くけど(감기에 걸리지만)
> 　　　　　⑤ 동사의 원형+ことになる(하게 되다–하기로 결정났다는 뉘앙스) → 作(つく)ることになる(만들게 되다) → 作(つく)ることになりました(만들게 되었습니다)
>
> 정답 ▶　2

2 彼女は心をこめて、恋人の(　　　　)お弁当を作った。

　1　ために　　　　2　せいで　　　　3　ほうが　　　　4　おかげで

> 해석 ▶　그녀는 정성을 담아서 애인을 위해 도시락을 만들었다.
>
> 해설 ▶　① ~ために(~위해서)
> 　　　　　　恋人(こいびと)のために(애인을 위해서)
> 　　　　　② ~せいで(~탓으로)
> 　　　　　　恋人(こいびと)のせいで(애인 탓으로)
> 　　　　　③ ~ほうが(~편이,~쪽이)
> 　　　　　　恋人(こいびと)のほうが(애인 쪽이)
> 　　　　　④ ~おかげで(~덕분에)
> 　　　　　　恋人(こいびと)のおかげで(애인 덕분에)
> 　　　　　⑤ 「~をこめて」는 「(정성이나 마음, 감정 등)을 담아」라는 표현이다.
>
> 정답 ▶　1

問題　次の文章を読んで、質問に答えなさい。答えは、1・2・3・4から最もよいものを一つ
　　　えらびなさい。

生ワイン(still wine)

　いわゆる生ぶどう酒。ワイン醸造のプロセスが完全に終わり、炭素ガスを残
さないワイン。静かで泡が立たないところから「① スティルワイン」といわれ
る。

　赤ワインは果皮に色素の多い黒ぶどうなどを原料とし、果皮を取り除かずに
果汁とともに発酵させるため、果皮の色素が酒液に浸出されて赤くなる。

　② 白ワインは主として白ぶどう(緑色～黄色系)を使うが、時として果皮や果
樹の枝を取り除いた黒ぶどうを、白ぶどうに混ぜたり黒ぶどうの身を使うこと
もある。

　またロゼワインの醸造法には、黒ぶどうを原料として果皮ごと発酵させ、発
酵の途中で果皮を取り除く方法や黒ぶどうと白ぶどうを混ぜて造る方法などが
ある。

1　　① スティルワインの説明として正しいものはどれか。
　　1　ワイン醸造のプロセスが完全に終わってないワイン
　　2　黒ぶどうだけを原料として造ったワイン
　　3　静かで泡がたくさん立つワイン
　　4　炭素ガスを残さないワイン

2 ② <u>白ワイン</u>の造り方として合っているものはどれか。

1　主として黒ぶどうの果皮と白ぶどうの果皮だけを混ぜて造る。

2　黒ぶどうの果皮を取り除かずに果汁とともに発酵させて造る。

3　主として白ぶどう（緑色〜黄色系）を使って造る。

4　黒ぶどうの果皮や果樹の枝を白ぶどうと混ぜて造る。

3 これは何について書いた内容なのか。

1　生ワインの種類と造り方

2　生ワインの種類と飲み方

3　生ワインの種類とぶどうの原産地

4　生ワインの種類とぶどうの果皮の取り除き方

2 ② 흰색 와인 만드는 방법으로 일치하는 것은 어느 것인가?

1 주로 흑포도의 과피(과일 껍질)와 흰색 포도의 과피(과일 껍질) 만을 섞어서 만든다. (X)

2 흑포도의 과피(과일 껍질)를 제거하지 않고 과즙과 함께 발효 시켜 만든다. (X)

3 주로 흰색 포도(녹색 ~ 황색 계통)를 사용해서 만든다. (O)

4 흑포도의 과피(과일 껍질)나 과수의 가지를 흰색포도와 섞어서 만든다. (X)

정답 ▶ 3

3 이것은 무엇에 대해서 쓴 내용인가?

1 생 와인의 종류와 만드는 방법 (O)

2 생 와인의 종류와 마시는 방법 (X)

3 생 와인의 종류와 포도 원산지 (X)

4 생 와인의 종류와 포도 과피(과일 껍질) 없애는 방법 (X)

정답 ▶ 1

포인트문법 ▶

いわれる 불리다, 일컬어지다 (いう의 수동표현 いう → いわれる)

동사의 부정형 + ずに(=ないで) ~하지 않고

  예) 取(と)り除(のぞ)く → 取(と)り除(のぞ)かない → 取(と)り除(のぞ)かないで → 取(と)り除(のぞ)
    かずに 제거하지 않고

させる(する의 사역표현) 시키다

  예) 発行(はっこう)する → 発行(はっこう)させる 발효시키다,
    結婚(けっこん)する → 結婚(けっこん)させる 결혼시키다

동사의 う단 형태 + ため ~하기 위해(서), ~하므로

  예) させるため 시키기 위해서(시키므로), 会(あ)うため 만나기 위해서

される(する의 수동표현) 당하다, 되다

  예) 侵出(しんしゅつ)される 침출되다(우러나다)

い형용사의 부사형(い를 없애고 く를 붙인다) ~하게

  예) 赤(あか)い → 赤(あか)く(붉게), 早(はや)い → 早(はや)く 빠르게, 일찍

동사의 ます형이 연결형처럼 쓰이기도 한다(문어체로 많이 사용됨) ~고, ~서

  예) 発行(はっこう)させる → 発行(はっこう)させます → 発行(はっこう)させ 발효시키고(서),
    行(い)く → 行(い)きます → 行(い)き 가고(서)

단어 ▶
生なま 날것, 생　　いわゆる 이른바　　ぶどう酒しゅ 포도주　　醸造じょうぞう 양조

プロセス 공정, 과정　　完全かんぜんに 완전히　　炭素たんそガス 탄소가스

泡あわが立たつ 거품이 일다　　果皮かひ 과피(과일 껍질)　　色素しきそ 색소

原料げんりょう 원료　　黒くろぶどう 흑포도　　酒液しゅえき 주액(술 액)

侵出しんしゅつ 우러남, 우려냄　　主おもとして 주로　　混まぜる 혼합하다, 섞다

白しろぶどう 흰색포노　　緑色みどりいろ 녹색　　黄色きいろ 황색, 노랑　　系けい 계통

果樹かじゅ 과수　　枝えだ 나뭇가지　　取とり除のぞく 제거하다　　身み 몸, 살

発行はっこう 발효　　方法ほうほう 방법　　造つくる 만들다

CHAPTER 03 청해

개요 이해 문제 1

개요 이해 문제는 문장을 들려주고 내용을 잘 이해했는가를 묻는 문제로서 전체 내용 안에서 화자의 주장이나 의지를 정확하게 파악해 이해했는지를 묻는 문제가 출제된다. 대화문이 출제될 수도 있지만 비교적 긴 지문의 설명문의 형태로 출제되는 경우가 많다. 질문이 처음이 아니라 뒷부분에 나오므로 문제를 들을 때 꼼꼼히 중요사항을 메모하며 푸는 습관을 들이는 것이 좋다.

문제로 확인하기

1番

1

2

3

4

2番

1

2

3

4

스크립트 ▶

男<ruby>男<rt>おとこ</rt></ruby>の人<ruby>人<rt>ひと</rt></ruby>と女<ruby>女<rt>おんな</rt></ruby>の人<ruby>人<rt>ひと</rt></ruby>が話<ruby>話<rt>はな</rt></ruby>しています。

女：パクさん、学部<ruby>学部<rt>がくぶ</rt></ruby>は決<ruby>決<rt>き</rt></ruby>めましたか。

男：いいえ、まだです。

女：前<ruby>前<rt>まえ</rt></ruby>文学<ruby>文学<rt>ぶんがく</rt></ruby>が好<ruby>好<rt>す</rt></ruby>きだと言<ruby>言<rt>い</rt></ruby>っていましたよね？

男：はい、特<ruby>特<rt>とく</rt></ruby>に日本<ruby>日本<rt>にほん</rt></ruby>の文学<ruby>文学<rt>ぶんがく</rt></ruby>に興味<ruby>興味<rt>きょうみ</rt></ruby>があります。でも日本<ruby>日本<rt>にほん</rt></ruby>の文学<ruby>文学<rt>ぶんがく</rt></ruby>を勉強<ruby>勉強<rt>べんきょう</rt></ruby>しても、将来<ruby>将来<rt>しょうらい</rt></ruby>、仕事<ruby>仕事<rt>しごと</rt></ruby>の役<ruby>役<rt>やく</rt></ruby>に立<ruby>立<rt>た</rt></ruby>つかどうか分<ruby>分<rt>わ</rt></ruby>からないので、経済学部<ruby>経済学部<rt>けいざいがくぶ</rt></ruby>のほうがいいかなと思<ruby>思<rt>おも</rt></ruby>っています。

女：経済学部<ruby>経済学部<rt>けいざいがくぶ</rt></ruby>ですか。

男：はい、でもあまり経済<ruby>経済<rt>けいざい</rt></ruby>に興味<ruby>興味<rt>きょうみ</rt></ruby>がないので、今<ruby>今<rt>いま</rt></ruby>どうしたらいいか悩<ruby>悩<rt>なや</rt></ruby>んでいます。

女：私は自分<ruby>自分<rt>じぶん</rt></ruby>が一番<ruby>一番<rt>いちばん</rt></ruby>興味<ruby>興味<rt>きょうみ</rt></ruby>のあることを勉強<ruby>勉強<rt>べんきょう</rt></ruby>したほうがいいと思<ruby>思<rt>おも</rt></ruby>いますが、最後<ruby>最後<rt>さいご</rt></ruby>に決<ruby>決<rt>き</rt></ruby>めるのはパクさんですよ。

質問<ruby>質問<rt></rt></ruby>：女<ruby>女<rt>おんな</rt></ruby>の人<ruby>人<rt>ひと</rt></ruby>はどのように学部<ruby>学部<rt>がくぶ</rt></ruby>を選<ruby>選<rt>えら</rt></ruby>ぶのがいいと思<ruby>思<rt>おも</rt></ruby>っていますか。

1　適当<ruby>適当<rt>てきとう</rt></ruby>に選<ruby>選<rt>えら</rt></ruby>ぶのがいい。

2　自分<ruby>自分<rt>じぶん</rt></ruby>が興味<ruby>興味<rt>きょうみ</rt></ruby>のある学部<ruby>学部<rt>がくぶ</rt></ruby>を選<ruby>選<rt>えら</rt></ruby>ぶのがいい。

3　仕事<ruby>仕事<rt>しごと</rt></ruby>の役<ruby>役<rt>やく</rt></ruby>に立<ruby>立<rt>た</rt></ruby>つ学部<ruby>学部<rt>がくぶ</rt></ruby>を選<ruby>選<rt>えら</rt></ruby>ぶのがいい。

4　経済学部<ruby>経済学部<rt>けいざいがくぶ</rt></ruby>を選<ruby>選<rt>えら</rt></ruby>ぶのがいい。

해석 ▶

남자와 여자가 이야기하고 있습니다.

여 : 박씨, 학부는 결정했습니까?

남 : 아니오, 아직 입니다.

여 : 전에 문학을 좋아한다고 말했잖아요.

남 : 네, 특히 일본 문학에 흥미가 있습니다. 그렇지만 일본 문학을 공부해도, 장래, 일의 도움이 될지 어떨지 모르기 때문에, 경제학부 쪽이 좋을까라고 생각하고 있습니다.

여 : 경제학부입니까?

남 : 네, 그렇지만 별로 경제에 흥미가 없기 때문에, 지금 어떻게 하면 좋을지 고민하고 있습니다.

여 : 저는 자신이 제일 흥미가 있는 것을 공부하는 편이 좋다고 생각합니다만, 마지막에 결정하는 것은 박씨예요.

질문 : 여자는 어떻게 학부를 선택하는 것이 좋다고 생각하고 있습니까?

1　적당하게 선택하는 것이 좋다.

2　자신이 흥미가 있는 학부를 선택하는 것이 좋다.

3　일의 도움이 되는 학부를 선택하는 것이 좋다.

4　경제학부를 선택하는 것이 좋다.

포인트문법 ▶

① 「~かな(~까?)」는 자기 자신에게 묻는 기분을 나타냄. いいかなと思(おも)っています(좋을까라고 생각하고 있습니다)

② 「동사의 た형+ほうがいい」는 「~하는 편이 좋다」라는 어드바이스 문형이다. 勉強(べんきょう)したほうがいい(공부하는 편이 좋다)

정답 ▶ 2

스크립트 ▶

女おんなの人ひとがテレビショッピングで話はなしをしています。

女：皆みなさん、こちらのふとんをご覧らんください。手てで強つよく押おしても、あまり形かたちが変かわらないでしょう。ふとんは柔やわらかすぎると体からだによくありません。このふとんで寝ねるとぐっすり眠ねむることができます。実じつは私もこのふとんを使つかっています。朝あさ起おきた時ときにとても気分きぶんがいいので、毎晩まいばん寝ねるのが楽たのしみです。皆みなさんいかがですか。今いまなら9800円えん！ 9800円えんです!! 今いますぐお電話でんわください。

質問：女おんなの人ひとは何なんのために説明せつめいをしていますか。

1 ふとんを自慢じまんするためです。
2 ふとんの使つかい方かたを教おしえるためです。
3 ふとんの良よさを知しらせるためです。
4 ふとんを売うるためです。

해석 ▶

여자가 TV쇼핑(홈쇼핑)으로 이야기를 하고 있습니다.

여 : 여러분. 이쪽 이불을 보십시오. 손으로 강하게 눌러도, 별로 형태가 변하지 않지요? 이불은 너무 부드러우면 몸에 좋지 않습니다. 이 이불로 자면 푹 잘 수 있습니다. 사실은 저도 이 이불을 사용하고 있습니다. 아침에 일어났을 때에 매우 기분이 좋기 때문에, 매일 저녁 자는 것이 기대됩니다. 여러분 어떻습니까? 지금이라면 9800엔! 9800엔입니다!! 지금 당장 전화주세요.

질문 : 여자는 무엇을 위해서 설명을 하고 있습니까?

1 이불을 자랑하기 위해서입니다.
2 이불의 사용법을 가르쳐주기 위해서입니다.
3 이불의 좋은 점을 알리기 위해서입니다.
4 이불을 팔기 위해서입니다.

포인트문법 ▶

① 「ご覧(らん)」은 「보심」이라는 뜻이다.
　ご覧(らん)ください(보십시오—존경표현)
② 「형용사 어간+すぎる(지나치게 ~이다. 너무 ~이다)」
　柔(やわ)らかい(부드럽다) → 柔(やわ)らかすぎる(너무 부드럽다)

정답 ▶ 4

Part 06

新 JLPT 종결자

문자/어휘

愛 あいする 사랑하다	会 あう 만나다
開 あく 열리다	開 あける 열다
温 あたためる 따뜻하게 하다	当 あたる 해당되다, 당첨되다
扱 あつかう 취급하다	集 あつまる 모이다
集 あつめる 모으다	当 あてる 맞히다
余 あまる 남다	編 あむ 짜다
謝 あやまる 사과하다	表 あらわす 나타내다
有 ある 있다(무생물)	歩 あるく 걷다
慌 あわてる 당황하다	言 いい返 かえす 말대답하다
行 いく 가다	いじめる 따돌리다
急 いそぐ 서두르다, 재촉하다	いたす 하다 (する의 겸양어)
いただく 받다, 먹다, 마시다(もらう, 食(た)べる, 飲(の)む의 겸양어)	
祈 いのる 기도하다	居 いる 있다(생물)
祝 いわう 축하하다	植 うえる 심다
伺 うかがう 묻다, 듣다(聞(き)く의 겸양어)	受 うけ入 いれる 받아들이다
受 うけ取 とる 받다, 수취하다	受 うける 받다(상담, 수업)

問題 1 ＿＿＿＿の言葉の読み方として最もよいものを 1・2・3・4 から一つえらびなさい。

1 おせち料理が<u>余ったら</u>他の料理に変えて食べる事ができると思います。

1 あまったら   2 あったら   3 よったら   4 すったら

해석 ▶ 오세치 요리(명절 때 먹는 조림요리)가 <u>남으면</u> 다른 요리로 바꾸어 먹을 수 있다고 생각합니다.

해설 ▶ 1 남으면 余あまったら / 남다 余あまる

2 있으면 あったら / 있다 有ある

3 취하면 酔よったら / 술에 취하다 酔よう

4 피우면 吸すったら / 피우다 吸すう

정답 ▶ 1

2 私は友人から悩み相談や生活相談を<u>受ける</u>事が多い。

1 いける   2 きける   3 うける   4 かける

해석 ▶ 나는 친구로부터 고민 상담이나 생활(삶) 상담을 <u>받는</u> 일이 많다.

해설 ▶ 1 갈 수 있다 行いける

2 물을 수 있다 聞きける

3 (수업, 상담 등을)받다 受うける

4 (전화를)걸다 かける

정답 ▶ 3

動 うごき始 はじめる	움직이기 시작하다		動 うごく	움직이다
失 うしなう	잃다		写 うつす	찍다
映 うつる	비치다		移 うつる	옮기다
生 うまれる	태어나다		売 うる	팔다
得 える	얻다		追 おう	쫓다
起 おきる	일어나다		置 おく	놓다
送 おくる	보내다		遅 おくれる	늦다, 지각하다
行 おこなう	행하다		怒 おこる	화내다
納 おさめる	납부하다		教 おしえる	가르치다
押 おす	누르다		教 おそわる	배우다
落 おち着 つく	가라앉다		落 おちる	떨어지다
落 おとす	떨어뜨리다		訪 おとずれる	방문하다
驚 おどろく	놀라다		覚 おぼえる	기억하다, 암기하다
思 おもい出 だす	생각이 나다		泳 およぐ	수영하다
降 おりる	내리다, 내려오다		折 おる	접다, 꺽다
折 おれる	꺾이다(나뭇가지)		終 おわる	끝나다
飼 かう	기르다(동물)		買 かう	사다
返 かえす	반환하다		かかる	걸리다, (비용)들다
確認 かくにんする	확인하다		隠 かくす	숨기다

問題2 ______のことばを漢字で書くとき最もよいものを1・2・3・4から一つえらびなさい。

1 今回の仕事を通じて<u>えた</u>ものは何ですか。

1 着た　　　　2 似た　　　　3 得た　　　　4 居た

> 해석 ▶ 이번 일을 통해서 <u>얻은</u> 것은 무엇입니까?
>
> 해설 ▶ 1 입었다 着**き**た / 입다 着**き**る　　　　2 닮았다 似**に**た / 닮다, 비슷하다 似**に**る
>
> 　　　　3 얻었다 得**え**た / 얻다 得**え**る　　　　4 있었다 居**い**た / (생물이) 있다 居**い**る
>
> 정답 ▶ 3

2 一つ一つ手順を<u>おって</u>いった。

1 撮って　　　　2 追って　　　　3 寄って　　　　4 買って

> 해석 ▶ 하나하나 절차를 <u>밟아(쫓아, 따라)</u> 나갔다.
>
> 해설 ▶ 1 찍고 撮**と**って / (사진)찍다 撮**と**る　　　　2 쫓고 追**お**って / 쫓다 追**お**う
>
> 　　　　3 접근하고 寄**よ**って / 접근하다 寄**よ**る　　　　4 사고 買**か**って / 사다 買**か**う
>
> 정답 ▶ 2

隠 かくれる　숨다	駆 かけ寄 よる　달려오다
囲 かこむ　둘러싸다	重 かさなる　포개지다, 거듭되다
重 かさねる　포개다, 되풀이하다	飾 かざる　장식하다
かしこまる　황공해하다	貸 かす　빌려주다
数 かぞえる　세다	片付 かたづける　정리하다
構 かまう　상관하다	通 かよう　다니다
借 かりる　빌리다	可愛 かわいがる　귀여워하다
変 かわる　변하다	考 かんがえる　생각하다
感 かんじる　느끼다	頑張 がんばる　분발하다
消 きえる　꺼지다	聞 きかせる　들려주다
効 きく　(효력이) 있다, (약이) 듣다	聞 きく　(소리)듣다
決 きまる　결정되다	決 きめる　결정하다
競争 きょうそうする　경쟁하다	切 きれる　떨어지다, 끊기다
下 くださる　주시다(윗사람이)	くたびれる　지치다, 피로하다
配 くばる　나누어 주다	組 くみ立 たてる　조립하다
暮 くらす　살다, 지내다	比 くらべる　비교하다
苦 くるしむ　괴로워하다	くれる　주다(상대방이)
暮 くれる　저물다	消 けす　끄다
故障 こしょうする　고장 나다	

問題３（　　　　　）に入れるのに最もよいものを１・２・３・４から一つえらびなさい。

1 疲労（ひろう）が（　　　　　）病気になる人が増えています。

1　取（と）れて　　　2　貸（か）して　　　3　重（かさ）なって　　　4　止（と）まって

> 해석 ▶ 피로가 (　쌓여서　) 병이 나는 사람이 늘고 있습니다.
>
> 해설 ▶ 1　풀려서 取（と）れて / (피로가) 풀리다 取（と）れる
> 2　빌려줘서 貸（か）して / 빌려주다 貸（か）す
> 3　겹쳐서, 쌓여서 重（かさ）なって / 겹치다, 쌓이다 重（かさ）なる
> 4　멈춰서 止（と）まって / 멈추다 止（と）まる
>
> 정답 ▶ 3

2 掲示板（けいじばん）に書（か）いた文章（ぶんしょう）が（　　　　　）しまった。

1　出（だ）して　　　2　壊（こわ）して　　　3　無（な）くして　　　4　消（き）えて

> 해석 ▶ 게시판에 쓴 문장이 (　없어져　) 버렸다.
>
> 해설 ▶ 1　내고, 제출하고 出（だ）して / 내다, 제출하다 出（だ）す
> 2　부수고 壊（こわ）して / 부수다 壊（こわ）す
> 3　없애고 無（な）くして / 없애다 無（な）くす
> 4　없어지고, 지워지고 消（き）えて / 없어지다 消（き）える
>
> 정답 ▶ 4

扱 あつかう 취급하다 = 取 とり扱 あつかう 취급하다

集 あつまる 모이다 = 集合 しゅうごうする 모이다

集 あつめる 모으다 = 収集 しゅうしゅうする 모으다

謝 あやまる 사과하다 = 詫 わびる 사과하다

慌 あわてる 당황하다 = うろたえる 당황하다

言 いい返 かえす 말대답하다 = 口答 くちごたえする 말대답하다

売 うる 팔다 = 販売 はんばいする 판매하다

得 える 얻다 = 手 てに入 いれる 손에 넣다

遅 おくれる 늦다, 지각하다 = 間 まに合 あわない 늦다

怒 おこる 화내다 = 腹 はらを立 たてる 화내다

教 おそわる 배우다 = 習 ならう 배우다

驚 おどろく 놀라다 = びっくりする 놀라다

覚 おぼえる 암기하다 = 暗記 あんきする 암기하다

確認 かくにんする 확인하다 = 確 たしかめる 확인하다

飾 かざる 장식하다 = 装 よそおう 치장하다

片付 かたづける 정리하다 = 整頓 せいとんする 정돈하다

くたびれる 지치다, 피로하다 = 疲 つかれる 지치다

配 くばる 나누어 주다 = 割 わり当 あてる 분배하다

暮 くらす 살다, 지내다 = 生活 せいかつする 살다, 지내다

比 くらべる 비교하다 = 比較 ひかくする 비교하다

暮 くれる 저물다 = 夜 よるになる 날이 저물다

断 ことわる 거절하다 = 拒絶 きょぜつする 거절하다

誘 さそう 권하다, 꾀다 = 勧誘 かんゆうする 권유하다

冷 さめる 식다 = 冷 ひえる 식다

仕舞 しまう 끝내다, 치우다 = 終 おえる 끝내다, 마치다

失敗 しっぱいする 실패하다 = うまくいかない 잘 안되다

招待 しょうたいする 초대하다 ＝ 招 まねく 초대하다

着 つく 도착하다 ＝ 到着 とうちゃくする 도착하다

問題４　______に意味が最も近いものを１・２・３・４から一つえらびなさい。

１　くたびれて、週末は一日中ふとんの中で過ごす。

　　１　忙しくて　　　　２　つまらなくて　　３　疲れて　　　　４　困って

> 해석 ▶　피곤해서 주말엔 하루 종일 이불 안에서 보낸다.
>
> 해설 ▶　1　바빠서 忙いそがしくて / 바쁘다 忙いそがしい
>
> 　　　　2　시시해서 詰つまらなくて / 시시하다 詰つまらない
>
> 　　　　3　지쳐서, 피곤해서 疲つかれて / 지치다, 피곤하다 疲つかれる
>
> 　　　　4　곤란해서 困こまって / 곤란하다 困こまる
>
> 정답 ▶　3

２　会社帰りに立ち寄るには今日しかないと思って、あわてて仕事を仕舞いました。

　　１　やり直しました　　　　　　２　辞めました

　　３　始めました　　　　　　　　４　終えました

> 해석 ▶　퇴근길에 들르려면 오늘 밖에 없다고 생각해서, 서둘러서 일을 끝냈습니다.
>
> 해설 ▶　1　다시 했습니다 やり直なおしました / 다시하다 やり直なおす
>
> 　　　　2　그만 두었습니다 辞やめました / 그만두다 辞やめる
>
> 　　　　3　시작 했습니다 始はじめました / 시작하다 始はじめる
>
> 　　　　4　끝냈습니다 終おえました / 끝내다 終おえる
>
> 정답 ▶　4

断 ことわる 거절하다	困 こまる 곤란하다
怖 こわがる 무서워하다	壊 こわす 망가뜨리다
壊 こわれる 고장 나다, 부서지다	咲 さく 피다
支 ささえる 떠받치다	さしあげる 드리다
指 さす 가리키다	誘 さそう 권하다, 꾀다
冷 さめる 식다	騒 さわぐ 떠들다
触 さわる 만지다	支払 しはらう 지불하다
縛 しばる 묶다	仕舞 しまう 끝내다, 치우다
示 しめす 나타내다	占 しめる 차지하다
閉 しめる 닫다	知 しる 알다
信 しんじる 믿다	叱 しかる 꾸짖다
失敗 しっぱいする 실패하다	支配 しはいする 지배하다
喋 しゃべる 수다 떨다	紹介 しょうかいする 소개하다
招待 しょうたいする 초대하다	調 しらべる 조사하다, 알아보다
知 しり合あう 서로 알게 되다	信 しんじる 믿다
空 すく 비다	過 すごす (시간을)보내다
進 すすむ 나아가다	勧 すすめる 권하다
捨 すてる 버리다	着 つく 도착하다
作 つくる 만들다	漬 つける 담그다, 적시다

問題5　つぎのことばの使い方として最もよいものを1・2・3・4から一つえらびなさい。

1 空く

1　今日は足が空いているから暇です。

2　朝から何も食べてないからお腹が空いています。

3　ご飯を食べすぎてお腹が空いている。

4　店の人みんなが休まず年中無休で空いているそうだ。

> 해석 ▶　비다, 공복이 되다
>
> 1　오늘은 발이 비어서 한가합니다. (X)
>
> 2　아침부터 아무것도 먹지 않아서 배가 고픕니다. (O)
>
> 3　밥을 너무 먹어서 배가 고프다. (X)
>
> 4　가게 사람 모두가 쉬지 않고 연중무휴로 비어있다고 한다. (X)
>
> 정답 ▶　2

2 漬ける

1　キムチを漬けるのはけっこう大変そうです。

2　お好み焼きを漬けるのは思ったより簡単でした。

3　ご飯の漬け方は人によってちょっと違います。

4　なべ料理を漬けるのは時間がかかりそうです。

> 해석 ▶　담그다, 적시다
>
> 1　김치를 담그는 것은 꽤 힘들 것 같습니다. (O)
>
> 2　오꼬노미야끼를 담그는 것은 생각보다 간단했습니다. (X)
>
> 3　밥 담그는 법은 사람에 따라서 조금 차이가 납니다. (X)
>
> 4　나베(냄비)요리를 담그는 것은 시간이 걸릴 것 같습니다. (X)
>
> 정답 ▶　1

01.　〜と　〜하면/〜하자

AとB　A하면 B하다.

자연현상, 불변의 진리, 필연적 결과, 반복적 습관, 길안내 등에 주로 사용한다.

5から2を引くと3になる。

5에서 2를 빼면 3이 된다. (불변의 진리)

朝起きるとすぐコーヒーを飲む。

아침에 일어나면 곧장 커피를 마신다. (반복적 습관)

まっすぐ行くと公園があります。

쭉 가면 공원이 있습니다. (길안내)

「AとB」는 「A하면 필연적으로 B하다」라는 뉘앙스, 즉 필연적인 결과가 B문장에 와야 하므로 B에 화자의 의지나 감정을 나타내는 표현은 쓰지 않는다. 예를 들면, 의뢰나 요구(〜てください 〜해 주세요), 의무(〜なければならない 〜하지 않으면 안 된다), 희망(〜たい 〜하고 싶다), 권유(〜ませんか 〜하지 않을래요? / 〜ましょうか 〜할래요?), 의지(〜つもりだ 〜할 생각이다), 명령(〜なさい 〜해라), 허가(〜てもいい 〜해도 좋다), 금지표현 등은 사용하지 않는다. 그러므로

春になると花が咲く。

봄이 되면 꽃이 핀다. (올바른 문장)

春になると日本に行きたい。

봄이 되면 일본에 가고 싶다. (뒷문장에 희망표현—올바른 문장이 아님)

春になると連絡しなさい。

봄이 되면 연락하세요. (뒷문장에 명령표현—올바른 문장이 아님)

AとB　A하자 B하다.

B문에 과거형이 오면 앞의 동작이 이루어진 후에 이어서 다른 사항이 이어지는 경우나 거의 동시에 일어나는 경우에 쓰인다.

ドアが開くとどっと客が入り込んだ。

문이 열리자 우르르 손님이 들이닥쳤다.

문제로 확인하기

1 事務室に（　　　　）、すぐ電話をしてください。

1　つけば　　　　　2　ついたら　　　　3　つくなら　　　　4　つくと

해석 ▶　사무실에 도착하면 곧장 전화를 해 주세요.

해설 ▶　「つけば, つくと, ついたら」 모두 뜻은 「도착하면」 이지만 「と」는 필연적인 결과가 뒷문장에 와야 하므로 의뢰나 요구를 나타내는 「~てください」를 쓸 수 없고 「ば」도 동일한 주어일 경우 앞문장에 동작을 나타내는 동작동사가 오면 뒷문장에 명령, 의지, 희망, 의뢰, 금지 같은 표현 등은 쓸 수 없다. 따라서 정답은 「ついたら」밖에 될 수가 없다. 「なら」조건표현은 동사에 접속 될 경우 그 동작을 한다는 것을 전제로 한 조건이므로 주로 어드바이스나 대안을 제시할 때 쓰는 조건표현이다. 따라서 「つくなら(도착할 거라면, 도착한다면)」는 다른 세 가지 조건표현과는 성격이 다르다.

정답 ▶　2

2 朝起きて外を（　　　　）、大雪が降っていました。

1　見ると　　　　　2　見て　　　　　3　見ながら　　　　4　見てから

해석 ▶　아침에 일어나 밖을 보자 많은 눈이 내리고 있었습니다.

해설 ▶　① 「と」는 뒷문장에 과거시제가 오면 「~하자」라는 뜻이 있다. 그러므로 見(み)る(보다) → 見(み)ると(보자)

② 見(み)る(보다) → 見(み)て(보고/봐서–연결형)

③ 동사의 ます형+ながら(~하면서–동시진행)
　　見(み)る(보다) → 見(み)ながら(보면서)

④ ~てから(~하고나서)
　　見(み)る(보다) → 見(み)てから(보고나서)

정답 ▶　1

02. ～ば ～하면

AばB　A하면 B하다.

어떤 사실을 가정하거나 조건을 나타낼 때 사용한다.

동사 う단→ え단+ば(う단 어미를 え단으로 바꾸고 ば를 붙인다)

買<ruby>う<rt>か</rt></ruby> 사다 → 買<ruby>え<rt>か</rt></ruby>ば 사면

食<ruby>べる<rt>た</rt></ruby> 먹다 → 食<ruby>べれ<rt>た</rt></ruby>ば 먹으면

する 하다 → すれば 하면

い형용사나 ない 부정형은 い를 떼고 → ければ

寒<ruby>い<rt>さむ</rt></ruby> 춥다 → 寒<ruby>ければ<rt>さむ</rt></ruby> 추우면

行<ruby>かない<rt>い</rt></ruby> 가지 않다 → 行<ruby>かなければ<rt>い</rt></ruby> 가지 않으면

明<ruby>日雨<rt>あした あめ</rt></ruby>が降<ruby>れば<rt>ふ</rt></ruby>、山<ruby>登<rt>やまのぼ</rt></ruby>りをしません。

내일 비가 오면 등산을 하지 않습니다.

もし天<ruby>気<rt>てん き</rt></ruby>が悪<ruby>ければ<rt>わる</rt></ruby>、遠<ruby>足<rt>えんそく</rt></ruby>は中<ruby>止<rt>ちゅう し</rt></ruby>になるかもしれません。

만약 날씨가 나쁘면 소풍은 중지가 될지도 모릅니다.

조심해야 할 점은 A에 동작을 나타내는 동작동사가 오면 B에 　명령, 의지, 희망, 의뢰, 금지 같은 표현 등은 쓸 수 없다는 점이다.

お<ruby>金<rt>かね</rt></ruby>がなければアルバイトをしてください。

돈이 없으면 아르바이트를 하세요.

(「없다」는 동작동사가 아니라 상태를 나타내므로 뒷문장에 「～てください(의뢰)」가 올 수 있다)

駅<ruby><rt>えき</rt></ruby>に到<ruby>着<rt>とうちゃく</rt></ruby>すれば、すぐ連<ruby>絡<rt>れんらく</rt></ruby>してください。

역에 도착하면 곧장 연락해 주세요.

(「도착하다」는 동작동사이므로 뒷문장에 「～てください(의뢰)」가 올 수 없다. 따라서 이 문장은 올바른 문장이 아님)

단 앞문장과 뒷문장의 주어가 다를 경우에는 상관없다.

彼<ruby>氏<rt>かれ し</rt></ruby>が行<ruby>けば<rt>い</rt></ruby>私も行<ruby>きたい<rt>い</rt></ruby>。

남자친구가 가면 나도 가고 싶다.

(「가다」는 동작동사이지만 앞문장과 뒷문장의 주어가 다르므로 뒷문장에 「～たい(희망표현)」이 올 수가 있다)

1 何時^{なんじ}までにここに（　　　　）いいですか。

  1　来^きれば　　　　2　来^これば　　　　3　来^くれば　　　　4　来^くるれば

> 해석 ▶　몇 시까지 여기에 오면 됩니까?
> 해설 ▶　「ば」조건표현은 1그룹 2그룹 3그룹동사에 상관없이 「う단 어미를 え단으로 바꾸고 ば를 접속시킨다」
> 　　　　따라서 来(く)る(오다) → 来(く)れば(오면)
> 정답 ▶　3

2 京都^{きょうと}に（　　　　）、有名^{ゆうめい}な神社^{じんじゃ}を訪^{たず}ねようと思^{おも}います。

  1　行^いくと　　　　2　行^いったら　　　　3　行^いけば　　　　4　行^いくなら

> 해석 ▶　교토에 가면 유명한 신사를 방문하려고 합니다.
> 해설 ▶　「行(い)くと, 行(い)ったら, 行(い)けば」 모두 뜻은 「가면」이지만 「と」는 필연적인 결과가 뒷문장에
> 　　　　와야 하므로 의지를 나타내는 「의지형+と思(おも)います(~하려고 생각합니다)」를 쓸 수 없고 「ば」
> 　　　　도 동일한 주어일 경우 앞문장에 동작을 나타내는 동작동사가 오면 뒷문장에 명령, 의지, 희망, 의뢰,
> 　　　　금지 같은 표현 등은 쓸 수 없다. 따라서 정답은 「行(い)ったら」밖에 될 수가 없다. 「なら」조건표현은
> 　　　　동사에 접속 될 경우 그 동작을 한다는 것을 전제로 한 조건이므로 주로 어드바이스나 대안을 제시할
> 　　　　때 쓰는 조건표현이다. 따라서 「行(い)くなら(갈 거라면, 간다면)」는 다른 세 가지 조건표현과는 성격
> 　　　　이 다르다.
> 정답 ▶　2

03. ~たら ~하면/~하고나서/~했더니

AたらB　A하면 B하다.

「AばB」처럼 어떤 사실을 가정하거나 조건을 나타낼 때 사용한다. 하지만 「AばB」와는 달리 B에 명령, 의지, 희망, 의뢰, 금지 같은 표현 등을 쓸 수 있다. 접속 형태는 각 품사의 과거형에 접속한다.

私があなたの立場^{たちば}だったら、勉強^{べんきょう}を続^{つづ}けます。
내가 당신 입장이라면 공부를 계속할 겁니다.

雨^{あめ}がやんだら、出^でかけるつもりです。
비가 그치면 외출할 생각입니다.

暑かったら、窓を開ければいいじゃない。

더우면 창문을 열면 되잖아?

飲みたくなかったら、無理に飲まなくてもいい。

마시고 싶지 않으면 억지로 마시지 않아도 된다.

AたらB　A하고 나서 B하다.

テストが終わったら、問題用紙も回収します。

테스트가 끝나면(끝나고 나서), 문제지도 회수합니다.

AたらB　A했더니 B하다.

B문에 과거형이 오면 「〜했더니」라는 뜻으로 우연한 발견을 나타내는 표현이 된다.

本屋に行ったら、休みだった。

서점에 갔더니 쉬는 날이었다.

문제로 확인하기

1 お金が必要(　a　)、友達から(　b　)どうですか

1　a だったら　b 借りたら　　　　2　a たら　b 借りたら

3　a だったら　b 貸したら　　　　4　a たら　b 貸したら

2 主人は帰宅して夕飯を（　　　）すぐ寝てしまいます。

   1　食べた　　　　　2　食べたら　　　　3　食べながら　　　4　食べるなら

해석 ▶　남편은 귀가해서 저녁밥을 먹으면(먹고 나서) 곧장 자 버립니다.

해설 ▶　① 食(た)べる(먹다) → 食(た)べた(먹었다–과거형)

　② 「たら」조건표현은 「～하고 나서」라는 뜻도 있다.
　　　食(た)べる(먹다) → 食(た)べたら(먹으면/먹고 나서)

　③ 동사의 ます형＋ながら(～하면서–동시진행)
　　　食(た)べる(먹다) → 食(た)べながら(먹으면서)

　④ 「なら」조건표현은 동사에 접속 될 경우 그 동작을 한다는 것을 전제로 한 조건이므로 주로 어드바이스나 대안을 제시할 때 쓰는 조건표현이다. 따라서 食(た)べる(먹다) → 食(た)べるなら(먹을 거라면/먹는다면)

　⑤ ～てしまう(～해 버리다)
　　　寝(ね)る(자다) → 寝(ね)てしまう(자 버리다) → 寝(ね)てしまいます(자 버립니다)

정답 ▶　2

3 冷たいものをたくさん（　　　）、お腹を壊してしまった。

   1　飲むなら　　　　2　飲んだのに　　　3　飲んだまま　　　4　飲んだら

해석 ▶　찬 것을 많이 마셨더니 배탈이 나 버렸다.

해설 ▶　① 「なら」조건표현은 동사에 접속 될 경우 그 동작을 한다는 것을 전제로 한 조건이므로 주로 어드바이스나 대안을 제시할 때 쓰는 조건표현이다. 따라서 飲(の)む(마시다) → 飲(の)むなら(마실 거라면/마신다면)

　② ～のに(～하는데도, ～함에도 불구하고–역접조사)
　　　飲(の)む(마시다) → 飲(の)んだ(마셨다) → 飲(の)んだのに(마셨는데도)

　③ 「동사의 た형＋まま」는 「～한 채로」라는 뜻이다. 따라서 飲(の)む(마시다) → 飲(の)んだ(마셨다) → 飲(の)んだまま(마신 채로)

　④ 「たら」조건표현은 뒷문장에 과거시제가 오면 「～했더니(발견)」라는 뜻을 가진다. 따라서 飲(の)む(마시다) → 飲(の)んだら(마셨더니)

　⑤ 「壊(こわ)す」는 「부수다, 고장을 내다」라는 뜻인데 「お腹(なか)を壊(こわ)す」라고 하면 직역하면 「배를 부수다」이지만 의역하면 「배탈이 나다」라는 뜻이다.

　⑥ ～てしまう(～해 버리다)
　　　お腹(なか)を壊(こわ)す(배탈이 나다) → お腹(なか)を壊(こわ)してしまう(배탈이 나 버리다)
　　　→ お腹(なか)を壊(こわ)してしまった(배탈이 나 버렸다)

정답 ▶　4

04. 〜なら 〜한다면/〜라면

AならB A한다면 B하다.

A를 한다는 것을 전제로 한 조건. 보통 상대방의 이야기 듣고 조언이나 충고, 새로운 대안을 제시할 때 주로 사용한다. 동사의 기본형에 붙인다.

カメラを買うなら、デパートよりこの店で買ったほうが安いですよ。
카메라를 살 거라면 백화점보다 이 가게에서 사는 편이 싸요.

문제로 확인하기

1 この船に（　　　　）早めに切符を買っておかなければなりません。

　1　乗るなら　　　　2　乗ったら　　　　3　乗れば　　　　4　乗ると

> **해석 ▶** 이 배를 탈 거라면 조금 빨리 표를 사 두지 않으면 안 됩니다.
>
> **해설 ▶** ① 「なら」조건표현은 다른 조건표현
> 　　「乗(の)ったら(타면), 乗(の)れば(타면), 乗(の)ると(타면)」와 성격이 조금 다르다. 「なら」조건표현은 동사에 접속 될 경우 그 동작을 한다는 것을 전제로 한 조건이므로 주로 어드바이스나 대안을 제시할 때 쓰는 조건표현이다. 따라서 乗(の)る(타다) → 乗(の)るなら(탈 거라면/탄다면)
> 　② 「早(はや)めに」는 「조금 빨리, 일찌감치」라는 뜻이다.
> 　③ 「〜ておく」는 「〜해 두다(놓다)」라는 의미이다. 따라서 買(か)う(사다) → 買(か)っておく(사 두다)
> 　④ 「〜なければならない」는 「〜하지 않으면 안 된다. 즉, 〜해야 한다」라는 의무표현이다. 따라서 買(か)っておく(사 두다) → 買(か)っておかない(사 두지 않다) → 買(か)っておかなければならない(사 두지 않으면 안 된다) → 買(か)っておかなければなりません(사 두지 않으면 안 됩니다-공손체)
>
> **정답 ▶** 1

05. 명사+にする 〜로 하다

「명사+にする」는 「〜로 하다」 즉 「〜로 결정하다」라는 뜻이다.

お飲み物はコーヒーにしますか。それとも緑茶にしますか。
음료는 커피로 하겠습니까? 그렇지 않으면 녹차로 하겠습니까?

1 次の集まりは来月の第2日曜日（　　　）しよう。

　1　と　　　　　　　　2　が　　　　　　　3　に　　　　　　　4　も

> 해석 ▶ 다음 모임은 다음 달 둘째 주 일요일로 하자.
>
> 해설 ▶ 명사+にする(~로 하다-결정) 「しよう(하자/해야지)」는 「する(하다)」의 의지형이다. 그리고 의지형은 의지의 뜻인 「~해야지」와 권유의 뜻인 「~하자」라는 2가지의 뜻이 있다. 여기에서는 권유의 뜻으로 쓰였다.　따라서 日曜日(にちようび)にする(일요일로 하다-일요일로 결정하다 라는 의미) → 日曜日(にちようび)にしよう(일요일로 하자-권유)
>
> 정답 ▶ 3

2 「何食べようかな。うーん、私はオムライスとコーラ」

「私は、あまりお腹が空いてないから、サラダ（　　　）する」

　1　だけ　　　　　　　2　だけに　　　　　3　だけを　　　　　4　だけで

> 해석 ▶ 「뭐 먹을까? 음... 나는 오므라이스랑 콜라.」
>
> 「나는 별로 배가 안 고프니까 샐러드만 할게.」
>
> 해설 ▶ ① 「명사+にする」는 「~로 하다-결정」라는 뜻이고, 「だけ」는 「뿐, 만」이라는 뜻이다. 따라서 「サラダにする」는 「샐러드로 하다」라는 뜻이고, 「サラダだけにする」는 「샐러드만 하다」라는 표현이 된다.
>
> ② 「동사의 의지형＋かな」는 「자기 자신에게 묻는 기분을 나타냄. …까?」 따라서 食(た)べる(먹다) → 食(た)べよう(먹자/먹어야지-의지형) → 食(た)べようかな(먹을까?)
>
> ③ 「空(す)く」는 「(속이) 비다」라는 뜻인데 「お腹(なか)が空(す)く」라고하면 「배가 고프다」라는 표현이 된다.
>
> 정답 ▶ 2

06. 동사＋ことにする ～하기로 하다

「동사의 원형＋ことにする」는 자신의 결정으로 「～하기로 하다」라는 뜻이다.

入院したのをきっかけに、タバコをやめることにした。

입원한 것을 계기로 담배를 끊기로 했다.

1 さんざん悩んだあげく、引っ越す（　　　）。

　1　ことがある　　　2　ことはない　　　3　ことになる　　　4　ことにした

> 해석 ▶ 몹시 고민한 끝에 이사하기로 했다.
>
> 해설 ▶ ① 「동사의 원형＋ことがある」는 「~하는 일이 있다(종종 그런 경우가 있다는 뉘앙스)」 따라서 引(ひ)っ越(こ)すことがある(이사하는 일이 있다)
>
> ② 「동사의 원형＋ことはない」는 「~할 필요는 없다(굳이 그럴 필요는 없다는 뉘앙스)」 따라서 引(ひ)っ越(こ)すことはない(이사할 필요는 없다)
>
> ③ 「동사의 원형＋ことになる」는 「~하게 되다(외부 결정)」 따라서 引(ひ)っ越(こ)すことになる(이사하게 되다)
>
> ④ 「동사의 원형＋ことにする」는 「~하기로 하다(자기 결정)」 따라서 引(ひ)っ越(こ)すことにする(이사하기로 하다) → 引(ひ)っ越(こ)すことにした(이사하기로 했다)
>
> ⑤ 「あげく」는 「명사のあげく/동사의 과거형＋あげく」의 접속 형태로 「~한 끝에. ~한 결과(~한 결과 결국은 ~했다 라는 뉘앙스)」 따라서 悩(なや)む(고민하다) → 悩(なや)んだ(고민했다-과거형) → 悩(なや)んだあげく(고민한 끝에)
>
> 정답 ▶ 4

07. 동사＋ことになる ~하게 되다

「동사의 원형＋ことになる」는 외부의 결정으로 「~하게 되다」라는 뜻이다. 또한 「~ことになっている(~하기로 되어 있다)」의 형태로 어떤 결정이나 규칙 등을 나타내는 표현으로 쓰이기도 한다.

私は来月東京に転勤することになりました。
나는 다음 달 도쿄로 전근가게 되었습니다.

この建物では、タバコを吸ってはいけないことになっている。
이 건물에서는 담배를 피워서는 안 되게 되어 있다.

1 三浦さんは7月から貿易会社で通訳として働く（　　　）なった。

　1　ために　　　　　2　ことに　　　　　3　そうに　　　　　4　ように

해석 ▶ 미우라씨는 7월부터 무역회사에서 통역으로서 일하게 되었다.

해설 ▶ ① 「ために」는 크게 「〜때문에/〜위해서」라는 뜻이 있다.

② 「동사의 원형+ことになる」는 「〜하게 되다(외부 결정)」 따라서 働(はたら)く(일하다) → 働(はたら)くことになる(일하게 되다) → 働(はたら)くことになった(일하게 되었다)

③ 「そうに」는 문맥에 따라 다양한 기능이 있으므로 여기에서는 딱히 해석이 불가.

④ 「동사의 원형+ようになる」는 「〜하게 되다」라는 뜻이나 「〜ことになる(〜하게 되다)」처럼 「결정되다」라는 의미가 아니라 「(안 하다가) 〜하게 되다」라는 변화를 나타내는 문형이다.

　　예)　最近(さいきん)、よく日本(にほん)のドラマを見(み)るようになりました(최근에 자주 일본드라마를 보게 되었습니다—결정이 아니라 안 보다가 보게 변화되었다는 뉘앙스)

⑤ 「〜として」는 「〜로서」라는 뜻으로 「자격, 입장, 명분」등을 나타내는 표현이다.

정답 ▶ 2

2 今日、9時に池袋駅で妹と（　　　）ことになっているので、そろそろ出なければなりません。

1　会う　　　　　2　会える　　　　3　会おう　　　　4　会って

해석 ▶ 오늘 9시에 이케부쿠로역에서 여동생과 만나기로 되어 있기 때문에, 슬슬 나가야 합니다.

해설 ▶ ① 「동사의 원형+ことになっている」는 「〜하기로 되어 있다」라는 뜻이다. 따라서 会(あ)う(만나다) → 会(あ)うことになっている(만나기로 되어 있다)

② 「〜なければならない」는 「〜하지 않으면 안 된다. 즉, 〜해야 한다」라는 의무표현이다. 따라서 出(で)る(나가다) → 出(で)ない(나가지 않다–부정형) → 出(で)なければならない(나가지 않으면 안 된다) → 出(で)なければなりません(나가지 않으면 안 됩니다/나가야 합니다–공손체)

정답 ▶ 1

問題　次の文章を読んで、質問に答えなさい。答えは、1・2・3・4から最もよいものを一つ
　　　えらびなさい。

　　ふれあいは親子にとって、とても大切なことです。良いこと、悪いことを含
め、いったい親は子供とどのくらいの時間、会話をしているのでしょうか。あ
るアンケート調査によると、「親が子供の悩みを聞く時間」は1週間のうち平
均47分、もっとも多かったのは30分でした。一方、「叱ったり礼儀作法を教え
たりする生活指導時間」は①　平均1時間ぐらいでした。

　　つまり、悩みを聞くより、説教の時間の方がもっと多いということですね。
また、あるアンケート調査では「子供の話を聞いていますか」という質問に、
母親の70％は「はい」と答えたのですが、それに対して、同じ質問に「はい」
と答えた子供は40％でした。いったい、このギャップはなんでしょうか。親が
子供の話を聞くことが、じつは非常に難しいということです。

　　「きく」という文字には、「聞く」と「②　聴く」があります。「聞く」は
意識を集中することなく聞き流すという状態に近いものですが、「聴く」は、
意識して耳と同時に心を傾けることです。子供にはこの「聴く」ことが大切で
す。子供の言うことを、親が「心」と「気持ち」をこめて聞くということがた
いせつなんです。子供はもっと親に話を聞いてほしいのです。

　　　　　　　　　金盛浦子「男の子を追いつめるお母さんの口ぐせ」より

1　① <u>平均１時間ぐらい</u>と書いてあるがこれは何を表す時間なのか。

1　親と子供のふれあいの時間

2　親と子供がアンケートをする時間

3　親が子供に説教する時間

4　親が子供の悩みを聞いてあげる時間

2　「② <u>聴く</u>」という文字はどういう意味なのか。

1　相手の心だけを傾けることである。

2　耳だけ傾けることである。

3　聞き流すという状態に近いものである。

4　意識して耳と同時に心を傾けることである。

3　筆者は親として子供に何をするべきだといっているのか。

1　叱ったり礼儀作法を教えるべきだといっている。

2　子供の話を心と気持ちをこめてきいてあげるべきだといっている。

3　悩みを聞いてあげるより、説教の時間を増やすべきだといっている。

4　親が言っていることを子供も心をこめてきいてあげるべきだといっている。

　서로 마음이 통하는 것은 부모와 자식에게 있어서 매우 중요한 일입니다. 좋은 것, 나쁜 것을 포함해서 도대체 부모는 아이와 어느 정도의 시간, 대화를 하고 있는 것일까요? 어느 앙케트 조사에 따르면 「부모가 아이의 고민을 듣는 시간」은 1주일에 평균 47분, 가장 많았던 것은 30분 이었습니다. 한편 「혼내거나 예의범절을 가르치거나 하는 생활 지도 시간」은 ① 평균 1시간 정도였습니다.

　즉, 고민을 들어주는 것보다 설교 시간이 더 많다고 하는 것이겠죠? 또, 어느 앙케트 조사에서는 「아이의 이야기를 듣고 있습니까?」라고 하는 질문에, 엄마들의 70%은 「네」라고 대답했습니다만, 그에 비해서 같은 질문에 「네」라고 대답한 아이들은 40%였습니다. 도대체 이 갭은 무엇일까요? 부모가 아이의 이야기를 듣는다는 것이 사실은 대단히 어려운 일입니다.

　「듣다」라고 하는 문자에는 「聞く 듣다」와 「② 聴(き)く 듣다」가 있습니다. 「聞く 듣다」는 의식을 집중하지 않고 흘려듣는다고 하는 상태에 가까운 것입니다만, 「聴(き)く 듣다」는 의식해서 귀와 동시에 마음을 기울이는 것입니다. 아이들에게는 이 「聴(き)く 듣다」가 중요합니다. 아이가 말하는 것을 부모가 「진심」과 「마음」을 넣어(담아) 듣는 것이 중요합니다. 아이들은 좀 더 부모들에게 이야기를 들어주기를 바라는 것입니다.

가나모리 우라꼬 「男の子を追いつめるお母さんの口ぐせ」에서

1 ① 평균 1시간 정도라고 적혀있는데 이것은 무엇을 나타내는 시간인가?

　1 부모와 아이가 서로 마음이 통하는 시간 (X)

　2 부모와 아이가 앙케트를 하는 시간 (X)

　3 부모가 아이에게 설교하는 시간 (O)

　4 부모가 아이의 고민을 들어 주는 시간 (X)

정답 ▶　3

2 「② 聴(き)く 듣다」라고 하는 문자는 어떤 의미(뜻)인가?

　1 상대의 마음만을 기울이는 것이다. (X)

　2 귀만 기울이는 것이다. (X)

　3 흘려듣는다고 하는 상태에 가까운 것이다. (X)

　4 의식해 귀와 동시에 마음을 기울이는 것이다. (O)

정답 ▶　4

3 필자는 부모로서 아이에게 무엇을 해야 한다고 말하고 있는가?

　1 꾸짖거나 예의범절을 가르쳐야 한다고 하고 있다. (X)

　2 아이의 이야기를 진심과 마음을 넣어(담아) 들어 주어야 한다고 하고 있다. (O)

　3 고민을 들어 주는 것보다, 설교 시간을 늘려야 한다고 하고 있다. (X)

　4 부모가 말하는 것을 아이도 마음을 넣어(담아) 들어 주어야 한다고 하고 있다. (X)

정답 ▶　2

명사 + にとって ～에게 있어서

　　예) 親子(おやこ)にとって 부모와 자식에게 있어서

명사 + によると ～에 따르면

　　예) 調査(ちょうさ)によると 조사에 따르면

동사의 たり형 ～하기고 하고

　　예) 教(おし)える → 教(おし)えたり 가르치거나

명사 + に対(たい)して ～에 대해서, ～에 비해서

　　예) それに対(たい)して 그에 비해서

동사의 て형 + てほしい ～해주었으면 싶다, ～하기 바란다

　　예) 言(い)う → 言(い)って → 言(い)ってほしい 말해 주기 바란다

단어 ▶　ふれあい 상호 접촉함, 마음이 서로 통함　　含ふくめる 포함하다　　いったい 도대체

　　　　調査ちょうさ 조사　　悩なやみ 고민　　平均へいきん 평균　　もっとも 더욱, 가장

　　　　一方いっぽう 한편　　叱しかる 꾸짖다, 나무라다　　礼儀作法れいぎさほう 예의범절

　　　　教おしえる 가르치다　　生活指導せいかつしどう 생활지도　　つまり 즉　　ある 어느, 어떤

　　　　母親ははおや 엄마　　答こたえる 대답하다　　ギャップ 갭(틈)　　非常ひじょうに 대단히

　　　　文字もじ 문자　　意識いしき 의식　　集中しゅうちゅうする 집중하다

　　　　聞きき流ながす 흘려듣다　　状態じょうたい 상태　　近ちかい 가깝다

　　　　意識いしきする 의식하다　　同時どうじに 동시에　　傾かたむける 기울이다

　　　　大切たいせつだ 중요하다　　心こころ 마음, 진심　　心こころを込こめる 마음을 넣다(담다)

　　　　気持きもち 마음, 기분, 감정

 개요 이해 문제 2

개요 이해 문제는 문장을 들려주고 내용을 잘 이해했는가를 묻는 문제로서 전체 내용 안에서 화자의 주장이나 의지를 정확하게 파악해 이해했는지를 묻는 문제가 출제된다. 대화문이 출제될 수도 있지만 비교적 긴 지문의 설명문의 형태로 출제되는 경우가 많다. 질문이 처음이 아니라 뒷부분에 나오므로 문제를 들을 때 꼼꼼히 중요사항을 메모하며 푸는 습관을 들이는 것이 좋다.

문제로 확인하기

1番

1

2

3

4

2番

1

2

3

4

스크립트 ▶

男<ruby>男<rt>おとこ</rt></ruby>の人<ruby>人<rt>ひと</rt></ruby>と女<ruby>女<rt>おんな</rt></ruby>の人<ruby>人<rt>ひと</rt></ruby>が話<ruby>話<rt>はなし</rt></ruby>ています。

男：友達<ruby>友達<rt>ともだち</rt></ruby>からチケットを2枚<ruby>枚<rt>まい</rt></ruby>もらったんだけど、今夜<ruby>今夜<rt>こんや</rt></ruby>一緒<ruby>一緒<rt>いっしょ</rt></ruby>にコンサートを見<ruby>見<rt>み</rt></ruby>に行<ruby>行<rt>い</rt></ruby>かない？

女：うーん。レポートを書<ruby>書<rt>か</rt></ruby>かなきゃいけないから、今夜<ruby>今夜<rt>こんや</rt></ruby>はちょっと・・・。

男：え？レポートって、心理学<ruby>心理学<rt>しんりがく</rt></ruby>のレポート？

女：そうよ。

男：あれって、締<ruby>締<rt>し</rt></ruby>め切<ruby>切<rt>き</rt></ruby>りはまだまだだよ。来週<ruby>来週<rt>らいしゅう</rt></ruby>の月曜<ruby>月曜<rt>げつよう</rt></ruby>までに出<ruby>出<rt>だ</rt></ruby>せばいいんじゃない。

女：知<ruby>知<rt>し</rt></ruby>ってるよ。でも、早<ruby>早<rt>はや</rt></ruby>く書<ruby>書<rt>か</rt></ruby>き終<ruby>終<rt>お</rt></ruby>わって、その後<ruby>後<rt>あと</rt></ruby>のんびりしたいの。

男：えー！

女：どうせ書<ruby>書<rt>か</rt></ruby>かなきゃいけないんだから早<ruby>早<rt>はや</rt></ruby>く終<ruby>終<rt>お</rt></ruby>わらせたほうが気分<ruby>気分<rt>きぶん</rt></ruby>がいいの。

男：僕<ruby>僕<rt>ぼく</rt></ruby>は、ぎりぎりに書<ruby>書<rt>か</rt></ruby>くのが好<ruby>好<rt>す</rt></ruby>きなんだけどなあ。

女：でも、前<ruby>前<rt>まえ</rt></ruby>の文学<ruby>文学<rt>ぶんがく</rt></ruby>のレポートは間<ruby>間<rt>ま</rt></ruby>に合<ruby>合<rt>あ</rt></ruby>わなかったよね。

男：あー、あれね。あの時<ruby>時<rt>とき</rt></ruby>は急<ruby>急<rt>きゅう</rt></ruby>に忙<ruby>忙<rt>いそが</rt></ruby>しい事<ruby>事<rt>こと</rt></ruby>が重<ruby>重<rt>かさ</rt></ruby>なって・・・。

質問：女<ruby>女<rt>おんな</rt></ruby>の人<ruby>人<rt>ひと</rt></ruby>の考<ruby>考<rt>かんが</rt></ruby>えと合<ruby>合<rt>あ</rt></ruby>っているものはどれですか。

1 必<ruby>必<rt>かなら</rt></ruby>ずしなければならないことは早<ruby>早<rt>はや</rt></ruby>く済<ruby>済<rt>す</rt></ruby>ませたい。

2 締<ruby>締<rt>し</rt></ruby>め切<ruby>切<rt>き</rt></ruby>りの前<ruby>前<rt>まえ</rt></ruby>になってレポートを書<ruby>書<rt>か</rt></ruby>いたほうがいい。

3 コンサートは好<ruby>好<rt>す</rt></ruby>きじゃないから、行<ruby>行<rt>い</rt></ruby>きたくない。

4 文学<ruby>文学<rt>ぶんがく</rt></ruby>のレポートより心理学<ruby>心理学<rt>しんりがく</rt></ruby>のレポートのほうが書<ruby>書<rt>か</rt></ruby>きにくい。

해석 ▶

남자와 여자가 이야기하고 있습니다.

남 : 친구로부터 티켓을 2장 받았는데 오늘 밤 함께 콘서트를 보러 가지 않을래?

여 : 음… 리포트를 쓰지 않으면 안 되기 때문에, 오늘 밤은 조금….

남 : 뭐라고? 리포트라고? 심리학 리포트?

여 : 그래.

남 : 그거 마감은 아직 멀었어. 다음 주 월요일까지 내면 되지 않아?

여 : 알고 있어. 그렇지만 빨리 다 쓰고 그 후에 한가롭게 지내고 싶은 거야.

남 : 허 !

여 : 어차피 쓰지 않으면 안 되기 때문에 빨리 끝내는 편이 기분이 좋아.

남 : 나는 (시간적으로)빠듯하게 쓰는 것을 좋아하는데.

여 : 하지만 이전의 문학 리포트는 늦었지?

남 : 아―, 그거. 그 때는 갑자기 바쁜 일이 겹쳐서….

질문 : 여자의 생각과 일치하는 것은 어느 것입니까?

1 반드시 해야 하는 것은 빨리 끝내고 싶다.
2 마감 전이 되어 리포트를 쓰는 편이 좋다.
3 콘서트는 좋아하지 않기 때문에 가고 싶지 않다.
4 문학 리포트보다 심리학 리포트 쪽이 쓰기 어렵다.

포인트문법 ▶

① 「なきゃ」는 「なければ」의 회화체 축약형이다. 따라서 「～なければいけない(～하지 않으면 안 된다)」는 「～なきゃいけない(～하지 않으면 안 된다)」로 바꿔 말할 수 있다. 書(か)かなければいけない=書(か)かなきゃいけない(쓰지 않으면 안 된다)

② 終(お)わる(끝나다) → 終(お)わらせる(끝나게 하다, 끝내다–1그룹동사의 사역형 う단 어미를 あ단으로 바꾸고 せる를 접속)

③ 済(す)む(끝나다) → 済(す)ませる(끝나게 하다, 끝내다–1그룹동사의 사역형 う단 어미를 あ단으로 바꾸고 せる를 접속 ― 済(す)ませたい(끝내고 싶다–동사의 ます형+たい–하고 싶다)

정답 ▶ 1

스크립트 ▶

男おとこの人ひとが話はなしています。

男：皆みなさん10年前ねんまえにこの地方ちほうで大おおきい地震じしんがあったことをご存ぞんじですか。たくさんの建物たてものが倒たおれました。また、地震じしんの後あとで火事かじが起おきて、たくさんの家いえが焼やけました。この火事かじで大勢おおぜいの人ひとが怪我けがをしたり亡なくなったりしました。だから地震じしんがあったら、まず火事かじが起おきないようにすぐに台所だいどころの火ひを止とめてください。地震じしんの時ときは早はやく逃にげたくなりますが、急いそいで出でるのは危険きんです。気きをつけてください。

質問：男おとこの人ひとは地震じしんが起おきたらまず何なにをしなければならないと思おもっていますか。

1 早はやく逃にげなければならない。
2 急いそいで出でなければならない。
3 台所だいどころの火ひを止とめなければならない。
4 気きをつけなければならない。

해석 ▶

남자가 이야기하고 있습니다.

남：여러분 10년 전에 이 지방에서 큰 지진이 있었던 것을 아십니까? 많은 건물이 쓰러졌습니다. 또 지진 후에 화재가 일어나서, 많은 집이 탔습니다. 이 화재로 많은 사람이 다치거나 죽거나 했습니다. 그러니까 지진이 일어나면, 우선 화재가 일어나지 않게 곧바로 부엌의 불을 꺼 주세요. 지진 때는 빨리 도망치고 싶어집니다만, 서둘러 나오는 것은 위험합니다. 조심해 주세요.

질문：남자는 지진이 일어나면 우선 무엇을 해야 한다고 생각하고 있습니까?

1 빨리 도망치지 않으면 안 된다.
2 서둘러 나오지 않으면 안 된다.
3 부엌의 불을 끄지 않으면 안 된다.
4 조심하지 않으면 안 된다.

포인트문법 ▶

① 「ご存(ぞん)じですか(아십니까?)」는 「知(し)っていますか(알고 있습니까?)」의 공손한 표현이다.
② 「~たり ~たりする」는 「~하기도 하고 ~하기도 하다, ~하거나 ~하거나 하다」라는 표현이다. 怪我(けが)をする(다치다) → 怪我(けが)をした(다쳤다-과거형) 亡(な)くなる(죽다) → 亡(な)くなった(죽었다) 怪我(けが)をしたり 亡(な)くなったりしました(다치거나 죽거나 했습니다)

정답 ▶ 3

MeMo

PracticeTest 1 문자/어휘

問題1 ＿＿＿の言葉の読み方として最もよいものを1・2・3・4から一つえらびなさい。

1 昨日から胃の調子が悪くなって、お粥しか食べられません。

    1 ちょし　　　　2 ちょうし　　　　3 じょし　　　　4 じょうし

2 どこの家も電気釜で手間をはぶくようになった。

    1 しゅかん　　　2 しゅま　　　　3 てかん　　　　4 てま

3 夏休みの計画が具体化してきた。

    1 がいたいか　　2 かいたいか　　3 ぐたいか　　　4 くたいか

4 あの本屋はぶんぼうぐも扱っていますか。

    1 あつかって　　2 とって　　　　3 すって　　　　4 あつまって

5 庭に木とか草花を植えました。

    1 きえました　　2 うえました　　3 はえました　　4 ふえました

問題2　______のことばを漢字で書くとき最もよいものを1・2・3・4から一つえらびなさい。

6　洗面どうぐの準備が必要なようです。

　　1　道具　　　　　2　動具　　　　　3　首具　　　　　4　道貝

7　欠席するばあいはまえもって電話してください。

　　1　馬合　　　　　2　易合　　　　　3　場合　　　　　4　場会

8　最近太ってこうかてきに痩せる方法を探している。

　　1　効香的　　　　2　効化的　　　　3　効加的　　　　4　効果的

9　ある小学校では、普段着で卒業式をおこなうらしいです。

　　1　吸う　　　　　2　行う　　　　　3　補う　　　　　4　酔う

10　用事をおもいだしたので帰ります。

　　1　思い出した　　2　心い出した　　3　重い出した　　4　思い缶した

問題3（　　　　）に入れるのに最もよいものを1・2・3・4から一つえらびなさい。

11　（　　　　）がぽんぽんと夜空に上がりました。

　　　1　花火　　　　　2　かみなり　　　3　祭り　　　　4　あらし

12　寒いので（　　　　）をかけて寝てください。

　　　1　絵　　　　　　2　布団　　　　　3　ハンガー　　　4　椅子

13　（　　　　）制度を利用してアメリカの大学に留学しよう。

　　　1　お礼金　　　　2　卒業金　　　　3　奨学金　　　　4　補償金

14　鳥を（　　　　）いる場所はこまめに掃除し、フンはすぐ片付けましょう。

　　　1　育つて　　　　2　買って　　　　3　植えて　　　　4　飼って

15　まず、食卓の食器から（　　　　）ほうがいいと思うよ。

　　　1　畳んだ　　　　2　折った　　　　3　食べた　　　　4　片付けた

問題4 ______に意味が最も近いものを1・2・3・4から一つえらびなさい。

16 本人のいる前で悪口を言うのは失礼です。

1 友人　　　　2 人類　　　　3 当事者　　　　4 逃亡者

17 一日何回でも乗り降り自由な乗車券である。

1 乗車バス　　　2 乗車切符　　　3 乗車ツアー　　　4 乗車ガイド

18 ビールの味は泡が決めるそうだ。

1 定める　　　　2 飲む　　　　3 出る　　　　4 出来る

問題5　つぎのことばの使い方として最もよいものを1・2・3・4から一つえらびなさい。

19　連休

1　ビリヤードの<u>連休</u>やコツについて紹介しています。

2　おばは<u>連休</u>ドラマを見るのが毎日の楽しみだ。

3　<u>連休</u>に雨が降るなんて残念なことだ。

4　海外にいる友達とメールで<u>連休</u>をとっている。

20　過ごす

1　若い頃の私は頑張り<u>過ごす</u>人でした。

2　いねむりをして降りるバス停を<u>過ごして</u>しまった。

3　そのアパートは家賃は安いが駅から遠<u>過ごす</u>。

4　今年も一年中、無事に<u>過ごす</u>ことが出来ますように。

PracticeTest 2 문법

問題1　つぎの文の（　　　）に入れるのに最もよいものを、1・2・3・4から一つえらびなさい。

1　「田中さんはいますか」

「あ、たった今（　　　）です、まだこの近くにいるかもしれません」

1　帰ったところ　2　帰るところ　3　帰ったはず　4　帰るはず

2　智子さんは私の弟にきれいな絵はがきを（　　　）。

1　あげた　　　　2　あけた　　　　3　くれた　　　　4　さしあげた

3　これは私（　　　）初心者でも簡単にできるゲームです。

1　ように　　　　2　ような　　　　3　のようだ　　　4　のような

4　交通事故の（　　　）会議に４０分も遅れてしまった。

1　どころか　　　2　あまり　　　　3　ために　　　　4　ことに

5　もし彼が独身（　　　）、告白したい。

1　たら　　　　　2　だったら　　　3　かったら　　　4　だたら

6　次に使う時にすぐ使えるように、（　　　）忘れずに片付けてください。

1　使いおわると　　　　　　　　2　使いおわったら

3　使いおわったのに　　　　　　4　使いおわっても

7 社長がとても丁寧に説明して(　　　)ので、私は嬉しかった。

   1　くださった　　2　いただいた　　3　やった　　　　4　さしあげた

8 母は私の顔を見れば「勉強(　　　)」と言う。

   1　しろ　　　　　2　しりなさい　　3　せろ　　　　4　するなさい

9 今度友達の結婚式に行く(　　　)のですが、ドレスってやっぱり黒が無難です
か。

   1　ものになった　　　　　　　　2　そうになった

   3　ようになった　　　　　　　　4　ことになった

10 この料理を(　　　)、冷めないうちに食べたほうがいいですよ。

   1　食べると　　　2　食べたら　　3　食べれば　　4　食べるなら

問題2　つぎの文の＿＿★＿＿に入る最もよいものを、1・2・3・4から一つえらびなさい。

11　香港では、仕事に行く＿＿＿＿、＿＿★＿＿　＿＿＿＿　＿＿＿＿。

1　オフィスで朝ご飯を食べる人が多い

2　もしくは

3　そうだ

4　途中

12　資料に書いて＿＿＿＿　＿＿★＿＿　＿＿＿＿　＿＿＿＿います。

1　ように　　　　2　売れて　　　　3　ある　　　　4　よく

13　＿＿＿＿、＿＿＿＿　＿＿★＿＿　＿＿＿＿か。

1　席を　　　　　　　　　　2　すみませんが

3　いただけません　　　　　4　替わって

14　これは先生＿＿＿＿、＿＿＿＿　＿＿＿＿　＿＿★＿＿料理です。

1　お作り　　　　2　した　　　　3　私が　　　　4　のために

15　買い物に行く時など、外出時には＿＿＿＿　＿＿＿＿　＿＿＿＿　＿＿★＿＿います。

1　ように　　　　2　歩く　　　　3　できるだけ　　4して

問題3　つぎの文章を読んで、 16 から 20 の中に入る最もよいものを、1・2・3・4から一つえらびなさい。

　第二次世界大戦後 、日本人の生活は 16 変化した。 洋服を着るようになったのもその一つの例である。日本人が洋服を着はじめたのは、明治時代である。当時も、軍隊や警察の制服は洋服であったが、普通の人々はまだ、着物を着ていた。特に女性は、着物の人が多かった。その後、洋服を着る女の人は少しずつ増えていったが、昭和の初めに行われた調査の結果でも、洋服を着ている女性は、二割ぐらいしかいなかった。ほとんどの人が洋服を着る 17 のは、戦後である。現在は、老人でも、ふだん着物を着る人は少なくなった。

　着物は、大変美しいが、着るのに時間がかかるし、動き 18 。特に、階段を上ったり、自転車に乗ったりスポーツをしたりする時、不便である。 19 、洋服は着たり脱いだりするのも簡単だし、動きやすい。それで、洋服を着る人が増えてきたのである。

　明治時代に日本に入ってきた洋服は、この 20 、百年ぐらいの間に日本人の生活に欠かせないものになった。そして、着る人の少なくなった着物は、正月や成人式、結婚式など、特別な時にだけ着るものに変わった。

16　1　大きいし　　　2　大きくて　　　3　大きい　　　4　大きく

17　1　ようになった　　　　　　2　ことになった
　　 3　ようにした　　　　　　　4　ことにした

18　1　やすい　　　2　にくい　　　3　がたい　　　4　たい

19　1　ただし　　　2　それに　　　3　しかし　　　4　それで

20　1　ような　　　2　ように　　　3　そうな　　　4　そうに

PracticeTest 1 문자/어휘

문제 1

1 해석 ▶ 어제부터 위 <u>상태</u>가 좋지 않아져서 죽밖에 못 먹습니다.

해설 ▶ 1 X　　　　　　　　　　　　　　2 상태, 컨디션 **調子**ちょうし

　　　　3 여자 **女子**じょし　　　　　　　4 상사 **上司**じょうし

포인트문법 ▶ 2그룹 동사의 가능표현(る를 없애고 られる를 붙인다) ～할 수 있다

　　　　예) 食(た)べる → 食(た)べられる 먹을 수 있다

단어 ▶ **昨日**きのう 어제　　**胃い** 위　　**調子**ちょうし**が悪**わる**い** 컨디션이 안 좋다　　**お粥**かゆ 죽

　　　しか ～밖에

정답 ▶ 2

2 해석 ▶ 어느 집도(이나) 전기밥솥으로 <u>수고</u>를 덜게 되었다.

해설 ▶ 1 주관 **主観**しゅかん　　　　　　　2 X

　　　　3 X　　　　　　　　　　　　　　4 수고 **手間**てま

포인트문법 ▶ 동사의 う단 형태 + ようになる ～하게 되다(변화된 모습 설명)

　　　　예) 飲(の)むようになる 마시게 되다, 分(わ)かるようになる 알게 되다

단어 ▶ **家**いえ 집　　**省**はぶ**く** 덜다, 줄이다

정답 ▶ 4

3 해석 ▶ 여름휴가(방학) 계획이 <u>구체화</u>되었다.

해설 ▶ 1 X　　　　　　　　　　　　　　2 X

　　　　3 구체화 **具体化**ぐたいか　　　　　4 X

포인트문법 ▶ 동사의 て형 + くる → ～하고 오다, ～해오다 , ～해지다

　　　　예) する → して → してくる ～하고 오다, ～해지다

단어 ▶ **夏休**なつやすみ 여름휴가(방학)　　**計画**けいかく 계획

정답 ▶ 3

4 해석 ▶ 저 서점은 문구도 <u>취급하고</u> 있습니까?

해설 ▶ 1 다루고, 취급하고 **扱**あつ**かって** → 취급하다 **扱**あつ**かう**

　　　　2 (사진)찍고 **撮**と**って** → (사진)찍다 **撮**と**る**

　　　　3 피우고 **吸**す**って** → (담배)피우다 **吸**す**う**

　　　　4 모여(모이고) **集**あつ**まって** → 모이다 **集**あつ**まる**

단어 ▶ **本屋**ほんや 서점　　**文房具**ぶんぼうぐ 문구, 문방구　　**扱**あつ**かう** 취급하다, 다루다

정답 ▶ 1

5

해석 ▶ 뜰(마당)에 나무라든가 화초를 <u>심었습니다</u>.

해설 ▶ 1 없어졌습니다　消きえました → 없어지다　消きえる

2 심었습니다　植うえました → 심다　植うえる

3 났습니다, 자랐습니다　生はえました → 나다, 자라다　生はえる

4 증가했습니다　増ふえました → 증가하다　増ふえる

단어 ▶ 庭にわ 뜰마당　　명사 + とか ～라든가　　草花くさばな 화초

정답 ▶ 2

문제 2

6

해석 ▶ 세면<u>도구</u>의 준비가 필요한 것 같습니다.

해설 ▶ 1 도구　道具どうぐ　　　　　　　　　　2 X

3 X　　　　　　　　　　　　　　　4 X

포인트문법 ▶ な형용사의 だ를 지우고 な를 붙인다 + ようだ → ～인 것 같다, ～인 듯하다(추측)

예) 親切(しんせつ)だ → 親切(しんせつ)な → 親切(しんせつ)なようだ　친절한 것 같다

단어 ▶ 洗面せんめん 세면　　道具どうぐ 도구　　準備じゅんび 준비　　必要ひつようだ 필요하다

정답 ▶ 1

7

해석 ▶ 결석 할 <u>경우</u>엔 미리 전화해 주세요.

해설 ▶ 1 X　　　　　　　　　　　　　　　2 X

3 경우　場合ばあい　　　　　　　　　4 X

단어 ▶ 欠席けっせきする 결석하다　　まえもって 미리　　電話でんわ 전화

정답 ▶ 3

8

해석 ▶ 요즈음 살이 쪄서 <u>효과적</u>으로 살이 빠지는 방법을 찾고 있다.

해설 ▶ 1 X　　　　　　　　　　　　　　　2 X

3 X　　　　　　　　　　　　　4 효과적　効果的こうかてき

포인트문법 ▶ 동사의 う단 형태 + 명사 → ～하는 + 명사

예) 痩(や)せる方法(ほうほう) 살이 빠지는 방법

단어 ▶ 最近さいきん 요즈음, 최근　　太ふとる 살이 찌다　　太ふとって 살이 찌고(쪄서)

痩やせる 살이 빠지다　　方法ほうほう 방법　　探さがす 찾다

정답 ▶ 4

9 해석 ▶ 어느 초등학교에서는 평상복으로 졸업식을 <u>행하는</u> 것 같습니다.

해설 ▶ 1 (담배)피우다 吸すう   2 실시하다, 행하다 行おこなう

       3 보충하다 補おぎなう   4 취하다 酔よう

포인트문법 ▶ 동사의 う단 형태 + らしい → ～인 것(듯) 같다(추측)

       예) 明日(あした)も休(やす)むらしい 내일도 쉬는 것 같다

단어 ▶ ある 어느, 어떤   小学校しょうがっこう 초등학교   普段着ふだんぎ 평상복

卒業式そつぎょうしき 졸업식

정답 ▶ 2

10 해석 ▶ 볼일(용무)이 <u>생각나서</u> 돌아갈 겁니다.

해설 ▶ 1 생각났다 思おもい出だした / 생각나다, 생각해 내다 思おもい出だす

       2 X

       3 X

       4 X

포인트문법 ▶ 동사의 た형(과거형) + ので → ～이어서, ～이니까(이유나 원인을 나타냄)

       예) 食(た)べたので 먹어서, 会(あ)ったので 만났기 때문에

단어 ▶ 用事ようじ 용무, 볼일

정답 ▶ 1

문제 3

11 해석 ▶ (불꽃)이 펑펑 밤하늘로 (터져)올랐습니다.

해설 ▶ 1 불꽃 花火はなび   2 천둥 雷かみなり

       3 축제 祭まつり   4 폭풍 嵐あらし

단어 ▶ ぽんぽん 무엇이 연달아 터지는 소리, 펑펑   夜空よぞら 밤하늘

上あがる 올라가다, 상승하다

정답 ▶ 1

12 해석 ▶ 추우니까 (이불)을 덮고 주무십시오.

해설 ▶ 1 그림 絵え   2 이불 布団ふとん

       3 행거, 양복걸이 ハンガ-   4 의자 椅子いす

포인트문법 ▶ い형용사의 기본형 + ので → ～이어서, ～이니까(이유나 원인을 나타냄)

       예) 高(たか)いので 비싸니까, 可愛(かわい)いので 귀여워서

단어 ▶ 寒さむい 춥다   布団ふとんをかける 이불을 덮다   寝ねる 자다

정답 ▶ 2

13 해석 ▶ (장학금) 제도를 이용해서 미국의 대학에 유학가자!

해설 ▶ 1 사례금 **お礼金**れいきん   2 X

3 장학금 **奨学金**しょうがくきん   4 보상금 **補償金**ほしょうきん

포인트문법 ▶ 3그룹 동사 する의 권유형 → ~하자!

예) 留学(りゅうがく)する → 留学(りゅうがく)しよう 유학가자!

단어 ▶ **制度**せいど 제도   **利用**りよう**する** 이용하다   **大学**だいがく 대학

留学りゅうがく 유학

정답 ▶ 3

14 해석 ▶ 새를 (기르고) 있는 장소는 바지런히 청소하고 분(똥)은 바로 정리합시다(치웁시다)!

해설 ▶ 1 자라고 **育**そだ**って** / 자라다 **育**そだ**つ**   2 사고 **買**か**って** / 사다 **買**か**う**

3 심고 **植**う**えて** / 심다 **植**う**える**   4 기르고 **飼**か**って** / 기르다 **飼**か**う**

포인트문법 ▶ 동사의 ます형이 연결형으로 쓰일 때도 있다 → ~고

예) 咲(さ)く → 咲(さ)きます → 桜(さくら)が咲(さ)き 벚꽃이 피고

단어 ▶ **鳥**とり 새   **場所**ばしょ 장소   **こまめに** 바지런하게   **掃除**そうじ**する** 청소하다

すぐ 곧, 바로   **片付**かたづ**ける** 정리하다, 치우다

정답 ▶ 4

15 해석 ▶ 우선 식탁의 그릇부터 (정리하는) 편이 좋을 거라 생각해!

해설 ▶ 1 접었다 **畳**たた**んだ** / 개다, 접다 **畳**たた**む**

2 꺾었다 **折**お**った** / 꺾다 **折**お**る**

3 먹었다 **食**た**べた** / 먹다 **食**た**べる**

4 정리했다 **片付**かたづ**けた** / 정리하다 **片付**かたづ**ける**

포인트문법 ▶ 동사의 た형 + ほうがいい → ~하는 편이 좋다

예) 話(はな)す → 話(はな)した → 日本語(にほんご)で話(はな)したほうがいい 일본어로
이야기하는 편이 좋겠다

단어 ▶ **まず** 우선   **食卓**しょくたく 식탁   **食器**しょっき 식기, 그릇   **方**ほう 쪽

思おも**う** 생각하다

정답 ▶ 4

문제 4

16 해석 ▶ 본인이 있는 앞에서 험담을 하는 것은 실례입니다.

해설 ▶ 1 친구　友人ゆうじん　　　　　　2 인류　人類じんるい

　　　　 3 당사자　当事者とうじしゃ　　　　4 도망자　逃亡者とうぼうしゃ

포인트문법 ▶ 동사 う단 형태 + のは → ～하는 것은

　　　　　예) 勉強(べんきょう)するのは 공부하는 것은, ピザを作(つく)るのは 피자를 만드는 것은

단어 ▶ 本人ほんにん 본인　　前まえ 앞　　悪口わるぐちを言いう 험담(욕)을 하다

　　　 失礼しつれいだ 실례다

정답 ▶ 3

17 해석 ▶ 하루에 몇 번이라도 승하차하는 자유 승차권이다.

해설 ▶ 1 승차버스　乗車じょうしゃバス　　　2 승차표(권)　乗車じょうしゃ切符きっぷ

　　　　 3 승차투어　乗車じょうしゃツアー　　4 승차가이드　乗車じょうしゃガイド

포인트문법 ▶ 명사 + である → ～이다

　　　　　예) 彼(かれ)は博士(はかせ)である 그는 박사이다

단어 ▶ 一日いちにち 하루　　乗のり降おり 승하차　　自由じゆうな 자유로운

　　　 乗車券じょうしゃけん 승차권

정답 ▶ 2

18 해석 ▶ 맥주의 맛은 거품이 결정한다고 한다.

해설 ▶ 1 정하다　定さだめる　　　　　　2 마시다　飲のむ

　　　　 3 나오(가)다　出でる　　　　　 4 할 수 있다　出来できる

포인트문법 ▶ 동사의 う단 형태 + そうだ → ～라고 한다(전문 / 전해들은 정보를 전달하는 말투)

　　　　　예) 明日(あした)は雨(あめ)が降(ふ)るそうだ 내일은 비가 내린다고 한다

단어 ▶ ビール 맥주　　味あじ 맛　　泡あわ 거품　　決きめる 정하다

정답 ▶ 1

문제 5

19 해석 ▶ 연휴

1 당구 <u>연휴</u>나 요령에 대해서 소개하고 있습니다. (X)

2 이모(고모)는 <u>연휴</u> 드라마를 보는 것이 그날그날의 즐거움이다. (X)

3 <u>연휴</u>에 비가 내리다니 유감스러운 일이다. (O)

4 해외에 있는 친구와 메일로 <u>연휴</u>를 취하고 있다. (X)

포인트문법 ▶ 명사 + について → ~에 대해서 / 동사의 う단 형태 + なんて → ~하다니

　　　　　예) それを全部(ぜんぶ)食(た)べるなんて 그걸 다 먹다니!

단어 ▶ ビリヤード 당구　　コツ 요령　　紹介しょうかいする 소개하다　　おば 이모, 고모 등

楽たのしみ 즐거움, 낙　　降ふる (비, 눈) 내리다　　残念ざんねんだ 유감스럽다

海外(かいがい) 해외

정답 ▶ 3

20 해석 ▶ 보내다, 지내다

1 젊었을 때의 나는 노력해 <u>보내는</u> 사람이었습니다. (X)

2 졸아서 내려야 할 버스정거장을 <u>보내</u> 버렸다. (X)

3 그 아파트는 집세는 싸지만 역에서 멀리 <u>보낸다</u>. (X)

4 올해도 일 년 내내 무사히 <u>보낼</u> 수 있기를. (O)

포인트문법 ▶ 동사의 て형 + しまった → ~해버렸다

　　　　　예) 行(い)く → 行(い)って → 行(い)ってしまった 가버렸다

　　　　　い형용사의 기본형 + が → ~만

　　　　　동사의 う단 형태 + ことができる → ~할 수 있다(가능표현)

　　　　　예) 泳(およ)ぐことができる 수영할 수 있다, 見(み)ることができる 볼 수 있다,

　　　　　　　来(く)ることができる　올 수 있다

　　　　　동사의 정중형(ます) + ように → ~하도록, ~하게

　　　　　예) 行(い)きますように 가도록, ありますように 있도록

단어 ▶ 若わかい 젊다　　頃ころ 무렵, 쯤, 경　　頑張がんばる 분발하다

いねむりをする 앉아서 졸다　　降おりる 내리다　　バス停てい 버스정류장

家賃やちん 집세　　安やすい 싸다　　駅えき 역　　遠とおい 멀다

今年ことし 올해, 금년　　一年中いちねんじゅう 일 년 내내　　無事ぶじに 무사히

出来できる 할 수 있다

정답 ▶ 4

PracticeTest 2 문법

문제1

1 해석 ▶ 「다나카씨는 있습니까?」「아, 막 돌아갔습니다. 아직 이 근처에 있을지도 모르겠습니다.」

해설 ▶ ① 동사의 た형+ところだ(막 ～했다)

帰(かえ)る(돌아가다) → 帰(かえ)ったところだ(막 돌아갔다) → 帰(かえ)ったところです(막 돌아갔습니다)

② 동사의 원형+ところだ(～하려는 참이다)

帰(かえ)る(돌아가다) → 帰(かえ)るところだ(돌아가려는 참이다) → 帰(かえ)るところです(돌아가려는 참입니다)

③ ～はずだ(～할 것이다) → 帰(かえ)ったはずだ(돌아갔을 것이다) → 帰(かえ)ったはずです(돌아갔을 것입니다)

④ ～はずだ(～할 것이다) → 帰(かえ)るはずだ(돌아갈 것이다) → 帰(かえ)るはずです(돌아갈 것입니다)

단어 ▶ たった今いま 지금 막, 당장   まだ 아직   近ちかく 근처
～かもしれない ～일지도 모른다

정답 ▶ 1

2 해석 ▶ 토모코씨는 내 남동생에게 예쁜 그림엽서를 주었다.

해설 ▶ ① あげる(주다–내가 남에게 주다, 혹은 남이 남에게 주다) → あげた(주었다)

② あける(열다) → あけた(열었다)

③ くれる(주다–남이 나나 나랑 동격화 시킬 수 있는 인물(가족)에게 주다) → くれた(주었다)

④ さしあげる(드리다–윗사람에게) → さしあげた(드렸다)

단어 ▶ 弟おとうと 남동생   きれいだ 예쁘다, 깨끗하다   絵えはがき 그림엽서

정답 ▶ 3

3 해석 ▶ 이것은 나 같은 초심자라도 간단하게 할 수 있는 게임입니다.

해설 ▶ 비유, 예시용법의 올바른 접속 형태는 「명사のようだ(～같다)/명사のような(～같은)/명사のように(～같이/～처럼)」이다. 따라서 정답은 「私のような(나 같은)」이다.

단어 ▶ 初心者しょしんしゃ 초심자   簡単かんたんに 간단하게   できる 할 수 있다
ゲーム 게임

정답 ▶ 4

4 해석 ▶ 교통사고 때문에 회의에 40분이나 늦어 버렸다.

해설 ▶ ① 〜どころか(〜커녕)

② 명사の＋あまり(너무 〜하여, 〜한 나머지)

예) 緊張(きんちょう)のあまり(긴장한 나머지)

③ 〜ために(〜때문에/〜위해서)

④ 〜ことに(〜하게도)

예) 嬉(うれ)しいことに(기쁘게도), 残念(ざんねん)なことに(유감스럽게도)

단어 ▶ 交通こうつう 교통　　事故じこ 사고　　会議かいぎ 회의

遅おくれる 늦다, 지각하다　　〜てしまう 〜해 버리다(〜하고 말다)

정답 ▶ 3

5 해석 ▶ 만약 그가 독신이라면 고백하고 싶다.

해설 ▶ 조건표현인 「〜たら(〜이면/〜하면)」는 각 품사의 과거형에 접속한다. 独身(どくしん)だ(독신이다—명사) → 独身(どくしん)だった(독신이었다—과거) → 独身(どくしん)だったら(독신이라면—조건)

단어 ▶ 独身どくしん 독신　　告白こくはくする 고백하다

정답 ▶ 2

6 해석 ▶ 다음에 사용할 때에 곧바로 사용할 수 있도록, 사용이 끝나면 잊지 말고 정리해 주세요.

해설 ▶ ① 「使(つか)いおわると」는 해석은 「사용이 끝나면」이지만 「と」는 필연적인 결과가 뒷문장에 와야 하므로 뒷문장에 의뢰를 나타내는 「〜てください(〜해 주세요)」를 쓸 수 없다.

② 使(つか)いおわる(사용이 끝나다) → 使(つか)いおわったら(사용이 끝나면—뒷문장에 명령, 의지, 희망, 의뢰, 금지 같은 표현 등을 쓸 수 있다)

③ 〜のに(〜하는데도, 〜함에도 불구하고) → 使(つか)いおわったのに(사용이 끝났는데도)

④ 〜ても(〜라도) → 使(つか)いおわっても(사용이 끝나도)

⑤ 「〜ずに(〜하지 않고)」는 「〜ないで(〜하지 않고)」와 같은 뜻이다.

忘(わす)れる(잊다) → 忘(わす)れずに(잊지 말고)/忘(わす)れないで(잊지 말고)

단어 ▶ 次つぎ 다음　　使つかう 사용하다　　時とき 때　　すぐ 곧, 즉시

使つかえる 사용할 수 있다(使(つか)う의 가능형)　　忘わすれる(잊다)

片付かたづける 정리하다

정답 ▶ 2

7 해석 ▶ 사장님이 매우 친절하게 설명해 주셨으므로, 나는 기뻤다.

 해설 ▶ ① ～てくださる(～해 주시다－윗사람이) → 説明(せつめい)してくださった(설명해 주셨다)

   ② ～ていただく(윗사람에게 ～해 받다, 즉 윗사람이 ～해 주시다) → 説明(せつめい)していただいた(설명해 주셨다) 이 답이 정답이 되려면 앞부분의 「社長(しゃちょう)が(사장님이)」가 「社長(しゃちょう)に(사장님에게)」로 바뀌어야 한다.

   ③ ～てやる(～해 주다－나나 제3자가 아랫사람이나 동식물에게 주다) → 説明(せつめい)してやった(설명해 주었다－남이 나에게 해 줄 때는 쓰지 않음)

   ④ ～てさしあげる(～해 드리다－윗사람에게) → 説明(せつめい)してさしあげた(설명해 드렸다)

 단어 ▶ 社長しゃちょう 사장   丁寧ていねいに 공손하게, 친절하게, 세심하게

   説明せつめいする 설명하다   嬉うれしい 기쁘다

 정답 ▶ 1

8 해석 ▶ 엄마는 내 얼굴을 보면 「공부해라」라고 한다.

 해설 ▶ 「する(하다)」의 명령형은 「しろ(해라)」이다. 따라서 3번 지문의 「せろ」는 올바른 문법형식이 아니다. 「～なさい(～해라－명령)」는 동사의 ます형에 접속하므로 「する(하다) → します(합니다) → しなさい(해라)」가 올바른 접속 형태이다.

 단어 ▶ 母はは 어머니   顔かお 얼굴   見みる 보다   言いう 말하다

 정답 ▶ 1

9 해석 ▶ 이번에 친구의 결혼식에 가게 되었습니다만, 드레스는 역시 검정이 무난합니까?

 해설 ▶ 동사의 원형+ようになる(～하게 되다－안 하다가 하게 변화되었다는 뉘앙스) → 行(い)くようになった(가게 되었다－자주 안가다가 가게 되었다는 의미)

   동사의 원형+ことになる(～하게 되다－결정이 나서 하게 되었다는 뉘앙스) → 行(い)くことになった(가게 되었다－가기로 결정났다는 의미) 따라서 정답은 4번. 1번 지문의 「ものになった」와 2번 지문의 「そうになった」는 문장에 따라 해석이 달라짐. 위 문장과는 문맥이 맞지 않는 오답

 단어 ▶ 今度こんど 이번   結婚式けっこんしき 결혼식   やっぱり 역시   黒くろ 검정

   無難ぶなん 무난

 정답 ▶ 4

10 해석 ▶ 이 요리를 먹을 거라면 식기 전에 먹는 편이 좋아요.

해설 ▶ ① 「なら」조건표현은 다른 조건표현. 「食(た)べると(먹으면), 食(た)べたら(먹으면), 食(た)べれば(먹으면)」와 성격이 조금 다르다. 「なら」조건표현은 동사에 접속 될 경우 그 동작을 한다는 것을 전제로 한 조건이므로 주로 어드바이스나 대안을 제시할 때 쓰는 조건표현이다.

食(た)べる(먹다) → 食(た)べるなら(먹을 거라면/먹는다면)

위 문장의 내용상 「なら」조건표현이 사용되어야 문맥에 맞다.

② ～ないうちに(～하기 전에)

冷(さ)める(식다) → 冷(さ)めないうちに(식기 전에)

③ 동사의 た형+ほうがいい(～하는 편이 좋다)

食(た)べる(먹다) → 食(た)べたほうがいいです(먹는 편이 좋습니다)

단어 ▶ 料理りょうり 요리   冷さめる 식다

정답 ▶ 4

문제2

11 香港(ほんこん)では、仕事(しごと)に行(い)く途中(とちゅう)、★ もしくは　オフィスで朝(あさ)ご飯(はん)を食(た)べる人(ひと)が多(おお)い　そうだ。

해석 ▶ 홍콩에서는, 일하러 가는 도중, 혹은 오피스에서 아침밥을 먹는 사람이 많다고 한다.

해설 ▶ ～そうだ(～라고 한다─들은 이야기를 전달하는 전문) 多(おお)い(많다) → 多(おお)いそうだ(많다고 한다)

단어 ▶ 仕事しごと 일   途中とちゅう 도중   もしくは 혹은

정답 ▶ 2

12 資料(しりょう)に書(か)いてある　★ように　よく　売(う)れています。

해석 ▶ 자료에 쓰여 있는 것 같이 잘 팔리고 있습니다.

해설 ▶ 「타동사+てある」는 「～되어져 있다」라는 뜻으로 상태를 나타내는 표현이다. 「타동사+ている」는 「～하고 있다」라는 뜻으로 진행을 나타내는 뜻이다.

書(か)く(쓰다) → 書(か)いてある(쓰여 있다─상태) → 書(か)いている(쓰고 있다─진행)

「～ように」는 비유나 예를 드는 표현으로 「～같이/～처럼」이라는 표현이다.

단어 ▶ 資料しりょう 자료   売うれる 팔리다

정답 ▶ 1

13 すみませんが、席(せき)を　★替(か)わって　いただけませんか。

해석 ▶　죄송합니다만, 자리를 바꿔 주세요.

해설 ▶　~ていただく(윗사람에게 ~해 받다. 즉, 윗사람이 해 주시다). 「いただける」는 「いただく」의 가능형
이다. 따라서 「~ていただけませんか」는 「~해 받을 수 없겠습니까?」 즉 「해 줄 수 없으시겠습니까?,
~해 주세요」라는 의미이다.
替(か)わる(바꾸다) → 替(か)わっていただけませんか(바꿔줄 수 없으시겠습니까?, 바꿔 주세요)

단어 ▶　席せき 자리　　替かわる 바꾸다

정답 ▶　4

14 これは先生(せんせい)のために、私が　お作(つく)り　★した料理(りょうり)です。

해석 ▶　이것은 선생님을 위해서 제가 만든 요리입니다.

해설 ▶　① ~ためには 「~때문에」와 「~위해서」라는 두 가지 뜻이 있다. 명사에 접속할 때 「명사のために」의
접속 형태에 주의하자. 先生(せんせい)のために(선생님을 위해서)
② 「お+ます형+する(하다-자기 쪽의 행동을 낮추는 겸양표현)」
作(つく)る(만들다) → お作(つく)りする(만들다-겸양) → お作(つく)りした(만들었다)

단어 ▶　作つくる 만들다　　料理りょうり 요리

정답 ▶　2

15 買(か)い物(もの)に行(い)く時(とき)など、外出時(がいしゅつじ)にはできるだけ　歩(ある)く　ように
　★しています。

해석 ▶　쇼핑하러 갈 때 등, 외출시에는 가능한 한 걷도록 하고 있습니다.

해설 ▶　동사의 원형+ようにする(~하도록 하다-의도적으로 노력한다는 뉘앙스)
歩(ある)く(걷다) → 歩(ある)くようにする(걷도록 하다) → 歩(ある)くようにしています(걷도록 하
고 있습니다)

단어 ▶　買かい物もの 쇼핑, 물건사기　　時とき 때　　外出時がいしゅつじ 외출시
できるだけ 가능한 한

정답 ▶　4

문제3

해석 ▶

　제2차 세계대전 후, 일본인의 생활은 [16] 크게 변화했다. 양복을 입게 된 것도 그 하나의 예이다. 일본인이 양복을 입기 시작한 것은, 메이지 시대이다. 당시에도 군대나 경찰의 제복은 양복이었지만, 보통 사람들은 아직, 기모노를 입고 있었다. 특히 여성은 기모노를 입은 사람이 많았다. 그 후, 양복을 입는 여자들은 조금씩 증가해 갔지만, 쇼와 초기에 행해진 조사의 결과에서도, 양복을 입고 있는 여성은 2할 정도 밖에 없었다. 대부분의 사람이 양복을 [17] 입게 된 것은, 전후(2차 대전 후)이다. 현재는 노인이라도 평소 기모노를 입는 사람은 적어졌다.

　기모노는 몹시 아름답지만, 입는데 시간이 걸리고, 움직이기 [18] 어렵다. 특히, 계단을 오르거나 자전거를 타거나 스포츠를 하거나 할 때 불편하다. [19] 그러나, 양복은 입거나 벗거나 하는 것도 간단하고, 움직이기 쉽다. 그래서 양복을 입는 사람이 늘게 된 것이다.

　메이지 시대에 일본에 들어 온 양복은, 이와 [20] 같이, 백년 정도 사이에 일본인의 생활에 빠뜨릴 수 없는 것이 되었다. 그리고 입는 사람이 적어진 기모노는 설날이나 성인식, 결혼식 등 특별한 때에만 입는 것으로 바뀌었다.

단어 ▶

第二次世界大戦 だいにじせかいたいせん 제2차 세계대전　　後 ご 후　　生活 せいかつ 생활

変化 へんか 변화　　洋服 ようふく 양복　　着 き る 입다　　例 れい 예

明治 めいじ 메이지(일본의 연호)　　時代 じだい 시대　　当時 とうじ 당시　　軍隊 ぐんたい 군대

警察 けいさつ 경찰　　制服 せいふく 제복　　普通 ふつう 보통　　人々 ひとびと 사람들

特 とくに 특히　　女性 じょせい 여성　　多 おおい 많다　　増 ふえる 늘다

昭和 しょうわ 쇼와(일본의 연호)　　初 はじめ 처음　　行 おこなう 실시하다　　調査 ちょうさ 조사

結果 けっか 결과　　割 わり 할　　ほとんど 거의, 대부분　　戦後 せんご 전후

現在 げんざい 현재　　老人 ろうじん 노인　　ふだん 평소　　着物 きもの 기모노(일본 전통의상)

少 すくない 적다　　大変 たいへん 대단히　　美 うつくしい 아름답다

時間 じかんがかかる 시간이 걸리다　　動 うごく 움직이다　　階段 かいだん 계단

上 のぼる 오르다　　自転車 じてんしゃ 자전거　　乗 のる 타다　　不便 ふべんだ 불편하다

脱 ぬぐ 벗다　　簡単 かんたんだ 간단하다　　入 はいる 들어가다　　百年 ひゃくねん 백년

間 あいだ 사이　　欠 かかせない 빠뜨릴 수 없다　　正月 しょうがつ 설날

成人式 せいじんしき 성인식(성년식)　　結婚式 けっこんしき 결혼식　　特別 とくべつだ 특별하다

だけ 뿐, 만　　換 かわる 바뀌다

16 해설 ▶　① ～し(～이고–열거나 원인을 나타냄) 大(おお)きいし(크고/커서)
　　　　② 大(おお)きくて(크고/커서–い형용사의 연결형 い떼고 くて)
　　　　③ 大(おお)きい(크다)
　　　　④ 大(おお)きく(크게–い형용사의 어미 い를 く로 고치면 부사가 된다)

　　정답 ▶　4

17 해설 ▶ ① 동사의 원형+ようになる(~하게 되다–안 하다가 하게 변화되었다는 뉘앙스) → 着(き)るように
なった(입게 되었다)
② 동사의 원형+ことになる(~하게 되다–결정이 나서 하게 되었다는 뉘앙스) → 着(き)ることにな
った(입게 되었다–입기로 결정났다는 의미)
③ 동사의 원형+ようにする(~하도록 하다–의도적으로 노력한다는 뉘앙스) → 着(き)るようにした
(입도록 했다)
④ 동사의 원형+ことにする(~하기로 하다–하기로 결정하다는 뉘앙스) → 着(き)ることにした(입
기로 했다–입기로 결정했다는 뉘앙스)

정답 ▶ 1

18 해설 ▶ ① 동사의 ます형+やすい(~하기 쉽다/~하기 편하다)
動(うご)く(움직이다) → 動(うご)きやすい(움직이기 쉽다)
② 동사의 ます형+にくい(~하기 어렵다/~하기 불편하다) → 動(うご)きにくい(움직이기 어렵다)
③ 동사의 ます형+がたい(~하기 어렵다–불가능하다는 뉘앙스)
動(うご)きがたい(움직이기 어렵다–움직이기 불가능하다) 기모노는 움직이기 불편할 뿐 움직이
는 것이 불가능한 것이 아니므로 動(うご)きがたい라는 표현은 어색함.
④ 동사의 ます형+たい(하고 싶다–희망표현) → 動(うご)きたい(움직이고 싶다)

정답 ▶ 2

19 해설 ▶ ① ただし(다만)
② それに(게다가)
③ しかし(그러나)
④ それで(그래서)

정답 ▶ 3

20 해설 ▶ ① ~ような(~같은–비유/예시) → このような(이와 같은)
② ~ように(~같이–비유/예시) → このように(이와 같이)
③ 문맥과 맞으려면 비유의 뜻으로 쓰여야 하는데「そうな」는 비유의 뜻이 없음.
④ 문맥과 맞으려면 비유의 뜻으로 쓰여야 하는데「そうに」는 비유의 뜻이 없음.

정답 ▶ 2

Part 07

新 JLPT 종결자

단어익히기 필수 동사

住 すむ 살다	座 すわる 앉다
接 せっする 접하다	洗濯 せんたくする 세탁하다
掃除 そうじする 청소하다	相談 そうだんする 상담하다
注 そそぐ 붓다, 따르다	育 そだつ 자라다
存 ぞんじる 알고있다	退院 たいいんする 퇴원하다
確 たしかめる 확인하다	足 たす 더하다
助 たすかる 구조되다	助 たすける 돕다
訪 たずねる 방문하다	尋 たずねる 묻다
叩 たたく 치다, 때리다	立 たち寄 よる 들르다
経 たつ 지나다, 경과하다	達 たっする 달하다
建 たてる (집을)세우다	楽 たのしむ 즐기다
食 たべ終 おわる 다 먹다	足 たりる 충분하다
誕生 たんじょうする 탄생하다	注意 ちゅういする 주의하다
使 つかい切 きる 다 쓰다	掴 つかむ 붙잡다
疲 つかれる 지치다, 피곤해지다	

問題 1 ＿＿＿＿＿の言葉の読み方として最もよいものを 1・2・3・4 から一つえらびなさい。

1 豊かな環境の中で贅沢に<u>育つ</u>傾向がある。

1　たもつ　　　　　2　もつ　　　　　3　そだつ　　　　　4　まつ

해석 ▶	풍부한 환경 속에서 사치스럽게 <u>자라는</u> 경향이 있다.

해설 ▶	1 유지하다, 유지되다 保たもつ	2 가지다 持もつ
	3 자라다 育そだつ	4 기다리다 待まつ
정답 ▶	3

2 その件に対しては、日を改めて<u>相談します</u>。

1　あいたんします　　　　　　　　2　あいだんします

3　そうたんします　　　　　　　　4　そうだんします

해석 ▶	그 건에 대해서는 날짜를 다시 잡아서 <u>상의하겠습니다</u>.

해설 ▶	1 ×	2 ×
	3 ×	4 상담(상의)하겠습니다 相談そうだんします
정답 ▶	4

伝 つた える 전하다	続 つづ く 계속되다, 이어지다
続 つづ ける 계속하다	包 つつ む 싸다, 둘러싸다
積 つも る 쌓이다	連 つれる 데리고 가다
出会 であ う 만나다	出来上 できあ がる 완성되다
手伝 てつだ う 거들다	通 とお る 지나다
解 と く 풀다	溶 と ける 녹다
閉 と じる 닫히다	届 とど く 배달되다, 닿다
届 とど ける 보내다	飛 と び出 だ す 뛰어나오다
飛 と ぶ 날다	止 と まる 멈추다, 서다
泊 と まる 묵다, 숙박하다	止 と める 정지하다, 세우다
取 と り消 け す 취소하다	撮 と り直 なお す 다시 찍다
取 と る 집다, 취하다	直 なお す 고치다(고장 난 기계)
流 なが す 흘리다	流 なが れ出 で る 흘러나오다
流 なが れる 흐르다	

問題2 _____のことばを漢字で書くとき最もよいものを1・2・3・4から一つえらびなさい。

1 ふろしきで本(ほん)を<u>つつんで</u>おきました。

1 包んで　　　2 遊んで　　　3 弾んで　　　4 痛んで

> 해석 ▶ 보자기로 책을 <u>싸</u> 두었습니다.
>
> 해설 ▶ 1 싸고, 싸서 包つつんで / 싸다 包つつむ　　2 놀고, 놀아서 遊あそんで / 놀다 遊あそぶ
>
> 　　　　3 튀고, 튀어서 弾はずんで / 튀다 弾はずむ　　4 아프고, 아파서 痛いたんで / 아프다 痛いたむ
>
> 정답 ▶ 1

2 ケーキを用意(ようい)しましたので、お好きなものを<u>おとり</u>ください。

1 撮り　　　2 取り　　　3 最り　　　4 採り

> 해석 ▶ 케이크를 준비했으니, 좋아하는 것으로 <u>집어</u> 주십시오.
>
> 해설 ▶ 1 찍다 撮とる　　　　　　　2 집다 取とる
>
> 　　　　3 ×　　　　　　　　　　　4 뽑다(채용하다) 採とる
>
> 정답 ▶ 2

泣 なき付 つく　울며 매달리다

悩 なやむ　고민하다, 괴로워하다

並 ならぶ　늘어서다

慣 なれる　습관이 되다

握 にぎる　쥐다, 잡다

願 ねがう　바라다, 원하다

除 のぞく　빼다, 제외하다

飲 のみ過 すぎる　과음하다

乗 のり換 かえる　갈아타다

拝見 はいけんする　배견하다, 보다(見(み)る)의 겸양어)

計 はかる　달다, 가늠하다

運 はこぶ　나르다, 운반하다

始 はじめる　시작하다

走 はしる　달리다

外 はずす　떼다, 자리를뜨다

働 はたらき続 つづける　계속 일하다

発見 はっけんする　발견하다

省 はぶく　생략하다

冷 ひえる　추워지다, 차가워지다, 식다

引 ひき出 だす　꺼내다

開 ひらく　열리다

広 ひろがる　넓어지다, 퍼지다

防 ふせぐ　막다

亡 なくなる　돌아가시다, 죽다

習 ならう　배우다

鳴 なる　울리다

似合 にあう　어울리다, 잘 맞다

煮 にる　삶다

残 のこる　남다

望 のぞむ　원하다

伸 のびる　늘다, 늘어나다

履 はき慣 なれる　신어서 익숙해지다

始 はじまる　시작되다

走 はしり回 まわる　뛰어다니다

恥 はずかしがる　부끄러워하다

外 はずれる　풀어지다

働 はたらく　일하다

話 はなし合 あう　서로 이야기하다

流行 はやる　유행하다

引 ひき受 うける　떠맡다

びっくりする　깜짝 놀라다

拾 ひろう　줍다

増 ふえる　증가하다

問題3（　　　　）に入れるのに最もよいものを1・2・3・4から一つえらびなさい。

1　先日、先生の個展はとても感銘深く（　　　　）ました。

　　1　拝見いたし　　　2　ご覧になり　　　3　ください　　　4　いただき

> 해석 ▶　요전(일전)에 선생님 개인전은 매우 감명깊게 (　보았　) 습니다.
>
> 해설 ▶　1　배견하다(보다) 拝見はいけんいたす
>
> 　　　　2　보시다 ご覧らんになる
>
> 　　　　3　주시다 くださる(예외단어로 ます형은 くださいます가 된다)
>
> 　　　　4　받다 いただく
>
> 정답 ▶　1

2　子供は頬を赤く染めて（　　　　）ました。

　　1　こわがり　　　2　はずかしがり　　3　さむがり　　　4　あつがり

> 해석 ▶　아이는 뺨을 붉게 물들이며 (　부끄러워　) 했습니다.
>
> 해설 ▶　1　두려워하다 怖こわがる　　　　　　2　부끄러워하다 恥はずかしがる
>
> 　　　　3　추워하다 寒さむがる　　　　　　4　더워하다 暑あつがる
>
> 정답 ▶　2

座 すわる 앉다 = 腰 こしを下 ぉろす 앉다

育 そだつ 자라다 = 大 ぉぉきくなる 크다, 자라다

足 たす 더하다 = 加 くわえる 더하다

尋 たずねる 묻다 = 聞 きく 묻다

経 たつ 지나다 = 過 すぎる 지나다

足 たりる 충분하다 = 充分 じゅうぶんだ 충분하다

誕生 たんじょうする 탄생하다 = 出生 しゅっせいする 출생하다

疲 つかれる 지치다 = くたびれる 지치다

伝 つたえる 전하다 = 知 しらせる 알리다, 전하다

取 とり消 けす 취소하다 = キャンセルする 캔슬하다, 취소하다

直 なおす 고치다(고장 난 기계) = 修理 しゅうりする 고치다

悩 なやむ 고민하다, 괴로워하다 = 心 こころを痛 いためる (속) 태우다, 상심하다

願 ねがう 바라다, 원하다 = 望 のぞむ 바라다, 원하다

運 はこぶ 나르다, 운반하다 = 運搬 うんぱんする 운반하다

働 はたらく 일하다 = 仕事 しごとをする 일을 하다

発見 はっけんする 발견하다 = 見付 みつける 찾아내다, 발견하다

省 はぶく 생략하다 = 省略 しょうりゃくする 생략하다

冷 ひえる 식다 = さめる 식다

減 へらす 줄이다 = すくなくする 줄이다

干 ほす 말리다 = 乾 かわかす 말리다

間違 まちがえる 잘못하다 = 過 あやまる 잘못하다

目立 めだつ 눈에 띄다 = 際立 きわだって見 みえる 눈에 띄다

問題4 ________に意味が最も近いものを1・2・3・4から一つえらびなさい。

1 女性喫煙者が<u>増えて</u>います。

1 ふやして　　　2 へらして　　　3 ぞうかして　　4 へって

> 해석 ▶ 여성 흡연자가 <u>증가하고</u> 있습니다.
> 해설 ▶ 1 늘리고 増ふやして / 늘리다 増ふやす
> 　　　　2 줄이고 減へらして / 줄이다 減へらす
> 　　　　3 증가하고 増加ぞうかして / 증가하다 増加ぞうかする
> 　　　　4 줄고 減へって / 줄다 減へる(예외 1그룹 동사로 減(へ)て가 아니라 減(へ)って가 된다)
> 정답 ▶ 3

2 今日は布団を<u>ほす</u>のに最適な天気だ。

1 さがす　　　　2 しぼる　　　　3 せんたくする　4 かわかす

> 해석 ▶ 오늘은 이불을 <u>말리는</u>데 최적인 날씨다.
> 해설 ▶ 1 찾다 探さがす　　　　　　　　2 짜다 絞しぼる
> 　　　　3 세탁하다 洗濯せんたくする　　4 말리다 乾かわかす
> 정답 ▶ 4

増ふやす 늘리다	降ふり出だす 내리기 시작하다
振ふり回まわす 휘두르다	減へらす 줄이다
減へる 감소하다	勉強べんきょうする 공부하다
干ほす 말리다	参まいる 가다, 오다(行(い)く, 来(く)る의 겸양어)
曲まがる 돌다, 구부러지다	間違まちがう 틀리다
間違まちがえる 잘못하다	待まつ 기다리다
学まなぶ 배우다	間まに合あう 시간에 늦지 않게 대다
真似まねる 흉내 내다	守まもる 지키다
見みかける 눈에 띄다	迎むかえる 맞이하다, 맞다
命めいじる 명령하다	目立めだつ 눈에 띄다
申もうし込こむ 신청하다	用もちいる 사용하다
持もつ 가지다, 들다	モテる 인기가 있다(이성에게)
戻もどる 되돌아 오(가)다	役立やくだつ 도움이 되다
痩やせる 마르다	辞やめる 그만두다(일)
やり直なおす 다시 하다	行ゆき渡わたる 골고루 미치다
汚よごれる 더러워지다	読よみ終おわる 다 읽다
喜よろこぶ 기뻐하다	分わかる 알다
別わかれる 헤어지다	沸わく (물) 끓다
分わける 나누다	忘わすれる 잊다
渡わたす 건네다	笑わらう 웃다
割われる 깨지다	

問題5　つぎのことばの使い方として最もよいものを1・2・3・4から一つえらびなさい。

1 守る

1　今行くと事務所には何時ごろ守りますか。

2　私が約束時間を守ったので、友達が怒っています。

3　時間を守ることは、信用を守ることになる。

4　明日もこの時間に守りますので。

> 해석 ▶　지키다
>
> 1　지금 가면 사무실에는 몇 시쯤 지킬까요? (X)
>
> 2　내가 약속시간을 지켜서, 친구가 화가 나있습니다. (X)
>
> 3　시간을 지키는 것은 신용을 지키는 것이 된다. (O)
>
> 4　내일도 이 시간에 지킬 테니까. (X)
>
> 정답 ▶　3

2 割れる

1　先週彼と完全に割れました。

2　繰り返して読んでみたら内容がすこし割れるようになった。

3　数字9を3で割れると3になります。

4　台風で窓ガラスが割れました。

> 해석 ▶　깨지다
>
> 1　지난주 그와 완전하게 깨졌습니다. (X)
>
> 2　반복해서 읽어봤더니 내용이 조금은 깨지게 되었다. (X)
>
> 3　숫자 9를 3으로 깨지면 3이 됩니다. (X)
>
> 4　태풍으로(때문에) 창문이 깨졌습니다. (O)
>
> 해설 ▶　동사의 う단 형태 + ようになる ～하게 되다
>
> 　　예) 食(た)べるようになる 먹게 되다, 飲(の)むようになる 마시게 되다
>
> 정답 ▶　4

문법익히기 추측 표현

01. ~だろう ~할(일) 것이다

「~だろう」는 「~할 것이다(~일 것이다)」라는 부드러운 단정을 나타내는 추측표현이다. 「だろう」의 공손한 표현은 「でしょう」이며 일기예보 등 객관적인 예상을 할 때 자주 쓰인다. 그리고 「의문사+だろう」는 「~일까?」라는 추측의 뜻이 된다.

彼が援助してくれれば、この計画は成功するだろう。

그가 원조해 주면 이 계획은 성공할 것이다.

関東地方は午前中は少し雨が降りますが、午後からは晴れるでしょう。

관동지방은 오전 중에는 조금 비가 내립니다만 오후부터는 갤 겁니다.

これはいったいいくらだろう。

이것은 도대체 얼마일까?

문제로 확인하기

1 英語が上手な吉本さんのことだから、海外での生活もきっと(　　　　)。

1　心配ないだろう　　　　　　　　2　心配かもしれない

3　心配だそうだ　　　　　　　　　4　心配なはずだ

해석 ▶　영어를 잘하는 요시모토씨니까 해외에서의 생활도 분명히 걱정 없을 것이다.

해설 ▶　① ~だろう(~일 것이다–추측) → 心配(しんぱい)ないだろう(걱정 없을 것이다)

　　　　② ~かもしれない(~일지도 모른다–그럴지도 모르고 아닐지도 모른다는 추측) → 心配(しんぱい)
　　　　かもしれない(걱정일지도 모른다)

　　　　③ 「각 품사의 기본형+そうだ」는 「~라고 한다」라는 뜻으로 남에게 들은 이야기를 전달하는 전문표
　　　　현이다. 따라서 心配(しんぱい)だそうだ(걱정이라고 한다)

④ ~はずだ(~일 것이다—틀림없이 그럴 것이라고 확신하는 추측표현) → 心配(しんぱい)なはずだ
(걱정일 것이다)

⑤ 「명사の＋ことだから」는 「~이니까」라는 뜻으로 말하는 사람과 듣는 사람 모두 알고 있는 사항을 말할 때 쓰임.

예) まじめな林(はやし)さんのことだから必(かなら)ず来(き)ますよ(성실한 하야시씨니까 틀림없이 올 겁니다)

정답 ▶　1

---

2 週末でもこんなに暇なら、平日はもっと(　　　)。

1　忙しいでしょう

2　忙しかったでしょう

3　暇でしょう

4　暇だでしょう

해석 ▶　주말에도 이렇게 한가하다면 평일은 훨씬 더 한가할 겁니다.

해설 ▶
① 忙(いそが)しい(바쁘다) → 忙(いそが)しいでしょう(바쁠 겁니다)
② 忙(いそが)しい(바쁘다) → 忙(いそが)しかった(바빴다) → 忙(いそが)しかったでしょう(바빴을 겁니다)
③ 暇(ひま)だ(한가하다) → 暇(ひま)でしょう(한가할 겁니다)
④ 「~でしょう(~일 겁니다)」와 「~だろう(~일 것이다)」는 な형용사와 접속할 때 어간에 직접 접속시킨다. 따라서 「暇(ひま)でしょう(한가할 겁니다)」「暇(ひま)だろう(한가할 것이다)」가 올바른 문법형식이다. 따라서 「暇(ひま)だでしょう」는 올바른 문법형식이 아니다.

정답 ▶　3

02.　~だろうと思(おも)う ~할(일) 것이라고 생각한다

「~だろう」가 객관적인 추측에 주로 사용된다면 「~だろうと思(おも)う」는 주관적인 추측에서 주로 쓰인다. 「~と思(おも)う(~라고 생각한다)」는 일본 사람들이 단정을 피해 자신의 의견을 완곡하게 표현할 때 자주 사용하는 표현이다.

今回(こんかい)のテストは難(むずか)しいだろうと思(おも)ったが、案外易(あんがいやさ)しかった。
이번 시험은 어려울 것이라고 생각했지만 의외로 쉬웠다.

1 林さんは試験に(　　　　）。一生懸命頑張ったから。

1　受からないだろうと思う　　　　2　受かるはずがない

3　受かるだろうと思う　　　　　　4　受かるかどうか分からない。

해석 ▶　하야시씨는 시험에 합격할 것이라고 생각한다. 열심히 노력했으니까.

해설 ▶　① ～だろうと思(おも)う(～할 것이라고 생각한다)

　　　　受(う)かる(합격하다) → 受(う)からない(합격하지 않다) → 受(う)からないだろうと思(おも)う(합격하지 않을 것이라고 생각한다)

　　　　② ～はずがない(～그럴 리가 없다－절대 그럴 리가 없다고 확신하는 추측)

　　　　受(う)かる(합격하다) → 受(う)かるはずがない(합격할 리가 없다)

　　　　③ ～だろうと思(おも)う(～할 것이라고 생각한다)

　　　　受(う)かる(합격하다) → 受(う)かるだろうと思(おも)う(합격할 것이라고 생각한다)

　　　　④ ～かどうか分(わ)からない(～지 어떨지 모른다)

　　　　受(う)かる(합격하다) → 受(う)かるかどうか分(わ)からない(합격할지 어떨지 모른다)

정답 ▶　3

03. 추측의 そうだ ～할(일) 것 같다

동사의 경우에는 「동사의 ます형+そうだ」의 형태로 전후 상황을 미루어 볼 때 실현 가능성이 있을 것 같다고 추측하는 표현이다. 즉 「마치 그런 일이 일어날 것 같다 / 당장이라도 ～할 것 같다」는 뉘앙스를 가진다. 흔히 「양태의 そう」라고 부른다.

형용사의 경우에는 「형용사의 어간+そうだ」의 형태로 직감적으로 왠지 「～일 것 같다」라며 주관적으로 추측하는 표현이다. 단 「いい」는 「よさそう(좋을 것 같다)」 「ない」는 「なさそう(없을 것 같다)」라는 예외적인 형태를 띠므로 주의하자.

명사	없음
い형용사	辛(から)そうだ 매울 것 같다
な형용사	静(しず)かそうだ 조용할 것 같다
동사	負(ま)けそうだ 질 것 같다

또한 「～そうだ」는 な형용사처럼 활용시킬 수 있다. 그러므로 「～そうな＋명사(～할(일) 것 같은) / ～そうに＋동사(～할(일) 것 같이)」의 형태로도 자주 시험에 출제된다.

今にも雨が降りそうな天気ですね。

지금이라도 비가 올 것 같은 날씨네요.

兄は難しそうな本を読んでいる。

형(오빠)는 어려울 것 같은 책을 읽고 있다.

今回は、「デジカメで料理を美味しそうに撮るコツ」をご紹介します。

이번에는 「디지털카메라로 요리를 맛있을 것 같이(맛있어 보이게) 찍는 요령」을 소개하겠습니다.

그리고 「~지 않을 것 같다」라고 양태의 부정표현을 만들 경우에는 형용사는 「ない → なさそうだ」
혹은 「そうだ → そうではない」의 형태로 고치면 되고, 동사의 경우에는 「ない → なさそうだ」의
형태로도 쓸 수 있지만 일반적으로는 「そうだ → そうにもない/そうもない(~할 것 같지 않다)」
의 형태로 더 많이 쓰인다.

甘そうだ 달 것 같다 → 甘くない 달지 않다 → 甘くなさそうだ 달지 않을 것 같다/甘
そうではない 달 것 같지 않다

好きそうだ 좋아할 것 같다 → 好きではない 좋아하지 않다 → 好きではなさそうだ
좋아하지 않을 것 같다/好きそうではない 좋아할 것 같지 않다

降る 내리다 → 降りそうだ→ 내릴 것 같다 → 降りそうにもない/降りそうもな
い 내릴 것 같지 않다

문제로 확인하기

1 お母さん、お腹が空いて（　　　）そうだよ。

1 死んで　　　2 死んだ　　　3 死ぬ　　　4 死に

해석 ▶ 엄마, 배가 고파서 죽을 것 같아요.

해설 ▶ ① 동사의 ます형+そうだ(~할 것 같다–마치 그런 일이 일어날 것 같다고 추측하는 표현)
死(し)ぬ(죽다) → 死(し)にます(죽습니다) → 死(し)にそうだ(죽을 것 같다)
② 「空(す)く」는 「(속이) 비다」라는 뜻인데 「お腹(なか)が空(す)く」라고 하면 「배가 고프다」라는 표현
이 된다.

정답 ▶ 4

2 彼は歴史にはあまり興味が（　　　）そうです。

1　なさ　　　　　　　2　な　　　　　　　3　なった　　　　　4　なり

> 해석 ▶　그는 역사에는 별로 흥미가 없을 것 같습니다.
>
> 해설 ▶　「형용사의 어간+そうだ」는 「~일 것 같다」라는 뜻으로 직감적으로 왠지 그럴 것 같다는 추측표현이다. 보통은 형용사의 어간에 접속하나 「いい」는 「よさそう(좋을 것 같다)」「ない」는 「なさそう(없을 것 같다)」와 같이 예외적인 형태를 띤다.
>
> 정답 ▶　1

3 突然小学校の頃の夏休みを思い出して（　　　）なった。

1　泣きそうな　　　　　　　　　　2　泣きそうに

3　泣いたように　　　　　　　　　4　泣くような

> 해석 ▶　갑자기 초등학교 시절 여름방학이 생각나 울 것 같이 되었다(울 뻔 했다).
>
> 해설 ▶　① 「추측의 そうだ」는 な형용사처럼 활용할 수 있다. 따라서 泣(な)く(울다) → 泣(な)きそうだ(울 것 같다) → 泣(な)きそうな(울 것 같은+명사) → 泣(な)きそうに(울 것 같이+서술어) → 泣(な)きそうになる(울 것 같이 되다) → 泣(な)きそうになった(울 것 같이 되었다)
>
> ② 「~ように(같이, 처럼)」와 「~ような(같은)」는 비유나 예시를 할 때 사용되는 표현이다. 따라서 「泣(な)いたように」는 「운 것처럼」 「泣(な)くような」는 「우는 것 같은」이라는 뜻이다.
>
> 정답 ▶　2

4 この宿題は多すぎて、明日までに（　　　）。

1　終わりなさそうだ　　　　　　　2　終わりそうだ

3　終わるそうだ　　　　　　　　　4　終わりそうもない

> 해석 ▶　이 숙제는 너무 많아서 내일까지 끝날 것 같지 않다.
>
> 해설 ▶　① 「동사의 ます형+そうだ(~할 것 같다-마치 그런 일이 일어날 것 같다고 추측하는 표현)」의 부정표현은 「~そうにもない/~そうもない(~할 것 같지 않다)」와 「ない → なさそうだ」라는 형태가 있다. 1번 지문이 만약 정답이 되려면 終(お)わる(끝나다) → 終(お)わらない(끝나지 않다) → 終(お)わらなさそうだ(끝나지 않을 것 같다)
>
> 「終(お)わりなさそうだ」는 올바른 문법형식이 아니다.
>
> ② 「동사의 ます형+そうだ(~할 것 같다-마치 그런 일이 일어날 것 같다고 추측하는 표현)」의 일반적인 부정표현은 「~そうにもない/~そうもない(~할 것 같지 않다)」이다. 따라서 終(お)わる(끝나다) → 終(お)わりそうだ(끝날 것 같다) → 終(お)わりそうもない(끝날 것 같지 않다)

04. ようだ ~한(인) 것 같다

불확실하지만 상황을 판단했을 때 아마도 그런 것 같다고 짐작하는 주관적이 추측표현이다. 특히 명사와 な형용사의 활용형태가 틀리기 쉬우니 잘 외워두도록 하자.

명사

休(やす)みのようだ 휴일인 것 같다

休(やす)みではないようだ 휴일이 아닌 것 같다

休(やす)みだったようだ 휴일이었던 것 같다

休(やす)みではなかったようだ 휴일이 아니었던 것 같다

동사

行(い)くようだ 가는 것 같다

行(い)かないようだ 가지 않는 것 같다

行(い)ったようだ 간 것 같다

行(い)かなかったようだ 가지 않은 것 같다

い형용사

痛(いた)いようだ 아픈 것 같다

痛(いた)くないようだ 아프지 않은 것 같다

痛(いた)かったようだ 아팠던 것 같다

痛(いた)くなかったようだ 아프지 않았던 것 같다

な형용사

親切(しんせつ)なようだ 친절한 것 같다

親切(しんせつ)ではないようだ 친절하지 않은 것 같다

親切<ruby>親切<rt>しんせつ</rt></ruby>だった**ようだ**　친절했던 것 같다

親切<ruby>親切<rt>しんせつ</rt></ruby>ではなかった**ようだ**　친절하지 않았던 것 같다

문제로 확인하기

1　寒気<ruby>寒気<rt>さむけ</rt></ruby>がする。夕<ruby>夕<rt>ゆう</rt></ruby>べ窓<ruby>窓<rt>まど</rt></ruby>を開<ruby>開<rt>あ</rt></ruby>けたまま寝<ruby>寝<rt>ね</rt></ruby>て、風邪<ruby>風邪<rt>かぜ</rt></ruby>を（　　　）。

　　1　引<ruby>引<rt>ひ</rt></ruby>きそうだ　　　　　　　　2　引<ruby>引<rt>ひ</rt></ruby>いたようだ

　　3　引<ruby>引<rt>ひ</rt></ruby>いただろう　　　　　　　4　引<ruby>引<rt>ひ</rt></ruby>いたそうだ

> **해석 ▶**　한기가 든다. 어젯밤에 창문을 연 채로 자서, 감기에 걸린 것 같다.
>
> **해설 ▶**　① 「동사의 ます형+そうだ(~할 것 같다–마치 그런 일이 일어날 것 같다고 추측하는 표현)」
> 　　　風邪(かぜ)を引(ひ)く(감기에 걸리다) → 風邪(かぜ)を引(ひ)きそうだ(감기에 걸릴 것 같다)
>
> 　　② ~ようだ(~한 것 같다–아마도 그런 것 같다고 주관적으로 추측하는 표현)
> 　　　風邪(かぜ)を引(ひ)く(감기에 걸리다) → 風邪(かぜ)を引(ひ)いた(감기에 걸렸다–과거형) → 風邪(かぜ)を引(ひ)いたようだ(감기에 걸린 것 같다)
>
> 　　③ ~だろう(~할 것이다–추측) → 風邪(かぜ)を引(ひ)く(감기에 걸리다) → 風邪(かぜ)を引(ひ)いた(감기에 걸렸다–과거형) → 風邪(かぜ)を引(ひ)いただろう(감기에 걸렸을 것이다)
>
> 　　④ 「각 품사의 기본형+そうだ」는 「~라고 한다」라는 뜻으로 남에게 들은 이야기를 전달하는 전문 표현이다. 따라서 風邪(かぜ)を引(ひ)く(감기에 걸리다) → 風邪(かぜ)を引(ひ)いた(감기에 걸렸다–과거형) → 風邪(かぜ)を引(ひ)いたそうだ(감기에 걸렸다고 한다)
>
> 　　⑤ 「동사의 た형+まま」는 「~한 채로」라는 의미이다. 따라서 明(あ)ける(열다) → 明(あ)けた(열었다–과거형) → 明(あ)けたまま(연 채로)
>
> **정답 ▶**　2

2　「あまり人<ruby>人<rt>ひと</rt></ruby>が集<ruby>集<rt>あつ</rt></ruby>まっていないですね」

　　「はい、まだ半数<ruby>半数<rt>はんすう</rt></ruby>も集<ruby>集<rt>あつ</rt></ruby>まって（　　　）」

　　1　いないようです　　　　　　　2　いるそうです

　　3　いなさそうです　　　　　　　4　いるはずです

> **해석 ▶**　「별로 사람이 모이지 않았네요.」
> 　　　「예, 아직 반도 모여 있지 않은 것 같아요.」
>
> **해설 ▶**　① ~ようだ(~한 것 같다–아마도 그런 것 같다고 주관적으로 추측하는 표현)
> 　　　集(あつ)まっている(모여 있다) → 集(あつ)まっていない(모여 있지 않다) → 集(あつ)まっていないようだ(모여 있지 않은 것 같다) → 集(あつ)まっていないようです(모여 있지 않은 것

같습니다)

② 「각 품사의 기본형＋そうだ」는 「〜라고 한다」라는 뜻으로 남에게 들은 이야기를 전달하는 전문표현이다.

集(あつ)まっている(모여 있다) → 集(あつ)まっているそうだ(모여 있다고 한다) → 集(あつ)まっているそうです(모여 있다고 합니다)

③ 「동사의 ます형＋そうだ(〜할 것 같다—마치 그런 일이 일어날 것 같다고 추측하는 표현)」의 부정 표현은 「〜そうにもない/〜そうもない(〜할 것 같지 않다)」와 「ない → なさそうだ」라는 형태가 있다. 集(あつ)まっている(모여 있다) → 集(あつ)まっていない(모여 있지 않다) → 集(あつ)まっていなさそうだ(모여 있지 않을 것 같다) → 集(あつ)まっていなさそうです(모여 있지 않을 것 같습니다)

④ 〜はずだ(〜할(일) 것이다—틀림없이 그럴 것이라고 확신하는 추측)

集(あつ)まっている(모여 있다) → 集(あつ)まっているはずだ(모여 있을 것이다) → 集(あつ)まっているはずです(모여 있을 것입니다)

정답 ▶ 1

---

05. 〜らしい 〜한(인) 것 같다

외부 정보를 근거로 한 추측표현이다. 보통 다른 사람에게 들은 이야기를 바탕으로 추측하는 경우가 많다. 자신이 책임을 지지 않으려고 들은 정보를 추측처럼 돌려 말하는 화법이라고 생각하면 이해가 쉬울 것 같다. 또한 「らしい」는 접미사로 '명사＋らしい」의 접속 형태로 「〜스럽다, 〜답다」의 뜻이 있다. 예를 들면 「男(おとこ)らしい(남자답다)/女(おんな)らしい(여성스럽다)/子供(こども)らしい(어린아이답다)/大人(おとな)らしい(어른스럽다)」등이 있다.

명사

休(やす)みらしい 휴일인 것 같다(들은 말에 의하면)

休(やす)みではないらしい 휴일이 아닌 것 같다(들은 말에 의하면)

休(やす)みだったらしい 휴일이었던 것 같다(들은 말에 의하면)

休(やす)みではなかったらしい 휴일이 아니었던 것 같다(들은 말에 의하면)

동사

行(い)くらしい 가는 것 같다(들은 말에 의하면)

行(い)かないらしい 가지 않는 것 같다(늘은 말에 의하면)

行(い)ったらしい 간 것 같다(들은 말에 의하면)

行(い)かなかったらしい 가지 않은 것 같다(늘은 말에 의하면)

痛いらしい 아픈 것 같다(들은 말에 의하면)

痛くないらしい 아프지 않은 것 같다(들은 말에 의하면)

痛かったらしい 아팠던 것 같다(들은 말에 의하면)

痛くなかったらしい 아프지 않았던 것 같다(들은 말에 의하면)

な형용사

親切らしい 친절한 것 같다(들은 말에 의하면)

親切ではないらしい 친절하지 않은 것 같다(들은 말에 의하면)

親切だったらしい 친절했던 것 같다(들은 말에 의하면)

親切ではなかったらしい 친절하지 않았던 것 같다(들은 말에 의하면)

문제로 확인하기

1 「池田さん、どうしたんでしょう。顔色が悪いようですね」

「ええ、胃の調子が(   )」

1　よくないらしいです　　　　　　2　いいらしいです

3　悪いはずがないです　　　　　　4　いいだろうと思います

해석 ▶ 「이케다씨, 무슨 일일까요. 안색이 나쁜 것 같네요.」

「예, 위의 상태가 좋지 않다는 것 같아요.」

해설 ▶ ① ~らしい(~한(인) 것 같다-외부 정보를 근거로 한 추측) いい(좋다) → よくない(좋지 않다) →
よくないらしい(좋지 않은 것 같다) → よくないらしいです(좋지 않은 것 같습니다-이케다씨
의 위의 상태가 좋지 않다는 이야기 듣고 그 사실을 추측처럼 돌려 말함)

② いい(좋다) → いいらしい(좋은 것 같다) → いいらしいです(좋은 것 같습니다)

③ ~はずがない(~할(일) 리가 없다-절대 그럴 리가 없다고 확신하는 추측표현)
悪(わる)いはずがない(나쁠 리가 없다) → 悪(わる)いはずがないです(나쁠 리가 없습니다)

④ ~だろうと思(おも)う(~할(일) 것이라고 생각한다)
いいだろうと思(おも)う(좋을 것이라고 생각한다) → いいだろうと思(おも)います(좋을 것이
라고 생각합니다)

⑤ ~ようだ(~한(인) 것 같다-아마도 그런 것 같다고 주관적으로 추측하는 표현)
顔色(かおいろ)が悪(わる)い(안색이 나쁘다) → 顔色(かおいろ)が悪(わる)いようだ(안색이 나
쁜 것 같다) → 顔色(かおいろ)が悪(わる)いようです(안색이 나쁜 것 같습니다)

정답 ▶　1

❷ そんな小さなことで泣くなんて、男（　　　）。

1　らしいです

2　らしくないです

3　のようです

4　だそうです

해석 ▶　그런 작은 일은 울다니 남자답지 않습니다.

해설 ▶　① 「らしい」는 명사 뒤에 붙어 접미사로 「~스럽다, ~답다」라는 의미로도 쓰인다. 男(おとこ)らしい(남자답다) → 男(おとこ)らしいです(남자답습니다)

　② 男(おとこ)らしい(남자답다) → 男(おとこ)らしくない(남자답지 않다) → 男(おとこ)らしくないです(남자답지 않습니다)

　③ ~ようだ(~한(인) 것 같다−아마도 그런 것 같다고 주관적으로 추측하는 표현) 男(おとこ)のようだ(남자인 것 같다) → 男(おとこ)のようです(남자인 것 같습니다)

　④ 「각 품사의 기본형＋そうだ」는 「~라고 한다」라는 뜻으로 남에게 들은 이야기를 전달하는 전문표현이다. 단 명사의 현재형인 경우 「명사だ＋そうだ」의 접속 형태를 띠니 주의하자. 男(おとこ)だそうだ(남자라고 한다) → 男(おとこ)だそうです(남자라고 합니다)

　⑤ 「~なんて」는 「의외 · 놀람 · 비판의 뜻을 나타냄. …이라니. …하다니」

정답 ▶　2

06.　~かもしれない ~할(일)지도 모른다

가능성이 50% 정도일 경우, 즉 그럴지도 모르고 아닐지도 모를 상황에서 하는 추측표현이다.

명사

休みかもしれない　휴일일지도 모른다

休みではないかもしれない　휴일이 아닐지도 모른다

休みだったかもしれない　휴일이었을지도 모른다

休みではなかったかもしれない　휴일이 아니었을지도 모른다

동사

行くかもしれない　갈지도 모른다

行かないかもしれない　가지 않을지도 모른다

行ったかもしれない　갔을지도 모른다

行かなかったかもしれない　가지 않았을지도 모른다

い형용사

痛いかもしれない 아플지도 모른다

痛くないかもしれない 아프지 않을지도 모른다

痛かったかもしれない 아팠을지도 모른다

痛くなかったかもしれない 아프지 않았을지도 모른다

な형용사

親切かもしれない 친절할지도 모른다

親切ではないかもしれない 친절하지 않을지도 모른다

親切だったかもしれない 친절했을지도 모른다

親切ではなかったかもしれない 친절하지 않았을지도 모른다

문제로 확인하기

1 土曜日は雨らしいです。運動会は(   )かもしれませんね。

    1　だめな　　　　　2　だめだ　　　　　3　だめの　　　　　4　だめ

> 해석 ▶　토요일은 비라는 것 같습니다. 운동회는 불가능할지도 모르겠네요.
>
> 해설 ▶　~かもしれない(~할(일)지도 모른다. 그럴지도 모르고 아닐지도 모름 가능성 50%). な형용사의 현재
> 형에서는 형용사의 어간에 접속하므로 접속 형태에 주의하자. だめだ(불가능하다) → だめかもしれ
> ない(불가능할지도 모르겠다) → だめかもしれません(불가능할지도 모르겠습니다)
>
> 정답 ▶　4

07.　~はずだ ~할(일) 것이다

「(당연히, 틀림없이) ~할(일) 것이다」라는 추측표현이다. 앞 문장에 당연히 그럴만한 근거가 제시되는 경우가 많다.

명사

休みのはずだ 휴일일 것이다(분명히)

休みではないはずだ 휴일이 아닐 것이다(분명히)

休^{やす}みだったはずだ　휴일이었을 것이다(분명히)

休^{やす}みではなかったはずだ　휴일이 아니었을 것이다(분명히)

동사

行^いくはずだ　갈 것이다(분명히)

行^いかないはずだ　가지 않을 것이다(분명히)

行^いったはずだ　갔을 것이다(분명히)

行^いかなかったはずだ　가지 않았을 것이다(분명히)

い형용사

痛^{いた}いはずだ　아플 것이다(분명히)

痛^{いた}くないはずだ　아프지 않을 것이다(분명히)

痛^{いた}かったはずだ　아팠을 것이다(분명히)

痛^{いた}くなかったはずだ　아프지 않았을 것이다(분명히)

な형용사

親切^{しんせつ}なはずだ　친절할 것이다(분명히)

親切^{しんせつ}ではないはずだ　친절하지 않을 것이다(분명히)

親切^{しんせつ}だったはずだ　친절했을 것이다(분명히)

親切^{しんせつ}ではなかったはずだ　친절하지 않았을 것이다(분명히)

문제로 확인하기

1 「石井^{いしい}さん、遅^{おそ}いですね」

「ええ、でも、昨日^{きのう}必^{かなら}ず来^くると言^いっていたから、来^くる（　　　）です」

1　そう　　　　　　　　2　かもしれない　3　はず　　　　　　　4　はずがない

해석 ▶　「이시이씨, 늦네요.」
　　　　「예, 하지만, 어제 반드시 온다고 했으니까 올 것입니다.」

해설 ▶　① 「각 품사의 기본형＋そうだ」는 「~라고 한다」라는 뜻으로 님에게 들은 이야기를 전달하는 전문표
　　　　현이다. 来(く)る(오다) → 来(く)るそうだ(온다고 한다) → 来(く)るそうです(온다고 합니다)
　　　　② ~かもしれない(~힐(일)지도 모른다. 그럴지도 모르고 아닐지도 모름 가능성 50%)
　　　　来(く)る(오다) → 来(く)るかもしれない(올지도 모른다) → 来(く)るかもしれないです(올지도
　　　　모릅니다)

③ ~はずだ(~할(일) 것이다—틀림없이 그럴 것이라고 확신하는 추측)

来(く)る(오다) → 来(く)るはずだ(올 것이다) → 来(く)るはずです(올 겁니다)

④ ~はずがない(~할(일) 리가 없다—절대 그럴 리가 없다고 확신하는 추측표현)

来(く)る(오다) → 来(く)るはずがない(올 리가 없다) → 来(く)るはずがないです(올 리가 없습니다)

정답 ▶ 3

---

08. ~はずがない ~할(일) 리가 없다

「(당연히, 틀림없이) ~할(일) 리가 없다」라는 추측표현이다. 앞 문장에 객관적인 이유와 근거가 제시되는 경우가 많다.

명사

休(やす)みのはずがない 휴일일 리가 없다(분명히)

休(やす)みではないはずがない 휴일이 아닐 리가 없다(분명히)

休(やす)みだったはずがない 휴일이었을 리가 없다(분명히)

休(やす)みではなかったはずがない 휴일이 아니었을 리가 없다(분명히)

동사

行(い)くはずがない 갈 리가 없다(분명히)

行(い)かないはずがない 가지 않을 리가 없다(분명히)

行(い)ったはずがない 갔을 리가 없다(분명히)

行(い)かなかったはずがない 가지 않았을 리가 없다(분명히)

い형용사

痛(いた)いはずがない 아플 리가 없다(분명히)

痛(いた)くないはずがない 아프지 않을 리가 없다(분명히)

痛(いた)かったはずがない 아팠을 리가 없다(분명히)

痛(いた)くなかったはずがない 아프지 않았을 리가 없다(분명히)

な형용사

親切(しんせつ)なはずがない 친절할 리가 없다(분명히)

親切ではないはずがない　친절하지 않을 리가 없다(분명히)

親切だったはずがない　친절했을 리가 없다(분명히)

親切ではなかったはずがない　친절하지 않았을 리가 없다(분명히)

문제로 확인하기

1 部長は昨日入院したらしい。だから今日の会議に出る（　　　）。

1　だろう　　　　　2　はずがない　　3　そうだ　　　　　4　はずだ

해석 ▶　부장님은 어제 입원했다고 한다. 그러니까 오늘 회의에 나올 리가 없다.

해설 ▶　① ～だろう(～일 것이다-추측) → 出(で)るだろう(나올 것이다)

②　～はずがない(～할(일) 리가 없다-절대 그럴 리가 없다고 확신하는 추측표현)
出(で)る(나오다) → 出(で)るはずがない(나올 리가 없다)

③　「각 품사의 기본형+そうだ」는 「～라고 한다」라는 뜻으로 남에게 들은 이야기를 전달하는 전문표현이다. 出(で)る(나오다) → 出(で)るそうだ(나온다고 한다)

④　～はずだ(～할(일) 것이다-틀림없이 그럴 것이라고 확신하는 추측)
出(で)る(나오다) → 出(で)るはずだ(나올 것이다)

정답 ▶　2

2 彼は中国語を習ったことがないので、中国語が（　　　）はずがない。

1　上手な　　　　　2　上手だ　　　　　3　上手　　　　　4　上手の

해석 ▶　그는 중국어를 배운 적이 없기 때문에 중국어가 능숙할 리가 없다.

해설 ▶　「～はずがない」는 「～할(일) 리가 없다」 절대 그럴 리가 없다고 확신하는 추측표현이다. な형용사의 현재형에서는 명사수식형에 접속하므로 접속 형태에 주의하자. 上手(じょうず)だ(능숙하다) → 上手(じょうず)なはずがない(능숙할 리가 없다)

정답 ▶　1

問題　次の文章を読んで、質問に答えなさい。答えは、1・2・3・4から最もよいものを一つ
　　　えらびなさい。

相手はあなたの心が読めない。

私たちがよくやるミスの一つは、「何も言わなくても相手は分かってくれる」
と思い込むこと、または「分かってくれるもの」と期待してしまうことだ。友人
が奥さんのだらしなさについてグチをこぼしはじめたときのことだ。彼はそれ
がきになってたまらないとみえ、前にも何度か同じグチを聞いたことがあっ
た。ついに私はたずねた。「奥さんはきみがこんなに悩んでいるのを知っている
のか？」。ところが彼女はまったく知らないと言うではないか！

こうした食いちがいを認めて早く直すのが大切な理由はいくつかある。

まず、黙っていると葛藤がたまって苦しくなる。自分に関係ないことでフラ
ストレーションがふくらみ、怒ったりイライラしているのに、それを知ってい
るのはあなただけなのだ。これを自家製ストレスと呼ばずになんと呼ぶ？

あなたが何かに怒っているのに、その原因を相手に伝えないのは礼儀に反す
る。相手にもあなたの不機嫌さは伝わるだろうが、なぜ不機嫌なのかまるで分
からないわけだ。その場合、あなたは「それぐらい読みとってくれよ！」と強要
している。相手にわかるはずがないではないか？

ここで言いたいのは、何かイライラしているときは相手に知らせるのがベス
トだということ。二人とも気分が穏やかなときにその話を持ち出し、何が起き
るか見てみよう。ほとんどの場合、相手に心を読んでほしいと期待するよりず
っといい結果が得られる。「そんなことぐらい分かってよ！」はできるだけ避け
よう。

リチャード＆クリスティーンカールソン「小さいことにくよくよするな！」より

1　相手は分かってくれるとあるが、何を分かってくれるのというのか。

1　友人の心　　　　　　　　2　回りの人の心

3　自分の心　　　　　　　　4　相手の心

2　礼儀に反するとあるが、ここでいいたいことはどんなことか。

1　怒っている理由を相手に伝えないこと

2　葛藤がたまって苦しくなること

3　二人の気分が穏やかになったこと

4　相手に自分の不機嫌さは伝えたこと

3　できるだけ避けよう！とあるが、なにを避けるべきだといっているのか

1　相手の心をまったく知らないこと

2　何かイライラしているときは相手に知らせること

3　気分が穏やかなときに不機嫌だった話を持ち出すこと

4　相手に心を読んでほしいと期待すること

4　この人の言いたいことは何なのか。

1　黙っていると葛藤がたまらなくなるということ

2　何かイライラしているときは相手に知らせるのがベストだということ

3　相手が怒っているときはなるべく話を避けるということ

4　黙っていても相手に不機嫌さが十分に伝わるということ

상대방은 당신의 마음을 읽을 수 없다.

우리가 자주 하는 실수중 하나는「아무 말 하지 않아도 상대방은 알아 줄 것이다」라고 믿어 버리는 것, 또는「이해해(알아) 줄 것」이라고 기대해 버리는 것이다.

친구가 부인이 야무지지 못함에 대해서 불평을 하기 시작했을 때의 일이다. 그는 그것이 마음에 걸려 견딜 수 없는 것처럼 보였고, 전에도 몇 번인가 같은 불평을 들었던 적이 있었다. 마침내 나는 물었다.「와이프는 네가 이렇게 고민하고 있는 것을 알고 있니?」. 그런데 그녀는 전혀 모르고 있다고 말하는 것이 아닌가!

이러한 대립을 인정하고 빨리 고치는 것이 중요한 이유는 몇 가지가 있다. 우선 가만히 있으면 갈등이 쌓여서 괴로워진다. 자신과 관계없는 일로 욕구불만이 부풀어서 화를 내거나 초조해하고 있는데, 그것을 알고 있는 것은 당신만인 것이다. 이것을 자가성(스스로 만든) 스트레스라고 부르지 않고 뭐라고 부를까?

당신이 무언가에 화가 나 있는데, 그 원인을 상대에게 전하지 않는 것은 예의에 어긋난다. 상대방에게도 당신의 언짢음은 전해지겠지만, 왜 언짢은지 전혀 이해하지 못하는 것이다. 그럴 경우에 당신은「그 정도는 알아차려 줄 것이지」라고 강요하고 있다. 상대방이 알 리가 없지 않은가?

여기서 말하고 싶은 것은 무엇인가로 초조할 때는 상대방에게 알리는 것이 베스트라고 하는 것. 두 사람 모두 기분이 차분할 때 그 이야기를 꺼내서 어떤 일이 일어날지 지켜보자. 대부분의 경우 상대방에게 마음을 읽어 줬으면 좋겠다고 기대하는 것보다 훨씬 좋은 결과를 얻을 수 있다.「그런 것 정도는 알아차려」는 가능한 한 피하자!

리처드&크리스틴 칼슨「小(ちい)さいことにくよくよするな！」에서

1 상대방은 알아 줄 것이다라고 했는데, 무엇을 알아준다는 것인가?

  1 친구의 마음 (X)   2 주위 사람들의 마음 (X)

  3 자신의 마음 (O)   4 상대방의 마음 (X)

정답 ▶ 3

2 예의에 어긋난다라고 했는데 여기서 말하고 싶은 것은 어떤 것인가?

  1 화난 이유를 상대방에게 전하지 않는 것 (O)

  2 갈등이 쌓여서 괴로워지는 것 (X)

  3 두 사람의 기분이 차분하게 된 것 (X)

  4 상대방에게 자신의 언짢음을 전한 것 (X)

정답 ▶ 1

3 가능한 한 피하자라고 했는데 무엇을 피해야 한다고 하고 있는가?

  1 상대방의 마음을 전혀 모르는 것 (X)

  2 무엇인가 초조해하고 있을 때는 상대방에게 알리는 것 (X)

  3 기분이 차분해 졌을 때 언짢았던 이야기를 꺼내는 것 (X)

  4 상대방에게 마음을 읽어줬으면 좋겠다고 기대하는 것 (O)

정답 ▶ 4

4 이 사람이 말하고 싶은 것은 무엇인가?

1 가만히 있으면 갈등이 쌓이지 않는 다는 것 (X)

2 무엇인가 초조해하고 있을 때는 상대방에게 알리는 것이 베스트라고 하는 것 (O)

3 상대방이 화가 나 있을 때는 가능한 한 이야기를 피해야 한다는 것 (X)

4 가만히 있어도 상대방에게 언짢은 기분이 충분히 전해진다는 것 (X)

정답 ▶ 2

포인트문법 ▶

동사의 て형 + てくれる ～해주다(상대방이)

동사의 て형 + しまう ～해버리다(～하고 만다)

　예) 期待(きたい)する → 期待(きたい)して → 期待(きたい)してしまう 기대해 버리다

동사의 た형(과거형) + ことがある ～한 적이 있다

　예) 聞(き)く → 聞(き)いた → 聞(き)いたことがある 들은 적이 있다

동사의 ない형(부정형) + ずに ～하지 않고

　예) 呼(よ)ぶ → 呼(よ)ばない → 呼(よ)ばないで → 呼(よ)ばずに 부르지 않고

2그룹 동사의 ない형 (る를 없애고 ない를 붙여준다)

　예) 伝(つた)える 전하다 → 伝(つた)えない 전하지 않다

동사의 기본형 + だろう ～일 것이다

　예) 伝(つた)わるだろう 전해 질 것이다

1그룹 동사의 ない형 (끝글자 う단을 あ단으로 바꾸고 ない를 붙여준다)

　예) 分(わ)かる 알다 → 分(わ)からない 모르다

동사의 う단형 + はずがない ～일리가 없다

　예) 分(わ)かるはずがない 알 리가 없다

동사의 ます형 + たい(희망표현) ～하고 싶다

　예) 言(い)う → 言(い)います → 言(い)いたい 말하고 싶다

동사의 て형 + みる ～해보다

　예) 会(あ)ってみる 만나보다

동사의 て형 + ほしい ～하기를 바라다

　예) 読(よ)んでほしい 읽기를 바라다

2그룹 동사의 가능형 (る를 없애고 られる를 붙여준다)

　예) 得(え)る 얻다 → 得(え)られる 얻을 수 있다

2그룹 동사 권유형 (る를 없애고 よう를 붙여준다)

　예) 避(さ)ける → 避(さ)けよう 피하자!

단어 ▶　相手あいて 상대　　読よめない 읽을 수 없다　　思おもい込こむ 믿어버리다

　　　期待きたいする 기대하다　　奥おくさん (다른 사람의)부인　　だらしなさ 야무지지 못함

　　　グチ 불평　　こぼしはじめる 흘리기 시작하다　　気きになる 마음에 걸리다

　　　たまらない 참을 수 없나　　見みえる 보이다　　ついに 마침내　　尋たずねる 묻다

　　　悩なやんでいる 고민하고 있다　　知しっている 알고 있다　　まったく 전혀

　　　食くい違ちがい 대립　　認みとめる 인정하다　　直なおす 고치다　　理由りゆう 이유

葛藤かっとう 갈등　　苦くるしくなる 힘들어 지다　　フラストレーション 욕구불만

怒おこる 화내다　　イライラする 초조해하다　　自家製じかせい 자가성(스스로 만든)

ストレス 스트레스　　呼よばずに 부르지 않고　　原因げんいん 원인　　礼儀れいぎ 예의

反はんする 반하다, 어긋나다　　不機嫌ふきげんさ 언짢음　　伝つたわる 전해지다

まるで 전혀　　わけ 것　　場合ばあい 경우　　読よみ取とる 알아차리다, 간파하다

強要きょうようする 강요하다　　知しらせる 알리다

とも 모두 (예) 二人(ふたり)とも 두 사람 모두)　　気分きぶん 기분

穏おだやかだ 평온하다, 차분하다　　持もち出だす 말을 꺼내다, 제안하다

起おきる 일어나다　　ほとんど 대부분, 거의　　結果けっか 결과　　できるだけ 가능한 한

CHAPTER 03 청해

 발화 표현 문제 1

발화 표현 문제는 그림을 보면서 질문을 듣고 정답을 고르는 문제이다. 일상생활 속에서 일어날 수 있는 다양한 상황이나 장면을 그림으로 제시한 후 적절한 대답을 찾는 문제이다. 일러스트를 보면서 어떠한 상황에서 발생하는 문제인가를 신속하게 파악하는 것이 중요하다.

문제로 확인하기

1番

2番

3番

4番

1번 문제

스크립트 ▶

ペンを持もってこなかったので、友達ともだちに借かりたいです。何なんと言いいますか。

1　ペン、見みせて。
2　ペン、貸かしてくれない?
3　ペン、返かえしてくれない?

해석 ▶

펜을 가져오지 않아서, 친구에게 빌리고 싶습니다. 뭐라고 말합니까?

1　펜, 보여줘.
2　펜, 빌려주지 않을래?
3　펜, 돌려주지 않을래?

포인트문법 ▶

「貸(か)す(빌려주다)」와 「返(かえ)す(돌려주다)」의 뜻을 혼동하지 말자.

정답 ▶　2

2번 문제

스크립트 ▶

バスの中なかで隣となりの人ひとの足あしを踏ふみました。何なんと言いいますか。

1　残念ざんねんです。
2　どうも申もうし訳わけございません。
3　どうしたんですか。

해석 ▶

버스 안에서 옆 사람의 발을 밟았습니다. 뭐라고 말합니까?

1　유감입니다.
2　너무 죄송합니다.
3　무슨 일입니까?

정답 ▶　2

3번 문제

会社かいしゃで同僚どうりょうより先さきに帰かえ
ります。何なんと言いいますか。

1　おじゃまします。
2　お世話せわになりました。
3　お先さきに失礼しつれいします。

해석 ▶

회사에서 동료보다 먼저 돌아갑니다. 뭐라고 말합니까?

1　실례하겠습니다.
2　신세를 졌습니다.
3　먼저 실례하겠습니다.

포인트문법 ▶

「おじゃまします」는 직역하면 「방해하겠습니다」 즉 「실례하겠습니다」라는 뜻으로 어떤 곳을 방문할 때 주로 쓰는 인사말 표현이다.

정답 ▶ 3

4번 문제

스크립트 ▶

家うちに遊あそびにきたお客様きゃくさまが帰か
えります。何なんと言いいますか。

1　気きをつけてお帰かえりください。
2　いらっしゃいませ。
3　ごめんください。

해석 ▶

집에 놀러 온 손님이 돌아갑니다. 뭐라고 말합니까?

1　조심해서 돌아가십시오.
2　어서 오십시오.
3　실례합니다.

포인트문법 ▶

① 「お＋ます형＋ください」는 「〜てください(〜해 주세요)」보다 더 공손한 표현이다. 帰(かえ)る(돌아가다) → 帰(かえ)ってください(돌아가세요) → お帰(かえ)りください(돌아가십시오)
② 「ごめんください(실례합니다)」는 다른 사람의 집이나 가게를 방문할 때 들어가면서 주로 사용하는 인사말 표현이다.

정답 ▶ 1

Part 08

新 JLPT 종결자

단어익히기 필수 부사

相変 あいか わらず	변함없이	案外 あんがい	뜻밖에, 예상외
あんまり	너무, 지나치게	いかが	어떻게
いきなり	갑자기	いくら	아무리
いちいち	일일이	一度 いちど	한번
一番 いちばん	가장	一生懸命 いっしょうけんめい	열심히, 힘껏
一方 いっぽう	한편	いつか	언젠가
いつでも	늘, 항상	いつの間 まにか	모르는 사이에, 어느덧
いよいよ	드디어, 마침내	いらいら	안절부절, 초조해하는 모양
おそらく	아마	うっかり	깜박, 무심코
思 おもい切 きり	마음껏, 실컷	主 おもに	주로
がっかり	낙담하는 모양	必 かならず	반드시
必 かならずしも	반드시	かなり	상당히
きちんと	정확히	きっぱり	단호히, 딱 잘라
急 きゅうに	갑자기	きらきら	반짝반짝
ぐっすり	깊은 잠을 잦는 모양, 푹	結局 けっきょく	마침내
結構 けっこう	제법		

問題1 ＿＿＿＿＿の言葉の読み方として最もよいものを1・2・3・4から一つえらびなさい。

1 相変わらず遊んでばかりいる。

 1 そうへんわらず   2 そうかわらず

 3 あいへんわらず   4 あいかわらず

> 해석 ▶ 변함없이 놀고만 있다.
> 해설 ▶ 1 ×   2 ×   3 ×   4 변함없이
> 정답 ▶ 4

2 だから一生懸命勉強しなければならない。

 1 いっしょけんめい   2 いっしょうけんめい

 3 いっしょげんめ   4 いっしょうげんめい

> 해석 ▶ 그러니까 열심히 공부하지 않으면 안 된다.
> 해설 ▶ 1 ×   2 열심히   3 ×   4 ×
> 정답 ▶ 2

現 げんに　실제로

ごろごろ　데굴데굴, 빈둥빈둥

先 さきに　먼저

先 さっき　좀 전

早速 さっそく　바로, 재빨리, 당장

更 さらに　더욱 더

しかも　게다가, 그 위에

次第 しだいに　점차

しっかり　단단히, 튼튼히, 똑똑히

実際 じっさいに　실제로

実 じつに　실로

実 じつは　실은

しばしば　자주

しばらく　잠시

ずいぶん　상당히

少 すくなくとも　적어도

すぐ　곧, 바로

凄 すごく　무척

少 すこしも　조금도

進 すすんで　자진해서, 적극적으로

すっかり　완전히, 아주, 남김없이

ずっと　계속, 쭉

全 すべて　모두, 모조리

せっかく　모처럼

是非 ぜひ　꼭

せめて　적어도

全然 ぜんぜん　전혀

문제로 확인하기

問題2　＿＿＿＿のことばを漢字で書くとき最もよいものを1・2・3・4から一つえらびなさい。

1　<u>さっそく</u>彼に会ってから話してみよう。

1　殺速　　　　2　撮速　　　　3　早速　　　　4　早束

해석 ▶	당장 그를 만나서 이야기 해보자!	
해설 ▶	1　✕	2　✕
	3　바로, 곧, 당장 **早速**さっそく	4　✕
정답 ▶	3	

❷　<u>じっさい</u>に行ってみるとさすがにすばらしかった。

1　実際に　　　　　2　実再に　　　　　3　実歳に　　　　　4　実祭に

해석 ▶　<u>실제로</u> 가보니 역시 훌륭했다.
해설 ▶　1　실제로　**実際じっさいに**　　　　2　×
　　　　3　×　　　　4　×
정답 ▶　1

 필수 부사

全部 ぜんぶ　전부	相当 そうとうに　상당히
続々 ぞくぞくと　속속, 잇달아	そっくり　전부, 모조리
そのまま　그대로	それでも　그런데도
そろそろ　이제 슬슬	大 たいして　그다지 뒤에 부정어가 옴
大体 だいたい　대체로, 대강	大抵 たいてい　대개
ただ　단지	直 ただちに　즉시, 당장
たった　겨우	たとえ　비록, 설령
例 たとえば　예를 들면	度々 たびたび　번번이
たぶん　아마	たまに　가끔
だんだん　점점, 하나하나	近々 ちかぢか　머잖아, 근간
ちっとも　조금도	ちゃんと　제대로, 빈틈없이
つい　그만	ついに　마침내
次々 つぎつぎに　잇달아, 차례차례로	常 つねに　항상
つまり　결국, 즉	できるだけ　가능한 한
できれば　가능하면	どうか　아무쪼록, 제발
どうして　어째서	どうしても　어떤 일이 있어도, 아무리해도
とうとう　드디어, 마침내, 결국	時々 ときどき　때때로
どきどき　두근두근	特 とくに　특별히

突然 とつぜん 돌연, 갑자기　　　どっと 우르르, 털썩

とにかく 어쨌든　　　とやかく 이러쿵저러쿵

どんどん 척척, 술술, 자꾸자꾸　　　なかなか 좀처럼, 꽤, 상당히

なぜ 왜?　　　なぜかというと 왜냐하면

なるべく 가능한 한, 가급적

문제로 확인하기

問題3（　　　　）に入れるのに最もよいものを1・2・3・4から一つえらびなさい。

1 原稿は（　　　　）でき上がりました。

  1　たまに　　　　2　大して　　　　3　大体　　　　4　たぶん

> 해석 ▶ 원고는 (　대체로　) 완성되었습니다.
> 해설 ▶ 1 가끔　　　　2 그다지　　　　3 대체로　　　　4 아마
> 정답 ▶ 3

2 私は健康には（　　　　）気をつけている。

  1　たとえ　　　　2　つまり　　　　3　ついに　　　　4　常に

> 해석 ▶ 나는 건강에는 (　항상　) 조심하고 있다.
> 해설 ▶ 1 비록　　　　2 즉　　　　3 마침내　　　　4 항상
> 정답 ▶ 4

相変 あいかわらず　변함없이　=　いつものとおり　여느 때와 같이

案外 あんがい　뜻밖에, 예상외　=　予想外 よそうがい　예상외, 뜻밖임

いつの間 まにか　모르는 사이에　=　気きづかないうちに　눈치 채기 전에

いらいらする　안절부절못하다, 초조해하다　=　苛立 いらだつ　안절부절못하다, 초조해지다

主 おもに　주로　=　大抵 たいてい　대체로

きちんと　정확히　=　しっかりと　틀림없이

結構 けっこう　제법　=　なかなか　제법

先 さっき　좀 전　=　ちょっと前 まえ　좀 전

早速 さっそく　바로, 곧　=　すぐに　곧

次第 しだいに　점차로　=　だんだん　점차로, 점점

実 じつは　실은　=　本当 ほんとうは　사실은

しばしば　자주　=　よく　자주

しばらく　잠시　=　ちょっと　잠시

少 すくなくとも　적어도　=　せめて　적어도

凄 すごく　무척　=　非常 ひじょうに　매우, 대단히

全然 ぜんぜん　전혀　=　全 まったく　전혀

相当 そうとうに　상당히　=　かなり　상당히

度々 たびたび　자주, 번번이　=　しばしば　자주

近々 ちかぢか　머지않아　=　ちかいうちに　머지않아

常 つねに　항상　=　いつも　항상

できるだけ　가능한 한　=　なるべく　가능한 한

突然 とつぜん　돌연, 갑자기　=　急 きゅうに　갑자기

なぜ　왜?　=　どうして　왜?

なぜかというと　왜냐하면　=　なぜならば　왜냐하면

残 のこらず　죄다, 전부　=　全部 ぜんぶ　전부, 모두

真面目 まじめに　진지하게　=　真剣 しんけんに　진지하게

もちろん 물론 ＝ 無論 むろん 물론

喜 よろこんで 기꺼이 ＝ 快 こころよく 기꺼이

問題4 ＿＿＿＿＿に意味が最も近いものを1・2・3・4から一つえらびなさい。

1 車の中で<u>突然</u>深刻な話しをし始めた。

　　1　急に　　　　　　2　びっくり　　　　　3　とにかく　　　　　4　なかなか

> 해석 ▶　차 안에서 <u>갑자기</u> 심각한 이야기를 시작했다.
>
> 해설 ▶　1 갑자기　　　　　2 깜짝 놀람　　　　　3 어쨌든　　　　　4 꽤
>
> 정답 ▶　1

2 知っていることは<u>残らず</u>申し上げたはずです。

　　1　できるだけ　　2　とにかく　　　3　全部　　　　　4　はっきり

> 해석 ▶　알고 있는 것은 <u>남김없이(전부, 다)</u> 말씀드렸을 것입니다.
>
> 해설 ▶　1 가능한 한　　　　2 어쨌든　　　　　3 전부　　　　　4 분명히
>
> 정답 ▶　3

なるほど　과연	なんでも　무엇이든지	にこにこ　싱글벙글
年中ねんじゅう　항상	残のこらず　죄다, 전부	のんびりと　느긋하게
果はたして　과연	はっきり　분명히, 확실히	非常ひじょうに　상당히
びっくり　깜짝 놀람	ぴったり　썩 잘 어울리는 모양, 딱 맞음	
殆ほとんど　거의	ほぼ　거의, 대강	ほんのすこし　아주 조금
ぼんやり　멍하니	真面目まじめに　성실하게	ますます　점점
まず　우선	又また　또	まだまだ　아직도
全まったく　전혀	間まもなく　곧, 머지않아	万まんが一いち　만일
万一まんいち　만일	もうすぐ　이제 곧	もし　만약
もしかしたら　혹시	もちろん　물론	最もっとも　가장
やはり(やっぱり)　역시	ゆっくり　천천히, 느긋하게	ようやく　겨우, 가까스로
喜よろこんで　기꺼이	わくわく　두근두근	

문제로 확인하기

問題5　つぎのことばの使い方として最もよいものを 1・2・3・4 から一つえらびなさい。

1　ぴったり

1　明日はぴったり朝寝坊でもしたいね。

2　今の状況にぴったりとした表現ですね。

3　木村さんは英語はぴったりのことドイツ語も出きるんです。

4　あの事故から1年、彼は最近ぴったり元気になった。

해석 ▶　딱 맞음, 썩 잘 어울리는 모양

1　내일은 딱 늦잠이라도 자고 싶다. (X)

2　지금 상황에 딱 맞는 표현이네요. (0)

3　기무라씨는 영어는 딱 이고 독일어도 할 수 있습니다. (X)

4　그 사고로부디 1년. 그는 요즘 딱 건강해 졌다. (X)

정답 ▶　2

2 間もなく

1 彼らの間もなくが賛成した。

2 最近間もなく太ってきました。

3 間もなく会議が始まります。

4 間もなく雨が降れば中止した。

해석 ▶ 곧, 머지않아

1 그들의 머지않아가 찬성했다. (X)

2 요즈음 머지않아 살이 찌기 시작했습니다. (X)

3 곧(머지않아) 회의가 시작됩니다. (O)

4 곧(머지않아) 비가 내리면 중지했다. (X)

정답 ▶ 3

01. 동사의 수동형

보통 동사의 수동형은 「～되다, ～(동작을) 받다, ～함을 당하다(피해)」는 뜻이다.

1그룹동사의 수동형

う단 → あ단+れる(う단 어미를 あ단으로 바꾸고 れる를 붙인다)

踏む 밟다 → 踏まれる 밟히다

殴る 때리다 → 殴られる 맞다

誰かが財布を盗みました。 누군가가 지갑을 훔쳤습니다.(능동)

→ 誰かに財布を盗まれました。 누군가에게 지갑을 도둑맞았습니다.(수동)

2그룹동사의 수동형

る → られる(어미 る를 られる로 바꾼다)

ほめる 칭찬하다 → ほめられる 칭찬받다

建てる 세우다 → 建てられる 세워지다

トラックが猫をはねました。 트럭이 고양이를 치었습니다.(능동)

→ トラックに猫がはねられました。 트럭에 고양이가 치였습니다.(수동)

3그룹동사의 수동형 (불규칙동사이므로 그냥 외우자)

くる 오다 → こられる 오게 되다/오다

する 하다 → される 받다/당하다

문제로 확인하기

1 課長に会議室に(　　　)。

1　呼ばれて、叱られた　　　　　2　呼ばれて、叱らせた

3　呼んで、叱られた　　　　　　4　呼んで、叱らせた

> 해석 ▶ 과장님에게 회의실로 불려가 혼났다.
>
> 해설 ▶ ① 呼(よ)ぶ(부르다) → 呼(よ)ばれる(부름을 당하다, 즉 불려가다—1그룹동사의 수동형) → 呼(よ)ばれて(불려가서)
>
> 　　叱(しか)る(꾸짖다) → 叱(しか)られる(꾸짖음을 듣다, 혼나다—1그룹동사의 수동형) → 叱(しか)られた(혼났다)
>
> ② 叱(しか)る(꾸짖다) → 叱(しか)らせる(꾸짖게 하다—그룹동사의 사역형 う단 어미를 あ단으로 고치고 せる를 접속) → 叱(しか)らせた(꾸짖게 했다)
>
> ③ 呼(よ)ぶ(부르다) → 呼(よ)んで(부르고/불러서—연결형) 만약 呼(よ)んで가 정답이 되려면 앞부분이 「課長(かちょう)に(과장님에게)」가 아니라 「課長(かちょう)が(과장님이)」가 되어야 한다.
>
> 정답 ▶ 1

2 私は警官に荷物を(　　　)。

1　調べたかった　　　　　　　　2　調べてしまった

3　調べた　　　　　　　　　　　4　調べられた

> 해석 ▶ 나는 경찰관에게 짐을 조사당했다.
>
> 해설 ▶ ① 동사의 ます형+たい(~하고 싶다—희망표현)
>
> 　　調(しら)べる(조사하다) → 調(しら)べたい(조사하고 싶다) → 調(しら)べたかった(조사하고 싶었다—과거형)
>
> ② ~てしまう(~해 버리다) → 調(しら)べる(조사하다) → 調(しら)べてしまう(조사해 버리다) → 調(しら)べてしまった(조사해 버렸다)
>
> ③ 調(しら)べる(조사하다) → 調(しら)べた(조사했다—과거형)
>
> ④ 調(しら)べる(조사하다) → 調(しら)べられる(조사당하다—2그룹동사의 수동형) → 調(しら)べられた(조사당했다)
>
> 정답 ▶ 4

3 私は先生（　　　　）注意されたことが一度もない。

　1　と　　　　　　　2　が　　　　　　　3　に　　　　　　　4　で

> 해석　나는 선생님에게 주의를 받은 적이 한 번도 없다.
> 해설　능동형 문장–先生(せんせい)が注意(ちゅうい)する(선생님이 주의를 주다) → 수동형 문장–先生(せん
> 　　　せい)に注意(ちゅうい)される(선생님에게 주의를 받다)
> 정답 3

02. 피해수동

수동문장 중에서 해석이 힘든 수동이 있다. 「Aに ～られる」라는 문장을 한국어로 해석했을 때 직역이 되지 않고 어색할 때는 한국어에서는 수동으로 사용하지 않는 문장이므로 능동으로 해석한다. 흔히 이런 수동형을 흔히 「피해수동」이라고 한다. 상대방의 행동으로 인해 피해를 받았다는 피해의식이 강한 표현이다. 주로 한국어에서는 수동이 될 수 없는 자동사가 수동이 되는 경우가 많다. 따라서 피해수동의 경우 「Aに ～られる」는 「A(상대방)가 어떤 동작을 해서 피해를 많이 받다」라는 식으로 해석하면 된다.

Aに　泣かれる　A가 울어서 피해를 보다

Aに　読まれる　A가 내 것을 몰래 읽다

Aに　食べられる　A가 내 것을 몰래 먹어 버리다

Aに　やめられる　A가 그만둬서 피해를 보다

Aに　休まれる　A가 쉬어서 피해를 보다

Aに　死なれる　A가 죽어서 많이 힘들거나 슬프다

Aに　持っていかれる　A가 내 것을 몰래 들고 가다

Aに　見られる　A가 보여주고 싶지 않은 나의 모습을 보다. 들키다. 발각되다

Aに　来られる　A가 와서 피해를 입다

突然夫に死なれて大変でした。갑지기 남편이 죽어서 힘들었습니다.

雨に降られて、風邪を引いてしまった。비를 맞아서 감기에 걸려 버렸다.

1 急^{きゅう}に秘書^{ひしょ}に(　　　)と、大変困^{たいへんこま}る。

1 休^{やす}める　　　2 休^{やす}まれる　　　3 休^{やす}ませる　　　4 休^{やす}ませられる

해석 ▶　갑자기 비서가 쉬면 대단히 곤란하다.

해설 ▶　① 休(やす)む(쉬다) → 休(やす)める(쉴 수 있다–1그룹동사의 가능형 う단 어미를 え단으로 고치고 る를 접속)

　　　② 休(やす)む(쉬다) → 休(やす)まれる(1그룹동사의 수동형)

　　　「Aに休(やす)まれる」는 「A에게 쉼을 당하다」라고 직역하지 말고 한국어에서는 쓰지 않는 수동 표현이므로 「A가 쉬어서 피해를 입다」라는 식으로 이해해야 한다.

　　　③ 休(やす)む(쉬다) → 休(やす)ませる(쉬게 하다–1그룹동사의 사역형 う단 어미를 あ단으로 고치고 せる를 접속)

　　　④ 休(やす)む(쉬다) → 休(やす)ませる(쉬게 하다) → 休(やす)ませられる(쉬게 시켜서 어쩔 수 없이 쉬다–사역수동) 사역수동은 기본 형태는 「Aに 〜(さ)せられる」이다. 사역수동의 경우 「A에게 시켜서 당하다」라고 직역하지 말고 「A가 시켜서 억지로(어쩔 수 없이) 하다」라고 해석을 하는 편이 자연스럽다.

정답 ▶　2

2 ちょうど宿題^{しゅくだい}をやりはじめた時^{とき}に友達^{ともだち}(　　　)来^こられて困^{こま}りました。

1 は　　　　　　2 が　　　　　　3 に　　　　　　4 と

해석 ▶　마침 숙제를 하기 시작했을 때 친구가 와서 난처했습니다.

해설 ▶　① 来(く)る(오다) → 来(こ)られる(3그룹동사의 수동형)

　　　「Aに来(こ)られる」는 「A에게 옴을 당하다」라고 직역하지 말고 한국어에서는 쓰지 않는 수동표현이므로 「A가 와서 피해를 입다」라는 식으로 이해해야 한다.

　　　② 동사의 ます형+はじめる(〜하기 시작하다)

　　　やる(하다) → やりはじめる(하기 시작하다) → やりはじめた(하기 시작했다)

정답 ▶　3

보통 동사의 사역형은 「~하게 하다, ~시키다」라는 뜻이다.

1그룹동사의 사역형

う단 → あ단+せる (う단 어미를 あ단으로 바꾸고 せる를 붙인다)

書く 쓰다 → 書かせる 쓰도록 시키다

待つ 기다리다 → 待たせる 기다리게 하다

妻は夫に荷物を持たせました。
부인은 남편에게 짐을 들게 했습니다.

2그룹동사의 사역형

る → させる (어미 る를 させる로 바꾼다)

見る 보다 → 見させる 보게 하다

寝る 자다 → 寝させる 자게 하다

お巡りさんは犯人に手をあげさせました。
순경은 범인에게 손을 들게 시켰습니다.

3그룹동사의 사역형 (불규칙동사이므로 그냥 외우자)

くる 오다 → こさせる 오게 하다

する 하다 → させる 시키다

先生は遅刻した学生にお手洗いの掃除をさせた。
선생님은 지각한 학생에게 화장실 청소를 시켰다.

문제로 확인하기

1 クラシック音楽を(   )ハウスのトマトが甘くなったというニュースをご存じですか。

　　1 聞かせた　　　　2 聞けた　　　　　3 聞いてしまった　4 聞こえた

해석 ▶ 클래식음악을 듣게 한 하우스 토마토가 달아졌다고 하는 뉴스를 아십니까?

해설 ▶ ① 聞(き)く(듣다) → 聞(き)かせる(듣게 하다-1그룹동사의 사역형) → 聞(き)かせた(듣게 했다)

② 聞(き)く(듣다) → 聞(き)ける(들을 수 있다-1그룹동사의 가능형 う단 어미를 え단으로 고치고 る를 접속) → 聞(き)けた(들을 수 있었다)

③ ~てしまう(~해 버리다)
　聞(き)く(듣다) → 聞(き)いてしまう(들어 버리다) → 聞(き)いてしまった(들어 버렸다)

④ 聞(き)こえる(들리다) → 聞(き)こえた(들렸다)

⑤ ~くなる(~게 되다, ~지다-い형용사의 변화)
　甘(あま)い(달다) → 甘(あま)くなる(달게 되다, 달아지다) → 甘(あま)くなった(달아졌다)

⑥ 「ご存(ぞん)じですか(아십니까?)」는 「知(し)っていますか(알고 있습니까?)」의 특수 존경표현이다.

정답 ▶ 1

2 家族に野菜をもっと(　　　)と思っています。

1　食べたい　　　2　食べさせたい　3　食べらせたい　4　食べせたい

해석 ▶ 가족에게 야채를 더 먹이고 싶다고 생각하고 있습니다.

해설 ▶ ① 동사의 ます형+たい(~하고 싶다-희망표현)　食(た)べる(먹다) → 食(た)べたい(먹고 싶다)

② 食(た)べる(먹다 → 食(た)べさせる(먹게 하다-2그룹동사의 사역형) → 食(た)べさせたい(먹게 하고 싶다, 먹이고 싶다)

③ 「食(た)べる(먹다)」의 사역형은 「食(た)べさせる」이다. 따라서 3번 지문의 「食(た)べらせたい」와 4번 지문의 「食(た)べせたい」 는 올바른 문법형식이 아니다.

정답 ▶ 2

3 私は子供の時病気がちで両親を心配(　　　)。

1　させられた　　2　された　　　　3　した　　　　4　させた

해석 ▶ 나는 어렸을 적에 잦은 병으로 부모님을 걱정시켰다.

해설 ▶ ① する(하다) → させる(시키다-3그룹동사의 사역형) → させられる(시켜서 어쩔 수 없이 하다-사역수동의 기본 형태는 「Aに ~(さ)せられる」이다. 사역수동의 경우 「A에게 시켜서 당하다」라고 직역하지 말고 「A가 시켜서 억지로(어쩔 수 없이) 하다」라고 해석을 하는 편이 자연스럽다) → させられた(시켜서 어쩔 수 없이 했다)

② する(하다) → される(당하다-3그룹동사의 수동형) → された(당했다)

③ する(하다) → した(했다)

④ する(하다) → させる(시키다-3그룹동사의 사역형) → させた(시켰다)

⑤ 「〜がちだ」는 「동사의 ます형과 명사」에 접속해 「자주〜하다, 그런 경향이 있다」라는 뜻이다. 病気(びょうき)がちだ(자주 병에 걸리다)

정답 ▶ 4

04. 사역표현(간접적인 원인)

직접적으로 A가 B에게 무엇인가를 「시키다」라는 뜻이기 보다는 결과적으로 「〜하게 만들다」라는 식의 사역 표현. A의 행동이나 말이 간접적인 원인이 되어서 B의 행동이 이루어 졌을 경우 사용된다.

彼はいつも笑い話を言って友達を笑わせます。

그는 언제나 우스갯소리를 해서 친구들을 웃깁니다.

夫婦喧嘩をして妻を泣かせてしまった。

부부싸움을 해서 아내를 울리고 말았다.

문제로 확인하기

1 弟はいつもひどいいたずらをして、周りの人を（　　　）。

1　怒らせられます　　　　　　2　怒られます

3　怒らせます　　　　　　　　4　怒ります

해석 ▶　남동생은 언제나 심한 장난을 쳐서, 주변 사람들을 화내게 합니다.

해설 ▶　① 怒(おこ)る(화내다) → 怒(おこ)らせる(화내게 하다-1그룹동사의 사역형) → 怒(おこ)らせられる(화내게 시켜서 어쩔 수 없이 화내다-사역수동의 기본 형태는 「Aに 〜(さ)せられる」이다. 사역수동의 경우 「A에게 시켜서 당하다」라고 직역하지 말고 「A가 시켜서 억지로(어쩔 수 없이) 하다」라고 해석을 하는 편이 자연스럽다) → 怒(おこ)らせられます(화내게 시켜서 어쩔 수 없이 화냅니다)

② 怒(おこ)る(화내다) → 怒(おこ)られる(화냄을 당하다, 즉 혼나다-1그룹동사의 수동형) → 怒(おこ)られます(혼납니다)

③ 怒(おこ)る(화내다) → 怒(おこ)らせる(화내게 하다-1그룹동사의 사역형) → 怒(おこ)らせます(화내게 합니다)

④ 怒(おこ)る(화내다) → 怒(おこ)ります(화냅니다)

정답 ▶　3

05. 사역수동형

사역수동형은 사역형에 수동형이 결합된 형태이다. 누군가가 무엇인가를 시키는 것은 「사역형」이지만 누군가가 시켜서 어쩔 수 없이 어떤 일을 하게 되었을 때는 「사역수동형」을 쓴다. 사역수동형의 일반적인 형태는 「Aに ～(さ)せられる」인데 「A에게 시켜서 당하다」라고 직역하지 말고 「A가 시켜서 억지로(어쩔 수 없이) 하다」라고 해석을 하자.

両親にピアノを習わせられました。

부모님이 시켜 억지로 피아노를 배웠습니다.

「習(なら)わせる(배우게 하다-사역)＋られる(당하다-수동)＝習(なら)わせられる(억지로 배우게 해서 배우다)-사역수동」

先生に英語で自己紹介をさせられました。

선생님이 시켜서 어쩔 수 없이 영어로 자기소개를 했습니다.

「させる(시키다-사역)＋られる(당하다-수동)＝させられる(시켜서 어쩔 수 없이 하다-사역수동)」

문제로 확인하기

1 小さい頃、私は牛乳がきらいだったけど、よく母に牛乳を(　　　)。

　1　飲んだ　　　　2　飲ませられた　3　飲ませた　　　4　飲まれた

해석 ▶ 어릴 적에 나는 우유를 싫어했지만 자주 엄마가 우유를 마시게 시켜서 억지로 마셨다.

해설 ▶ ① 飲(の)む(마시다) → 飲(の)んだ(마셨다)

② 飲(の)む(마시다) → 飲(の)ませる(마시게 하다-1그룹동사의 사역형) → 飲(の)ませられる(마시게 시켜서 어쩔 수 없이 마시다-사역수동의 기본 형태는 「Aに ～(さ)せられる」이다. 사역수동의 경우 「A에게 시켜서 당하다」라고 직역하지 말고 「A가 시켜서 억지로(어쩔 수 없이) 하다」라고 해석을 하는 편이 자연스럽다 → 飲(の)ませられた(마시게 시켜서 어쩔 수 없이 마셨다)

③ 飲(の)む(마시다) → 飲(の)ませる(마시게 하다-1그룹동사의 사역형) → 飲(の)ませた(마시게 했다) 이 답이 정답이 되려면 앞부분이 「母(はは)に(엄마에게)」가 아니라 「母(はは)が(엄마가)」가 되어야 한다.

④ 飲(の)む(마시다) → 飲(の)まれる(남이 마셔 버리다, 먹히다-1그룹동사의 수동형) → 飲(の)まれた(남이 마셔 버렸다)

정답 ▶ 2

「～(さ)せてください」는 「～하게 해 주세요」라는 뜻으로 정중하게 부탁을 하거나 의뢰를 할 때 사용한다. 「～(さ)せていただけませんか」도 같은 뜻이지만 조금 더 정중한 느낌이 든다.

今すぐ決められませんので、少し考えさせてください。
지금 당장 결정할 수 없기 때문에 잠시 생각하게 해 주세요.

頭が痛いので、少し休ませていただけませんか。
머리가 아프니까 잠시 쉬게 해 주세요.

문제로 확인하기

1　「あのう、体の具合が悪いので、少し早めに（　　）ください」

　　「あ、そうですか。いいですよ。お大事に」

1　帰って

2　帰らせて

3　帰られて

4　お帰りになって

해석 ▶　「저기요, 몸 상태가 나빠서 그런데 조금 일찍 돌아가게 해 주세요.」

　　　　「아, 그렇습니까? 좋습니다. 몸조리 잘 하세요.」

해설 ▶　① 帰(かえ)る(돌아가다) → 帰(かえ)ってください(돌아가 주세요)

　　　　② ～(さ)せてください(～하게 해 주세요)

　　　　帰(かえ)る(돌아가다) → 帰(かえ)らせる(돌아가게 하다-사역형) → 帰(かえ)らせてください

　　　　(돌아가게 해 주세요)　3번 지문 「帰(かえ)られてください」는 사역형이 아닌 수동형에 접속되었

　　　　으므로 정답이 아니다.

　　　　③ 「お+동사의 ます형+になる」는 존경표현으로 「하시다」라는 뜻이다.

　　　　帰(かえ)る(돌아가다) → お帰(かえ)りになる(돌아가시다) → お帰(かえ)りになってください

　　　　(돌아가 주십시오)

　　　　④ 「お大事(だいじ)に」는 「몸조심하세요」라는 뜻으로 주로 아픈 사람에게 건네는 인사말이다.

정답 ▶　2

問題　次の文章を読んで、質問に答えなさい。答えは、1・2・3・4から最もよいものを一つ
　　　えらびなさい。

　どんなに素敵なファッションを身につけていても、肩を落とし、胸をすぼ
め、膝を曲げたり足を引きずって歩いていては全然かっこよくありません。背
が高くて本当はスタイルのよい猫背気味の人より、背は低くても胸を張り、頭
を上げ、さっさと歩いている人のほうがずっと素敵です。人間の姿勢はその人
の全体の印象を大きく左右します。

　日本でも女性たちが和服で帯を締めていたときは背筋が立っていました。洋
服でももっとよい姿勢を心がけたほうが、見た目もよく、健康にもよく、品格
も上がって見えます。腰を立てるように心がけるというのもいいヒントです
が、もうひとつ肩を伸ばすと胸も張れるようになります。

　人間の内面の品格を判断するのは難しいことです。だから、人はしばしば外
見で品格を判断します。その際は服装だけでなく、態度物腰が大きく影響しま
す。外見が堂々と自信に満ちているように見えるか、おどおどと落ち着きな
く、崩れて見えるかで印象は大きく変わります。
また外見を整えることで内面も影響を受けます。どんなに憂鬱なことや気が重
いことがあっても、姿勢を堂々とし、態度を明るくし、元気よくしようと心が
けているうちに気分も変わります。

　さあ首すじをのばし、胸を張りましょう。気分も明るくなります。

板東まりこ「女性の品格」より

① <u>和服で帯を締めていたときの女性たちの姿勢</u>はどうだったのか。

   1   洋服をきている今のようにとてもよかった。

   2   洋服をきている今のようにとても悪かった。

   3   帯を締めていたので姿勢がよくなかった。

   4   洋服をきている今より姿勢がよかった。

② 服装だけでなく、<u>態度物腰</u>でなにを判断するのか。

   1   内面の品格を判断する。

   2   内面の性格を判断する。

   3   気分を判断する。

   4   姿勢を判断する。

③ <u>外見を整えること</u>で内面がどう変わるというのか。

   1   憂鬱になる

   2   気分が明るくなる

   3   気が重くなる

   4   気分が暗くなる

④ この文章の内容として、正しいものはどれか。

   1   外見を整えても内面は影響を受けないといっている。

   2   元気よくしようと心がけているうちに気分が落ち込むといっている。

   3   もっとよい姿勢を心がけたほうが品格も上がって見えるといっている。

   4   人の内面の品格を判断するのは簡単だといっている。

　아무리 멋진 패션을 걸치고 있어도, 어깨를 축 늘어뜨리거나, 가슴을 움츠리고, 무릎을 굽히거나, 다리를 끌면서 걸으면 전혀 멋있지 않습니다. 키가 크고 실제로는 스타일이 좋은 새우등 기색이 있는 사람보다. 키가 작아도 가슴을 쫙 펴고, 머리를 들고 빨리 걷는 사람이 훨씬 더 멋집니다. 인간의 자세는 그 사람의 전체 인상을 크게 좌우합니다.

　일본에서도 여성들이 일본 옷(和服(わふく))에 오비(띠)를 매고 있었을 때는 등허리가 똑바로 서 있었습니다. 양복(현대 옷)이라도 더 좋은 자세로 노력 하는 편이, 겉보기에도 좋고, 건강에도 좋고, 품위(품격)도 올라가(있어) 보입니다. 허리를 세우도록 노력하는 것도 좋은 힌트입니다만, 또 하나 어깨를 펴면 가슴도 펼 수 있게 됩니다.

　인간의 내면 품격을 판단하는 것은 어려운 일입니다. 그래서 사람들은 자주 외관으로 품격을 판단합니다. 그때는 복장뿐만이 아니라 몸가짐이 크게 영향을 줍니다. 외관이 당당하게 자신감으로 가득 차 있는 것처럼 보이는 지, 주저주저 차분함이 없고, 흐트러져 보이는 지로 인상은 크게 바뀝니다. 또 외관을 가다듬는 것으로 내면도 영향을 받습니다. 아무리 우울한 일이나 마음이 무거운 일이 있어도, 자세를 당당하게 하고, 태도를 밝게 하고. 활기차게 하려고 노력하는 사이에 기분도 변합니다.

　자! 목덜미를 쭉 펴고. 가슴을 폅시다! 기분도 밝아집니다.

반도 마리꼬 「女性(じょせい)の品格(ひんかく)」에서

1　일본 옷(和服(わふく))에 오비(띠)를 매고 있었을 때의 여성들의 자세는 어떠했나?

　　1　양복을 입고 있는 지금처럼 매우 좋았다. (X)

　　2　양복을 입고 있는 지금과 같이 매우 나빴다. (X)

　　3　띠를 매고 있었으므로 자세가 좋지 않았다. (X)

　　4　양복을 입고 있는 지금보다 자세가 좋았다. (O)

정답 ▶　4

2　복장뿐만이 아니라 몸가짐으로 무엇을 판단하는 것인가?

　　1　내면의 품격을 판단한다. (O)

　　2　내면의 성격을 판단한다. (X)

　　3　기분을 판단한다. (X)

　　4　자세를 판단한다. (X)

정답 ▶　1

3　외관을 가다듬는 것으로 내면이 어떻게 바뀐다는 것인가?

　　1　우울해진다. (X)

　　2　기분이 밝아진다. (O)

　　3　마음이 무거워진다. (X)

　　4　기분이 어두워진다. (X)

정답 ▶　2

4 이 문장의 내용으로 올바른 것은 어느 것인가?

   1 외관을 가다듬더라도 내면은 영향을 받지 않는다고 하고 있다. (X)

   2 활기차게 하려고 노력하는 사이에 기분이 침울해진다고 하고 있다. (X)

   3 더 좋은 자세로 노력하는 편이 품위도 올라가 보인다고 하고 있다. (O)

   4 사람의 내면의 품격을 판단하는 것은 간단하다고 하고 있다. (X)

정답 ▶ 3

포인트문법 ▶

い형용사의 부사형 → い를 없애고 く를 붙인다(~하게)

   예) 大(おお)きい → 大(おお)きく 크게

동사의 た형(과거형) + ほうが ~하는 편이

   예) 心(こころ)がける → 心(こころ)がけた → 心(こころ)がけたほうが 유의하는 편이, 노력하는 편이

동사의 う단 형태 + ように ~하게, ~하도록

   예) 立(た)てるように 세우도록, 세우게

단어 ▶　どんなに 아무리　　身みにつける 걸치다, 지니다　　肩かたを落ぉとす 어깨를 축 늘어뜨리다

胸むねをすぼめる 가슴을 움츠리다　　足ぁしをひきずる 다리를 끌다

猫背気味ねこぜぎみ 새우등　　胸むねを張はる 가슴을 펴다

頭あたまを上ぁげる 머리를 들다　　姿勢しせい 자세　　印象いんしょう 인상

左右さゆう 좌우　　和服わふく 일본 옷　　帯ぉび 띠　　締しめる 매다

背筋せすじ 등허리　　洋服ようふく 양복(현대 옷)　　心掛こころがける 유의하다, 노력하다

品格ひんかく 품격　　腰こし 허리　　肩かたを伸のばす 어깨를 펴다

胸むねを張はる 가슴을 펴다　　内面ないめん 내면　　判断はんだんする 판단하다

際さい 때, 즈음　　服装ふくそう 복장　　態度たいど 태도　　物腰ものごし 몸가짐, 거동

影響えいきょう 영향　　外見がいけん 외관　　堂々どうどうと 당당하게

自信じしんが満みちている 자신감이 가득 차 있다　　おどおどと 주저주저

落ぉち着っきがない 차분함이 없다　　崩くずれて見みえる 흐트러져 보이다

整ととのえる 가다듬다　　憂鬱ゆううつな 우울한　　気きが重ぉもい 마음이 무겁다

首筋くびすじ 목덜미

CHAPTER 03 청해

발화 표현 문제 2

발화 표현 문제는 그림을 보면서 질문을 듣고 정답을 고르는 문제이다. 일상생활 속에서 일어날 수 있는 다양한 상황이나 장면을 그림으로 제시한 후 적절한 대답을 찾는 문제이다. 일러스트를 보면서 어떠한 상황에서 발생하는 문제인가를 신속하게 파악하는 것이 중요하다.

문제로 확인하기

1番

2番

3番

4番

1번 문제

友達ともだちが車くるまで駅えきまで送おくって
くれました。何なんと言いいますか。

1 送おくってあげましょう。
2 送おくってくれてありがとう。
3 送おくってください。

해석 ▶

친구가 차로 역까지 바래다 주었습니다. 뭐라고 말합
니까?

1 바래다 줍시다.
2 바래다 줘서 고마워.
3 바래다 주세요.

포인트문법 ▶

「〜てあげる」는 「내가 남에게, 혹은 남이 남에게 해
주다」「〜てくれる」는 「남이 나나 내 가족에게 해 주
다」라는 표현이다.

정답 ▶ 2

2번 문제

タバコが吸すいたいです。一緒いっしょにいる
人ひとに何なんと言いいますか。

1 タバコ吸すわなくてもいいですか。
2 タバコ吸すってもかまいません。
3 タバコ吸すってもいいですか。

해석 ▶

담배를 피우고 싶습니다. 함께 있는 사람에게 뭐라고
말합니까?

1 담배 피우지 않아도 됩니까?
2 담배 피워도 상관없습니다.
3 담배 피워도 됩니까?

포인트문법 ▶

「〜なくてもいいです(〜하지 않아도 됩니다)」「〜て
もかまいません(〜해도 상관없습니다)」「〜てもい
いです(〜해도 됩니다)」

정답 ▶ 3

스크립트 ▶

ホテルで外国人がいこくじんのお客きゃくさんにパスポートを見みせてもらいます。何なんと言いいますか。

1 パスポートをご覧らんになります。
2 パスポートを拝見はいけんします。
3 パスポートをお見みせします。

해석 ▶

호텔에서 외국인 손님에게 여권을 보여 받습니다(손님의 여권을 봅니다) 뭐라고 말합니까?

1 여권을 보십니다.
2 여권을 보겠습니다.
3 여권을 보여 드리겠습니다.

포인트문법 ▶

① 「ご覧(らん)になる(보시다)」는 「見(み)る(보다)」의 특수존경동사이고, 「拝見(はいけん)する(보다)」는 「見(み)る(보다)」의 특수겸양동사이다.
② 「お+ます형+する(하다−자기 쪽의 행동을 낮추는 겸양표현)」. 見(み)せる(보여주다) → お見(み)せします(보여 드리겠습니다)

정답 ▶ 2

스크립트 ▶

学校がっこうで図書館としょかんの場所ばしょが分わかりません。何なんと言いいますか。

1 図書館としょかんはどう行いけばいいですか。
2 図書館としょかんへ行いきたいですか。
3 図書館としょかんにどうして行いきますか。

해석 ▶

학교에서 도서관 장소를 모릅니다. 뭐라고 말합니까?

1 도서관은 어떻게 가면 됩니까?
2 도서관에 가고 싶습니까?
3 도서관에 왜 갑니까?

정답 ▶ 1

Part 09

新 JLPT 종결자

단어익히기 필수 い형용사

青 あおい 푸르다	赤 あかい 빨갛다	明 あかるい 밝다
浅 あさい 얕다	暖 あたたかい 따뜻하다	新 あたらしい 새것이다
厚 あつい 두텁다	暑 あつい 덥다	熱 あつい 뜨겁다
危 あぶない 위험하다	油 あぶらっこい 기름기가 많다	
甘 あまい 달다	危 あやうい 위험스럽다	荒 あらい 거칠다
淡 あわい 옅다	忙 いそがしい 바쁘다	痛 いたい 아프다
薄 うすい 얇다	美 うつくしい 아름답다	うまい 맛있다, 솜씨가 좋다
羨 うらやましい 부럽다	煩 うるさい 시끄럽다	嬉 うれしい 기쁘다

문제로 확인하기

問題1 ＿＿＿＿の言葉の読み方として最もよいものを１・２・３・４から一つえらびなさい。

1 最近淡いピンクのバッグがとても流行(はや)っているそうです。

　　1　うすい　　　　2　くらい　　　　3　あわい　　　　4　こい

> 해석 ▶ 요즈음 옅은 핑크 가방이 매우 유행하고 있다고 합니다.
> 해설 ▶ 1 얇다 薄 うすい　　2 어둡다 暗 くらい　　3 옅다 淡 あわい　　4 진하다 濃 こい
> 정답 ▶ 3

2 大学の合格でもすればどんなに<u>嬉しい</u>だろうか。
（だいがく／ごうかく）

   1　きびしい　　　　2　ほしい　　　　　3　たのしい　　　　4　うれしい

단어익히기　필수 い형용사

偉 えらい　훌륭하다	多 おおい　많다	大 おおきい　크다
可笑 おかしい　이상하다, 우습다		恐 おそろしい　무섭다
大人 おとなしい　얌전하다	重 おもい　무겁다	面白 おもしろい　재미있다
固 かたい　단단하다, 굳다	悲 かなしい　슬프다	構 かまわない　관계없다
痒 かゆい　가렵다	辛 からい　맵다	軽 かるい　가볍다
可愛 かわいい　귀엽다	可愛 かわいらしい　사랑스럽다	
黄色 きいろい　노랗다	きつい　기질이 강하다, 심하다, 고되다	
厳 きびしい　엄하다	臭 くさい　냄새나다	下 くだらない　시시하다
暗 くらい　어둡다	苦 くるしい　괴롭다, 답답하다	黒 くろい　검다
詳 くわしい　자세하다	険 けわしい　험하다, 가파르다	濃 こい　짙다

문제로 확인하기

問題2　＿＿＿＿のことばを漢字で書くとき最もよいものを1・2・3・4から一つえらびなさい。

1 習慣というものは<u>おそろしい</u>ものだ。
（しゅうかん）

   1　恐ろしい　　　　2　悲ろしい　　　　3　下ろしい　　　　4　惨ろしい

2 <ruby>肉<rt>にく</rt></ruby>が<ruby>腐<rt>くさ</rt></ruby>ったのか<u>くさい</u>。

   1 香い   2 臭い   3 甘い   4 苦い

단어익히기 필수 い형용사

快 こころよい 기분 좋다	細 こまかい 잘다, 자세하다	怖 こわい 무섭다
寂 さびしい 쓸쓸하다	寒 さむい 춥다	騒 さわがしい 시끄럽다
仕方 しかたがない 어쩔 수 없다		親 したしい 친하다
白 しろい 희다	少 すくない 적다	図々 ずうずうしい 뻔뻔하다
酸 すっぱい 시다, 시큼하다	素晴 すばらしい 멋지다	
滑 すべりやすい 미끄러지기 쉽다		すまない 미안하다
鋭 するどい 날카롭다, 예리하다		狭 せまい 좁다
高 たかい 비싸다, 높다	正 ただしい 올바르다	楽 たのしい 즐겁다
足 たりない 부족하다	小 ちいさい 작다	近 ちかい 가깝다
詰 っまらない 시시하다, 하찮다, 재미없다		冷 つめたい 차갑다
強 つよい 강하다, 세다	遠 とおい 멀다	とんでもない 당치도 않다
長 ながい 길다		

問題3（　　　　）に入れるのに最もよいものを1・2・3・4から一つえらびなさい。

1 過去に対して（　　　　）謝るべきだ。

1 険しく　　　2 少なく　　　3 酸っぱく　　　4 快く

해석 ▶ 과거에 대해서（　기분 좋게　）사과해야 한다.

해설 ▶ 1 험하게 険けわしく / 험하다 険けわしい
　　　2 적게 少すくなく / 적다 少すくない
　　　3 시큼하게 酸すっぱく / 시큼하다 酸すっぱい
　　　4 기분 좋게 快こころよく / 기분 좋다 快こころよい

정답 ▶ 4

2 視野の（　　　　）人は困りものです。

1 狭い　　　2 広い　　　3 親しい　　　4 鋭い

해석 ▶ 시야가（　좁은　）사람은 골칫거리입니다.

해설 ▶ 1 좁다　　　2 넓다　　　3 친하다　　　4 날카롭다, 예리하다

정답 ▶ 1

危 あぶない 위험하다 = 危 あやうい 위험스럽다

油 あぶらっこい 기름기가 많다 = 油気 あぶらけの強 つよい 기름지다

甘 あまい 달다 = 甘 あまったるい 달콤하다

荒 あらい (성격)거칠다 = 乱暴 らんぼうだ 난폭하다, 거칠다

忙 いそがしい 바쁘다 = 多忙 たぼうだ 바쁘다

美 うつくしい 아름답다, 예쁘다 = きれいだ 예쁘다

嬉 うれしい 기쁘다 = 喜 よろこばしい 기쁘다

偉 えらい 훌륭하다 = 立派 りっぱだ 훌륭하다

多 おおい 많다 = 沢山 たくさんだ 많다

恐 おそろしい 무섭다 = 怖 こわい 무섭다

面白 おもしろい 재미있다 = 興味 きょうみが湧 わく 재미있다

可愛 かわいらしい 사랑스럽다 = 愛 あいらしい 사랑스럽다

厳 きびしい 엄하다 = 厳格 げんかくだ 엄격하다

苦 くるしい 괴롭다 = つらい 괴롭다

険 けわしい 가파르다, 험하다 = 急 きゅうだ 가파르다, 험하다

寂 さびしい 쓸쓸하다 = 心細 こころぼそい 외롭다

騒 さわがしい 시끄럽다 = うるさい 시끄럽다

仕方 しかたがない 어쩔 수 없다 = 仕様 しょうがない 어쩔 수 없다

素晴 すばらしい 멋지다 = 素敵 すてきだ 멋지다

詰 つまらない 시시하다, 하찮다, 재미없다 = 下 くだらない 시시하다, 하찮다

懐 なつかしい 그립다 = 恋 こいしい 그립다

鈍 にぶい 둔하다 = 鈍感 どんかんだ 둔하다

恥 はずかしい 부끄럽다 = 照 てれくさい 부끄럽다

珍 めずらしい 드물다, 희귀하다 = 稀 まれだ 드물다

申 もうし訳 わけない 미안하다 = すまない 미안하다

宜 よろしい 좋다 = よい 좋다

| 若 わかい 젊다 = 若々 わかわか しい 젊다 |

問題4 ________に意味が最も近いものを1・2・3・4から一つえらびなさい。

1 1時間(じかん)の講義(こうぎ)は全(まった)くつまらなかった。

1 たりなかった 　　　　　 2 くだらなかった

3 おもしろかった 　　　　 4 ながかった

> 해석 ▶ 1시간 강의는 아주 <u>시시했다(지루했다)</u>.
>
> 해설 ▶ 1 부족했다 足(た)りなかった / 부족하다 足(た)りない
>
> 　　　 2 시시했다 下(くだ)らなかった / 시시하다 下(くだ)らない
>
> 　　　 3 재미 있었다 面白(おもしろ)かった / 재미있다 面白(おもしろ)い
>
> 　　　 4 길었다 長(なが)かった / 길다 長(なが)い
>
> 정답 ▶ 2

2 その歌(うた)を聞(き)くと懐(なつ)かしい思(おも)い出(で)が浮(う)かびました。

1 暖(あたた)かい 　　 2 冷(つめ)たい 　　 3 恥(は)ずかしい 　　 4 恋(こい)しい

> 해석 ▶ 그 노래를 들으니까 <u>그리운</u> 추억이 떠올랐습니다.
>
> 해설 ▶ 1 따뜻하다 　　　 2 차갑다 　　　 3 부끄럽다 　　　 4 그립다
>
> 정답 ▶ 4

懐 なつかしい	그립다		苦 にがい	쓰다
鈍 にぶい	둔하다		温 ぬるい	미지근하다
眠 ねむい	졸리다		鈍 のろい	느리다, 더디다
履 はきにくい	신기 불편하다		激 はげしい	격렬하다
恥 はずかしい	부끄럽다		早 はやい	빠르다, 이르다(시기적으로)
速 はやい	빠르다(속도)		低 ひくい	낮다
酷 ひどい	심하다, 잔인하다		広 ひろい	넓다
深 ふかい	깊다		太 ふとい	굵다
古 ふるい	오래되다		細 ほそい	가늘다
貧 まずしい	가난하다		間違 まちがえやすい	틀리기 쉽다
短 みじかい	짧다		難 むずかしい	어렵다
珍 めずらしい	드물다, 희귀하다		申 もうし訳 わけない	미안하다
もったいない	아깝다		易 やさしい	쉽다
優 やさしい	상냥하다, 다정다감하다		柔 やわらかい	부드럽다
良 よい	좋다		宜 よろしい	좋다
弱 よわい	약하다		若 わかい	젊다
悪 わるい	나쁘다			

問題5　つぎのことばの使い方として最もよいものを 1・2・3・4 から一つえらびなさい。

1　貧しい

1　彼は貧しいながら、顔は幸福そうに見える。

2　貧しい人は貧乏のあじを知らない。

3　このシャツはてざわりも貧しいし、色も私の好みです。

4　生まれつきおでこが貧しくて、小さい頃からコンプレックスでした。

> **해석 ▶**　가난하다
>
> 1　그는 가난하면서(가난하나) 얼굴은 행복해 보인다. (O)
>
> 2　가난한 사람은 가난의 맛을 모른다. (X)
>
> 3　이 셔츠는 촉감이 가난하고, 색상도 내 취향입니다. (X)
>
> 4　선천적으로 이마가 가난해서 어렸을 때부터 콤플렉스였습니다. (X)
>
> **정답 ▶**　1

2　申し訳ない

1　きりが申し訳なくて、50メートル先も見えない状態だ。

2　午後なら時間が申し訳ないですが。

3　周りの人に申し訳ないことはしない方がいい。

4　申し訳ないうちに体を鍛えておいた方がいい。

> **해석 ▶**　미안하다
>
> 1　안개가 미안해서 50미터 앞도 보이지 않는 상태다. (X)
>
> 2　오후라면 시간이 미안합니다만. (X)
>
> 3　주위 사람에게 미안한 행동은 하지 않는 편이 좋다. (O)
>
> 4　미안하기 전에(안에) 몸을 단련해 두는 것이 좋다. (X)
>
> **정답 ▶**　3

문법익히기 경어(존경/겸양)

01. 특수 존경어

존경어는 상대방을 높여주는 경어표현이다. 따라서 주체는 당연히 상대방이 되어야 한다. 일상생활에서 자주 사용하는 특수 존경어는 시험에도 자주 출제되니 외워두는 것이 좋다.

기본어	존경어
言(い)う 말하다	おっしゃる 말씀하시다
見(み)る 보다	ごらんになる 보시다
する 하다	なさる 하시다
食(た)べる 먹다 飲(の)む 마시다	召(め)し上(あ)がる 드시다
行(い)く 가다 来(く)る 오다 いる 있다	いらっしゃる/おいでになる 가시다, 오시다, 계시다
知(し)っている 알고 있다	ご存(ぞん)じだ 아시다
くれる 주다	くださる 주시다

山田先生がもうすぐここにおいでになるはずです。

야마다선생님께서 이제 곧 이곳으로 오실 겁니다.

社長の電話番号をご存じですか。

사장님 전화번호를 아십니까?

そのことをご家族におっしゃいましたか。

그 일을 가족들에게 말씀하셨습니까?

1 部長、今夜のパーティーには参加(　　　)か。

1　おっしゃいます

2　ご存じです

3　なさいます

4　いらっしゃいます

> 해석 ▶　부장님, 오늘 밤 파티에는 참석하십니까?
>
> 해설 ▶　① おっしゃる(말씀하시다) → おっしゃいます(말씀하십니다-ます형이 おっしゃります가 아니라 おっしゃいます인 것에 주의하자)
>
> ② ご存(ぞん)じだ(아시다) → ご存(ぞん)じです(아십니다)
>
> ③ なさる(하시다) → なさいます(하십니다-ます형이 なさります가 아니라 なさいます인 것에 주의하자)
>
> ④ いらっしゃる(가시다/오시다/계시다) → いらっしゃいます(가십니다/오십니다/계십니다-ます형이 いらっしゃります가 아니라 いらっしゃいます인 것에 주의하자)
>
> 정답 ▶　3

02. ～(ら)れる ～하시다

수동 표현인 「～(ら)れる」는 수동의 뜻 이외에 경어로도 사용된다. 특수 존경어처럼 상대방이 주체가 되는 존경 표현이다.

乗る 타다 → 乗られる 타시다

寝る 자다 → 寝られる 주무시다

先生は毎朝散歩をされます。

선생님은 매일 아침 산책을 하십니다.

ご主人様は普段何時に帰られますか。

남편 분은 평소 몇 시에 돌아오십니까?

1 担任の先生が結婚して新婚旅行に(　　　)。

1　行かれました

2　まいりました

3　伺いました

4　ごらんになりました

해석 ▶	담임 선생님이 결혼하셔서 신혼여행을 가셨습니다.
해설 ▶	① 行(い)く(가다) → 行(い)かれる(가시다–수동형이기도 하고 존경표현이기도 하다) → 行(い)かれます(가십니다) → 行(い)かれました(가셨습니다)
	② まいる(가다/오다–자기 쪽의 행동을 낮추는 겸양표현) → まいります(갑니다/옵니다) → まいりました(갔습니다/왔습니다)
	③ 伺(うかが)う(여쭙다/찾아뵙다) → 伺(うかが)います(여쭙니다/찾아뵙니다) → 伺(うかが)いました(여쭈었습니다/찾아뵈었습니다)
	④ ごらんになる(보시다) → ごらんになりました(보셨습니다)
정답 ▶	1

03. お+ます형+になる ～하시다

「お+ます형+になる」라는 패턴은 「～(ら)れる(존경)」보다 더 정중한 느낌이 드는 존경 표현이다.

使う 사용하다 → お使いになる 사용하시다

帰る 돌아가다 → お帰りになる 돌아가시다

社長はヒルトンホテルにお泊まりになります。

사장님은 힐튼 호텔에 묵으십니다.

今日の新聞をお読みになりましたか。

오늘 신문을 읽으셨습니까?

문제로 확인하기 ○

1 「メニューを見せてください」

「はい、こちらにございます。（　　　）なりましたら、お呼びください」

1　お決って　　　2　決まりに　　　3　お決って　　　4　お決まりに

해석 ▶	「메뉴를 보여주세요.」
	「예, 여기에 있습니다. 정해지시면 불러 주세요.」
해설 ▶	① お+ます형+になる(하시다–존경표현)
	決(き)まる(정해지다) → お決(き)まりになる(정해지시다) → お決(き)まりになりました(정해지십니다) → おきまりになりましたら(정해지시면–たら조건표현)

04.　お+ます형+ください ～해 주십시오

부탁표현인 「～てください(～해 주세요)」를 「お+ます형+ください」 패턴으로 바꾸면 더 정중하고 공손한 표현이 된다.

あ、智子さん、いらっしゃい。どうぞおあがりください。

아, 토모코씨. 어서 오십시오. 자 어서 들어 오세요.

すぐ戻りますので、少々お待ちください。

금방 돌아올 테니까 잠시 기다려 주세요.

문제로 확인하기

1　つまらないものですが、どうぞ（　　　）ください。

1　お受け取り

2　受け取り

3　お受け取って

4　受け取りて

접두사 「お」나 「ご」는 명사 앞에 주로 접속해 공손하게 말하거나 부드럽게 말하고자 할 때 사용한다. 원칙적으로는 순수일본어에는 「お」한자어에는 「ご」를 붙이지만 예외인 경우도 많다.

お住すまい 사는 곳(집)	お知しらせ 알림	お気持きもち 기분
お時間じかん 시간	お手紙てがみ 편지	お電話でんわ 전화
お食事しょくじ 식사	お名前なまえ 이름	お荷物にもつ 짐
お飲のみ物もの 음료수	お仕事しごと 일	お話はなし 이야기
お国くに 나라		

ご氏名しめい 성명	ご勤務きんむ 근무	ご講演こうえん 강연
ご招待しょうたい 초대	ご感想かんそう 감상	ご主人しゅじん 남편
ご両親りょうしん 부모님	ご質問しつもん 질문	ご住所じゅうしょ 주소
ご注文ちゅうもん 주문	ご趣味しゅみ 취미	ご案内あんない 안내
ご利用りよう 이용	ご都合つごう 형편	

문제로 확인하기

1 いらっしゃいませ。(a ）注文（ちゅうもん）は何（なに）に(b ）。

1 a ご　　b いたしますか　　　　2 a ご　　b なさいますか

3 a お　　b いたしますか　　　　4 a お　　b なさいますか

> **해석 ▶** 어서 오세요. 주문은 무엇으로 하시겠습니까?
>
> **해설 ▶** 注文(ちゅうもん)(주문)은 한자어 단어이므로 「お注文(ちゅうもん)」이 아니라 「ご注文(ちゅうもん)」이 되어야 한다. いたす(하다–자기 쪽의 행동을 낮추는 겸양표현) → いたします(합니다). なさる(하시다) → なさいます(하십니다—ます형이 なさります가 아니라 なさいます인 것에 주의하자) 따라서 정확한 문장은 ご注文(ちゅうもん)は何(なに)になさいますか(주문은 무엇으로 하시겠습니까?)
>
> **정답 ▶** 2

존경어가 상대방(주체)를 높이는 경어 표현이라면 겸양어는 이와는 반대로 나를 낮추어 상대적으로 상대방을 높이는 경어 표현이다. 나뿐만 아니라 내가 속한 그룹이 주체가 될 경우에도 겸양표현을 쓴다. 일상생활에서 자주 사용하는 특수 겸양어는 시험에도 자주 출제되니 외워두는 것이 좋다.

기본어	겸양어
言(い)う 말하다	申(もう)す/申(もう)し上(あ)げる 말씀드리다
見(み)る 보다	拝見(はいけん)する 보다
する 하다	いたす 하다
食(た)べる 먹다 飲(の)む 마시다 もらう 받다	いただく 먹다, 마시다, 받다
行(い)く 가다 来(く)る 오다	まいる 가다, 오다
いる 있다	おる 있다
あげる 주다	さしあげる 드리다
知(し)っている 알고 있다	存(ぞん)じておる 알고 있다
会(あ)う 만나다	お目(め)にかかる 만나뵙다
聞(き)く 묻다, 듣다 訪問(ほうもん)する 방문하다	伺(うかが)う 여쭙다, 찾아뵙다

おいしそうです。それでは遠慮(えんりょ)なく、いただきます。
맛있을 것 같네요. 그러면 사양 않고 먹겠습니다.

「池田(いけだ)さん、誰(だれ)といらっしゃいましたか」「家内(かない)とまいりました」
「이케다씨, 누구랑 오셨습니까?」「아내랑 왔습니다.」

문제로 확인하기

1 申(もう)し訳(わけ)ございません。三浦(みうら)はただ今席(いませき)を外(はず)して(　　　）。

　1　まいります　　　　　　　　2　いたします

　3　いらっしゃいます　　　　　4　おります

07. お+ます형+する (제가) 〜하다

「お+ます형+する」는 겸양표현으로서 자신의 행동을 낮춤으로서 상대방을 높이는 경어 표현이다.

作(つく)る 만들다 → お作(つく)りする 만들다/만들어 드리다

持(も)つ 들다 → お持(も)ちする 들다/들어 드리다

今日(きょう)は日本(にほん)の祭(まつ)りについて皆(みな)さんにお話(はな)しします。

오늘은 일본의 축제에 대해 여러분께 말씀드리겠습니다.

この番組(ばんぐみ)はごらんのスポンサーの提供(ていきょう)でお送(おく)りしました。

이 프로그램은 보시는 스폰서의 제공으로 보내 드렸습니다.

문제로 확인하기

1 皆(みな)さんに(　　　　)たいことがあります！ 札幌(さっぽろ)でおすすめの温泉(おんせん)とか安(やす)く泊(と)まれるところがありませんか。

1 お聞(き)き　　　2 お聞(き)きし　　　3 聞(き)きし　　　4 お聞(き)きなり

② 安(やす)い(싸다) → 安(やす)く(싸게–い형용사의 어미를 く로 바꾸면 부사가 된다)
③ 泊(と)まる(묵다) → 泊(と)まれる(묵을 수 있다–1그룹동사의 가능형 う단 어미를 え단으로 바꾸고 る를 접속)

정답 ▶ 2

08. お+ます형+いたす (제가) ～하다

「いたす(하다)」는 「する(하다)」의 겸양동사이므로 「お＋ます형＋いたす」는 「お＋ます형＋する」보다 한층 더 공손한 표현이 된다.

「この荷物は私がお持ちいたします」
「이 짐은 제가 들겠습니다.」

「どうもありがとうございます」
「대단히 감사합니다.」

大変お待たせいたしました。
기다리게 해서 대단히 죄송합니다.

「待(ま)つ(기다리다) → 待(ま)たせる(기다리게 하다–1그룹동사의 사역형 う단 어미를 あ단으로 바꾸고 せる를 접속) → お待(ま)たせする(기다리게 하다–겸양표현) → お待(ま)たせしました(기다리게 했습니다) → お待(ま)たせいたしました(기다리게 했습니다. 즉, 기다리게 해서 죄송합니다)」

문제로 확인하기

1 「お荷物はもう片付けましたか。何か(   )いたしましょうか」
「いや、どうも、結構です」

1 お手伝って   2 手伝って   3 お手伝い   4 手伝い

해석 ▶ 「짐은 벌써 정리하셨습니까? 뭔가 도와드릴까요?」
「아니요. 감사합니다. 괜찮습니다.」

해설 ▶ 「お＋ます형＋いたす(하다–자기 쪽의 행동을 낮추는 겸양표현)
手伝(てつだ)う(돕다) → お手伝(てつだ)いする(돕다) → お手伝(てつだ)いいたす(돕다–더 공손한 표현) → お手伝(てつだ)いいたします(돕겠습니다) → お手伝(てつだ)いいたしましょうか(도와드릴까요?)」

정답 ▶ 3

「명사+でございます(입니다)」는 「명사＋です(입니다)」의 겸양표현으로 자기 쪽을 겸손하게 낮추는 겸양표현이다. 상대방을 높일 경우에는 「명사+でいらっしゃいます(이십니다)」를 사용해야 한다. 또한 「ございます」는 「あります(있습니다)」의 정중한 표현이기도 하다.

こちらはグローバル商事です。

→ こちらはグローバル商事でございます。

여기는 글로벌상사입니다.(겸양)

失礼ですが、林先生ですか。

→ 失礼ですが、林先生でいらっしゃいますか。

실례합니다만, 하야시선생님이십니까?(존경)

ここに書類があります。

→ ここに書類がございます。

여기에 서류가 있습니다.(정중)

문제로 확인하기

1 社長の携帯電話は会議室のテーブルの上に（　　　）。

1 でございます　　　　　　2 ございます

3 でいらっしゃいます　　　4 いらっしゃいます

> 해석 ▶ 사장님의 휴대폰은 회의실 테이블 위에 있습니다.
>
> 해설 ▶ ① 명사+でございます(입니다-자기 쪽을 낮추는 겸양표현)
> ② 「ございます(있습니다)」는 「あります(있습니다)」의 정중한 표현이다.
> ③ 명사+でいらっしゃいます(이십니다)
> ④ いらっしゃる(가시다/오시다/계시다) → いらっしゃいます(가십니다/오십니다/계십니다-ます 형이 いらっしゃります가 아니라 いらっしゃいます인 것에 주의하자)
>
> 정답 ▶ 2

❷　こちらはお<ruby>客様相談<rt>きゃくさまそうだん</rt></ruby>センター(　　　　)。

1　ございます　　　　　　　　　　2　いたします

3　でございます　　　　　　　　　4　おります

해석 ▶　여기는 고객 상담 센터입니다.

해설 ▶　① 「ございます(있습니다)」는 「あります(있습니다)」의 정중한 표현이다.

　　　　예) 相談(そうだん)センターがございます(상담 센터가 있습니다)

　　　　② いたす(하다–자기 쪽의 행동을 낮추는 겸양표현) → いたします(합니다)

　　　　③ 명사+でございます(입니다–자기 쪽을 낮추는 겸양표현). 相談(そうだん)センターでございま

　　　　す(상담 센터입니다)

　　　　④ おる(있다)는 いる(있다)의 특수겸양동사이다. おる(있다) → おります(있습니다)

정답 ▶　3

問題　下の内容は英会話教室のレベルである。次の文章を読んで、質問に答えなさい。答え
　　　は、1・2・3・4から最もよいものを一つえらびなさい。

1　カオリさんは、英会話教室で英語を勉強したいと考えている。学生時代少し習
　　　ったことはあるが、会話は一度もしたことがない。
　　　基礎会話から勉強したいならどのクラスを申し込んだらいいのか。

　　　1　レベルA　　　　　2　レベルB　　　　　3　レベルC　　　　　4　レベルD

2　石井さんは英語の勉強がすきで大学卒業以来ずっと続けている。会話はまあま
　　　あできるが、TOEIC（トーイック）テストの点数がなかなか上がらなくて困ってい
　　　る。それで今回英会話教室で勉強しようと考えている。去年受けた最後のテス
　　　トでは845点をとっている。どのクラスが一番ベストなのか。

　　　1　レベルB　　　　　2　レベルC　　　　　3　レベルD　　　　　4　レベルE

＊英会話教室レベルの案内＊

ビギナーからプロレベルまで5つのレベルで夢<ruby>夢<rt>ゆめ</rt></ruby>をサポート

まずはあなたのレベルチェックからスタート！

まずはレベルを選ぼう！

レベル	レベル基準	TOEIC（トーイック）テストの点数
レベルA	全然英語に自信ないんだけど大丈夫かな？	470点以上
レベルB	海外旅行ではカタコト英語とボディーランゲージで勝負！こんなのでもいいかな？	600点以上
レベルC	英会話そこそこ。でも自分の意思を正確に伝えるのは、まだムリかな。	700点以上
レベルD	英会話はグッド。でも難しい文章を書くには、実力不足かな。	800点以上
レベルE	語学のプロフェッショナルを目指して、英語力を完成させたい。	900点以上

1 가오리씨는 영어회화 교실에서 영어를 공부하고 싶다고 생각하고 있다. 학창시절 조금 배운 적은 있지만, 회화는 한 번도 했던 적이 없다. 기초 회화부터 공부하고 싶다면 어느 클래스를 신청하면 좋은가?

1 레벨 A   2 레벨 B   3 레벨 C   4 레벨 D

정답 ▶ 1

2 이시이씨는 영어 공부를 좋아해서 대학졸업 이후 쭉 계속하고 있다. 회화는 그런대로 가능하지만, TOEIC(토익) 테스트 점수가 좀처럼 오르지 않아서 어려움을 겪고 있다. 그래서 이번에 영어회화 교실에서 공부하려고 생각하고 있다. 작년에 치른 마지막 테스트에서는 845점을 얻었다. 어느 클래스가 제일 베스트일까?

1 레벨 B   2 레벨 C   3 레벨 D   4 레벨 E

정답 ▶ 3

해석 ▶

* 영어회화 교실 레벨 안내 *

비기너(초심자)부터 프로 레벨까지 5개의 레벨로 꿈을 서포트

우선은 당신의 레벨 체크부터 스타트!

우선은 레벨을 선택하자!

레벨	레벨 기준	TOEIC 테스트 점수
레벨A	전혀 영어에 자신 없는데 괜찮을까?	470점 이상
레벨B	해외여행에서는 서투른 말의 영어와 보디랭귀지로 승부! 이런데도 괜찮을까?	600점 이상
레벨C	영어회화는 웬만큼. 그렇지만 자신의 의사를 정확하게 전달하는 것은 아직 무리라고 해야 할까?	700점 이상
레벨D	영어회화는 굿. 그렇지만 어려운 문장을 쓰는 데는 실력부족이라고 해야 할까?	800점 이상
레벨E	어학의 프로를 목표로 해서 영어력을 완성시키고 싶다.	900점 이상

포인트문법 ▶

い형용사 기본형 + なら ~면

　예) したいなら 하고 싶다면, 美味(おい)しいなら 맛있다면

동사의 た형(과거형) + ら ~하면

　예) 申込(もうしこ)んだら 신청하면, 日本語(にほんご)で話(はな)したら 일본어로 이야기 하면

1그룹 동사의 권유형 (끝 글자 う단을 お단으로 바꾸고 う를 붙인다)

　예) 選(えら)ぶ → 選(えら)ぼ → 選(えら)ぼう 고르자!

考かんがえる 생각하다　　学生時代がくせいじだい 학생(학창)시절　　習ならう 배우다

一度いちど 한 번　　基礎きそ 기초　　申もうし込こむ 신청하다　　卒業そつぎょう 졸업

以来いらい 이래　　続つづける 계속하다　　まあまあ 그런대로　　点数てんすう 점수

なかなか 좀처럼　　上あがる 오르다　　困こまっている 난처하다, 어려움을 겪고 있다

今回こんかい 이번　　テストを受うける 시험을 치르다　　点数てんすうをとる 점수를 얻다

最後さいご 마지막　　自信じしんがない 자신이 없다　　～かな? ~할까?

海外旅行かいがいりょこう 해외여행　　片言かたこと 서투른 말씨　　意思いし 의사

正確せいかくに 정확히　　伝つたえる 전달하다　　無理むりだ 무리다

難むずかしい 어렵다　　文章ぶんしょう 문장　　実力不足じつりょくふそく 실력부족

語学ごがく 어학　　目指めざす 목표로 하다　　完成かんせいさせる 완성시키다

CHAPTER 03 청해

발화 표현 문제 3

발화 표현 문제는 그림을 보면서 질문을 듣고 정답을 고르는 문제이다. 일상생활 속에서 일어날 수 있는 다양한 상황이나 장면을 그림으로 제시한 후 적절한 대답을 찾는 문제이다. 일러스트를 보면서 어떠한 상황에서 발생하는 문제인가를 신속하게 파악하는 것이 중요하다.

문제로 확인하기

1番

2番

3番

4番

1번 문제

스크립트 ▶

約束やくそくの時間じかんに遅おくれました。待まっていた人ひとに謝あやまります。何なんと言いいますか。

1 すみません、少々しょうしょうお待まちください。
2 今いま着ついたところです。
3 すみません、遅おそくなりました。

해석 ▶

약속 시간에 늦었습니다. 기다리고 있던 사람에게 사과합니다. 뭐라고 말합니까?

1 미안합니다. 조금 기다려 주십시오.
2 지금 막 도착했습니다.
3 미안합니다. 늦었습니다.

포인트문법 ▶

① 「お+ます형+ください」는 「～てください(～해 주세요)」보다 더 공손한 표현이다. 待(ま)つ (기다리다) → 待(ま)ってください(기다리세요) → お待(ま)ちください(기다려 주십시오)
② 동사의 た형+ところだ(막 ～하다). 着(つ)く(도착하다) → 着(つ)いたところです(막 도착했습니다)

정답 ▶ 3

2번 문제

스크립트 ▶

会社かいしゃの同僚どうりょうに仕事しごとを手伝てつだってもらいたいです。何なんと言いいますか。

1 仕事しごとを手伝てつだっていただけませんか。
2 仕事しごとを手伝てつだいましょうか。
3 仕事しごとを手伝てつだわせてください。

해석 ▶

회사 동료에게 일을 도움 받고 싶습니다. 뭐라고 말합니까?

1 일을 도와줄 수 없으시겠습니까?
2 일을 도울까요?
3 일을 돕게 해 주세요.

포인트문법 ▶

① 「～ていただけませんか(～해 줄 수 없으시겠습니까?)」
② 「～(さ)せてください(～하게 해 주세요 내가 하게끔 해달고 정중하게 의뢰하는 표현)」

정답 ▶ 1

3번 문제

先生せんせいにレポートをチェックしてもらいたいです。何なんと言いいますか。

1　先生せんせい、レポートを見みていただけませんか。
2　先生せんせい、レポートを見みせていただけませんか。
3　先生せんせい、レポートを見みなければいけませんか。

해석 ▶

선생님에게 리포트를 체크 받고 싶습니다. 뭐라고 말합니까?

1　선생님, 리포트를 봐 줄 수 없으시겠습니까?
2　선생님, 리포트를 보여줄 수 없으시겠습니까?
3　선생님, 리포트를 보지 않으면 안 됩니까?

포인트문법 ▶

① 「～ていただけませんか(～해 줄 수 없으시겠습니까?)」
② 「～なければいけません(～하지 않으면 안 됩니다)」

정답 ▶　1

4번 문제

相手あいての話はなしが速はやくて聞きき取とれません。何なんと言いいますか。

1　速はやく話はなさないでください。
2　もう一度いちどゆっくり話はなしてください。
3　話はなしを聞きかせてください。

해석 ▶

상대방의 이야기가 빨라서 알아들을 수 없습니다. 뭐라고 말합니까?

1　빨리 이야기하지 말아 주세요.
2　한 번 더 천천히 이야기해 주세요.
3　이야기를 들려 주세요.

정답 ▶　2

MeMo

PracticeTest 1 문자/어휘

問題1 ＿＿＿＿の言葉の読み方として最もよいものを1・2・3・4から一つえらびなさい。

1 おぼれかけている子供を<u>助け</u>ました。

   1 たすけ   2 あずけ   3 かけ   4 とけ

2 4時間もコンピューターを使って仕事をしたら目が<u>疲れた</u>。

   1 きれた   2 ふれた   3 もたれた   4 つかれた

3 この雑誌の読者（どくしゃ）は<u>主に</u>女性らしい。

   1 ちゅに   2 ぬしに   3 おもに   4 しゅに

4 ストーブをつけたのにすこしも<u>暖かく</u>ならない。

   1 こまかく   2 あたたかく   3 すごやかく   4 やすらかく

5 肌（はだ）がきれいな人は本当に<u>羨ましい</u>です。

   1 うらやましい   2 たくましい   3 つつましい   4 うらめしい

問題2　______のことばを漢字で書くとき最もよいものを1・2・3・4から一つえらびなさい。

6　正月休みに雪が<u>つもって</u>いるところに行きたいです。

　　1　積もって　　　2　責もって　　　3　蹟もって　　　4　詰もって

7　契約（けいやく）を<u>とりけす</u>ことは可能でしょうか。

　　1　撮り消す　　　2　取り消す　　　3　採り消す　　　4　捕り消す

8　お会いしたいので、機会がありましたら<u>ぜひ</u>スタジオに呼んでください。

　　1　是費　　　　　2　背非　　　　　3　是非　　　　　4　是比

9　将来<u>えらい</u>科学者（かがくしゃ）になるのが少年の夢だった。

　　1　鈍い　　　　　2　鋭い　　　　　3　賢い　　　　　4　偉い

10　遅れても<u>かまわない</u>から、必ず参加してほしい。

　　1　吸わない　　　2　使わない　　　3　構わない　　　4　酔わない

問題3（　　　　）に入れるのに最もよいものを1・2・3・4から一つえらびなさい。

11 飛行機に（　　　　）イギリスへ行きました。

   1　乗り換えて　　　2　降り換えて　　　3　乗り越えて　　　4　走り出して

12 古い英会話スクールの看板（かんばん）を（　　　　）もらいました。

   1　終わって　　　2　別れて　　　3　外して　　　4　離れて

13 （　　　　）「嬉しいお知らせ」と「寂（さび）しいお知らせ」があるらしいよ。

   1　そっくり　　　2　うっかり　　　3　ちっとも　　　4　近々

14 （　　　　）おかしくても、お葬式（そうしき）では笑ってはいけない。

   1　がっかり　　　2　たとえ　　　3　そのまま　　　4　なかなか

15 肺（はい）に水がたまると、どんどん息が（　　　　）なっていくそうです。

   1　気持ちよく　　　2　苦しく　　　3　楽に　　　4　悲しく

問題4 ＿＿＿＿に意味が最も近いものを１・２・３・４から一つえらびなさい。

16 自分の強みを<u>発見する</u>ということはとても大切なことです。

1　発_{はっ}する　　　　２　見せる　　　　３　知らせる　　　　４　見付ける

17 母親と妻の間で<u>非常に</u>困っている。

1　いつも　　　　２　是非_{ぜ ひ}　　　　３　大変　　　　４　常に

18 最近は毎日の生活が<u>楽しい</u>です。

1　楽だ　　　　２　愉快_{ゆ かい}だ　　　　３　住みやすい　　　４　退屈だ

問題5　つぎのことばの使い方として最もよいものを 1・2・3・4 から一つえらびなさい。

19　まだまだ

1　まだまだ元気で働いている。

2　今度まだまだ来てくださいね。

3　まだまだ春がきて桜が咲きそうです。

4　最近まだまだ太ってきた。

20　もったいない

1　約束を破ってからもったいなく思いたいです。

2　君にはもったいない彼女だと思う。

3　学生にもったいない服装をしたほうがいいんじゃない。

4　あの二人は趣味まであってもったいないカップルです。

PracticeTest 2 문법

問題1　つぎの文の（　　　）に入れるのに最もよいものを、1・2・3・4から一つえらびなさい。

1　「台風は来そうですか」

「ええ、天気予報によると、（　　　）ですよ」

1　来なさそう　　　2　来ないそう　　　3　来そう　　　4　来るそう

2　医者の話では、どうやら手術しても（　　　）。

1　治るらしい　　　　　　　　　2　治らないらしい

3　治るかもしれない　　　　　　4　治るはずだ

3　彼はまるで死んだ（　　　）眠り続けた。

1　ように　　　2　ような　　　3　ようだ　　　4　ようと

4　いくら本人が平気だって言っても、医者が詳しい検査が必要だって言っている

以上、（　　　）。

1　大丈夫なようだ　　　　　　　2　大丈夫だそうだ

3　大丈夫なはずだ　　　　　　　4　大丈夫なはずがない

5　外国人に質問を（　　　）が、私は答えられなかった。

1　された　　　2　した　　　3　させた　　　4　させられた

6 難しい質問ですね、すぐには返事ができないので、ちょっと（　　　　）ください。

    1　お考え　　　　　　　　　　2　考えさせて

    3　考えられて　　　　　　　　4　考えさせられて

7 残念ながら、私にはこの仕事は（　　　　）。

    1　できそうです　　　　　　　2　できるようです

    3　できそうもありません　　　4　できないそうです

8 「先にコピー機を使わせてください」「はい、（　　　　）」

    1　くださいません　　　　　　2　くださいます

    3　お使いください　　　　　　4　使わせてください

9 すみません。禁煙席は満席（　　　　）。

    1　でいらっしゃいます　　　　2　でございます

    3　いらっしゃいます　　　　　4　ございます

10 「すみません。この靴、もっと大きいサイズはありませんか」

    「少々お待ちください。（　　　　）」

    1　お調べします　　　　　　　2　調べします

    3　調べになります　　　　　　4　お調べになります

問題2　つぎの文の＿★＿に入る最もよいものを、1・2・3・4から一つえらびなさい。

11　バスが＿＿＿＿　＿★＿　＿＿＿＿　＿＿＿＿、電車で行った。

　　1　来そうも　　　　2　ので　　　　　　3　なかった　　　4　時間通りに

12　前にも＿＿＿＿　＿★＿、＿＿＿＿　＿＿＿＿減らしたいと思っています。

　　1　話した　　　　　2　今年は　　　　　3　人数を　　　　4　ように

13　こんな辛い料理を＿＿＿＿　＿＿＿＿　＿★＿　＿＿＿＿ない。

　　1　に　　　　　　　2　いけ　　　　　　3　小さい子供　　4　食べさせては

14　サクラ電気の林＿＿＿＿　＿★＿、＿＿＿＿　＿＿＿＿。

　　1　山田課長は　　　　　　　　　　　　2　申しますが

　　3　と　　　　　　　　　　　　　　　　4　いらっしゃいますか

15　お口に＿＿＿＿　＿＿＿＿、＿★＿　＿＿＿＿ください。

　　1　合うかどうか　　　　　　　　　　　2　召し上がって

　　3　よろしかったら　　　　　　　　　　4　分かりませんが

問題3 つぎの文章を読んで、16 から 20 の中に入る最もよいものを、1・2・3・4から一つえらびなさい。

富士高校〇〇年度卒業生クラス会の 16

拝啓

　さわやかな若葉の季節となりましたが、皆様は 17 お過ごしでしょうか。高校を卒業してはや10年。30代を目前にして、皆様それぞれの道でご活躍中のことと思います。

　つきましては下記により、久しぶりにクラス会を開きますのでご案内申し上げます。当日は恩師の林先生も出席 18 。なつかしいあの人、この人のお顔を見れば、日頃のストレスも吹き飛ぶ 19 。

　お忙しいとは思いますが、ぜひご参加ください。皆様のご出席を 20 おります。

敬具

16　1　ご案内　　　　2　お案内　　　　3　ご説明　　　　4　お説明

17　1　どんな　　　　2　どなた　　　　3　いかが　　　　4　どうぞ

18　1　おっしゃいます　　　　　　　2　なさいます
　　3　いたします　　　　　　　　　4　まいります

19　1　そうです　　　　　　　　　　2　はずがありません
　　3　かどうか分かりません　　　　4　はずです

20　1　お待って　　　　　　　　　　2　お待ちして
　　3　お待ちになって　　　　　　　4　待ちになって

PracticeTest 1 문자/어휘

문제 1

1 해석 ▶ 물에 빠진 아이를 <u>구했</u>습니다.

해설 ▶ 1 구하다 **助たす**ける   2 맡기다 **預あず**ける

    3 걸다 **掛か**ける   4 녹다 **溶と**ける

포인트문법 ▶ 동사의 て형 + いる → ～하고 있다(진행), ～되어 있다(상태)

    예) 聞(き)く → 聞(き)いて → 音楽(おんがく)を聞(き)いている 음악을 듣고 있다.

    積(つ)もる → 積(つ)もって → 雪(ゆき)が積(つ)もっている 눈이 쌓여 있다

단어 ▶ **おぼれかける** 익사하다   **子供こども** 아이   **助たすける** 구하다, 돕다

정답 ▶ 1

2 해석 ▶ 4시간이나 컴퓨터를 사용해서 일을 했더니 눈이 <u>피로해졌다</u>.

해설 ▶ 1 끊겼다 **切き**れた / 끊기다 **切き**れる

    2 스쳤다 **触ふ**れた / 스치다 **触ふ**れる

    3 거북했다 **凭も**たれた / 거북하다 **凭も**たれる

    4 지쳤다, 피곤했다 **疲つか**れた / 피로해지다, 지치다 **疲つか**れる

포인트문법 ▶ 동사의 たら형 → ～했더니… (했습니다)

    예) 食(た)べる → 食(た)べたら → アイスクリームをたくさん食(た)べたらお腹(なか)

    を壊(こわ)しました。 아이스크림을 많이 먹었더니 배탈이 났습니다

단어 ▶ **時間じかん** 시간   **使つかう** 사용하다   **仕事しごと** 일   **目め** 눈

疲つかれる 피로해지다, 지치다

정답 ▶ 4

3 해석 ▶ 이 잡지의 독자는 <u>주로</u> 여성인 것 같다.

해설 ▶ 1 X   2 주인에게 **主ぬし**に

    3 주로 **主おも**に   4 주인에게 **主しゅ**に

포인트문법 ▶ 명사 + らしい → ～인 것(듯)같다(추측), ～답다(접미어)

    예) 日本人(にほんじん)らしい 일본사람 인 것 같다. 일본사람답다

단어 ▶ **雑誌ざっし** 잡지   **読者どくしゃ** 독자   **女性じょせい** 여성

정답 ▶ 3

4 해석 ▶ 스토브를 켰는데도 조금도 <u>따뜻해지지</u> 않는다.

해설 ▶ 1 자세하게 細こまかく / 자세하다 細こまかい

2 따뜻하게 暖あたたかく / 따뜻하다 暖あたたかい

3 X   4 X

포인트문법 ▶ 동사의 기본형 + のに → ～인데, ～임에도 불구하고

い형용사의 부사형(い를 지우고 く를 붙인다) → ～하게

예) 暖(あたた)かい → 暖(あたた)かく 따뜻하게

단어 ▶ つける (불)켜다, 점화하다   暖あたたかい 따뜻하다   暖あたたかく 따뜻하게

ならない 되지 않다

정답 ▶ 2

5 해석 ▶ 피부가 고운(좋은, 예쁜) 사람은 정말로 <u>부럽습니다</u>.

해설 ▶ 1 부럽다 羨うらやましい   2 씩씩하다 逞たくましい

3 조심스럽다 慎つつましい   4 원망스럽다 恨うらめしい

단어 ▶ 肌はだがきれいだ 피부가 곱다   人ひと 사람   ほんとうに 정말로

羨うらやましい 부럽다

정답 ▶ 1

문제 2

6 해석 ▶ 정월(신정) 휴가에 눈이 <u>쌓여</u> 있는 곳에 가고 싶습니다.

해설 ▶ 1 쌓이고, 쌓여서 積つもって / 쌓이다 積つもる

2 X

3 X   4 X

포인트문법 ▶ 동사의 ます형 + たい → ～하고 싶다(희망표현)

예) 行(い)く → 行(い)きます → 行(い)きたい 가고 싶다

단어 ▶ 正月しょうがつ 신정, 정월   やすみ 휴가, 방학   雪ゆき 눈   ところ 곳, 장소

行いく 가다   行いきたい 가고 싶다

정답 ▶ 1

7 해석 ▶ 계약을 <u>취소하는</u> 것은 가능할까요?

해설 ▶ 1 X   2 취소하다 　取とり消けす

3 X   4 X

포인트문법 ▶ 동사의 う단 형태 + こと → ~하는 것

예) 音楽(おんがく)を聞(き)くこと 음악을 듣는 것, 映画(えいが)を見(み)ること 영화를 보는 것

단어 ▶ 契約けいやく 계약　　こと 것, 일　　可能かのう 가능

정답 ▶ 2

---

8 해석 ▶ 만나고 싶으니까 기회가 있다면 꼭 스튜디오에 불러 주세요.

해설 ▶ 1 X   2 X

3 꼭 　是非ぜひ   4 X

포인트문법 ▶ い형용사 기본형 + ので → ~이어서, ~이기 때문에

동사의 ました형 + ら → ~면(조건)

예) ある → あります → ありました → ありましたら 있다면

단어 ▶ 会あう 만나다　　機会きかい 기회　　スタジオ 스튜디오　　呼よぶ 부르다

정답 ▶ 3

---

9 해석 ▶ 장차 훌륭한 과학자가 되는 것이 소년의 꿈이었다.

해설 ▶ 1 둔하다 　鈍にぶい   2 날카롭다 　鋭するどい

3 영리하다, 현명하다 　賢かしこい   4 훌륭하다 　偉えらい

포인트문법 ▶ 명사 + に成(な)る → ~이/가 되다

예) 科学者(かがくしゃ)になる 과학자가 되다

명사 + だった(명사의 과거형) → ~였다

예) 夢(ゆめ)だった 꿈이었다

단어 ▶ 将来しょうらい 장래, 장차　　科学者かがくしゃ 과학자　　少年しょうねん 소년

夢ゆめ 꿈

정답 ▶ 4

---

10 해석 ▶ 늦어도 <u>상관없</u>으니까 반드시 참가했으면 좋겠어!

해설 ▶ 1 (담배)피우지 않는다 　吸すわない / 피우다 　吸すう

2 사용하지 않는다 　使つかわない / 사용하다 　使つかう

3 상관없다 　構かまわない / 상관하다 　構かまう

4 취하지 않는다 　酔よわない / 취하다 　酔よう

포인트문법 ▶ 동사의 て형 + てもかまわない → ~해도 상관없다

예) 遅(おく)れる → 遅(おく)れて → 遅(おく)れても → 遅(おく)れてもかまわない 늦어도 상관없다

い형용사의 기본형 + から → ~이니까(이유)

동사의 て형 + ほしい → ~했으면 좋겠다, ~하기를 바란다

예) する → して → 参加(さんか)してほしい 참가했으면 좋겠어!(바래!)

단어 ▶ 遅おくれる 늦다, 지각하다　　構かまわない 상관없다　　必かならず 반드시

　　　　参加さんかする 참가하다

정답 ▶ 3

문제 3

⑪ 해석 ▶ 비행기로 (　　갈아타고　　) 영국에 갔습니다.

　　해설 ▶ 1 갈아타고　乗のり換かえて / 갈아타다　乗のり換かえる

　　　　　2 X

　　　　　3 넘어서고, 극복하고　乗のり越こえて / 넘어서다, 극복하다　乗のり越こえる

　　　　　4 달리기 시작하고　走はしり出だして / 달리기 시작하다　走はしり出だす

　　포인트문법 ▶ 탈 것(교통기관) + に乗(の)る → ~을/를 타다

　　　　　　　예) 飛行機(ひこうき)にのる 비행기를 타다, 地下鉄(ちかてつ)に乗(の)る 지하철을 타다

　　단어 ▶ 飛行機ひこうき 비행기　　　行いく 가다

　　정답 ▶ 1

⑫ 해석 ▶ 오래된 영어회화 스쿨의 간판을 (　　떼어　　) 받았습니다(떼어 주었습니다).

　　해설 ▶ 1 끝나고　終おわって / 끝나다　終おわる

　　　　　2 헤어지고　別わかれて / 헤어지다　別わかれる

　　　　　3 떼어내어　外はずして / 떼어내다　外はずす

　　　　　4 떨어져, 떠나고　離はなれて / 떨어지다, 떠나다　離はなれる

　　포인트문법 ▶ 동사의 て형 + もらう → ~해 받다(~해주다)

　　　　　　　예) 書(か)いてもらう 써 받다(써주다), 読(よ)んでもらう 읽어 받다(읽어주다)

　　단어 ▶ 古ふるい 오래되다　　英会話えいかいわ 영어회화　　看板かんばん 간판　　貰もらう 받다

　　정답 ▶ 3

⑬ 해석 ▶ (　　머지않아　　) 「기쁜 소식」과 「쓸쓸한 소식」이 있는 것 같애(있나봐)!

　　해설 ▶ 1 전부　そっくり　　　　　　　　　2 무심코, 깜박　うっかり

　　　　　3 조금도　ちっとも　　　　　　　　4 머지않아, 곧　近々ちかぢか

　　단어 ▶ 嬉うれしい 기쁘다　　お知しらせ 통지, 소식, 알림　　寂さびしい 쓸쓸하다, 외롭다

　　정답 ▶ 4

14 해석 ▶ (　　비록, 설사　　) 우습더라도 장례식에서는 웃어서는 안 된다.

해설 ▶ 1　실망　がっかり　　　　　　　　　　　2　비록, 가령, 설사　たとえ

　　　　3　그대로　そのまま　　　　　　　　　　4　꽤　なかなか

포인트문법 ▶　たとえ ～ても → 비록 ～하더라도

　　　　　　동사의 て형 + てはいけない → ～해서는 안 된다

　　　　　　　예) 笑(わら)う → 笑(わら)って → 笑(わら)ってはいけない 웃어서는 안 된다

단어 ▶　可笑おかしい 우습다, 이상하다　　葬式そうしき 장례식　　笑わらう 웃다

정답 ▶　2

15 해석 ▶　폐에 물이 고이면 계속해서 숨(호흡)이 (　　곤란하게　　) 되어 간다고 합니다.

해설 ▶　1　기분 좋게 気持きもちよく / 기분 좋다 気持きもちよい

　　　　2　괴롭게, 곤란하게 苦くるしく / 괴롭다, 곤란하다 苦くるしい

　　　　3　편안하게 楽らくに / 편안하다 楽らくだ

　　　　4　슬프게 悲かなしく / 슬프다 悲かなしい

포인트문법 ▶　동사의 う단 형태 + と → ～면

　　　　　　　예) 溜(たま)る → 溜(たま)ると 쌓이면, 고이면

　　　　　　동사의 て형 + いく → ～해 가(지)다, ～하고 가다

　　　　　　　예) なる → なって → なっていく 되어가다

단어 ▶　肺はい 폐　　溜たまる 쌓이다　　息いきが苦くるしい 호흡이 곤란하다

정답 ▶　2

문제 4

16 해석 ▶　자신의 강점(장점)을 <u>발견한다</u>고 하는 것은 매우 중요한 일입니다.

해설 ▶　1　발하다, 시작되다 発はっする　　　　　　2　보이다, 보여주다 見みせる

　　　　3　알리다 知しらせる　　　　　　　　　　4　찾아내다, 발견하다 見付みっける

포인트문법 ▶　동사의 う단 형태 + ということは → ～라고 하는 것은

　　　　　　　예) 発見(はっけん)するということは 발견한다고 하는 것은

단어 ▶　自分じぶん 자기 자신　　強つよみ 강점, 장점　　大切たいせつだ 소중하다

정답 ▶　4

17 해석 ▶　어머니와 처 사이에서 <u>매우</u> 곤란해 하고 있다.

해설 ▶　1　언제나　いつも　　　　　　　　　　　2　부디, 꼭　是非ぜひ

　　　　3　매우, 대단히　大変たいへん　　　　　　　4　항상　常つねに

단어 ▶　母親ははおや 어머니　　妻つま 처　　間あいだ 사이　　困こまる 곤란하다, 난처하다

정답 ▶　3

18 해석 ▶ 요즈음은 매일 생활이 즐겁습니다.

해설 ▶ 1 편하다 楽らくだ　　　　　　　　2 유쾌하다 愉快ゆかいだ

　　　　3 살기 편하다 住すみやすい　　　　4 지루하다 退屈たいくつだ

단어 ▶ 最近さいきん 요즈음　　毎日まいにち 매일　　生活せいかつ 생활　　楽たのしい 즐겁다

정답 ▶ 2

문제 5

19 해석 ▶ 아직, 아직도

　　　　1 아직도 건강하게 일하고 있다. (O)

　　　　2 이 다음에 아직도 와 주세요. (X)

　　　　3 아직도 봄이 오고 벚꽃이 필 것 같습니다. (X)

　　　　4 요즈음 아직도 살이 쪘다. (X)]

포인트문법 ▶ 동사의 ます형 + そうだ → ~할 것 같다(추측)

　　　　　　예) 咲(さ)く → 咲(さ)きます → 桜(さくら)が咲(さ)きそうだ 벚꽃이 필 것 같다

단어 ▶ 元気げんきだ 건강하다　　働はたらく 일하다　　今度こんど 이번, 이다음

春はる 봄　　桜さくら 벚꽃　　咲さく 피다　　太ふとる 살이 찌다

정답 ▶ 1

20 해석 ▶ 아깝다

　　　　1 약속을 깨고나서 아깝게 생각하고 싶습니다. (X)

　　　　2 너에게는 아까운 그녀(여자친구)라고 생각한다. (O)

　　　　3 학생에게 아까운 복장을 하는 편이 좋지 않을까? (X)

　　　　4 저 두 사람은 취미까지 맞고 아까운 커플입니다. (X)

포인트문법 ▶ 동사의 た형 + ほうがいい → ~하는 편이 좋다(좋겠다)

　　　　　　예) する → した → したほうがいい ~하는 편이 좋다

　　　　い형용사의 기본형 + んじゃない → ~지 않을까? ~ 하지 않니?

　　　　　　예) いいんじゃない 좋지 않니?

단어 ▶ 約束やくそくを破やぶる 약속을 깨다　　思おもいたい 생각하고 싶다

服装ふくそう 복장　　二人ふたり 두 명

趣味しゅみ 취미

정답 ▶ 2

PracticeTest 2 문법

문제1

1 해석 ▶ 「태풍은 올 것 같습니까?」「예, 일기 예보에 의하면 온다고 합니다.」

해설 ▶ ① 「ない → なさそうだ(~하지 않을 것 같다)」는 추측성표현인 「동사의 ます형+そうだ(~할 것 같다)」의 부정표현이다.

来(く)る(오다) → 来(こ)ない(오지 않다) → 来(こ)なさそうだ(오지 않을 것 같다) → 来(こ)なさそうです(오지 않을 것 같습니다)

② 来(く)る(오다) → 来(こ)ない(오지 않다) → 来(こ)ないそうだ(오지 않는다고 한다–들은 이야기를 전달하는 전문표현) → 来(こ)ないそうです(오지 않는다고 합니다)

③ 「동사의 ます형+そうだ(~할 것 같다)」

来(く)る(오다) → 来(き)そうだ(올 것 같다) → 来(き)そうです(올 것 같습니다)

④ 来(く)る(오다) → 来(く)るそうだ(온다고 한다–들은 이야기를 전달하는 전문표현) → 来(く)るそうです(온다고 합니다)

단어 ▶ 台風たいふう 태풍　　天気予報てんきよほう 일기예보

~によると ~에 의하면, ~에 따르면

정답 ▶ 4

2 해석 ▶ 의사의 이야기로는 아무래도 수술해도 낫지 않는다는 것 같다.

해설 ▶ ① ~らしい(~한 것 같다–외부 정보를 근거로 한 추측)

治(なお)る(낫다) → 治(なお)るらしい(낫는 다는 것 같다)

② 治(なお)る(낫다) → 治(なお)らない(낫지 않다) → 治(なお)らないらしい(낫지 않는다는 것 같다)

③ ~かもしれない(~일지도 모른다) → 治(なお)るかもしれない(나을 지도 모른다)

④ ~はずだ(~할 것이다–틀림없이 그럴 것이라는 뉘앙스) → 治(なお)るはずだ(나을 것이다)

단어 ▶ 医者いしゃ 의사　　話はなし 이야기　　どうやら 아무래도, 어쩐지

手術しゅじゅつする 수술하다　　治なおる 낫다(병)

정답 ▶ 2

3 해석 ▶ 그는 마치 죽은 것처럼 계속 잤다.

해설 ▶ ① ~ように(~같이,~처럼) → 死(し)んだように(죽은 것처럼)

② ~ような(~같은) → 死(し)んだような(죽은 것 같은)

③ ~ようだ(~같다) → 死(し)んだようだ(죽은 것 같다)

④ ようと(올바른 문법형식이 아님)

단어 ▶ 死しぬ 죽다　　眠ねむる 자다, 잠들다　　続つづける 계속하다

眠ねむり続つづける 계속 자다

정답 ▶ 1

4 해석 ▶ 아무리 본인이 아무렇지 않다고 말해도, 의사가 자세한 검사가 필요하다고 말하는 이상 괜찮을 리가 없다.

해설 ▶ ① ～ようだ(～한 것 같다–아마도 그런 것 같다고 주관적으로 추측하는 표현) → 大丈夫(だいじょうぶ)なようだ(괜찮은 것 같다)

② ～そうだ(～라고 한다–들은 이야기를 전달하는 전문표현) → 大丈夫(だいじょうぶ)だそうだ(괜찮다고 한다)

③ ～はずだ(～할 것이다–틀림없이 그럴 것이라는 뉘앙스) → 大丈夫(だいじょうぶ)なはずだ(괜찮을 것이다)

④ ～はずがない(～할 리가 없다–절대 그럴 리가 없다고 확신하는 추측표현) → 大丈夫(だいじょうぶ)なはずがない(괜찮을 리가 없다)

단어 ▶ いくら ～ても 아무리 ～해도　　本人ほんにん 본인　　平気へいき 끄떡없음, 태연함
詳くわしい 자세하다　　検査けんさ 검사　　必要ひつようだ 필요하다　　以上いじょう 이상

정답 ▶ 4

5 해석 ▶ 외국인에게 질문을 받았지만 나는 대답할 수 없었다.

해설 ▶ ① する(하다) → される(받다–수동형) → された(받았다)

② する(하다) → した(했다)

③ する(하다) → させる(시키다–사역형) → させた(시켰다)

④ する(하다) → させる(시키다–사역형) → させられる(시켜서 어쩔 수 없이 하다–사역수동형) → させられた(시켜서 어쩔 수 없이 했다)

⑤ 答(こた)える(대답하다) → 答(こた)えられる(대답할 수 있다–2그룹동사의 가능형 어미 る를 떼고 られる를 접속) → 答(こた)えられない(대답할 수 없다) → 答(こた)えられなかった(대답할 수 없었다)

단어 ▶ 外国人がいこくじん 외국인　　質問しつもん 질문　　答こたえる 대답하다

정답 ▶ 1

6 해석 ▶ 어려운 질문이군요. 당장은 대답을 할 수 없기 때문에 조금 생각하게 해 주세요.

해설 ▶ ① 「お+ます형+ください」는 「～てください(～해 주세요)」보다 더 공손한 표현이다.
考(かんが)える(생각하다)→ お考(かんが)えください(생각해 주세요)

② ～(さ)せてください(～하게 해 주세요)
考(かんが)える(생각하다) → 考(かんが)えさせる(생각하게 하다–2그룹동사의 사역형　어미 る를 떼고 させる를 접속) → 考(かんが)えさせてください(생각하게 해 주세요)

③ 考(かんが)えられる(생각할 수 있다–2그룹동사의 가능형 어미 る를 떼고 られる를 접속)

④ 考(かんが)える(생각하다) → 考(かんが)えさせる(생각하게 하다–사역형) → 考(かんが)えさせられる(시켜서 어쩔 수 없이 생각하다–사역수동형)

난어 ▶ 難むずかしい 어렵다　　質問しつもん 실문　　返事へんじ 대답

정답 ▶ 2

7 해석 ▶ 유감스럽지만, 나에게는 이 일은 할 수 있을 것 같지 않습니다.

해설 ▶ ① 「동사의 ます형+そうだ(~할 것 같다–마치 그런 일이 일어날 것 같다고 추측하는 표현)」
できる(할 수 있다) → できそうです(할 수 있을 것 같습니다)

② ~ようだ(~한 것 같다–아마도 그런 것 같다고 주관적으로 추측하는 표현) → できるようです(할
수 있는 것 같습니다)

③ 「동사의 ます형+そうだ(~할 것 같다–마치 그런 일이 일어날 것 같다고 추측하는 표현)」의 부정
표현은 「~そうにもない/そうもない(~할 것 같지 않다)」이다. できる(할 수 있다) → できそう
もありません(할 수 있을 것 같지 않습니다)

④ ~そうだ(~라고 한다–들은 이야기를 전달하는 전문표현) → できないそうです(할 수 없다고 합
니다)

단어 ▶ 残念ざんねんだ 유감이다　　仕事しごと 일

정답 ▶ 3

8 해석 ▶ 「먼저 복사기를 사용하게 해 주세요.」「네, 사용하세요.」

해설 ▶ ① くださる(주시다) → くださいません(주시지 않습니다)

② くださる(주시다) → くださいます(주십니다)

③ 「お+ます형+ください」는 「~てください(~해 주세요)」보다 더 공손한 표현이다. 使(つか)う(사
용하다)→ お使(つか)いください(사용하세요)

④ ~(さ)せてください(~하게 해 주세요)

使(つか)う(사용하다) → 使(つか)わせる(사용하게 하다–1그룹동사의 사역형 う단 어미를 あ단으
로 바꾸고 せる를 접속) → 使(つか)わせてください(사용하게 해 주세요)

단어 ▶ 先さきに 먼저　　コピー機き 복사기

정답 ▶ 3

9 해석 ▶ 미안합니다. 금연석은 만석입니다.

해설 ▶ ① 명사+でいらっしゃいます(이십니다)

② 명사+でございます(입니다–자기 쪽을 낮추는 겸양표현)
満席(まんせき)です(만석입니다) → 満席(まんせき)でございます(만석입니다–더 정중한 표현)

③ いらっしゃる(가시다/오시다/계시다) → いらっしゃいます(가십니다/오십니다/계십니다–ます
형이 いらっしゃります가 아니라 いらっしゃいます인 것에 주의하자)

④ 「ございます(있습니다)」는 「あります(있습니다)」의 정중한 표현이다.

단어 ▶ 禁煙席きんえんせき 금연석　　満席まんせき 만석

정답 ▶ 2

10 해석 ▶ 「실례합니다. 이 구두, 더 큰 사이즈는 없습니까?」

「잠깐 기다려 주세요. 찾아보겠습니다.」

해설 ▶ ① 「お+ます형+する(하다-자기 쪽의 행동을 낮추는 겸양표현)」

調(しら)べる(찾다/조사하다) → お調(しら)べする(찾다/조사하다) → お調(しら)べします(찾습니다/조사합니다) 따라서 정답은 1번이 된다. 그리고 2번 지문의 「調(しら)べします」는 「お」가 빠져 있으므로 올바른 문법형식이 아님.

② お+ます형+になる(하시다-존경표현)

調(しら)べる(찾다/조사하다) → お調(しら)べになる(찾으시다/조사하시다) 따라서 4번 지문 「お調(しら)べになります」는 「찾으십니다/조사하십니다」라는 존경표현이고 3번 지문의 「調(しら)べになります」는 「お」가 빠져 있으므로 올바른 문법형식이 아님.

단어 ▶ 靴<ruby>くつ</ruby> 구두　　もっと 더, 한층　　大<ruby>おお</ruby>きい 크다　　少々<ruby>しょうしょう</ruby> 조금, 잠깐

待<ruby>ま</ruby>つ 기다리다

정답 ▶ 1

문제2

11 バスが時間(じかん)通(どお)りに　★来(き)そうも　なかった　ので、電車(でんしゃ)で行(い)った。

해석 ▶ 버스가 시간대로 올 것 같지 않았기 때문에, 전철로 갔다.

해설 ▶ ① 「동사의 ます형+そうだ(~할 것 같다-마치 그런 일이 일어날 것 같다고 추측하는 표현)」의 부정 표현은 「~そうにもない/そうもない(~할 것 같지 않다)」이다. 따라서 来(く)る(오다) → 来(き)ます(옵니다) → 来(き)そうだ(올 것 같다) → 来(き)そうもない(올 것 같지 않다) → 来(き)そうもなかった(올 것 같지 않았다)

② 명사+通(どお)りに(~대로)

時間(じかん)通(どお)りに(시간대로)

約束(やくそく)通(どお)りに(약속대로)

단어 ▶ バス 버스　　時間<ruby>じかん</ruby> 시간　　来<ruby>く</ruby>る 오다　　ので 때문에　　電車<ruby>でんしゃ</ruby> 전철

行<ruby>い</ruby>く 가다

정답 ▶ 1

12 前(まえ)にも話(はな)した　★ように、今年(ことし)は　人数(にんずう)を減(へ)らしたいと思(おも)っています。

해석 ▶ 전에도 이야기한 것처럼, 올해는 인원수를 줄이고 싶다고 생각하고 있습니다.

해설 ▶ ① 동사의 기본형+ように(~같이/~처럼)

話(はな)す(이야기하다) → 話(はな)した(이야기했다-과거기본형) → 話(はな)したように(이야기한 것처럼)

② 동사의 ます형+たい(~하고 싶다-희망표현)

減(へ)らす(줄이다) → 減(へ)らします(줄입니다) → 減(へ)らしたい(줄이고 싶다)

단어 ▶ 前まえ 전, 앞　　今年ことし 올해　　人数にんずう 인원수
　　　 減へらす 줄이다　　思おもう 생각하다

정답 ▶ 4

---

13 こんな辛(から)い料理(りょうり)を小(ちい)さい子供(こども)　に　★食(た)べさせては　いけない。

해석 ▶ 이런 매운 요리를 어린 아이에게 먹여서는 안 된다.

해설 ▶ 食(た)べる(먹다)→ 食(た)べさせる(먹게 하다−2그룹동사의 사역형 어미 る를 떼고 させる를 접속)
　　　 ～てはいけない(～해서는 안 된다) → 食(た)べさせてはいけない(먹게 해서는 안 된다, 먹여서는 안
　　　 된다)

단어 ▶ こんな 이런　　辛からい 맵다　　料理りょうり 요리　　小ちいさい 작다
　　　 子供こども 아이

정답 ▶ 4

---

14 サクラ電気(でんき)の林(はやし)と　★申(もう)しますが、山田(やまだ)課長(かちょう)は　いらっしゃい
ますか。

해석 ▶ 사쿠라전기의 하야시라고 합니다만, 야마다 과장님은 계십니까?

해설 ▶ ① 「申(もう)す(말씀드리다)」는 「言(い)う(말하다)」의 특수겸양동사이다. 「～と申(もう)します(～라고
　　　 합니다)−자기를 소개할 때 쓰는 표현」
　　　 ② いらっしゃる(가시다/오시다/계시다) → いらっしゃいます(가십니다/오십니다/계십니다−ます
　　　 형이 いらっしゃります가 아니라 いらっしゃいます인 것에 주의하자)

단어 ▶ 電気でんき 전기　　課長かちょう 과장

정답 ▶ 2

---

15 お口(くち)に合(あ)うかどうか　分(わ)かりませんが、★よろしかったら　召(め)し上(あ)がってくださ
い。

해석 ▶ 입맛에 맞을지 어떨지 모르겠습니다만, 괜찮으시다면 드세요.

해설 ▶ ① 「～かどうか」는 「～지 ～어떨지」라는 표현이다.
　　　 ② 「～たら」 조건표현은 「각 품사의 과거형」에 접속한다.
　　　 　　よろしい(좋다/괜찮다) → よろしかった(좋았다/괜찮았다) → よろしかったら(좋다면/괜찮다면)
　　　 ③ 「召(め)し上(あ)がる(드시다)」는 「食(た)べる(먹다)/飲(の)む(마시다)」의 특수존경동사이다.

단어 ▶ 口くちに合あう 입맛에 맞다　　分わかる 알다

정답 ▶ 3

문제3

해석 ▶

후지 고교 00년도 졸업생 클래스회(동창회) [16] 안내

삼가 아뢰옵니다

상쾌한 새잎의 계절이(새잎이 돋는 계절이) 되었는데요, 여러분은 [17] 어떻게 지내십니까? 고등학교를 졸업해 벌써 10년. 30대를 목전에 두고, 여러분 각자의 길에서 활약 중이라고 생각합니다.

따라서 아래와 같이, 오랜만에 클래스회를 여니까 안내 말씀드립니다. 당일은 은사이신 하야시 선생님도 출석 [18] 하십니다. 그리운 이 사람, 저 사람(직역-저 사람 이 사람)의 얼굴을 보면, 평소의 스트레스도 날아갈 [19] 것입니다.

바쁘시겠지만, 꼭 참가해 주십시오. 여러분의 출석을 [20] 기다리고 있겠습니다.

삼가 말씀 드렸습니다

단어 ▶

高校こうこう 고등학교　　~年度ねんど ~년도　　卒業生そつぎょうせい 졸업생

拝啓はいけい 배계(삼가 아뢴다는 뜻으로 편지 머리에 쓰는 말)　　さわやかだ 상쾌하다

若葉わかば 어린 잎, 새잎　　季節きせつ 계절　　皆様みなさま 여러분　　過すごす 지내다

はや 벌써, 어느덧　　目前もくぜん 목전, 눈앞　　それぞれ 저마다, 각각　　道みち 길

活躍かつやく 활약　　つきましては 그러므로, 따라서　　下記かき 하기

~により ~에 따라, ~에 의해　　久ひさしぶりに 오랜만에　　開ひらく 열다

案内あんない 안내　　申もうし上あげる 말씀드리다　　当日とうじつ 당일

恩師おんし 은사　　出席しゅっせき 출석　　なつかしい 그립다　　顔かお 얼굴

日頃ひごろ 평소　　ストレス 스트레스　　吹ふき飛とぶ 날아가다, 단번에 없어지다

忙いそがしい 바쁘다　　ぜひ 꼭　　参加さんか 참가　　敬具けいぐ 경구(편지 끝의 인사말)

---

[16]　해설 ▶
① 「案内(あんない)」는 한자어 단어이므로 「お案内(あんない)」가 아니라 「ご案内(あんない)」이다.
② 「説明(せつめい)」도 한자어 단어이므로 「お説明(せつめい)」가 아니라 「ご説明(せつめい)」이다.
그러나 내용상 설명이 아니라 안내가 되어야 하므로 정답은 1번이다.

정답 ▶ 1

---

[17]　해설 ▶
① どんな(어떤)
② どなた(어떤 분)
③ いかが(어떻게)
④ どうぞ(상대편에게 무엇을 허락하거나 권하거나 할 때 쓰는 말)

정답 ▶ 3

18 해설 ▶ ① おっしゃる(말씀하시다–言(い)う의 존경동사) → おっしゃいます(말씀하십니다)

② なさる(하시다–する의 존경동사) → なさいます(하십니다)

③ いたす(하다–する의 겸양동사) → いたします(합니다)

④ まいる(가다/오다–겸양동사) → まいります(갑니다/옵니다)

정답 ▶ 2

19 해설 ▶ ① ～そうだ(～라고 한다–남에게 들은 이야기를 전달하는 전문표현) → 吹(ふ)き飛(と)ぶそうです
(날아간다고 합니다)

② ～はずがない(～할 리가 없다–절대 그럴 리가 없다고 강하게 추측하는 표현) → 吹(ふ)き飛(と)
ぶはずがありません(날아갈 리가 없습니다)

③ ～かどうか(～지 ～어떨지) → 吹(ふ)き飛(と)ぶかどうか分(わ)かりません(날아갈지 어떨지 모
르겠습니다)

④ ～はずだ(～할 것이다–틀림없이 그럴 것이라고 추측하는 표현) → 吹(ふ)き飛(と)ぶはずです(날
아갈 것입니다)

정답 ▶ 4

20 해설 ▶ ① 「お＋ます형＋する(하다–자기 쪽의 행동을 낮추는 겸양표현)」
待(ま)つ(기다리다) → お待(ま)ちする(기다리다) → お待(ま)ちしている(기다리고 있다) → お待
(ま)ちしています(기다리고 있겠습니다) → お待(ま)ちしております(기다리고 있겠습니다–い
ます보다 おります가 더 겸손한 표현) 따라서 정답은 2번이 된다. 그리고 1번 지문은 「待(ま)っ
て」 앞에 「お」가 있으므로 올바른 문법형식이 아님.

② お＋ます형＋になる(하시다–존경표현)
待(ま)つ(기다리다) → お待(ま)ちになる(기다리시다) 따라서 3번 지문은 존경표현이라서 문맥과
도 맞지 않고 뒤에 겸양표현인 「おります(있습니다)」가 접속되어 있어서 문법형식도 맞지 않음. 4
번 지문의 「待(ま)ちになって」는 「お」가 빠져 있으므로 올바른 문법형식이 아님.

정답 ▶ 2

Part 10

新 JLPT 종결자

문자/어휘

明 あきらかだ	분명하다, 명백하다	あたりまえだ	당연하다
新 あらただ	새롭다, 생생하다	安心 あんしんだ	안심이다
安全 あんぜんだ	안전하다	嫌 いやだ	싫다
色々 いろいろだ	다양하다	おしゃべりだ	수다스럽다
同 おなじだ	같다	主 おもだ	주요하다
確実 かくじつだ	확실하다	完全 かんぜんだ	완전하다
簡単 かんたんだ	간단하다	危険 きけんだ	위험하다
気 きの毒 どくだ	가엾다, 불쌍하다	器用 きようだ	솜씨가 좋다, 요령이 좋다
結構 けっこうだ	괜찮다	下品 げひんだ	품위가 없다

문제로 확인하기

問題1 ________の言葉の読み方として最もよいものを1・2・3・4から一つえらびなさい。

1 月末(げつまつ)までには確実に支払(しはら)うつもりだ。

　　1　がくしつに　　2　がくじつに　　3　かくしつに　　4　かくじつに

해석 ▶	월말까지는 <u>확실히</u> 지불 할 생각이다.
해설 ▶	1 ×　　　　　　　　　　　　　2 ×
	3 각질에 角質(かくしつ)에
	4 확실하게(확실히) 確実かくじつに / 확실하다 確実かくじつだ
정답 ▶	4

2 手先の器用な人になりたいです。

1　ぎょうな　　　　2　ぎよな　　　　3　きような　　　4　きよな

단어익히기　필수 な형용사

健康	けんこうだ	건강하다	高価	こうかだ	고가이다
様々	さまざまだ	가지각색이다	盛	さかんだ	성하다
残念	ざんねんだ	유감스럽다	幸	しあわせだ	행복하다
自然	しぜんだ	자연스럽다	失礼	しつれいだ	실례다
自分勝手	じぶんかってだ	제멋대로이다	邪魔	じゃまだ	방해다
自由	じゆうだ	자유롭다	十分	じゅうぶんだ	충분하다
主要	しゅようだ	주요하다	正直	しょうじきだ	정직하다
上手	じょうずだ	능숙하다	上品	じょうひんだ	고상하다, 품위가 있다
丈夫	じょうぶだ	튼튼하다	真剣	しんけんだ	진지하다
新鮮	しんせんだ	신선하다	心配	しんぱいだ	걱정이다
重要	じゅうようだ	중요하다	順調	じゅんちょうだ	순조롭다
素敵	すてきだ	멋지다			

문제로 확인하기

問題2　______のことばを漢字で書くとき最もよいものを1・2・3・4から一つえらびなさい。

1 車間距離をじゅうぶんにとらないと危ない。

1　十分に　　　　2　十文に　　　　3　銃分に　　　　4　中分に

2 <u>しょうじきな</u>者<ruby>もの</ruby>が損<ruby>そん</ruby>をする世<ruby>よ</ruby>の中<ruby>なか</ruby>になっています。

1 正首な　　　　2 正直な　　　　3 証直な　　　　4 政直な

단어익히기　필수 な형용사

素直 すなおだ	순수하다, 솔직하다		正確 せいかくだ	정확하다
積極的 せっきょくてきだ	적극적이다		そっくりだ	꼭 닮다
大丈夫 だいじょうぶだ	괜찮다		大好 だいすきだ	매우 좋아하다
大切 たいせつだ	소중하다, 중요하다		大変 たいへんだ	매우 힘들다
確 たしかだ	확실하다, 명확하다		駄目 だめだ	안 된다, 불가능하다
短気 たんきだ	성급하다		単純 たんじゅんだ	단순하다
丁寧 ていねいだ	정중하다		適当 てきとうだ	적당히 하다
当然 とうぜんだ	당연하다		得意 とくいだ	자신만만해 하다
特別 とくべつだ	특별하다		苦手 にがてだ	서툴다
熱心 ねっしんだ	열심이다		派手 はでだ	화려하다
必要 ひつようだ	필요하다		不安 ふあんだ	불안하다, 걱정이다

問題3（　　　　）に入れるのに最もよいものを1・2・3・4から一つえらびなさい。

1 幸せを（　　　　）表現することは素晴らしいことです。

　1　短期に　　　　2　素直に　　　　3　駄目に　　　　4　大変に

> 해석 ▶　행복을 （　순수하게　）표현하는 것은 훌륭한 일입니다.
>
> 해설 ▶　1　성급하게 短期たんきに / 성급하다 短期たんきだ
> 　　　　2　순수하게 素直すなおに / 순수하다 素直すなおだ
> 　　　　3　불가능하게 駄目だめに / 불가능하다 駄目だめだ
> 　　　　4　매우 힘들게 大変たいへんに / 매우 힘들다 大変たいへんだ
>
> 정답 ▶　2

2 健康ほど（　　　　）ものは無いと思う。

　1　単純な　　　　2　新鮮な　　　　3　そっくりな　　　　4　大切な

> 해석 ▶　건강만큼 （　소중한　）것은 없다고 생각한다.
>
> 해설 ▶　1　단순한 単純たんじゅんな / 단순하다 単純たんじゅんだ
> 　　　　2　신선한 新鮮しんせんな / 신선하다 新鮮しんせんだ
> 　　　　3　꼭 닮은 そっくりな / 꼭 닮다 そっくりだ
> 　　　　4　소중한 大切たいせつな / 소중하다 大切たいせつだ
>
> 정답 ▶　4

明 あきらかだ 분명하다, 명백하다 = 明白 めいはくだ 명백하다

あたりまえだ 당연하다 = 当然 とうぜんだ 당연하다

安心 あんしんだ 마음이 든든하다 = 心強 こころづよい 마음이 든든하다

色々 いろいろだ 다양하다 = 様々 さまざまだ 다양하다

危険 きけんだ 위험하다 = 危 あぶない 위험하다

気 きの毒 どくだ 가엾다, 불쌍하다 = かわいそうだ 불쌍하다

幸 しあわせだ 행복하다 = 幸福 こうふくだ 행복하다

新鮮 しんせんだ 신선하다 = フレッシュだ 신선하다

駄目 だめだ 소용없다, 허사다 = 無駄 むだだ 쓸데없다, 헛되다

短気 たんきだ 성급하다 = せっかちである 성급하다

必要 ひつようだ 필요하다 = 要 いる 필요하다

不安 ふあんだ 불안하다, 걱정이다 = 心配 しんぱいだ 걱정이다

不足 ふそくだ 부족하다 = 足 たりない 부족하다

変 へんだ 이상하다 = 可笑 おかしい 이상하다

無駄 むだだ 헛되다 = 不用 ふようだ 소용없다

面倒 めんどうだ 귀찮다 = 厄介 やっかいだ 성가시다

優秀 ゆうしゅうだ 우수하다 = 優 すぐれている 우수하다

楽 らくだ 쉽다, 용이하다 = 容易 よういだ 수월하다

わずかだ 얼마 남지 않다 = 少 すくない 적다

問題4 ________に意味が最も近いものを1・2・3・4から一つえらびなさい。

1 あんなに遊んでばかりで、負けて<u>当然だ</u>と思うよ。

1 不可能だ　　　2 惨めだ　　　3 当たり前だ　　　4 本当だ

> 해석 ▶ 저렇게 놀고만 있고, 지는 것이 <u>당연하다</u>고 생각해!
>
> 해설 ▶ 1 불가능하다　　　2 비참하다　　　3 당연하다　　　4 정말이다
>
> 정답 ▶ 3

2 これからどうなるかと<u>不安</u>でならない。

1 楽しみ　　　2 不便　　　3 不満　　　4 心配

> 해석 ▶ 앞으로 어떻게 될지 <u>불안(걱정돼서)</u>해서 견딜 수가 없다.
>
> 해설 ▶ 1 즐거움 楽たのしみ / 즐거움이다, 기대되다 楽たのしみだ
>
> 　　　　 2 불편 不便ふべん / 불편하다 不便ふべんだ
>
> 　　　　 3 불만 不満ふまん / 불만이다 不満ふまんだ
>
> 　　　　 4 걱정 心配しんぱい / 걱정이다 心配しんぱいだ
>
> 정답 ▶ 4

不可能 ふかのうだ	불가능하다	不思議 ふしぎだ	이상하다
無事 ぶじだ	무사하다	不自由 ふじゆうだ	부자유스럽다
不足 ふそくだ	부족하다	不注意 ふちゅういだ	부주의하다
不得意 ふとくいだ	능숙하지 못하다	不便 ふべんだ	불편하다
不満 ふまんだ	불만이다	平気 へいきだ	끄떡없다
平和 へいわだ	평화롭다	下手 へただ	서투르다
変 へんだ	이상하다	便利 べんりだ	편리하다
朗 ほがらかだ	명랑하다	本当 ほんとうだ	정말이다
真面目 まじめだ	성실하다	満足 まんぞくだ	만족하다
見事 みごとだ	훌륭하다, 멋지다	惨 みじめだ	비참하다
緑 みどり豊 ゆたかだ	나무가 풍요롭다	無駄 むだだ	헛되다, 쓸데없다
夢中 むちゅうだ	열중이다	無理 むりだ	무리이다
面倒 めんどうだ	귀찮다	有効 ゆうこうだ	유효하다
優秀 ゆうしゅうだ	우수하다	容易 よういだ	손쉽다, 용이하다
楽 らくだ	쉽다, 용이하다	立派 りっぱだ	훌륭하다
わずかだ	얼마 남지 않다		

문제로 확인하기

問題5　つぎのことばの使い方として最もよいものを1・2・3・4から一つえらびなさい。

1　朗らかだ

1　朗らかな性格それこそが彼の魅力であります。

2　そのドレスは朗らかな色で今日のパーティーには似合わないかも。

3　体の調子が悪くて朗らかです。

4　朗らかだったので悪いけど適当に返事をした。

2 無駄だ

1 <u>無駄</u>は発明のははである。

2 <u>金</u>を<u>無駄に</u>使ってはいけないです。

3 エネルギーの<u>無駄</u>のためにできることを紹介してほしい。

4 お金を<u>無駄に</u>して自分の店を持つのが夢です。

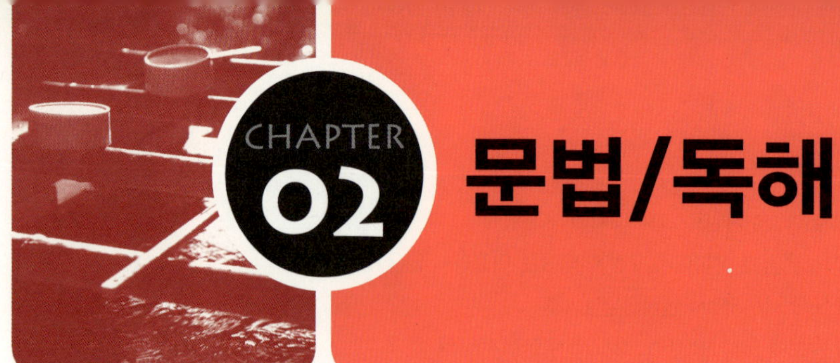

문법/독해

01. あいだ(に) ~동안(에)

보통 「あいだ」와 「あいだに」는 「명사のあいだ(に)」「동사ている＋あいだ(に)」의 형태로 접속한다. 접속 형태에는 차이가 없으나 뉘앙스의 차이가 있으니 조심하자. 「あいだ」는 어떤 동작이나 상태가 그 동안에 쭉 지속됨을 나타내고, 「あいだに」는 기간 내에 행해지는 상태나 동작 등을 나타내는데 「あいだ」처럼 쭉 지속되는 의미가 아니라 일회성으로 사건이 발생한다는 뉘앙스를 지닌다.

夏休みのあいだ、ずっとボランティア活動をしていました。

여름방학동안 계속 봉사활동을 했습니다.

夏休みのあいだに、一人で旅行をしようと思っている。

여름방학동안 혼자서 여행을 하려고 생각하고 있다.

先生が話しているあいだ、私はずっと寝ていた。

선생님이 이야기하고 있는 동안 나는 계속 잤다.

先生が話しているあいだに、その生徒は逃げだした。

선생님이 이야기하고 있는 동안 그 학생은 도망갔다.

문제로 확인하기

1 友達が着替えている(　　　　)、私はずっと外で待っていた。

　1　あいだと　　　　2　あいだに　　　　3　あいだ　　　　4　あいだで

> 해석 ▶ 친구가 옷을 갈아입는 동안 나는 계속 밖에서 기다렸다.
>
> 해설 ▶ 친구가 옷을 갈아입고 있는 동안 계속 기다리고 있었으므로 어떤 동작이나 상태가 그 동안에 쭉 지속됨을 나타내는 「あいだ(동안)」가 정답이다.
>
> 정답 ▶ 3

02. いくら(どんなに)～ても/たとえ～ても 아무리～해도/설령～하더라도

「いくら ～ても」와「どんなに ～ても」는 유사한 뜻으로「몇 번이나 ～해도, 아무리 ～그렇다 하더라도」라는 강조의 뉘앙스를 가진 표현이다.「いくら(どんなに)～たところで(아무리 ～해 봤자)」의 형태로도 자주 쓰인다.「たとえ ～ても」는「いくら(どんなに) ～ても」와는 달리 아직 일어나지 않은 일을 가정하며「설령 ～하더라도」라는 뜻이다.

いくら読んでも分からない。

아무리 읽어도 모른다(몇 번이나 읽어봤지만 모르겠다는 의미)

たとえ読んでも分からない。

설령 읽어도 모른다(아직 읽지 않았지만 읽어도 모를 것이라는 의미)

どんなに注意したところで、彼は自分では悪いとは思っていないのだから、また酒を飲んで運転するだろう。

아무리 주의를 줘봤자 그는 스스로는 나쁘다고 생각하고 있지 않으니까 또 술을 마시고 운전할 것이다.

문제로 확인하기

1 林さんは(　　　)食べてもけっして太らない。

  1　いくら　　　　2　すこし　　　　3　せめて　　　　4　どんな

> 해석 ▶ 하야시씨는 아무리 먹어도 결코 살찌지 않는다.
> 해설 ▶ ① いくら ～ても(몇 번이나 ～해도/아무리 ～그렇다 하더라도) → いくら食(た)べても(아무리 먹어도)
>   ② すこし(조금)
>   ③ せめて(하다못해, 적어도)
>   ④ どんな(어떤)
> 정답 ▶ 1

2 たとえお金が(　　　)、友達がいなければ幸せとは言えない。

  1　あれば　　　　2　あっても　　　　3　なりれば　　　　4　なくても

03. ～うちに/～ないうちに ～하는 동안에/～하기 전에

「～うちに」는「～하는 동안에」라는 뜻이고,「～ないうちに」는「～하기 전에」라는 표현이다.「～う
ちは(～동안에는/～일 때에는)」의 형태로도 자주 쓰이니 알아두자.

熱いうちに、たくさん召し上がってください。
뜨거울 때(뜨거운 동안에) 많이 드세요.

冷めないうちに、たくさん召し上がってください。
식기 전에 많이 드세요.

문제로 확인하기

1 講演を聞いている(　　　)、眠くなってきた。

1　うえに　　　　2　うえで　　　　3　ないうちに　　　4　うちに

2 その会社に就職して４年も（　　　　）うちに彼は重役になった。

1　経って　　　　　　2　経たない　　　　3　経つ　　　　　　4　経った

해석 ▶　그 회사에 취직한지 4년도 지나기 전에 그는 중역이 되었다.

해설 ▶　① 　～ないうちに(～하기 전에)

　　　　　経(た)つ(〈시간이〉 지나다) → 経(た)たない(지나지 않다) → 経(た)たないうちに(지나기 전에)

　　　　② 経(た)つ(〈시간이〉 지나다) → 経(た)って(지나고/지나서–연결형), 経(た)った(지났다–과거형)

정답 ▶　2

04.　～おかげで　～덕분에

「～おかげだ」는 「～덕분이다」 「～おかげで」는 「～덕분에」라는 뜻으로 감사의 기분을 나타낼 때 쓰는 표현이다.

彼がいろいろ手伝ってくれたおかげで、仕事が早く片付いた。
그가 여러 가지로 도와준 덕분에 일이 빨리 끝났다.

문제로 확인하기

1 先生に教えていただいた（　　　　）、英語が上手になりました。

1　ばかりか　　　　2　せいで　　　　　3　おかげで　　　　4　くせに

해석 ▶　선생님이 가르쳐 주신 덕분에 영어가 능숙해졌습니다.

해설 ▶　① ばかりか(뿐만 아니라)

　　　　② せいで(탓으로)

　　　　③ おかげで(덕분에)

　　　　④ くせに(주제에)

　　　　⑤ 「～ていただく」는 「(윗사람에게) ～해 받다. 즉 (윗사람이) ～해 주시다」라는 뜻이다.

　　　　教(おし)えていただく(가르쳐 받다. 즉 가르쳐 주시다) → 教(おし)えていただいた(가르쳐 주셨다)

　　　　⑥ ～になる(～하게 되다.–지다–な형용사의 변화)

　　　　上手(じょうず)だ(능숙하나) → 上手(じょうず)になる(능숙해지다) → 上手(じょうず)になりました(능숙해졌습니다)

정답 ▶　3

일정한 시간, 거리, 간격을 두고 반복적으로 거듭되는 사항에서 쓰인다.

この道路には５メートルおきに桜が植えてあります。

이 도로에는 5미터 간격으로 벚나무가 심어져 있습니다.

문제로 확인하기

1 この薬はかならず6時間（　　　　）お飲みください。

　1　おきに　　　　　2　ずつ　　　　　　3　くらい　　　4　から

해석 ▶ 이 약은 반드시 6시간 간격으로 드세요.

해설 ▶ ① 〜おきに(〜걸러, 〜간격으로)
　　　② 〜ずつ(〜씩)
　　　③ 〜くらい(〜정도)
　　　④ 〜から(〜부터/〜때문에)
　　　⑤ 「お+ます형+ください」는 「〜てください(〜해 주세요)」보다 더 공손한 표현이다. 飲(の)む(마시다)→ 飲(の)んでください(마시세요) → お飲(の)みください(마시세요) 그리고 약을 먹다는 「薬(くすり)を食(た)べる」가 아니라 「薬(くすり)を飲(の)む」 이다.

정답 ▶ 1

06. 〜がする ～이 나다

보통 「におい(냄새)/味(あじ)(맛)/音(おと)(소리)/声(こえ)(목소리)」등의 단어와 함께 쓰인다. 「気(き)がする(기분이 들다/생각이 들다)」라는 관용적 표현도 함께 알아두자.

タイに行った時にあらゆる場所で香辛料のにおいがしました。

태국에 갔을 때 여러 장소에서 향신료 냄새가 났습니다.

少し太ったような気がします。

조금 살찐 것 같은 기분이 듭니다.

1 このパンはコーヒーの味^{あじ}が（　　　）、とてもおいしい。

1　いて　　　　　　2　みて　　　　　　3　して　　　　　　4　なって

> 해석 ▶ 이 빵은 커피 맛이 나서 아주 맛있다.
> 해설 ▶ 味(あじ)がする(맛이 나다)
> 정답 ▶ 3

07.　～かねない　～하기 쉽다

동사의 ます형에 접속하며 「～하기 쉽다, ～할 가능성이 있다」라는 뜻을 나타낸다. 주로 나쁜 결과가 올 우려가 있다는 문장에서 많이 쓰인다. 말하는 사람이 부정적인 평가를 내리는 경우에만 사용한다.

売^うり上^あげが伸^のびず、このままでは倒産^{とうさん}しかねない。

매상이 오르지 않고 이대로 라면 도산하기 쉽다.

1 風邪薬^{かぜぐすり}を飲^のんで運転^{うんてん}すると、交通事故^{こうつうじこ}になり（　　　）。

1　得^えない　　　　2　かもしれない　　3　かねる　　　　4　かねない

> 해석 ▶ 감기약을 먹고 운전하면 교통사고가 나기 쉽다.
> 해설 ▶ ① 동사의 ます형＋得(え)ない(～할 수 없다)
> 　　　　　なる(되다) → なり得(え)ない(될 수 없다)
> 　　　　② ～かもしれない(～할지도 모른다)
> 　　　　　なる(되다) → なるかもしれない(될지도 모른다)
> 　　　　③ 동사의 ます형＋かねる(～하기 어렵다)
> 　　　　　なる(되다) → なりかねる(되기 어렵다)
> 　　　　④ 동사의 ます형＋かねない(하기 쉽다)
> 　　　　　なる(되다) → なりかねない(되기 쉽다)
> 정답 ▶ 4

08. 〜かわりに 〜대신에

今、手が離せないので、私のかわりに電話に出てください。

지금 손을 놓을 수 없으니까 제 대신에 전화를 받아 주세요.

문제로 확인하기

1 最近、映画館に行く（　　　　）携帯に映画をダウンロードして見る人が増えている。

　1　かわりに　　　　2　から　　　　　　3　ために　　　　4　くせに

> 해석 ▶　최근에 영화관에 가는 대신에 휴대폰에 영화를 다운로드 해서 보는 사람이 늘고 있다.
>
> 해설 ▶　① かわりに(대신에) → 行(い)くかわりに(가는 대신에)
>
> 　　　　② から(때문에) → 行(い)くから(가기 때문에)
>
> 　　　　③ ために(위해서) → 行(い)くために(가기 위해서)
>
> 　　　　④ くせに(주제에) → 行(い)くくせに(가는 주제에)
>
> 정답 ▶　1

09. 〜がちだ 자주 〜하다

「遅(おく)れがちだ(자주 늦다)」「病気(びょうき)がちだ(자주 앓다)」처럼 동사의 ます형과 명사에 접속해 「자주 〜하다, 〜하기 십상이다」라는 뜻을 나타낸다. 「〜がちの명사」의 형태로도 자주 쓰인다.

季節の変わり目には、体調をくずしがちだ。

환절기에는 컨디션을 해치기 십상이다.

このごろは曇りがちの天気が続いています。

요즈음은 자주 흐린 날씨가 계속 되고 있습니다.

문제로 확인하기

1 便利な生活をしていると、人間は自然のありがたさをつい忘れ（　　　　）。

　1　がたい　　　　2　得る　　　　　　3　きれる　　　　4　がちだ

10. ~きり ~한 채

동사의 た형에 접속해서 「~한 것이 마지막으로 예상한 일이 일어나지 않는다」라는 뉘앙스를 나타 낸다.

娘(むすめ)は、学校(がっこう)から帰(かえ)ってきて、自分(じぶん)の部屋(へや)に入(はい)ったきり、出(で)てこない。

딸은 학교에서 돌아와서 자기 방에 들어간 채 나오지 않는다.

문제로 확인하기

1 中島(なかしま)さんは私の辞書(じしょ)を持(も)っていったきり(　　　)。

1 返(かえ)すべきだ　　　　　　　2 返(かえ)してくれた

3 返(かえ)してくれない　　　　　4 返(かえ)そうとする

⑤ 동사의 た형+きり(~한 채)

持(も)っていく(가지고 가다) → 持(も)っていった(가지고 갔다-과거형) → 持(も)っていった

きり(가지고 간 채)

정답 ▶ 3

11. ~きる/~きれる/~きれない

완전히 ~하다/완전히 ~할 수 있다/완전히 ~할 수 없다

「~きる」는 동사의 ます형에 접속해 「완전히 ~하다, 끝까지 ~하다」는 뜻을 나타낸다. 「~きれる」는 「완전히 ~할 수 있다」 「~きれない」는 「완전히 ~할 수 없다」는 뜻이다.

25キロを走りきるのは大変なことだ。

25킬로미터를 끝까지 뛰는 것은 힘든 일이다.

これ全部、今日中に覚えきれる？

이거 전부 오늘 중에 다 외울 수 있어?

量が多すぎて、とても一人では食べきれない。

양이 너무 많아서 도저히 혼자서는 다 먹을 수 없다.

문제로 확인하기

1 会場に入り（　　　）ほどの聴衆が集まっている。とてもおもしろい講演に違いない。

1　きる　　　　　2　きれる　　　　　3　きられない　　　4　きれない

해석 ▶ 회장에 다 들어갈 수 없을 만큼의 청중이 모여 있다. 아주 재미있는 강연임에 틀림없다.

해설 ▶ ① 동사의 ます형+きる(완전히 하다)

入(はい)る(들어가다) → 入(はい)りきる(완전히 들어가다)

② 동사의 ます형+きれる(완전히 할 수 있다)

入(はい)る(들어가다) → 入(はい)りきれる(완전히 들어갈 수 있다)

③ 동사의 ます형+きられない(올바른 문법형식이 아님)

④ 동사의 ます형+きれない(완전히 할 수 없다)

入(はい)る(들어가다) → 入(はい)りきれない(완전히 들어갈 수 없다)

⑤ 〜に違(ちが)いない(〜임에 틀림없다)

예) あの人(ひと)は日本人(にほんじん)に違(ちが)いない(저 사람은 일본사람임에 틀림없다)

彼(かれ)がケーキを食(た)べたに違(ちが)いない(그가 케이크를 먹은 것임에 틀림없다)

정답 ▶ 4

12. 〜くせに 〜인 주제에, 〜이면서도

비난의 기분을 강하게 나타내는 표현이다.

彼(かれ)はアルコールに弱(よわ)いくせにお酒(さけ)を飲(の)むのが大好(だいす)きだ。

그는 알코올에 약한 주제에 술 마시는 것을 아주 좋아한다.

문제로 확인하기 ○

1 新人(しんじん)の(　　　　）、あいさつもしないし、態度(たいど)が大(おお)きい。

1 かわりに　　　2 くせに　　　3 せいで　　　4 おかげで

해석 ▶ 신인(신참)인 주제에 인사도 하지 않고 태도가 건방지다.

해설 ▶ ① 〜かわりに(〜대신에) → 新人(しんじん)のかわりに(신참 대신에)

② 〜くせに(〜인 주제에) → 新人(しんじん)のくせに(신참인 주제에)

③ 〜せいで(〜탓으로) → 新人(しんじん)のせいで(신참 탓으로)

④ 〜おかげで(〜덕분에) → 新人(しんじん)のおかげで(신참 덕분에)

정답 ▶ 2

13. 〜くらいだ(〜ぐらいだ)/〜くらい(〜ぐらい) 〜정도이다/〜할 정도로

사물이나 상태의 정도를 나타낸다.

今日(きょう)はとても暖(あたた)かくて、ストーブもいらないくらいです。

오늘은 아주 따뜻해서 스토브도 필요 없을 정도입니다.

眠(ねむ)れないぐらい歯(は)が痛(いた)いよ。

잠을 잘 수 없을 정도로 이가 아파.

1 喉が痛くて、食事どころか水さえ（　　　）。

1　飲めないぐらいだ

2　飲むはずだ

3　飲めるぐらいだ

4　飲みたがっている

해석 ▶ 목이 아파서 식사는커녕 물조차 마시지 못할 정도이다.

해설 ▶ ① 飲(の)む(마시다) → 飲(の)める(마실 수 있다–1그룹동사의 가능형 う단 어미를 え단으로 바꾸고 る를 접속) → 飲(の)めない(마실 수 없다) → 飲(の)めないぐらいだ(마실 수 없을 정도이다)

② 〜はずだ(〜할 것이다–틀림없이 그럴 것이라는 확실한 추측)

飲(の)む(마시다) → 飲(の)むはずだ(마실 것이다)

③ 飲(の)む(마시다) → 飲(の)める(마실 수 있다–1그룹동사의 가능형 う단 어미를 え단으로 바꾸고 る를 접속) → 飲(の)めるぐらいだ(마실 수 있을 정도이다)

④ 飲(の)む(마시다) → 飲(の)みたい(마시고 싶다–희망표현 동사의 ます형+たい) → 飲(の)みたがる(마시고 싶어 하다–3인칭의 희망표현 동사의 ます형+たがる) → 飲(の)みたがっている(마시고 싶어 하고 있다)

⑤ 「〜どころか」는 「〜커녕」「〜さえ」는 「〜조차」라는 뜻이다.

정답 ▶ 1

---

14. 〜こと/〜の 〜것

「こと」는 형식명사로서 주로 「사항, 사실, 내용」등 추상적인 것을 나타낸다. 보통 「AはBです／A はBだ, AはBである(A는 B입니다/A는 B이다)」의 문장에서 B에는 「こと」만 쓰인다. 「の」는 형식명 사로서 주로 구체적인 일이나 동작을 나타낸다. 見(み)る(보다), 見(み)える(보이다), 聞(き)く(듣다), 聞(き)こえる(들리다)와 같은 지각동사 앞에서는 「の」가 쓰인다. 단 聞(き)く는 「(소리나 목소리를) 듣다」라는 뜻으로 사용할 때에는 「の」가 쓰이지만, 「(어떤 이야기, 사실, 내용을) 듣다」라고 할 때는 「こと」를 써야한다.

私の夢は将来、外交官になることである。

(AはBです／AはBだ/AはBである B에는 こと가 쓰임)

내 꿈은 장래 외교관이 되는 것이다.

私は横井さんが急いで走っていくのを見ました。 (지각동사 앞에는 の가 쓰임)

나는 요코이씨가 서둘러 뛰어가는 것을 봤습니다.

遠くで犬が吠えているのが聞こえます。(지각동사 앞에는 の가 쓰임)

멀리서 개가 짖고 있는 것이 들립니다.

中田さんが交通事故にあったことを聞きましたか。

(「이야기/사실/내용을 듣다」라고 할 때는 こと를 쓴다)

나카타씨가 교통사고가 났다는 것을 들었습니까?

문제로 확인하기

1 となりの部屋で誰かが歌を歌っている(　　　)聞こえます。

　1　ことが　　　　　2　のが　　　　　3　ことを　　　　4　のを

> 해석 ▶ 옆방에서 누군가가 노래를 부르고 있는 것이 들립니다.
> 해설 ▶ 聞(き)こえる(들리다)와 같은 지각동사 앞에서는 형식명사 「の」가 쓰임.
> 정답 ▶ 2

15. ～ことに ～하게도(놀람이나 감동을 나타냄)

「동사의 た형, い형용사 기본형, な형용사 명사수식형」에 접속해 화자의 놀람이나 감탄 같은 감정표현을 나타낸다.

驚おどろいたことに 놀랍게도　　　　　困こまったことに 곤란하게도

悲かなしいことに 슬프게도　　　　　嬉うれしいことに 기쁘게도

残念ざんねんなことに 유감스럽게도　　　　不思議ふしぎなことに 이상하게도

문제로 확인하기

1 残念な(　　　)、好きな居酒屋がつぶれてしまった。

　1　ことに　　　　　2　ことはない　　　3　ことから　　　　4　ことなく

16. ～ことはない ～할 필요는 없다

어떤 근거를 제시하며 굳이 그럴 필요는 없다고 말할 때 쓰는 표현이다.

そんなにいやなら、無理(むり)して飲(の)むことはない。

그렇게 싫으면 무리해서 마실 필요는 없다.

문제로 확인하기

1 大(たい)した怪我(けが)じゃないから、何(なに)も心配(しんぱい)する(   )。

1 ことか   2 ことに

3 ことはない   4 ことになっている

17. ～さえ～ば　～만 ～면

「さえ」는「忙(いそが)しくて寝(ね)る時間(じかん)さえない(바빠서 잘 시간조차 없다)」에서와 같이「～조차, ～마저」라는 뜻으로 쓰인다.「～さえ ～ば」는「조건만 맞으면」이라는 뉘앙스를 지닌 표현으로, 흔히「동사의 ます형+さえすれば/い형용사く+さえあれば/な형용사で+さえあれば/명사+さえ～ば」의 접속 형태로 자주 사용된다.

お金さえあれば何でもできると思う人がいる。
돈만 있으면 뭐든지 가능하다고 생각하는 사람이 있다.

この辺は交通が便利でさえあれば住みやすいところです。
이 부근은 교통이 편리만 하면 살기 편한 곳입니다.

安くさえあれば買ってもいいですよ。
싸기만 하면 사도 좋아요.

薬を飲みさえすれば、大丈夫だろう。
약을 먹기만 하면 괜찮을 것이다.

문제로 확인하기

1 よく寝(　　　)すれば、疲れはとれるだろう。

　1　さえ　　　　　2　だけ　　　　　3　しか　　　　　4　ばかり

해석 ▶ 잘 자기만 하면 피로는 가실 것이다.
해설 ▶ ①「～さえ ～ば」는「～만 ～면」이라는 뜻으로 동사의 경우「동사의 ます형+さえすれば」의 형태로 자주 쓰임. 寝(ね)る(자다) → 寝(ね)さえすれば(자기만 하면)
　　　② ～だけ(만/뿐) 예) 一(ひと)つだけです(하나뿐입니다)
　　　③ ～しか(～밖에) 예) 一(ひと)つしかない(하나밖에 없다)
　　　④ ～ばかり(만/뿐) 예) 漫画(まんが)ばかり読(よ)んでいる(만화만 읽고 있다)
　　　⑤ とれる(없어지다, 가시다) → 疲(つか)れがとれる(피로가 가시다)
정답 ▶ 1

열거를 하거나 원인과 이유를 나타낼 때 사용한다.

この部屋は狭いし、交通の便も不便だし、しかも家賃も高い。

이 방은 좁고, 교통편도 불편하고 게다가 집세도 비싸다.

時間もないし、タクシーで行くことにした。

시간도 없고(없기 때문에), 택시로 가기로 했다.

문제로 확인하기 ○

1 もう時間も遅い(　　　)、そろそろ帰ろうじゃないか。

　1　で　　　　　　　2　と　　　　　　　3　し　　　　　　　4　て

해석 ▶	벌써 시간도 늦었고 슬슬 돌아가자.
해설 ▶	① 「し」는 열거를 하거나 원인과 이유를 나타냄.
	② 「동사의 의지형＋ではないか」는 「～하자, ～하지 않겠는가」라는 표현이다. 帰(かえ)る(돌아가다) → 帰(かえ)ろう(돌아가야지/돌아가자ー1그룹동사의 의지형 う단 어미를 お단으로 바꾸고 う를 접속) → 帰(かえ)ろうではないか(돌아가자ーじゃ는 では의 회화체)
정답 ▶	3

19.　～次第(しだい)/～次第(しだい)だ/～次第(しだい)で(は)

～하는 대로 즉시/～여하에 달렸다/～여하에 따라서(는)

「동사의 ます형」에 접속해 「～하는 대로 즉시」라는 뜻을 나타낸다. 그리고 「명사＋次第(しだい)だ /次第(しだい)で(は)」의 형태로 「명사」에 따라 결정된다는 의미를 가진다. 그 밖에 「次第(しだい) だ」는 어떤 연유를 설명하고 「～이렇게 된 것이다, ～이렇게 된 셈이다」라는 뜻으로도 쓰인다.

品物が着き次第送金します。

물건이 도착하는 대로 송금하겠습니다.

それは君の決心次第だ。

그것은 자네의 결심 여하에 달렸다.

天気次第で予定が変更される可能性もある。

날씨 여하에 따라서 예정이 변경될 가능성도 있다.

大雪のため、試合の開始時刻が遅れた次第です。

많은 눈 때문에 시합 개시 시간이 늦어진 셈입니다.

문제로 확인하기

1 日本語能力試験に合格できるかどうかは、今後の努力（　　　）。

1　おかげだ　　　　2　しだいだ　　　　3　がちだ　　　　4　せいだ

해석 ▶　일본어능력시험에 합격할 수 있을지 어떨지는 앞으로의 노력 여하에 달렸다.

해설 ▶　① ～おかげだ(～덕분이다)

예）先生(せんせい)のおかげだ(선생님 덕분이다)

② ～しだいだ(～여하에 달렸다)

努力(どりょく)しだいだ(노력 여하에 달렸다)

③ 동사의 ます형+がちだ(자주 ～하다, ～하기 십상이다)

예）病気(びょうき)がちだ(자주 병에 걸리다)

④ ～せいだ(～탓이다)

예）お前(まえ)のせいだ(네 탓이다)

정답 ▶　2

20. ～ずにはいられない ～하지 않을 수 없다

「～ずにはいられない」는 「동사의 ない형」에 접속해 억제하려해도 그렇게 하지 않고는 있을 수 없다는 뉘앙스이다. する의 경우에는 「～せずにはいられない」의 형태를 취한다. 「～ないではいられない」도 같은 표현이다.

彼女のことを同情せずにはいられない。

그녀를 동정하지 않을 수 없다.

困っている人を見たら、助けずにはいられない。

난처해 하고 있는 사람을 보면 도와주지 않을 수 없다.

1 「内緒（ないしょ）にして」と頼（たの）まれたが、こんな面白（おもしろ）い話（はなし）、（　　　）ずにはいられない。

　1　話（はな）せ　　　2　話（はな）し　　　3　話（はな）さ　　　4　話（はな）す

해석 ▶ 「비밀로 해 줘」라고 부탁받았지만 이런 재미있는 이야기, 이야기하지 않을 수 없다.

해설 ▶ ① 「～ずにはいられない（～하지 않을 수 없다）」는 「동사의 ない형」에 접속한다.

話（はな）す（이야기하다） → 話（はな）さない（이야기하지 않다） → 話（はな）さずにはいられない

（이야기하지 않을 수 없다）

② 「～て（～해 줘）」는 「～てください（～해 주세요）」의 축약형이다.

内緒（ないしょ）にする（비밀로 하다） → 内緒（ないしょ）にしてください（비밀로 해 주세요） →

内緒（ないしょ）にして（비밀로 해 줘）

정답 ▶ 3

問題7　下の内容はトマトとバジルの冷たいスパゲティのレシピである。次の文章を読んで、
　　　　質問に答えなさい。答えは、1・2・3・4から最もよいものを一つえらびなさい。

1　スパゲティを作る時、なくてもいいものはどれか。

　　1　トマト完熟　2個　　　　　　　　2　オリーブ　大さじ3

　　3　パズル葉　10枚　　　　　　　　4　スパゲティ　120グラム

2　スパゲティの作り方として間違っているものはどれか。

　　1　バジルは飾り用を残して、小さくちぎりする。

　　2　トマトは皮のまま2cm角くらいのざく切りにする

　　3　ざく切りのトマトとちぎったバジルを加えて1時間以上冷やす。

　　4　スパゲティの長さは半分に折る。

トマトとバジルの冷たいスパゲティ

①　トマトは皮を湯むきし、半量は2cm角くらいのざく切りにします。

②　トマトの残り半量はみじん切りにして、汁ごとボールに入れます。

③　バジルは、飾り用に半分残して、小さくちぎります。

④　②のボールにAを順番に加え、オリーブ油はすこしずつ混ぜてよくなじませ
　　ます。

　　ざく切りのトマトとちぎったバジルを加えて、冷蔵庫で1時間以上冷やし
　　ます。

⑤　スパゲティを半分の長さに折り、ゆでてざるにとり、水を流しながら手早
　　くさまします。
　　水気を充分にきって、④であえて、バジルを飾ります。

材料「2人分」

スパゲティ……………………………120グラム

塩……………………………………小さじ2弱

トマト完熟……………………………2個(400グラム)

バジルの葉(生)………………………10枚

A

にんにく(すりおろす)……………2分の1（片）

塩……………………………………小さじ1弱

こしょう……………………………少々

砂糖…………………………………少々

オリーブ……………………………大さじ3

문제 아래 내용은 토마토와 바질의 냉(차가운) 스파게티 레시피이다. 다음 문장을 읽고, 질문에 답하시오. 정답
은 1 · 2 · 3 · 4에서 가장 적당한 것을 하나 고르시오.

1 스파게티를 만들 때 없어도 되는 것은 어느 것인가?

1 토마토(완숙) 2개   2 올리브 큰 스푼 3

3 퍼즐 잎 10매   4 스파게티 120그램

정답 ▶ 3

2 스파게티를 만드는 방법으로서 틀린 것은 어느 것인가?

1 바질은 장식용을 남기고, 잘게 찢는다.

2 토마토는 껍질 채로 2센티미터 각으로 썩둑썩둑 자릅니다.

3 썩둑썩둑 자른 토마토와 찢어놓은 바질을 추가해서 1시간 이상 차게 한다.

4 스파게티의 길이는 반으로 자른다.

정답 ▶ 2

토마토와 바질의 냉 스파게티

① 토마토는 뜨거운 물로 껍질을 벗기고, 반은 2㎝ 각으로 썩둑썩둑 자릅니다.

② 토마토의 나머지 반은 아주 잘게 썰어서 즙 째 볼에 넣습니다.

③ 바질은 장식용으로 반은 남기고, 잘게 찢습니다.

④ ②의 볼에 A를 차례대로 추가하고, 올리브유는 조금씩 섞어서 잘 배게 합니다. 각으로 썬 토마토와 잘게
찢은 바질을 추가로 넣고, 냉장고에서 1시간 이상 차갑게 해둡니다.

⑤ 스파게티(면)를 반 길이로 자르고, 삶아서 소쿠리에 건진 다음, 물을 흐르게 하면서 빠르게 식힙니다. 물기
를 충분히 제거한 후 ④와 버무려서 바질을 장식합니다.

<table>
<tr><td colspan="2" align="center">재료 「2 인분」</td></tr>
<tr><td>스파게티 ……………………</td><td>120그램</td></tr>
<tr><td>소금 ………………………</td><td>작은 스푼 2 약(2스푼 보다 약간 적게)</td></tr>
<tr><td>토마토(완숙) ………………</td><td>2개 (400그램)</td></tr>
<tr><td>바질 잎(생것) ………………</td><td>10매</td></tr>
<tr><td>A</td><td></td></tr>
<tr><td>마늘(갈다) …………………</td><td>2분의 1(반쪽)</td></tr>
<tr><td>소금 ………………………</td><td>작은 스푼 1(2스푼 보다 약간 적게)</td></tr>
<tr><td>후춧가루 …………………</td><td>조금</td></tr>
<tr><td>설탕 ………………………</td><td>조금</td></tr>
<tr><td>올리브 ……………………</td><td>큰 스푼 3</td></tr>
</table>

동사의 ます형 + 方(かた) ~하는 방법

    예) 作(つく)る → 作(つく)ります → 作(つく)り方(かた) 만드는 방법

명사 + のまま ~채로

    예) 皮(かわ)のまま 껍질 채로

い형용사의 명사형 (끝 글자 い를 없애고 さ를 붙이는 단어도 있다)

    예) 長(なが)い → 長(なが)さ 길이, 高(たか)い → 高(たか)さ 높이

동사의 ます형 + ながら ~하면서

    예) ながす → ながします → ながしながら 씻어내면서, 흐르게 하면서

단어 ▶ 完熟かんじゅく 완숙   個こ ~개   大おおさじ 큰 숟가락   葉は 잎

간   間違まちがう 틀리다, 잘못되다   飾かざり用よう 장식용   残のこす 남기다

간   ちぎる 손끝으로 잘게 찢다   皮かわ 껍질, 가죽

간   ざく切ぎり 채소 등을 통째로 썩둑썩둑 써는 일   加くわえる 더하다, 추가하다

간   以上いじょう 이상   冷ひやす 차게 하다   半分はんぶん 반

간   折おる 접다, 꺾다, 부러뜨리다   冷つめたい 차갑다

간   湯ゆむき 뜨거운 물로 껍질을 벗기는 것   残のこり 나머지   汁しるごと 즙 째로

간   順番じゅんばんに 순서대로   すこしずつ 조금씩   混まぜる 섞다, 혼합하다

간   なじませる 맛들게 하다, 배게 하다   茹ゆでる 데치다, 삶다   手早てばやく 민첩하게

간   水気みずけをとる 물기를 빼다   あえる 버무리다   飾かざる 치장하다, 꾸미다

간   材料ざいりょう 재료   2人分ふたりぶん 2인분

CHAPTER 03 청해

즉시 응답 문제 1

즉시 응답 문제는 그림이 없는 문제로서 질문을 듣고 다음에 나올 적합한 대답을 선택하는 문제이다. 일상생활에서 빈번히 사용하는 기초적인 질의응답 패턴이 나올 가능성이 많다.

(예시)

女：ただいま。

男：

1　いってらっしゃい。
2　おじゃまします。
3　おかえりなさい。

여 : 다녀왔습니다.

남 :

1 다녀오세요.
2 실례하겠습니다.
3 어서 오세요.

문제로 확인하기

1番

1

2

3

2番

1

2

3

3番

1

2

3

4番

1

2

3

스크립트 ▶

男 : 手伝てつだいましょうか。

女 :

1　いいえ、けっこうです。
2　はい、喜よろこんで。
3　いいえ、あたりまえです。

해석 ▶

남: 도울까요?

여:

1　아니오, 괜찮습니다.
2　예, 기꺼이.
3　아니오, 당연합니다.

정답 ▶　1

2번 문제

스크립트 ▶

女 : 鈴木すずきさんにあまり心配しんぱいしない
　　ように言いってください。

男 :

1　はい、お伝つたえします。
2　はい、鈴木すずきさんが心配しんぱいです。
3　はい、心配しんぱいしてくれてありがとう
　　ございます。

해석 ▶

여: 스즈키씨에게 너무 걱정하지 말라고 말해 주세요.

남:

1　예, 전하겠습니다.
2　예, 스즈키씨가 걱정입니다.
3　예, 걱정해 주셔서 감사합니다.

포인트문법 ▶

「お＋ます형＋する(하다−자기 쪽의 행동을 낮추는
겸양표현)」
伝(つた)える(전하다) → お伝(つた)えする(전하다)
→ お伝(つた)えします(전하겠습니다)

정답 ▶　1

3번 문제

男 : 横浜よこはまはどんなところですか。

女 :

1　新幹線しんかんせんで２時間じかんぐらいで
　　す。
2　夜景やけいがきれいなところです。
3　天気てんきもよくて、とても楽たのしかっ
　　たです。

해석 ▶

남: 요코하마는 어떤 곳입니까?

여:

1　신칸센으로 2시간 정도입니다.
2　야경이 아름다운 곳입니다.
3　날씨도 좋고 정말 즐거웠습니다.

정답 ▶　2

4번 문제

스크립트 ▶

女 : この本ほんは字じが大おおきくていいです
　　ね。

男 :

1　ええ、あまりにも大おおきすぎますね。
2　ええ、ちょっと読よみにくいですね。
3　ええ、とても読よみやすいですね。

해석 ▶

여: 이 책은 글자가 커서 좋네요.

남:

1　예. 너무나도 지나치게 크군요.
2　예. 조금 읽기 어렵네요.
3　예. 매우 읽기 쉽네요.

포인트문법 ▶

① 형용사의 어간+すぎる(너무 ～이다, 지나치게
　　～이다)
　　大(おお)きい(크다) → 大(おお)きすぎる(지나
　　치게 크다) → 大(おお)きすぎます(지나치게 큽
　　니다)
② 동사의 ます형+にくい(～하기 어렵다)
　　読(よ)む(읽다) → 読(よ)みにくい(읽기 어렵다)
③ 동사의 ます형+やすい(～하기 쉽다)
　　読(よ)む(읽다) → 読(よ)みやすい(읽기 쉽다)

정답 ▶　3

Part 11

新 JLPT 종결자

CHAPTER 01 문자/어휘

단어익히기 필수 외래어

アイデア 아이디어	アジア 아시아	アナウンサー 아나운서
アニメ 애니메이션	アパート 아파트	アルバイト 아르바이트
インスタント 인스턴트	インターネット 인터넷	インタビュー 인터뷰
エスカレーター 에스컬레이터		エネルギー 에너지
エレベーター 엘리베이터	エンジン 엔진	オイル 오일
オーバー 오버, 초과	オープン 오픈	オリンピック 올림픽
ガイドブック 가이드북	カーテン 커튼	ガス 가스
ガソリンスタンド 주유소	カタログ 카탈로그	カップ 컵
カメラ 카메라	カラオケ 노래방	カレンダー 달력
キャンセル 취소		

문제로 확인하기

問題1 ________の言葉の読み方として最もよいものを１・２・３・４から一つえらびなさい。

1 インタビュー記事を新聞に載せる。
^{きじ} ^{しんぶん} ^の

1　いんぬびゅー　　　　　　　2　いそたびゅー

3　いんたびぇー　　　　　　　4　いんたびゅー

해석 ▶ 인터뷰기사를 신문에 싣는다.

해설 ▶ 1 ×　　　　2 ×　　　　3 ×　　　　4 인터뷰 インタビュー

정답 ▶ 4

2 プールが<u>オープン</u>するのは何月^{なんがつ}からでしょうか。

1 おーぷん　　　2 おーぷそ　　　3 おーぷん　　　4 ねーぷん

단어익히기 필수 외래어

キロ 킬로그램	クーラー 에어컨(냉방기)	グラウンド 운동장
クラス 클래스	グラム 그램	クリーニング 드라이클리닝
クリスマス 크리스마스	ケーキ 케이크	ケース 케이스
ゲーム 게임	消けしゴム 지우개	コート 코트
ゴール 골	コピー 복사	コンディション 컨디션, 상태
コンテスト 콘테스트	コンビニ 편의점	サービス 서비스
サッカー 축구	サンプル 샘플	シャツ 셔츠
シャワー 샤워	スーパー 슈퍼마켓	スカート 스커트
スキー 스키	スケジュール 스케줄	スタート 스타트, 시작
ステーキ 스테이크	ストーブ 스토브	

문제로 확인하기

問題2　＿＿＿＿のことばをカタカナで書くとき最もよいものを1・2・3・4から一つえらびなさい。

1 大学時代^{だいがくじだい}に写真^{しゃしん}<u>こんてすと</u>に出^でたことがあります。

1 コソテスト　　2 コンテスト　　3 コンテヌト　　4 コンナスト

해석 ▶ 대학시절에 사진 <u>콘테스트</u>에 나간 적이 있습니다.

해설 ▶ 1 ×　　　　　　　　　　　　　　　2 콘테스트 コンテスト

　　　　3 ×　　　　　　　　　　　　　　　4 ×

정답 ▶ 2

2 新製品の<u>さんぷる</u>を見せて下さい。

1　サンプル　　　　2　サンブル　　　　3　センプル　　　　4　センブル

해석 ▶ 신제품 <u>샘플</u>을 보여 주십시오.

해설 ▶ 1 샘플 サンプル　　　2 ×　　　　3 ×　　　　4 ×

정답 ▶ 1

단어익히기　필수 외래어

ストレス 스트레스	スパゲッティ 스파게티	スピード 스피드
スプーン 스푼	スペイン 스페인	スポーツ 스포츠
ズボン 바지	スリッパ 슬리퍼	セール 세일
セット 세트	ダイエット 다이어트	タイプ 타입
タクシー 택시	タバコ 담배	チーム 팀
チケット 티켓	チャンス 찬스	ツアー 투어
テーブル 테이블	テキスト 텍스트, 교과서	デザイン 디자인
デジタルカメラ 디지털카메라		テスト 테스트
デパート 백화점	テレビ 텔레비전	トイレットペーパー 화장지
トップ 톱, 선두	ドライブ 드라이브	ドラマ 드라마
ナイフ 나이프	ネクタイ 넥타이	パーティー 파티
バイク 바이크	バス 버스	パート 파트타임
パソコン 개인용 컴퓨터(PC)	バッグ 가방(백)	

問題3（　　　　）に入れるのに最もよいものを１・２・３・４から一つえらびなさい。

1　（　　　　）が溜^たまったときは何^{なに}をしますか。

　１　スポーツ　　　　２　カラオケ　　　　３　ダイエット　　　４　ストレス

> 해석 ▶　（　　스트레스　　）가 쌓였을 때는 무엇을 합니까?
> 해설 ▶　1 스포츠　　　　　2 가라오케　　　　3 다이어트　　　　4 스트레스
> 정답 ▶　4

2　好^すきな歌手^{かしゅ}のコンサートの（　　　　）を買^かってきた。

　１　タイプ　　　　　２　ツアー　　　　　３　チケット　　　４　セール

> 해석 ▶　좋아하는 가수의 콘서트 (　　티켓　　)을 사왔다.
> 해설 ▶　1 타입　　　　　　2 투어(관광여행)　　3 티켓　　　　4 세일
> 정답 ▶　3

アイデア 아이디어 = 案 あん 안

インタビュー 인터뷰 = 面会 めんかい 면회

エネルギー 에너지 = エナジー 에너지

オイル 오일 = 油 あぶら 기름

カタログ 카탈로그 = 説明書 せつめいしょ 설명서

カメラ 카메라 = 写真機 しゃしんき 사진기

キャンセル 취소 = 取 とり消 けし 취소

グラウンド 운동장 = 運動場 うんどうじょう 운동장

クラス 클래스 = 組 くみ 반

コンディション 컨디션, 상태 = 調子 ちょうし 상태

コンテスト 콘테스트 = 競演 きょうえん 경연

サンプル 샘플 = 見本 みほん 견본

スケジュール 스케줄 = 予定 よてい 예정, 스케줄

スタート 스타트, 시작 = 出発 しゅっぱつ 출발

スピード 스피드 = 速 はやさ 속력

チケット 티켓 = 切符 きっぷ 표

チャンス 찬스 = 機会 きかい 기회

テキスト 텍스트 = 教科書 きょうかしょ 교과서

トイレットペーパー 화장지 = ちりがみ 휴지

バッグ 가방(백) = 鞄 かばん 가방

ヒーター 히터 = 暖房器具 だんぼうきぐ 난방기구

ピンポン 탁구 = 卓球 たっきゅう 탁구

プライバシー 프라이버시 = 私生活 しせいかつ 사생활

プラン 플랜, 계획 = 計画 けいかく 계획

ブレスレット 팔찌 = 腕輪 うでわ 팔찌

プロポーズ 프러포즈 = 求婚 きゅうこん 구혼, 청혼

メリット　메리트, 장점　＝　長所 ちょうしょ　장점

ライス　밥 ＝　ごはん 밥

ランチ　런치 ＝　ひるごはん　점심

問題4 ＿＿＿＿＿に意味が最も近いものを 1・2・3・4 から一つえらびなさい。

1 今日は寒いから<u>ヒーター</u>をつけている。

1　冷房器具　　　2　暖房器具　　　3　安全器具　　　4　警備器具

해석 ▶　오늘은 추워서 <u>히터</u>를 키고 있다.

해설 ▶　1 냉방기구　　　2 난방기구　　　3 안전기구　　　4 경비기구

정답 ▶　2

2 2年間片想いをした彼女に<u>プロポーズ</u>をすることにした。

1　求婚　　　2　結婚　　　3　婚約　　　4　離婚

해석 ▶　2년간 짝사랑을 한 그녀에게 <u>프러포즈</u>를 하기로 했다.

해설 ▶　1 구혼, 청혼　　　2 결혼　　　3 약혼　　　4 이혼

정답 ▶　1

ページ 페이지	ペットボトル 페트병	ホームページ 홈페이지
ボールペン 볼펜	ポケット 주머니	ポスター 포스터
ホテル 호텔	マーク 마크	マニュアル 메뉴얼
メートル 미터	メール 메일	メッセージ 메시지
メニュー 메뉴	メリット 메리트, 장점	ユーモア 유머
ヨーロッパ 유럽	ライス 밥	ラジオ 라디오
ラッシュ 러시, 혼잡	ランチ 런치	リーダー 리더
リサイクル 재활용	リットル 리터	ルール 룰, 규칙
レコード 레코드	レシート 영수증	レジ 계산대
レストラン 레스토랑	レベル 레벨	レポート 리포트
レンタル 임대	ワイン 와인	
バックパック旅行 りょこう 배낭여행		パッケージ 패키지
ハンカチ 손수건	ピアノ 피아노	ヒーター 히터
ピンポン 탁구	ファン 팬	プール 수영장
プライバシー 프라이버시	プラス 플러스	プラン 플랜, 계획
フリー 프리, 자유로움	ブレスレット 팔찌	プロポーズ 프러포즈

問題5　つぎのことばの使い方として最もよいものを 1・2・3・4 から一つえらびなさい。

1 メリット

1　彼女は料理がメリットで、簡単な卵焼きさえできない。

2　数学はメリットな科目でいつも点数が低い。

3　メリットは欠点つまり短所のことである。

4　メリットは利点つまり長所のことである。

> **해석 ▶** 메리트(장점)
>
> 1　그녀는 요리가 메리트(장점)이어서 간단한 계란말이조차도 할 수 없다. (X)
>
> 2　수학은 메리트(장점)인 과목으로 늘 점수가 낮다. (X)
>
> 3　메리트(장점)는 결점 즉 단점을 말한다. (X)
>
> 4　메리트(장점)는 유리한 점(이점) 즉 장점을 말한다. (O)
>
> **정답 ▶** 4

2 レシート

1　家庭的なムードのレシートでマネージャーをしてみたいです。

2　最近はオフィス用品もレシートして使うらしい。

3　買い物レシートを見せてもらってもよろしいでしょうか。

4　家内を店のレシートに座らせた。

> **해석 ▶** 영수증
>
> 1　가정적인 분위기의 영수증에서 매니저를 해보고 싶습니다. (X)
>
> 2　요즈음은 사무실용품도 영수증해서 사용하는 것 같다. (X)
>
> 3　쇼핑 영수증을 봐도 되겠습니까? (O)
>
> 4　아내를 가게 영수증에 앉게 했다. (X)
>
> **정답 ▶** 3

CHAPTER 02 문법/독해

01. ～せいだ/～せいで/～せいか ～탓이다/～탓으로/～탓인지

바람직하지 않은 결과의 원인 또는 이유를 나타내는 표현이다.

遅刻したのは、電車が遅れたせいだ。

지각한 것은 전철이 늦게 온 탓이다.

鈴木さんが急に休んだせいで残業しなければならなくなった。

스즈키씨가 갑자기 쉰 탓으로 잔업하지 않으면 안 되게 되었다.

昼ご飯を食べすぎたせいか食欲がない。

점심을 과식한 탓인지 식욕이 없다.

문제로 확인하기

1 風邪薬の(　　　　　)、眠くてしかたがない。

　　1　わりには　　　　2　くせに　　　　3　おかげで　　　4　せいか

해석 ▶　감기약 탓인지 졸려서 견딜 수가 없다.

해설 ▶　① ～わりには(～에 비해서는, ～치고는)

　　　　　예) 彼(かれ)は男(おとこ)のわりには手(て)が小(ちい)さい(그는 남자치고는 손이 작다)

　　　　② ～くせに(～주제에)

　　　　　예) 男(おとこ)のくせにいくじがない(남자인 주제에 패기가 없다)

　　　　③ ～おかげで(덕분에)

　　　　　예) 先生(せんせい)のおかげで合格(ごうかく)しました(선생님 덕분에 합격했습니다)

　　　　④ ～せいか(～탓인지) → 風邪薬(かぜぐすり)のせいか(감기약 탓인지)

　　　　⑤ 「～てしかたがない」는 「～해서 견딜 수가 없다, 몹시 ～하다」라는 의미이다. 眠(ねむ)い(졸리다)

　　　　　→ 眠(ねむ)くてしかたがない(졸려서 견딜 수가 없다)

정답 ▶　4

02. ～たつもりで ～한 셈치고

「동사의 た형」에 접속해 「실제로는 그렇지 않으나 그렇게 한 셈치고」라는 표현이다.

預金金利が非常に低いので、預金したつもりで株を購入しています。

예금금리가 대단히 낮기 때문에 예금한 셈치고 주식을 사고 있습니다.

문제로 확인하기

1 (　　　)つもりで飲んでみたらおいしすぎてびっくりした。

1　騙された　　　　2　騙される　　　　3　騙して　　　　4　騙した

> **해석 ▶** 속은 셈치고 마셔봤더니 너무 맛있어서 놀랐다.
>
> **해설 ▶** 「～たつもりで」는 「～한 셈치고」라는 뜻이다. 騙(だま)す(속이다) → 騙(だま)される(속다–1그룹동사의 수동형 う단 어미를 あ단으로 바꾸고 れる를 접속) → 騙(だま)されたつもりで(속은 셈치고) 4번 지문의 「騙(だま)した」는 「속였다」라는 뜻이니까 「騙(だま)したつもりで」는 「속인 셈치고」 라는 뜻이 되니까 문맥과는 맞지 않다.
>
> **정답 ▶** 1

03. ～たびに ～할 때마다

「～할 때마다 언제나 반복적으로 그렇다」는 의미를 지닌다. 명사의 경우 「명사+のたびに」의 형태를 취한다.

私は日本に行くたびに渋谷で買い物をします。

나는 일본에 갈 때마다 시부야에서 쇼핑을 합니다.

문제로 확인하기

1 あの病院は行く(　　　)、長い時間待たされる。

1　ために　　　　2　とおりに　　　　3　ばかりに　　　　4　たびに

解釈 ▶ 그 병원은 갈 때마다 오랜 시간 기다린다.

解説 ▶ ① ～ために(위해서)

예) 早(はや)く行(い)くためにタクシーに乗(の)った(빨리 가기 위해서 택시를 탔다)

② ～とおりに(～대로)

예) 本(ほん)に書(か)いてあるとおりに作(つく)った(책에 쓰여 있는 대로 만들었다)

③ ～ばかいに(～바람에, ～탓에)

예) お金(かね)がないばかりに、大学(だいがく)に進学(しんがく)できなかった(돈이 없는 탓에 대학에 진학할 수 없었다)

④ ～たびに(～할 때마다) → 行(い)くたびに(갈 때마다)

정답 ▶ 4

04. ～ついでに ～하는 김에

어떤 일을 하는 김에 겸사겸사 다른 일도 한다는 표현이다. 명사의 경우 「명사+のついでに」의 형태를 취한다.

デパートに行ったついでに、そこで開(ひら)かれていた展覧会(てんらんかい)を見(み)てきた。

백화점에 간 김에 거기서 열린 전람회를 보고 왔다

문제로 확인하기

1 散歩(さんぽ)の(　　　)、コンビニで牛乳(ぎゅうにゅう)を買(か)ってきてくれませんか。

1　ついでに　　　2　たびに　　　3　ために　　　4　おきに

解釈 ▶ 산책하는 김에 편의점에서 우유를 사다 주지 않을래요?

解説 ▶ ① ～ついでに(～하는 김에) → 散歩(さんぽ)のついでに(산책하는 김에)

② ～たびに(～할 때마다) → 散歩(さんぽ)のたびに(산책 때마다)

③ ～ために(～위해서) → 散歩(さんぽ)のために(산책을 위해서)

④ ～おきに(～걸러, ～간격으로)

예) この薬(くすり)は2時間(じかん)おきに飲(の)んでください(이 약은 2시간 간격으로 드세요)

정답 ▶ 1

05. ～っぽい ～의 경향이 강하다

「동사의 ます형」과 「명사」에 접속해 「～그런 경향이 있다」는 뜻을 나타낸다.

子供こどもっぽい 아이 같다　　　　大人おとなっぽい 어른스럽다

黒くろっぽい 거무스름하다　　　　水みずっぽい 물기가 많다, 싱겁다

忘わすれっぽい 잘 잊다　　　　　怒おこりっぽい 화를 잘 내다

飽あきっぽい 금방 실증을 내다

문제로 확인하기

1 彼は怒りっぽい性格なので（　　　　）。

1　友達に違いない　　　　　　2　友達をほしがっている

3　友達が少ない　　　　　　　4　友達のようだ

해석 ▶　그는 화를 잘 내는 성격이기 때문에 친구가 적다.

해설 ▶　①　～に違(ちが)いない(～임에 틀림없다) → 友達(ともだち)に違(ちが)いない(친구임에 틀림없다)

②　～ほしがる(～갖고 싶어 하다) → 友達(ともだち)をほしがる(친구를 갖고 싶어 하다) → 友達(ともだち)をほしがっている(친구를 갖고 싶어 하고 있다)

③　少(すく)ない(적다) → 友達(ともだち)が少(すく)ない(친구가 적다)

④　～ようだ(～인 것 같다–주관적 추측) → 友達(ともだち)のようだ(친구인 것 같다)

정답 ▶　3

06. ～どころか ～커녕

「～どころか」는 「～커녕」이라는 뜻이다. 「Aどころか Bさえ(A는커녕 B조차)」라는 문형으로도 자주 쓰인다.

仕事が忙しくて、映画館に行くどころか、家でテレビを見る暇さえない。
일이 바빠서 영화관에 가기는커녕 집에서 딜레비진을 볼 시긴조차 없다.

1 こんなに成績(せいせき)が悪(わる)いと、就職(しゅうしょく)(　　　)、卒業(そつぎょう)もできないかもしれない。

1　さえ　　　　　2　どころか　　　　3　なんか　　　　4　ところで

> 해석 ▶ 이렇게 성적이 나쁘면 취직은커녕 졸업도 못할지 모른다.
> 해설 ▶ ① ～さえ(～조차)　就職(しゅうしょく)さえ(취직조차)
> ② ～どころか(～커녕)　就職(しゅうしょく)どころか(취직은커녕)
> ③ ～なんか(～같은 것.～따위)　就職(しゅうしょく)なんか(취직 같은 것)
> ④ ところで(그런데, 그건 그렇고–화제전환)
> 정답 ▶ 2

07. ～としたら/～とすれば ～라고 한다면

「만약 그렇다면」이라고 가정하는 표현이다.

失敗(しっぱい)する可能性(かのうせい)があるとしたら、やめよう。
실패할 가능성이 있다고 한다면 그만두자.

1 修理(しゅうり)が無理(むり)だ(　　　)、新(あたら)しいパソコンを買(か)うしかない。

1　とはいえ　　　2　として　　　　3　としても　　　4　としたら

> 해석 ▶ 수리가 무리라고 한다면 새 컴퓨터를 살 수 밖에 없다.
> 해설 ▶ ① ～とはいえ(～라고는 하나, ～라 하더라도)
> 예) 春(はる)になったとはいえ朝晩(あさばん)はまだ寒(さむ)い(봄이 되었다고는 하나 아침 저녁은 아직 춥다)
> ② ～として(～로서–자격, 입장, 명목으로)
> 예) 秘書(ひしょ)として働(はたら)いている(비서로서 일하고 있다)
> ③ ～としても(～로서도 / ～라 하더라도)
> 예) 彼(かれ)は画家(がか)としても作家(さっか)としても有名(ゆうめい)である(그는 화가로 서도 작가로서도 유명하다) / 明日(あした)雨(あめ)だとしても私は出(で)かけます(내일 비라고 하더라도 나는 외출할 겁니다)
> ④ ～としたら(～라고 한다면)
> 無理(むり)だ(무리다) → 無理(むり)だとしたら(무리라고 한다면)

⑤ 〜しかない(〜밖에 없다)

買(か)う(사다) → 買(か)うしかない(살 수 밖에 없다)

정답 ▶ 4

08. 〜とともに 〜함께, 〜와 더불어

단순히 「함께」라는 뜻도 있고, 「AとともにB」의 형태로 「A와 더불어 B도 함께 변화됨」을 나타내기도 한다.

今度（こんど）の夏休（なつやす）みは恋人（こいびと）とともに過（す）ごしたい。

이번 여름휴가는 애인과 함께 보내고 싶다.

医学（いがく）の進歩（しんぽ）とともに平均寿命（へいきんじゅみょう）が長（なが）くなった。

의학의 진보와 더불어 평균수명이 길어졌다.

문제로 확인하기

1 交通機関（こうつうきかん）の発達（はったつ）（　　　　）、人々（ひとびと）の暮（く）らしも変化（へんか）してきました。

1　という　　　　2　とともに　　　3　とか　　4　としたら

해석 ▶ 교통기관의 발달과 더불어 사람들의 생활도 변화해 왔습니다.

해설 ▶ ① 〜という(〜라고 하는)

예) イセタンというデパートによく行（い）く(「이세탄」이라고 하는 백화점에 자주 간다)

② 〜とともに(〜함께, 〜와 더불어)

発達（はったつ）とともに(발달과 더불어)

③ 〜とか(〜라든가)

掃除（そうじ）とか洗濯（せんたく）とか〜(청소라든가 빨래라든가〜)

④ 〜としたら(〜라고 한다면)

100万（まん）円（えん）持（も）っているとしたらどうしますか(100만 엔 가지고 있다고 한다면 어떻게 하겠습니까?)

정답 ▶ 2

10. 〜ながら 〜면서도, 〜데도

「〜ながら」는 「동사의 ます형」에 접속해 「〜하면서」라는 「동시 진행」의 뜻도 있지만 내용이 모순되는 두 사항을 연결해 「〜면서도, 〜지만, 〜데도」라는 역접의 기능으로도 쓰인다.

彼は働きながら、大学院に通っている。

그는 일을 하면서 대학원에 다니고 있다.(동시 진행)

運動不足は体に悪いと知りながら、時間がなくて運動ができない。

운동부족은 몸에 나쁜 줄 알면서도 시간이 없어서 운동을 할 수가 없다.

残念ながら出席できません。

유감이지만 출석할 수가 없습니다.

문제로 확인하기

1 偽物と(　　　　）ながら販売や購入するのは犯罪です。

　1　知る　　　　2　知ら　　　　3　知った　　　　4　知り

해석 ▶	가짜인줄 알면서도 판매나 구입하는 것은 범죄입니다.
해설 ▶	「동사의 ます형+ながら」는 「〜하면서(동시 진행)」라는 뜻도 있고 「〜면서도,〜지만(역접)」이라는 뜻도 있다. 知(し)る(알다) → 知(し)ります(압니다) → 知(し)りながら(알면서도)
정답 ▶	4

11. 〜など/〜なんか/〜なんて 〜따위(〜같은 것)/〜라니(〜하다니)

「〜など, 〜なんか, 〜なんて」는 모두 단순히 예를 들면서 「〜같은 것」이라는 뜻과 부정적인 태도로 예시를 할 경우 「〜따위」라는 뜻으로 쓰인다. 일반적으로 동사와 형용사 뒤에는 「なんか」를 사용할 수 없다. 그리고 「など/なんか+(が/を/に/で/と/へ)」의 형태로 사용할 수 있으나 「なんて」의 뒤에는 조사(が/を/に/で/と/へ)를 쓰지 않는다. 「なんて」는 「〜라니(〜하다니)」라는 뜻으로도 사용되어지므로 알아두자.

暖かいお茶などいかがですか。

따뜻한 차 같은 것 어떠세요?

あんたの顔なんか見たくない。帰れ。

네 얼굴 따위 보고 싶지 않아. 돌아가.

彼が私に嘘をついたなんて信じられない。

그가 내게 거짓말을 했다니 믿을 수 없다.

문제로 확인하기

1 歴史小説（　　　）が好きです。

　1　なんて　　　　2　なんか　　　　3　なんで　　　　4　なんと

> **해석 ▶** 역사소설 같은 것을 좋아합니다.
>
> **해설 ▶** ① 「なんて」와 「なんか」 둘 다 「〜같은 것/〜따위」라는 뜻이지만 「なんて」의 뒤에는 조사(が/を/に/で/と/へ)를 쓰지 않는다.
>
> ② なんで(왜, 어째서), なんと(이 얼마나, 어쩌면 그렇게)
>
> **정답 ▶** 2

12. 〜において 〜에서, 〜에 있어서

어떤 동작이 행해지는 시간이나 장소, 상황 등을 나타낸다.

2002年ワールドカップは韓国と日本において行われた。

2002년 월드컵은 한국과 일본에서 열렸다.

문제로 확인하기

1 今日は私の人生（　　　）最高の日である。

　1　において　　　2　に反して　　　3　について　　　4　にかわって

解석 ▶　오늘은 내 인생에 있어서 최고의 날이다.

해설 ▶　① ～において(～에 있어서, ～에서)

　　　　人生(じんせい)において(인생에 있어서)

　　　② ～に反(はん)して(～에 반해, ～와는 반대로)

　　　　예) 予想(よそう)に反(はん)して試合(しあい)に負(ま)けた(예상과는 반대로 시합에 졌다)

　　　③ ～について(～에 대해서)

　　　　예) 日本(にほん)の文化(ぶんか)について調(しら)べる(일본 문화에 대해서 조사하다)

　　　④ ～にかわって(～을 대신하여)

　　　　예) 課長(かちょう)にかわって出席(しゅっせき)する(과장님을 대신해 출석하다)

정답 ▶　1

13.　～に限(かぎ)る ～가 제일이다

「AはBに限(かぎ)る」의 형태로 「A에는 B가 제일이다」라는 뜻을 나타낸다.

疲れた時は寝るに限る。

피곤할 때는 자는 게 제일이다.

문제로 확인하기

1 汗をかいた後は冷たいビール(　　　　)限る。

　　1 は　　　　　　2 と　　　　　　3 で　　　　　4 に

解석 ▶　땀을 흘린 후에는 차가운 맥주가 제일이다.

해설 ▶　～に限(かぎ)る(～가 제일이다)　ビールに限(かぎ)る(맥주가 제일이다)

정답 ▶　4

14.　～にかけて/～にわたって ～에 걸쳐

「～にかけて」는 2개의 지점을 정해주고 그 사이에 걸쳐서라는 의미로 쓰인다. 보통 「AからBにかけて(A에서 B에 걸쳐)」의 형태를 띤다. 「～にわたって」는 「～にかけて」와는 달리 2개의 지점을 지정해 주지 않고 단순히 넓은 범위에 걸쳐서라는 의미로 사용된다. 「기간, 횟수, 범위」를 나타내는 단어에 주로 붙는다.

この祭りは4月上旬から中旬にかけて行われる。

이 축제는 4월 초순부터 중순에 걸쳐 열린다.

この祭りは2週間にわたって行われる。

이 축제는 2주일에 걸쳐 열린다.

문제로 확인하기

1 昨夜10時ごろ、大阪から神戸（　　　）強い地震が発生した。

　1　にこたえて　　2　にそって　　　3　にかけて　　　4　にとって

> 해석 ▶ 어젯밤 10시경, 오사카에서 고베에 걸쳐 강한 지진이 발생했다.
>
> 해설 ▶ ① ～にこたえて(～에 부응하여)
>
> 　　예) 社員(しゃいん)の要求(ようきゅう)にこたえて～(사원의 요구에 부응하여~)
>
> 　② ～にそって(～에 따라─A 지형지물을 따라 / B 계획이나 방침 등에 따라)
>
> 　　예) 川(かわ)にそって歩(ある)いた(강을 따라 걸었다)
>
> 　　　方針(ほうしん)にそって～ (방침에 따라~)
>
> 　③ ～にかけて(～에 걸쳐)
>
> 　　大阪(おおさか)から神戸(こうべ)にかけて(오사카에서 고베에 걸쳐)
>
> 　④ ～にとって(～에게 있어서)
>
> 　　예) 私にとって一番(いちばん)大切(たいせつ)なものはあなたです(나에게 있어서 가장 소중
> 한 것은 당신입니다)
>
> 정답 ▶ 3

---

15. ～にかわって ～을 대신하여

この工場では、人間にかわってロボットが作業をしている。

이 공장에서는 인간을 대신하여 로봇이 작업을 하고 있다.

문제로 확인하기

1 出張中の課長（　　　）、私がこの件について報告します。

　1　について　　2　にくらべて　　3　にかわって　　4　に際して

16. ～に関(かん)して ～에 관해서

대부분 「～について」와 대체될 수 있다. 「～について」보다 딱딱하고 격식 차린 표현이다. 「～に関(かん)する+명사(～에 관한)」의 형태로도 자주 쓰인다.

私はこの件に関して、言いたいことがたくさんあります。

나는 이 건에 관해서 하고 싶은 말이 많이 있습니다.

この図書館には日本の文化に関する本がたくさんある。

이 도서관에는 일본 문화에 관한 책이 많이 있다.

문제로 확인하기 ○

1 日本語の文法(　　　)、疑問の点があったら、お聞きください。

　1　にしたがって　2　に関して　　3　によって　　4　につれて

② ～に関(かん)して(～에 관해서)

文法(ぶんぽう)に関(かん)して(문법에 관해서)

③ ～によって(～에 의해, ～에 따라)

예) サイズによって値段(ねだん)が違(ちが)う(사이즈에 따라 가격이 다르다)

④ ～につれて(～에 따라)

예) 時代(じだい)の変化(へんか)につれて、人々(ひとびと)の考(かんが)え方(かた)も変(か)わっていく(시대의 변화에 따라 사람들의 사고방식도 변해간다)

정답 ▶ 2

17. ～に決(き)まっている 반드시 ～이다

확실한 근거를 가지고 「그럴 것임이 분명하다, 반드시 그렇게 되기 마련이다, 그럴 것임이 뻔하다」라고 단정 지을 때 쓰는 표현이다.

一生懸命(いっしょうけんめい)勉強(べんきょう)したから、合格(ごうかく)するに決(き)まっている。
열심히 공부했기 때문에 반드시 합격할 것이다.

문제로 확인하기 ○

1 どうせ、やっても失敗(しっぱい)する(　　　)。

1　に決(き)まっている　　　　2　ことはない

3　べきだ　　　　　　　　　4　にすぎない

해석 ▶ 어차피 해도 실패할 게 뻔하다.

해설 ▶ ① ～に決(き)まっている(반드시 ～이다, ～할 것임에 뻔하다) → 失敗(しっぱい)するに決(き)まっている(실패할 게 뻔하다)

② ～ことはない(～할 필요는 없다) → 失敗(しっぱい)することはない(실패할 필요는 없다)

③ ～べきだ(～해야 한다) → 失敗(しっぱい)するべきだ(실패해야 한다)

④ ～にすぎない(～에 불과하다) → 失敗(しっぱい)するにすぎない(실패하는 것임에 불과하다)

정답 ▶ 1

今年の日本語能力試験は去年にくらべて難しくなるそうです。

올해 일본어능력시험은 작년에 비해 어려워진다고 합니다.

문제로 확인하기

1 外国(　　　　)、女性の社会進出が、大きく遅れています。

  1　に際して　　　2　にくらべて　　3　にさきだって　4　にあたって

해석 ▶ 외국에 비해 여성의 사회진출이 크게 늦어지고 있습니다.

해설 ▶ ① ～に際(さい)して(～에 즈음하여)

  예) 結婚(けっこん)に際(さい)して～(결혼에 즈음하여～)

② ～にくらべて(～에 비해) → 外国(がいこく)にくらべて(외국에 비해)

③ ～にさきだって(～에 앞서)

  예) 運動会(うんどうかい)にさきだって応援練習(おうえんれんしゅう)をした(운동회에 앞서 응원 연습을 했다)

④ ～にあたって(～에 즈음해서, ～를 맞이하여)

  예) 開会(かいかい)にあたって一言(ひとこと)ごあいさつを申(もう)し上(あ)げます(개회에 즈음해서 한마디 인사말씀 드립니다)

정답 ▶ 2

19. ～にしたがって/～につれて ～에 따라

「～にしたがって」와 「～につれて」는 둘 다 앞서 일어난 상황에 따라 뒤따르는 상황도 함께 변화되는 경우에 쓰인다. 「～にしたがって」쪽이 약간 더 딱딱한 느낌이 든다. 또한 「～にしたがって」는 어떤 「지시, 방침, 규칙」에 따라서 라는 의미로도 쓰이지만 「～につれて」는 그런 뜻이 없다.

年をとるにしたがって記憶力が悪くなった。(0)

나이를 먹음에 따라 기억력이 나빠졌다.

年をとるにつれて記憶力が悪くなった。(0)

나이를 먹음에 따라 기억력이 나빠졌다.

上司の命令にしたがって行動するべきだ。 (0)

상사의 명령에 따라 행동해야 한다.

上司の命令につれて行動するべきだ。 (X)

상사의 명령에 따라 행동해야 한다.

문제로 확인하기

1 引率者の指示(　　　)行動しなさい。

　1　にかけて　　　2　にかわって　　　3　につれて　　　4　にしたがって

> 해석 ▶ 인솔자의 지시에 따라 행동하시오.
>
> 해설 ▶ ① ~にかけて(~에 걸쳐)
>
> 　　3月(がつ)から4月(がつ)にかけて~(3월에서 4월에 걸쳐~)
>
> 　② ~にかわって(~을 대신하여)
>
> 　　部長(ぶちょう)にかわって、私が取引先(とりひきさき)に行(い)った(부장님을 대신해 내가 거래처에 갔다)
>
> 　③ 「~につれて」와 「~にしたがって」는 둘 다 「~에 따라」라는 뜻으로 앞내용에 따라서 뒷내용도 따라 변화된다는 뜻이다. 그리고 「~にしたがって」는 「~につれて」와는 달리 「지시, 방침, 규칙 등에 따라」라는 의미도 있다.
>
> 　④ 「동사의 ます형+なさい(~해라, ~하시오–명령 표현)」
>
> 　　する(하다) → します(합니다) → しなさい(해라)
>
> 정답 ▶ 　4

20. ~にしては/~わりには ~치고는, ~비해

당연히 기대한 것과는 다른 결과가 나왔을 때 쓰는 표현이다. 유사표현으로는 「~わりには」가 있다. 단 「~わりには」는 명사와 접속할 경우 「명사の＋わりには」라는 형태를 취하니 주의하자.

彼は30才にしては老けて見える。

그는 30살치고는 늙어 보인다.

彼は30才のわりには老けて見える。

그는 30살치고는 늙어 보인다.

３年も中国に留学していたにしては、彼女は中国語が話せない。

3년이나 중국에 유학한 것 치고는 그녀는 중국어를 하지 못한다.

３年も中国に留学していたわりには、彼女は中国語が話せない。

3년이나 중국에 유학한 것 치고는 그녀는 중국어를 하지 못한다.

문제로 확인하기

1 初めて作った料理にしては、（　　　）。

1　おいしいに決まっている 　　2　まずいかもしれない

3　おいしかったと思う 　　4　失敗してしまった

해석 ▶ 처음 만든 요리치고는 맛있었다고 생각한다.

해설 ▶ ① ～に決(き)まっている(～임에 틀림없다) → おいしいに決(き)まっている(맛있을 것임에 틀림없다)

② ～かもしれない(～일지도 모른다) → まずいかもしれない(맛없을지도 모른다)

③ おいしかったと思(おも)う(맛있었다고 생각한다)

④ ～てしまう(～해 버리다) → 失敗(しっぱい)してしまう(실패해 버리다) → 失敗(しっぱい)してしまった(실패해 버렸다)

정답 ▶ 3

問題　下の内容はオクションストアのオススメの製品である。次の文章を読んで、質問に答
　　　えなさい。答えは、1・2・3・4から最もよいものを一つえらびなさい。

1　谷村さんはほしいノートパソコンがあって2日前からここで製品をみくらべて
　　いる。値段は一番きついが残りの時間もあまりないし、それに前からずっと買
　　いたいと思っていたモデルの製品だから買うことに決めた。このひとはどれを
　　買うのか。

　　　1　A / COMPAQ　ノートパソコン

　　　2　B / FUJITSU　ノートパソコン

　　　3　C / SHARP　ノートパソコン

　　　4　D / 東芝　ノートパソコン

2　入札数の少ない順番に正しく並べたのはどれか。

　　　1　D ⇒ A ⇒ B ⇒ C

　　　2　C ⇒ B ⇒ A ⇒ D

　　　3　B ⇒ A ⇒ C ⇒ D

　　　4　D ⇒ C ⇒ B ⇒ A

オクションストアのオススメ

A　　タイトル：COMPAQ　ノートパソコン

現在価額：3,700円

入札：4

残り：16時間

B　　タイトル：FUJITSU　ノートパソコン

現在価額：1,850円

入札：7

残り：24時間

C　　タイトル：SHARP　ノートパソコン

現在価額：847円

入札：13

残り：6時間

D　　タイトル：東芝　ノートパソコン

現在価額：10,000円

入札：2

残り：1時間

문제 아래의 내용은 옥션 스토어의 추천 제품들이다. 다음 문장을 읽고 질문에 답하시오. 정답은 1 · 2 · 3 · 4에서 가장 적당한 것을 하나 고르시오.

1 타니무라씨는 갖고 싶은 노트북이 있어서 이틀 전부터 여기서 제품을 비교해 보고 있다. 가격은 제일 세(비싸)지만 남은 시간도 별로 없고, 게다가 전부터 쭉 사고 싶었던 모델의 제품이라서 사기로 결심했다. 이 사람은 어느 것을 살 것인가?

   1 A / COMPAQ 노트북

   2 B / FUJITSU 노트북

   3 C / SHARP 노트북

   4 D / 토-시바 노트북

정답 ▶ 4

2 입찰 수가 적은 순서대로 올바르게 나열 한 것은 어느 것인가?

   1 D ⇒ A ⇒ B ⇒ C

   2 C ⇒ B ⇒ A ⇒ D

   3 B ⇒ A ⇒ C ⇒ D

   4 D ⇒ C ⇒ B ⇒ A

정답 ▶ 1

옥션스토어의 추천(추천 상품)

A   타이틀 : COMPAQ 노트북

      현재 가격 : 3,700엔

      입찰 : 4

      나머지(남은시간) : 16시간

B   타이틀 : FUJITSU 노트북

      현재 가격 : 1,850엔

      입찰 : 7

      나머지(남은시간) : 24시간

C   타이틀 : SHARP 노트북

      현재 가격 : 847엔

      입찰 : 13

      나머지(남은시간) : 6시간

D   타이틀 : 토-시바 노트북

      현재 가격 : 10,000엔

      입찰 : 2

      나머지(남은시간) : 1시간

명사 + が(을) + ほしい ~을 갖고 싶다(원한다)

  예) ノートパソコンがほしい 노트북을 갖고 싶다

종지형 + し ~고, ~인데다가

  예) 時間(じかん)もないし 시간도 없고

동사의 ます형 + たい ~하고 싶다

  예) 買(か)う → 買(か)います → 買(か)いたい 사고 싶다

い형용사의 기본형 + と思(おも)う ~라고 생각하다

  예) 買(か)いたいと思(おも)う 사고 싶다고 생각하다

동사의 う단 형태 + ことに決(き)める ~하기로 결심하다

  예) 買(か)うことに決(き)める 사기로 결심하다

단어 ▶ オクションストア 옥션스토어   オススメ 추천   製品せいひん 제품

  見比みくらべる 비교해 보다   値段ねだん 가격

  きつい 기질이 강하다, 심하다, 고되다, 가격이 세다(비싸다)   残のこる 남다

  入札にゅうさつ 입찰   数かず 수   順番じゅんばん 순서, 순번

  並ならべる 늘어놓다, 차려놓다

 즉시 응답 문제 2

즉시 응답 문제는 그림이 없는 문제로서 질문을 듣고 다음에 나올 적합한 대답을 선택하는 문제이다. 일상생활에서 빈번히 사용하는 기초적인 질의응답 패턴이 나올 가능성이 많다.

(예시)
男：使(つか)い方(かた)が分(わ)からないん
　　ですが、どうすればいいですか。
女：

1　使(つか)ってみてください。
2　このマニュアルをお読(よ)みください。
3　分(わ)からなかったら、言(い)ってくだ
　　さい。

남 : 사용법을 모르겠는데 어떻게 하면 됩니까?
여 :

1　사용해 보세요.
2　이 매뉴얼을 읽어 보세요.
3　모르면 말씀하세요.

문제로 확인하기

1番
1

2

3

2番
1

2

3

3番
1

2

3

4番
1

2

3

1번 문제

스크립트 ▶

男：東京とうきょうに来きた時ときは、ぜひうち
に遊あそびに来きてください。

女：

1　はい、はいけんします。
2　はい、うかがいます。
3　はい、いらっしゃいます。

해석 ▶

남: 도쿄에 왔을 때는, 꼭 집에 놀러 오세요.

여:

1　예, 보겠습니다.
2　예, 찾아뵙겠습니다.
3　예, 가십니다(오십니다/계십니다)

포인트문법 ▶

① 「拝見(はいけん)する」는 「보다」라는 뜻의 특수
겸양동사
② 「伺(うかが)う」는 「여쭙다, 찾아뵙다」라는 뜻의
특수겸양동사
③ 「いらっしゃる」는 「가시다/오시다/계시다」라는
뜻의 특수존경동사

정답 ▶ 2

2번 문제

스크립트 ▶

女：レポートはいつまでに出ださなければなり
ませんか。

男：

1　今いまレポートを書かいているところで
す。
2　今週こんしゅうの金曜日きんようびまでに出
ださなくてはいけません。
3　来週らいしゅうの月曜日げつようびまでに出
だすつもりです。

해석 ▶

여: 리포트는 언제까지 내지 않으면 안 됩니까?

남:

1　지금 리포트를 쓰고 있는 중입니다.
2　이번 주 금요일까지 내지 않으면 안 됩니다.
3　다음 주 월요일까지 낼 생각입니다.

포인트문법 ▶

① ～ているところだ(～하고 있는 중이다)
② ～なくてはいけません(～하지 않으면 안 됩니다)
③ ～つもりだ(～할 생각이다)

정답 ▶ 2

3번 문제

스트립트 ▶

男 : 日本語にほんごが上手じょうずになりました
ね。

女 :

1 いいえ、まだまだです。
2 いいえ、上手じょうずです。
3 はい、習ならったばかりです。

남: 일본어가 능숙해지셨네요.

여:

1 아니오, 아직 멀었습니다.
2 아니오, 능숙합니다.
3 예, 배운지 얼마 되지 않았습니다.

포인트문법 ▶

동사의 た형+ばかりだ(~한지 얼마 되지 않았다)
習(なら)う(배우다) → 習(なら)ったばかりだ(배운
지 얼마 되지 않았다) → 習(なら)ったばかりです
(배운지 얼마 되지 않았습니다)

정답 ▶ 1

4번 문제

스트립트 ▶

女 : 明日あしたは雨あめでしょうか。
男 :

1 ええ、晴はれだそうです。
2 いいえ、降ふっていません。
3 ええ、降ふるらしいです。

여: 내일은 비일까요?

남:

1 예, 맑다고 합니다.
2 아니오, 내리고 있지 않습니다.
3 예, 내린다는 것 같습니다.

포인트문법 ▶

① 「~そうだ(~라고 한다)」는 흔히 「각 품사의 기
본형」에 접속시켜 들은 이야기를 다른 사람에게
전달하는 표현방식이다. 특히 명사의 현재형일
경우 「명사だ+そうだ」의 접속 형태가 되는 점
에 주의하자. 晴(は)れ(맑음) → 晴(は)れだそう
だ(맑다고 한다) → 晴(は)れだそうです(맑다고
합니다)

② ~らしい(~한 것 같다-외부 정보를 근거로 한
추측)

정답 ▶ 3

Part 12

新 JLPT 종결자

CHAPTER 01 문자/어휘

단어익히기 기타 (숙어)

汗 あせ をかく	땀을 흘리다	頭 あたま にくる	화가 나다
お世話 せわ になる	신세지다	お腹 なか が空 すく	배가 고프다
お腹 なか を壊 こわ す	배탈이 나다	顔 かお が広 ひろ い	발이 넓다
顔 かお を上 あ げる	얼굴을 들다	髪 かみ を結 むす ぶ	머리를 묶다
感 かん じがする	느낌이 들다	気 き が長 なが い	성미가 느긋하다
気 き が短 みじか い	성급하다	気 き になる	걱정이 되다
気 き を配 くば る	신경을 쓰다, 주의하다	気 き をつける	조심하다
気 き に入 い る	마음에 들다	口 くち がかたい	입이 무겁다
計画 けいかく を立 た てる	계획을 세우다	怪我 けが をする	다치다
合 ごう コンをする	미팅을 하다	時間 じかん を延 の ばす	시간을 연기하다

문제로 확인하기

問題1 ________の言葉の読み方として最もよいものを1·2·3·4から一つえらびなさい。

1 このぐらいのことでお腹（なか）を壊すなんて、体（からだ）が弱（よわ）いですね。

1 お腹（なか）をこわす　　　2 お腹（なか）をはなす

3 お腹（なか）をかす　　　4 お腹（なか）をさす

> 해석 ▶ 이정도의 일로 배탈이 나다니 몸이 약하시군요!
>
> 해설 ▶ 1 배탈이 나다 お腹 なか を壊 こわ す　　2 × / 이야기 하다 話 はな す
>
> 　　　3 × / 빌려주다 貸 か す　　4 × / (손 등으로) 가리키다 指 さ す
>
> 정답 ▶ 1

② 将来のことを考えて<u>計画を立てた</u>。

1　計画をそだてた　　　　　　　2　計画をたてた

3　計画をもてた　　　　　　　　4　計画をかてた

해석 ▶　장래의 일을 생각하고 <u>계획을 세웠다</u>.

해설 ▶　1　× / 키우다 育そだてる　　　　2　계획을 세우다 計画けいかくを立たてる

　　　　3　× / 가질 수 있다 持もてる　　　4　× / 이길 수 있다 勝かてる

정답 ▶　2

단어익히기　기타 (숙어)

事故 じこを起 おこす　사고를 내다	シャワーを浴 あびる　샤워를 하다
席 せきをはずす　자리를 뜨다	テストを受 うける　시험을 치르다
テレビを付 っける　텔레비전을 켜다	電話 でんわがかかる　전화가 걸려오다
仲 なかがいい　사이가 좋다	喉 のどが乾 かわく　목이 마르다
鼻 はなが高 たかい　콧대가 높다	腹 はらが立 たつ　화가 나다
腹 はらを立 たてる　화를 내다	道 みちが込 こむ　길이 막히다
道 みちに迷 まよう　길을 잃다	耳 みみが痛 いたい　귀가 따갑다
耳 みみが遠 とおい　귀가 어둡다	迷惑 めいわくをかける　폐를 끼치다
目 めを閉 とじる　눈을 감다	約束 やくそくを守 まもる　약속을 지키다
約束 やくそくを破 やぶる　약속을 깨다	休 やすみが明 あける　휴일이 되다
指輪 ゆびわをはめる　반지를 끼다	夜 よが明 あける　날이 새다

문제로 확인하기

問題2　_____のことばを漢字で書くとき最もよいものを1・2・3・4から一つえらびなさい。

① 昨日山の中で<u>道にまよって</u>大変でした。

1　道に登って　　2　道に遜って　　3　道に米って　　4　道に迷って

해석 ▶ 어제 산속에서 <u>길을 잃어서</u> 힘들었습니다(고생했습니다).
해설 ▶ 1 ×
　　　 2 ×
　　　 3 ×
　　　 4 길을 잃어서(잃고) 道みちに迷まよって / 길을 잃다 道みちに迷まよう
정답 ▶ 4

2 どんなことがあっても約束は必ず<u>まもらない</u>といけない。

1　村らない　　　2　守らない　　　3　寸らない　　　4　破らない

해석 ▶ 무슨 일이 있어도 약속은 반드시 <u>지키지 않으면</u> 안 된다.
해설 ▶ 1 ×
　　　 2 지키지 않다 守まもらない / 지키다 守まもる → 약속을 지키다 約束やくそくを守まもる
　　　 3 ×
　　　 4 × 찢지 않다, 부수지 않다 破やぶらない / 찢다, 부수다 破やぶる
　　　　　→ 약속을 어기다 約束やくそくを破やぶる
정답 ▶ 2

단어익히기 기타 (접속사, 연체사, 대명사)

あちこち 이곳저곳, 여기저기	あらゆる 모든	あるいは 혹은, 또는
および 및	けれども 그러나, 그렇지만	しかし 그러나
しかしながら 그러나, 그렇지만		したがって 따라서
すなわち 즉	すべての 모든	すると 그러자, 그랬더니
そういえば 그러고 보면	そこで 그래서	それで 그래서
それでも 그런데도, 그래도	それとも 그렇지 않으면	それなのに 그래도, 그런데도
それなら 그렇다면	それに 게다가	ただし 단, 다만
だから 그러니까, 그래서	だが 하지만	たとえ〜ても 비록 〜해도
〜だらけ 〜투성이	つまり 즉	ですから 그러니까, 그래서

| でも 하지만 | ところが 그런데, 그러나 | なお 또한 |
| なぜなら 왜냐하면 | ならびに 및 | または 또는 |

문제로 확인하기

問題3（　　　　）に入れるのに最もよいものを1・2・3・4から一つえらびなさい。

1 （　　　　）方面を調べてみた。

1　あるいは　　　2　および　　　3　あらゆる　　　4　あちこち

> 해석 ▶ （　모든　）방면을 조사해 보았다.
> 해설 ▶ 1 혹은, 또는　　　2　및　　　3 모든　　　4 여기저기, 이곳저곳
> 정답 ▶ 3

2 友達はもう帰ったと思った。（　　　　）待っていてくれた。

1　すると　　　2　それで　　　3　そして　　　4　ところが

> 해석 ▶ 친구는 벌써 돌아갔다고 생각했다. （　그런데　） 기다리고 있어 주었다.
> 해설 ▶ 1 그러자　　　2 그래서　　　3 그리고　　　4 그런데
> 정답 ▶ 4

頭 あたま に くる 　욱하다　＝　かっとなる 　욱하다

あちこち 　이곳저곳　＝　ところどころ 　여기저기

誤 あやまり 　실수, 잘못　＝　間違 まちがい 　잘못

あるいは 　혹은, 또는　＝　または 　또는

勢 いきおい 　기세, 기운　＝　活気 かっき 　활기

贈 おくり物 もの 　선물　＝　プレゼント 　선물

お互 たがい 　서로　＝　相互 そうご 　서로

落 おとし物 もの 　분실물　＝　忘 わすれ物 もの 　잊은 물건

お腹 なか が空 すく 　배가 고프다　＝　腹 はらが減 へる 　배가 고프다

思 おもい出 で 　추억　＝　追憶 ついおく 　추억

お湯 ゆ 　뜨거운 물　＝　温 あたためた水 みず 　더운물

気 きが長 ながい 　성미가 느긋하다　＝　のんびりしている 　느긋하다

気 きが短 みじかい 　성급하다　＝　せっかちだ 　성급하다

気 きをつける 　조심하다　＝　注意 ちゅういする 　조심하다, 주의하다

切 きっ掛 かけ 　계기, 실마리　＝　契機 けいき 　계기

怪我 けがをする 　다치다　＝　痛 いためる 　다치다

差 さし支 つかえ 　지장, 장애　＝　差 さし障 さわり 　지장, 장애

知 しり合 あい 　아는 사람　＝　知人 ちじん 　지인

すべての 　모든　＝　あらゆる 　모든

席 せきをはずす 　자리를 뜨다　＝　席 せきを離 はなれる 　자리를 뜨다

だが 　하지만　＝　けれども 　하지만

試 ためし 　시험, 시도　＝　試 こころみ 　시험, 시도

眺 ながめ 　경치, 전망　＝　展望 てんぼう 　전망

狙 ねらい 　목표, 목적　＝　目当 めあて 　목표, 목적

鼻 はなが高 たかい 　콧대가 높다　＝　ごうまんである 　콧대가 높다

腹 はらが立 たつ 　화가 나다　＝　怒 おこる 　화나다

見 みかけ 외관 ＝ 外見 がいけん 외관

世 よの中 なか 세상 ＝ 世間 せけん 세상

문제로 확인하기 ○──────

問題4　________に意味が最も近いものを1・2・3・4から一つえらびなさい。

1　結婚の<u>贈り物</u>で何がいいでしょうか。
　　1　プレゼント　　　2　お年玉　　　　3　手みやげ　　　4　もらい物

> 해석 ▶　결혼 선물로 무엇이 좋을까요?
>
> 해설 ▶　1　선물　　　　　　　　　　　　　　　2　세뱃돈
>
> 　　　　3　인사차 들고 가는 간단한 선물　　　4　받은 물건
>
> 정답 ▶　1

2　昔、コップに<u>お湯</u>を注ぐとよく割れました。
　　1　冷やした水　　2　温めた水　　3　入れた水　　4　こぼした水

> 해석 ▶　예전에 컵에 <u>더운 물</u>을 따르면 잘 깨졌습니다.
>
> 해설 ▶　1　식힌 물 / 식히다 冷ひやす　　　2　데운 물 / 데우다 温あたためる
>
> 　　　　3　넣은 물 / 넣다 入いれる　　　　4　흘린 물 / 흘리다 溢こぼす
>
> 정답 ▶　2

明 あけ方 がた 새벽녘	辺 あたり 부근	編 あみ物 もの 뜨개질
誤 あやまり 실수, 잘못	勢 いきおい 기세, 기운	生 いけ花 ばな 꽃꽂이
痛 いたみ 아픔	居眠 いねむり 앉아서 졺	今 いまごろ 지금쯤
入 いり口 ぐち 입구	祝 いわい 축하, 축하선물	動 うごき 움직임
後 うしろ 뒤	売 うり場 ば 매장	絵 えの具 ぐ 물감
大通 おおどおり 대로, 큰 거리		お菓子 かし 과자
お代 かわり 한 그릇 더	贈 おくり物 もの 선물	お子遣 こづかい 용돈
お世話 せわ 돌봄, 신세	落 おち着 つき 침착성, 안정성	
お互 たがい 서로	お手洗 てあらい 화장실	お手伝 てつだい 도와줌
お年玉 としだま 세뱃돈	落 おとし物 もの 분실물	お年 としより 노인
お弁当 べんとう 도시락	思 おもい出 で 추억	お湯 ゆ 뜨거운 물
帰 かえり 귀갓길	限 かぎり 한계	
貸 かし借 かり 대차(빌려주고 빌림)		片想 かたおもい 짝사랑
髪 かみの毛 け 머리카락	代 かわり 대신	考 かんがえ 생각
感 かんじ 느낌	切 きっ掛 かけ 계기, 실마리	気持 きもち 기분
答 こたえ 느낌	込 こみ ～포함	幸 さいわい 다행임
差 さし支 つかえ 지장, 장애	幸 しあわせ 행복	締 しめ切 きり 마감
知 しり合 あい 아는 사람	末 すえっ子 こ 막내	助 たすけ 도움, 구조
建 だて ～층	楽 たのしみ 즐거움	試 ためし 시험, 시도
疲 つかれ 피로	付 つき合 あい 교제, 사귐	続 つづき 계속, 연결
包 つつみ 꾸러미	手続 てつづき 수속	仲 なかよし 사이가 좋음
眺 ながめ 경치, 전망	狙 ねらい 목표, 목적	望 のぞみ 전망, 가망
日帰 ひがえり 당일치기	日 ひの入 いり 일몰	日 ひの出 で 일출
真 まっ赤 か 새 빨강	回 まわり 주변	真 まん中 なか 한가운데
見 みかけ 외관	実 みのり 열매, 결실	向 むかい 맞은편
向 むき ～향	申 もうし込 こみ 신청	物差 ものさし 자, 척도

| やり方 かた 방법 | 夜明 よあけ 새벽 | 欲張 よくばり 욕심쟁이 |
| 汚 よごれ 더러움 | 世 よの中 なか 세상 | わが社 しゃ 우리 회사 |

문제로 확인하기

問題5 つぎのことばの使い方として最もよいものを1・2・3・4から一つえらびなさい。

1 締め切り

1 検査は締め切りの方で行います。

2 爪を切る時はぜひ自分専用の締め切りをお使いください。

3 願書の締め切りはあと一週間ですね。

4 申し込みは締め切りの方までおいでください。

해석 ▶ 마감

1 검사는 <u>마감</u> 쪽에서 실시합니다. (X)

2 손톱을 자를 때는 꼭 자신 전용 <u>마감</u>을 사용해 주세요. (X)

3 원서 <u>마감</u>은 앞으로 1주일 남았네요. (O)

4 신청은 <u>마감</u> 쪽으로 와 주십시오. (X)

정답 ▶ 3

---

2 日帰り

1 日帰りで行ってくるのはちょっと無理じゃないですか。

2 温泉で一泊して、日帰りで帰った。

3 日帰りで掃除をしてへとへとになりました。

4 いくら急いでも日帰りの正午までは難しい。

해석 ▶ 당일치기

1 <u>당일치기</u>로 다녀오는 것은 좀 무리가 아닐까요? (O)

2 온천에서 1박하고 <u>당일치기</u>로 돌아왔다 (X)

3 <u>당일치기</u>로 청소를 하고 녹초가 되었습니다. (X)

4 아무리 서둘러도 <u>당일치기</u> 오후까지는 어렵다. (X)

정답 ▶ 1

01. ~にすぎない ~에 불과하다(~에 지나지 않는다)

気にしないでね。それは単なる噂にすぎない。

신경 쓰지 마. 그것은 단순한 소문에 지나지 않아.

문제로 확인하기

1 私の責任じゃない。私はただ先輩に指示されたことをした（　　　）。

1　に相違ない　　2　ことがない　　3　に違いない　　4　にすぎない

해석 ▶ 내 책임이 아니야. 나는 단지 선배에게 지시받은 것을 한 것에 불과해.

해설 ▶ ① 「~に相違(そうい)ない」는 「~に違(ちが)いない」와 같은 뜻으로 「~임에 틀림없다」라는 뜻이다.

② 동사의 た형+ことがない(~한 적이 없다-과거경험)

する(하다) → した(했다) → したことがない(한 적이 없다)

③ ~にすぎない(~에 불과하다)

する(하다) → した(했다) → したにすぎない(한 것에 불과하다)

정답 ▶ 4

02. ~に対(たい)して ~에 대해(~에게)

구체적인 대상이 있을 때 그 대상에 대한 동작이나 감정을 말할 때 사용한다. 그리고 「Aに対(たい)して B」는 A와 B를 대비시켜서 비교하는 용법으로도 사용된다.

彼は部下に対して厳しすぎる。

그는 부하에 대해 지나치게 엄격하다.

兄が短気なのに対して、弟の方は気が長い。

형이 성격이 급한데 비해, 남동생 쪽은 성격이 느긋하다.

문제로 확인하기

1 目上の人（　　　　）敬語を使わない人が増えている。

　1　に対して　　　2　に反して　　　3　によって　　　4　に基づいて

> 해석 ▶　손윗사람에 대해 경어를 사용하지 않는 사람이 늘고 있다.
>
> 해설 ▶　① ～に対(たい)して(～에 대해) → 目上(めうえ)の人(ひと)に対(たい)して(손윗사람에 대해)
>
> 　　　　② ～に反(はん)して(～에 반해, ～와는 반대로)
>
> 　　　　예) 期待(きたい)に反(はん)して～(기대와는 반대로~)
>
> 　　　　③ ～によって(～에 의해, ～에 따라)
>
> 　　　　예) 人(ひと)によって考(かんが)え方(かた)も違(ちが)う(사람에 따라 사고방식도 다르다)
>
> 　　　　④ ～に基(もと)づいて(～에 의거하여)
>
> 　　　　예) 規則(きそく)に基(もと)づいて処理(しょり)する(규칙에 의거하여 처리하다)
>
> 정답 ▶　1

03. ～に違(ちが)いない, ～に相違(そうい)ない ～임에 틀림없다

두 표현 다 「～임에 틀림없다, ～임이 뻔하다」라고 확신하며 추측하는 표현이다. 「～に相違(そうい)ない」쪽이 「～に違(ちが)いない」보다 딱딱하고 격식 차린 표현이다.

もう11時か。鈴木さんは約束を忘れてしまったに違いない。

벌써 11시인가? 스즈키씨는 약속을 잊어버린 것임에 틀림없다.

문제로 확인하기

1 彼は年齢のわりに老けて見える。若いころ苦労した（　　　）。

　1　わけがない　　　　　　　　　2　わけにはいかない

　3　に違いない　　　　　　　　　4　にすぎない

해석 ▶ 그는 나이에 비해 늙어 보인다. 젊을 때 고생했음에 틀림없다.

해설 ▶ ① ～わけがない(～할리가 없다)

　　　　예)　行(い)くわけがない(갈 리가 없다)

　　　② ～わけにはいかない(～할 수는 없다)

　　　　예)　行(い)くわけにはいかない(갈 수는 없다)

　　　③ ～に違(ちが)いない(～임에 틀림없다)

　　　④ ～にすぎない(～에 불과하다)

정답 ▶ 3

04.　～について ～에 대해서

「Aについて」는 「A라는 주제나 내용에 대해서」라는 표현이다. 일반적으로 뒷문장에 「話(はな)す(말하다)/聞(き)く(묻다)/考(かんが)える(생각하다)/書(か)く(쓰다)/調(しら)べる(조사하다)/研究(けんきゅう)する(연구하다)」와 같은 동사가 오는 경우가 많다.

地球温暖化について調べてみました。

지구 온난화에 대해서 조사해 봤습니다.

문제로 확인하기

1　大学院では世界の美術史(　　　)研究したいと思っています。

　　1　にしたがって　　2　について　　　　3　にわたって　　　　4　に反して

해석 ▶ 대학원에서는 세계 미술사에 대해서 연구하고 싶다고 생각하고 있습니다.

해설 ▶ ① ～にしたがって(～에 따라–A 앞내용에 따라서 뒷내용도 따라 변화되는 내용 B 지시, 방침, 규칙에 따라)

　　　② ～について(～에 대해서)

　　　③ ～にわたって(～에 걸쳐–넓은 범위에 걸쳐서)

　　　　예)　この祭(まつ)りは三日間(みっかかん)にわたって行(おこな)われる(이 축제는 3일간에 걸쳐 열린다)

　　　④ ～に反(はん)して(～에 반해, ～와는 반대로)

정답 ▶ 2

05. ～につき ～당, ～이기 때문에

「～につき」는 「～당」이라는 뜻과 「～이기 때문에」라는 원인과 이유를 나타내는 뜻이 있다.

会費は一人につき1000円であった。
회비는 한 사람당 1000엔이었다.

この道路は工事中につき、通行止めになっている。
이 도로는 공사 중이기 때문에 통행금지가 되어 있다.

문제로 확인하기

1 ただいま準備中(　　　　)、しばらくお待ちください。

1　にとって　　　　2　にかわって　　　3　につき　　　　4　について

> 해석 ▶ 지금 준비중이기 때문에 잠시 기다려 주세요.
> 해설 ▶ ① ～にとって(～에게 있어서)
> ② ～にかわって(～을 대신하여)
> ③ ～につき(～당/～이기 때문에)
> ④ ～について(～에 대해서)
> 정답 ▶ 3

06. ～にとって ～에게 있어서

「어떤 사람이나 조직의 입장으로서는, ～에게 있어서」라는 표현이다.

外国人にとって、日本語能力試験は学校の入学のためのとても大事な試験である。
외국인에게 있어서 일본어능력시험은 학교 입학을 위한 아주 중요한 시험이다.

문제로 확인하기

1 日本語を習いはじめたばかりの私に(　　　　)、日本の新聞を読むことは大変な

ことです。

1　に関して　　　　2　にくらべて　　　3　にかけて　　　　4　にとって

07. 〜に反(はん)して 〜와는 반대로, 〜에 반해

「〜와는 반대로, 〜에 반해」라는 뜻이다. 「〜に反(はん)する(〜에 반하는)/〜に反(はん)した(〜에 반한)」의 형태로도 자주 쓰인다.

予想に反して、予選で負けてしまった。

예상과는 반대로 예선에서 져 버렸다.

最善を尽くしたが、みんなの期待に反する結果となってしまった。

최선을 다했지만 모두의 기대에 반하는 결과가 되어 버렸다.

문제로 확인하기

1 今日は雨だろうと思ったが予想に反して（　　　　）。

1　雨は降らなかった　　　　2　雨が降りだした

3　雨に違いない　　　　　　4　雨が止んだ

08. 〜に基(もと)づいて 〜에 의거하여

この映画は実際の出来事に基づいて制作された。

이 영화는 실제 있었던 일에 의거하여 제작되었다.

문제로 확인하기

1 現地の調査結果(　　　　　)、各種商品を開発しています。

　　1　にわたって　　　2　に基づいて　　　3　に向けて　　　4　にかわって

해석 ▶　현지 조사결과에 의거하여 각종 상품을 개발하고 있습니다.

해설 ▶　① 〜にわたって(〜에 걸쳐-넓은 범위에 걸쳐서)
　　　　② 〜に基(もと)づいて(〜에 의거하여)
　　　　③ 〜に向(む)けて(〜를 향해서, 〜를 목표로)
　　　　예) 優勝(ゆうしょう)に向(む)けて一生懸命(いっしょうけんめい)練習(れんしゅう)している(우승을 목표로 열심히 연습하고 있다)
　　　　④ 〜にかわって(〜을 대신하여)

정답 ▶　2

09. 〜によって 〜에 의해, 〜에 따라

동작의 주체, 원인과 이유, 수단과 방법, 그리고 각각 다르다는 것을 나타낸다.

この小説は、有名なフランスの作家によって書かれた。(동작의 주체)

이 소설은 유명한 프랑스 작가에 의해 쓰였다.

不注意によって事故が起こった。(원인/이유)

부주의에 의해 사고가 일어났다.

いなくなった猫を新聞広告によって見つけた。(수단/방법)

없어진 고양이를 신문광고에 의해 찾았다.

同じ商品でも店によって値段が違います。(각각 다름)

같은 상품이라도 가게에 따라 가격이 다릅니다.

1 踏切事故（　　　）電車が止まってしまいました。

1　によると　　　　2　において　　　3　によって　　　4　にかけては

> 해석 ▶ 건널목사고에 의해 전철이 멈춰 버렸습니다.
>
> 해설 ▶ ① ~によると(~에 따르면, ~에 의하면)
>
> 예) ニュースによると原宿(はらじゅく)で火事(かじ)があったそうです(뉴스에 의하면 하라주쿠에서 화재가 있었다고 합니다)
>
> ② ~において(~에 있어서, ~에서)
>
> 예) 会議(かいぎ)は一階(いっかい)の会議室(かいぎしつ)において行(おこな)われる(회의는 1층 회의실에서 열린다)
>
> ③ ~によって(~에 의해, ~에 따라)
>
> ④ ~にかけては(~에 관해서는)
>
> 예) 運動(うんどう)にかけては自信(じしん)がある(운동에 관해서는 자신이 있다)
>
> 정답 ▶ 3

10. ~によると ~에 따르면, ~에 의하면

전해들은 말이나 정보의 출처를 나타낸다.

天気予報によると、午前中は少し雨が降りますが、午後からは晴れるそうです。

일기예보에 따르면 오전 중에는 조금 비가 내리지만 오후부터는 갠다고 합니다.

1 その報告書（　　　）今年は景気がよくなるということだ。

1　にこたえて　　2　について　　　3　にとって　　　4　によると

> 해석 ▶ 그 보고서에 의하면 올해는 경기가 좋아진다고 한다.
>
> 해설 ▶ ① ~にこたえて(~에 부응하여)
>
> ② ~について(~에 대해서)
>
> ③ ~にとって(~에게 있어서)
>
> ④ ~によると(~에 따르면, ~에 의하면)
>
> 정답 ▶ 4

11. 〜ば 〜ほど 〜하면 〜할수록, 〜이면 〜일수록

〜하면 〜할수록(〜이면 〜일수록) 그 정도가 더욱 강해짐을 나타내는 표현이다. 접속 형태는 아래와 같다.

「동사 〜ば 〜ほど」

「い형용사 〜ければ 〜ほど」

「な형용사 〜ならば 〜なほど/な형용사 〜であれば 〜であるほど」

「명사 〜であれば 〜であるほど/명사 〜であればあるほど」

見れば見るほどすばらしい作品だ。

보면 볼수록 훌륭한 작품이다.

早ければ早いほどいい。

빠르면 빠를수록 좋다.

魚は新鮮であれば新鮮であるほどおいしい。

생선은 신선하면 신선할수록 맛있다.

名門大学であればあるほど就職率が高い。

명문대학이면 일수록 취업률이 높다.

문제로 확인하기

1 日本語は習えば習う（　　　　）難しいそうです。

1　反面　　　　　　2　ほど　　　　　　3　こそ　　　　　　4　さえ

> 해석 ▶ 일본어는 배우면 배울수록 어렵다고 합니다.
> 해설 ▶ ① 〜反面(はんめん)(〜반면)
> 　　　　예) これは水(みず)に強(つよ)い反面(はんめん)、熱(ねつ)に弱(よわ)い (이것은 물에 강한 반면, 열에 약하다)
> 　　　　② 〜ば 〜ほど(〜하면 〜할수록)
> 　　　　習(なら)う(배우다) → 習(なら)えば習(なら)うほど(배우면 배울수록)
> 　　　　③ 〜こそ(〜야말로)
> 　　　　예) 私(わたし)こそ失礼(しつれい)しました (저야말로 실례했습니다)
> 　　　　④ 〜さえ(〜조차)
> 　　　　예) 自分(じぶん)の名前(なまえ)さえ書(か)けない (자신의 이름조차 못 쓴다)
> 정답 ▶ 2

12. 〜ばかり 〜만, 〜뿐

「명사+ばかり」는 「〜만, 〜뿐」이라는 뜻이다. 「동사의 て형+ばがりいる」는 「〜하고만 있다」라는
표현이며 「동사의 た형+ばかりだ」는 「〜한 지 얼마 안 됐다」는 뜻이다.

バレンタインデーはどこへ行ってもカップルばかり です。

밸런타인데이는 어디에 가도 커플뿐입니다.

運動はしないで、食べてばかりいると、どんどん太るよ。

운동은 하지 않고 먹기만 하면 점점 살쪄!

この布団は洗ったばかり なので、きれいです。

이 이불은 빨지 얼마 안 됐기 때문에 깨끗해요.

문제로 확인하기

1 子供の時、勉強はせずにいたずら(　　　　)ばかりいて、親によく叱られた。

| 1　して | 2　した | 3　する | 4　しない |

> **해석 ▶** 어릴 적에 공부는 하지 않고 장난만 쳐서 부모님에게 자주 꾸지람을 들었다.
>
> **해설 ▶** ① 동사의 て형+ばがりいる(〜하고만 있다)
> いたずらする(장난치다) → いたずらしてばかりいる(장난만 치다) → いたずらしてばかりい
> て(장난만 쳐서)
> ② 「せずに」는 「しないで」와 같은 표현으로 「하지 않고」라는 뜻이다.
> ③ 叱(しか)る(꾸짖다) → 叱(しか)られる(꾸지람을 듣다–1그룹동사의 수동형 う단 어미를 あ단으
> 로 바꾸고 れる를 접속) → 叱(しか)られた(꾸지람을 들었다)
>
> **정답 ▶** 1

2 (　　　　)ばかりの電子辞書が壊れてしまいました。

| 1　買って | 2　買った | 3　買う | 4　買い |

> **해석 ▶** 산지 얼마 안 된 전자사전이 고장나 버렸습니다.
>
> **해설 ▶** ① 동사의 た형+ばかりだ(〜한 지 얼마 안 됐다)
> 買(か)う(사다) → 買(か)った(샀다) → 買(か)ったばかりだ(산지 얼마 안 됐다)

② ～てしまう(～해 버리다)

壊(こわ)れる(고장나다) → 壊(こわ)れてしまう(고장나 버리다) → 壊(こわ)れてしまいました
(고장나 버렸습니다)

정답 ▶ 2

13. ～ばかりか(～ばかりでなく)/～ばかりに ～뿐만 아니라/～바람에(～탓으로)

「～ばかりか(～ばかりでなく)」는 「～뿐만 아니라」라는 뜻으로 첨가적으로 다른 것도 더 있다는 뉘앙스이다. 유사표현으로도 「～のみならず/～だけでなく」가 있다. 「～ばかりに」는 어떤 원인 탓으로 부정적인 결과가 도출되었을 경우 사용하는 표현이다.

彼は英語ばかりかドイツ語も上手だ。

그는 영어뿐만 아니라 독일어도 잘한다.

彼女は美しいばかりでなく才能もある。

그녀는 아름다울 뿐만 아니라 재능도 있다.

勉強しなかったばかりに、試験に落ちてしまった。

공부하지 않은 바람에 시험에 떨어져 버렸다.

문제로 확인하기

1 電車を乗り間違えた(　　　　)、会議に遅れてしまいました。

1　ばかりだ

2　ばかりでなく

3　ばかりに

4　ばかりか

해석 ▶　전철을 잘못 탄 바람에 회의에 늦어 버렸습니다.

해설 ▶　① 동사의 た형＋ばかりだ(～한 지 얼마 안 됐다)

②　～ばかりでなく/～ばかりか(～뿐만 아니라)

③　～ばかりに(～바람에, ～탓으로)

정답 ▶　3

14. ～ほどだ/～ほど ～할 정도이다/～할 정도(～할 만큼)

「～ほどだ」는 「～할 정도이다」라는 뜻이다. 「～ほど」는 단순히 「～만큼」이라는 뜻 이외에 「～할 정도(～할 만큼)」이라는 뜻도 있고 「～할수록(～일수록)」이라는 의미로도 쓰인다.

水が冷たすぎて、手を入れると痛いほどだった。

물이 너무 차가워서 손을 넣으면 아플 정도였다.

今日は昨日ほど暑くない。

오늘은 어제만큼 덥지 않다.

息子からのプレゼントは涙が出るほどうれしかった。

아들로부터 받은 선물은 눈물이 나올 만큼 기뻤다.

年齢が若いほど交通事故を起こす可能性が非常に高い。

연령이 어릴수록 교통사고를 일으킬 가능성이 상당히 높다.

문제로 확인하기

1 足が痛くて、一歩も(　　　)ほどだった。

　1　歩けない　　　2　歩く　　　3　歩かない　　　4　歩いた

해석 ▶	다리가 아파서 한 걸음도 걸을 수 없을 정도였다.
해설 ▶	① 歩(ある)く(걷다) → 歩(ある)ける(걸을 수 있다－1그룹동사의 가능형 う단 어미를 え단으로 바꾸고 る를 접속) → 歩(ある)けない(걸을 수 없다)
	② 歩(ある)かない(걷지 않다－부정형), 歩(ある)いた(걸었다－과거형)
정답 ▶	1

15. ～べきだ/～べきではない ～해야 한다/～해서는 안 된다

「～べきだ」는 「반드시 그렇게 해야 한다, 그렇게 하는 것이 당연하다」라는 뜻이다. する(하다)의 경우 「するべきだ, すべきだ」 두 가지 형태로 쓰인다. 「～べきではない」는 부정표현으로 「～해서는 안 된다」라는 뜻이다.

政府は国民の安全を守る**べきだ**。

정부는 국민의 안전을 지켜야 한다.

ウェブサイトを作るにあたって注意す**べき**ことを説明します。

웹사이트를 만들 때 주의해야 할 점을 설명하겠습니다.

人の悪口は言う**べきではない**。

남의 욕은 해서는 안 된다.

문제로 확인하기 ○

1 先生のお宅に、こんな夜中に訪問(　　　　)。

1　しべきだ

2　しべきではない

3　すべきだ

4　すべきではない

해석 ▶ 선생님 댁에 이런 한밤중에 방문해서는 안 된다.

해설 ▶ 「～べきだ」는 「～해야 한다」 「～べきではない」는 「～해서는 안 된다」라는 뜻이다. する동사의 경우 접속 형태는 「するべきだ=すべきだ(해야 한다)/するべきではない=すべきではない(해서는 안 된다)」 이다.

정답 ▶ 4

16. ～まで(に) ~까지

「～まで」는 기간을 나타내는 표현으로 정해진 시점까지 행위가 계속 됨을 나타내며, 「～までに」는 기한을 나타내는 표현으로 정해진 시점 안에 행위가 완료되면 되는 것을 말한다.

この本は来週の月曜日(○**までに**／×まで)返さなければならない。

이 책은 다음 주 월요일까지 돌려줘야 한다.(다음 주 월요일 전에만 돌려주면 됨-기한)

来年の大会(○**まで**／×までに)水泳の練習を続けるつもりです。

내년 대회까지 수영 연습을 계속 할 생각입니다. (대회까지 계속 연습을 함-기간)

1 大学を卒業する(　　　)、就職先を決めたい。

1　までで　　　　2　までと　　　　3　まで　　　　4　までに

> 해석 ▶ 대학을 졸업할 때까지 취직할 곳을 정하고 싶다.
> 해설 ▶ 정해진 시점까지 행위가 계속 됨을 나타내는 문장이 아니라 정해진 시점 안에 행위가 완료되면 되는 기한을 나타내는 표현이므로 「~까지に」가 정답이다.
> 정답 ▶ 4

17. ～ものだ/～ことだ ～하는 법이다/～해야 한다

「～ものだ」는 「～하는 법이다, ～하는 것이 일반적이다」라는 뜻으로 개인적인 의견이 아니라 보편적인 사실을 말하거나 도덕적, 관습적으로 그렇게 하는 것이 혹은 그런 것이 당연하다고 말할 때 쓰는 표현이다. 이에 반해 「～ことだ」는 「～해야 한다」는 뜻으로 화자가 주관적인 의견을 말하거나 「～하는 편이 좋다」는 뉘앙스를 가지고 어드바이스를 할 때 자주 쓰는 표현이다.

人間は死ぬものだ。
인간은 죽는 법이다.

人間というものは、外見だけでは分からないものだ。
인간이라는 것은 겉모습만으로는 모르는 법이다.

上達するためには、繰り返して練習することだ。
능숙해지기 위해서는 반복해서 연습해야 한다.

1 人に信用されたければ、嘘はつかない(　　　)。

1　わけにはいかない　　　　　　2　わけだ

3　ことだ　　　　　　　　　　　4　ものか

> 해석 ▶ 남에게 신뢰받고 싶다면 거짓말은 하지 않아야 한다.
> 해설 ▶ ① ～わけにはいかない(～할 수는 없다)
> 　　　　② ～わけだ(～하는 셈이다)

③ ～ことだ(～해야 한다-화자가 주관적인 의견을 피력하거나 어드바이스를 할 때 쓰는 표현)
④ ～ものか(～할까보냐-강하게 반문하여 단호히 부정하는 뜻을 나타냄)

정답 ▶ 3

18. ～わけだ/～わけがない/～わけではない/～わけにはいかない

～하는 셈이다/～일 리가 없다/～하는 것은 아니다/～할 수는 없다

「～わけだ」는 「～할 만도 하다, ～하는 셈이다」라는 뜻으로 그 단정에는 그럴만한 이유나 사정이 있다는 뉘앙스가 있다. 즉 결과로서 그것이 당연하다는 뜻을 나타낸다. 「～わけがない」는 「그럴 리가 없다」라며 강하게 부정할 때 쓰는 표현이다. 「～わけではない」는 「꼭 반드시 그런 것은 아니다」라는 의미이다. 끝으로 「～わけにはいかない(～わけにもいかない)」는 「어떤 사정상 할 수 없다」는 뜻이다.

本田さんはアメリカに10年もいたから、英語が上手なわけだ。
혼다씨는 미국에 10년이나 있었기 때문에 영어가 능숙한 것이다.(능숙할 만도 하다)

先生がそんなことをするわけがない。
선생님이 그런 일을 할 리가 없다.

一生懸命勉強したからといって、成績がすぐに上がるわけではない。
열심히 공부했다고 해서 성적이 금방 오르는 것은 아니다.

絶対に行かないと約束したので、行くわけにはいかない。
절대로 가지 않겠다고 약속했기 때문에 갈 수는 없다.

上司に頼まれたことだから、やらないわけにもいかない。
상사에게 부탁받은 것이니까 하지 않을 수도 없다.

문제로 확인하기 〇

1 やらなければならない仕事が山ほどあるので、風邪を引いたからといって、会社を休む（　　　）。

1　わけにはいかない　　　　　2　わけだ

3　はずだ　　　　　　　　　　4　わけではない

19. ～を問(と)わず ～을 불문하고

これは老若男女を問わずかぶれるかわいい帽子です。

이것은 남녀노소를 불문하고 쓸 수 있는 귀여운 모자입니다.

문제로 확인하기

1 応募資格は国籍、年齢、性別(　　　　)、国内在住の方はどなたでもご応募できます。

1　を通じて　　　2　を問わず　　　3　を込めて　　　4　をきっかけに

20. ～をはじめ/～てはじめて ～을 비롯해/～서야 비로소

「～をはじめ」는 「대표적인 것을 비롯하여 전부 다」라는 표현이다. 「～てはじめて」는 「～하고서야 비로소」라는 뜻으로 어떤 일을 경험하고 난 후에 비로소 무엇인가를 새로 깨달은 경우에 자주 사용된다.

夕べ泥棒に入られて、現金をはじめ、宝石などが盗まれた。

어제 도둑이 들어 현금을 비롯하여 보석 등이 도난당했다.

友達に注意されてはじめて、自分の悪い癖を知った。

친구에게 주의를 듣고 나서야 비로소 자신의 나쁜 버릇을 알았다.

문제로 확인하기

1 健康を失ってはじめて、（　　　）。

1　健康なはずがない

2　健康な生活を送ろう

3　健康の大切さに気づいた

4　健康なわけだ

해석 ▶　건강을 잃고 나서야 비로소 건강의 소중함을 깨달았다.

해설 ▶　① ～はずがない(～할 리가 없다)

　　　　健康(けんこう)なはずがない(건강할 리가 없다)

　　　② 送(おく)る(보내다) → 送(おく)ろう(보내야지/보내자―1그룹동사의 의지형 う단 어미를 お단으로 바꾸고 う를 접속)

　　　　健康(けんこう)な生活(せいかつ)を送(おく)ろう(건강한 생활을 보내자)

　　　③ 健康(けんこう)の大切(たいせつ)さに気(き)づいた(건강의 소중함을 깨달았다)

　　　④ ～わけだ(～하는 셈이다)

　　　　健康(けんこう)なわけだ(건강한 셈이다)

정답 ▶　3

問題　下の内容はワーキングホリデーの流れの案内である。次の文章を読んで、質問に答え
なさい。答えは、1・2・3・4から最もよいものを一つえらびなさい。

1　義務でないものはどれか。

　　1　ホームステイ申し込み　　　　2　パスポート申請

　　3　ビザ申請　　　　　　　　　　4　健康診断

2　ビザの申し込みはいつごろになってすればいいか。

　　1　12〜6ヶ月前　　　　　　　　2　6〜3ヶ月前

　　3　3〜2ヶ月前　　　　　　　　4　1ヶ月前

ワーキングホリデーの流れ

ワーキングホリデー(ワーホリ)でさまざまな体験をしてみませんか？

期間	内容
★12〜6ヶ月前	→ 情報収集 → 英語力チェック
★6ヶ月前	→ パスポート申請
★6〜3ヶ月前	→ 学校申し込み → ホームステイ申し込み(希望の場合)
★4〜2ヶ月前	→ 費用送金
★3〜2ヶ月前	→ ビザ申請 → 健康診断
★3〜1ヶ月前	→ 航空券手配
★1ヶ月月前	→ 渡航準備
★2週間前	→ 出発前最終確認

ワーキングホリデー(ワーホリ)に関してご質問がありましたら、

お気軽にお問い合わせください。

お問い合わせはこちら ☞ info@global21.or.jp まで、お願い致します。

문제 아래의 내용은 워킹 홀리데이의 흐름 안내이다. 다음 문장을 읽고 질문에 답하시오. 정답은 1·2·3·4에서 가장 적당한 것을 하나 고르시오.

1 의무가 아닌 것은 어느 것인가?

1 홈스테이 신청	2 패스포트 신청
3 비자 신청	4 건강진단

정답 ▶ 1

2 비자 신청은 언제쯤 하면 좋은가?

1 12~6개월 전	2 6~3개월 전
3 3~2개월 전	4 1개월 전

정답 ▶ 3

워킹 홀리데이의 흐름

워킹 홀리데이(워홀리)로 다양한 체험을 해 보시지 않으시겠습니까?

기간	내용
★12~6개월 전	→정보 수집 →영어력 체크
★6개월 전	→패스포트 신청
★6~3개월 전	→학교 신청 →홈스테이 신청(원하는 경우)
★4~2개월 전	→비용 송금
★3~2개월 전	→비자 신청 →건강진단
★3~1개월 전	→항공권준비(채비)
★1개월 전	→도항준비
★2주 전	→출발 전 최종확인

워킹 홀리데이(워홀리)에 관해서 질문이 있으시면, 가볍게(어렵게 생각하지 말고) 문의해 주십시오.

문의는 이쪽 ☞ info@global21.or.jp 로 부탁드리겠습니다.

동사의 て형 + みる ~해보다

  예) する → して → してみる 해보다, 書(か)く → 書(か)いて → 書(か)いてみる 써보다

명사 + に関(かん)して ~에 관해서

  예) ワーキングホリデーに関(かん)して 워킹홀리데이에 관해서

お + 동사의 ます형 + ください ~해 주십시오

  예) 問(と)い合(あ)わせる → 問(と)い合(あ)わせます → お問(と)い合(あ)わせください 문의해 주십시오

お + 동사의 ます형 + いたす ~하다, ~하겠다 (겸양어 공식)

  예) 願(ねが)う → 願(ねが)います → お願(ねが)いいたします 부탁드리겠습니다.

   ワーキングホリデー 워킹홀리데이   流ながれ 흐름   義務ぎむ 의무

   ホームステイ 홈스테이   申もうし込こみ 신청   申請しんせい 신청   ビザ 비자

   健康診断けんこうしんだん 건강진단   いつごろ 언제쯤   ヶ月かげつ 개월

   さまざまな 다양한   体験たいけん 체험   期間きかん 기간   週間しゅうかん 주일(주간)

   内容ないよう 내용   情報じょうほう 정보   収集しゅうしゅう 수집

   英語力えいごりょく 영어력   パスポート 여권   希望きぼう 희망

   場合ばあい 경우   費用ひよう 비용   送金そうきん 송금

   航空券こうくうけん 항공권   手配てはい 준비, 채비   渡航とこう 도항

   準備じゅんび 준비   出発しゅっぱつ 출발   最終さいしゅう 최종

   確認かくにん 확인   気軽きがるに 가볍게(어렵게 생각하지 말고)

CHAPTER 03 청해

청해익히기 즉시 응답 문제 3

즉시 응답 문제는 그림이 없는 문제로서 질문을 듣고 다음에 나올 적합한 대답을 선택하는 문제이다. 일상생활에서 빈번히 사용하는 기초적인 질의응답 패턴이 나올 가능성이 많다.

(예시)

女：その雑誌(ざっし)、貸(か)して
　　くださいませんか。

男：

1　はい、ください。
2　はい、貸(か)してください。
3　はい、どうぞ。

여 :　그 잡지 빌려 주시지 않으시겠습니까?

남 :

1　예, 주세요.
2　예, 빌려 주세요.
3　예, 그러세요.

문제로 확인하기

1番

1

2

3

2番

1

2

3

3番

1

2

3

4番

1

2

3

1번 문제

男：何なにも食たべないで来きたんですか。

女：

1　はい、だからお腹なかがいっぱいです。
2　はい、だから喉のどが乾かわきました。
3　はい、だからお腹なかがぺこぺこです。

해석 ▶

남: 아무것도 먹지 않고 왔습니까?

여:

1　예. 그래서 배가 부릅니다.
2　예. 그래서 목이 마릅니다.
3　예. 그래서 배가 몹시 고픕니다.

정답 ▶　3

2번 문제

女：夕ゆうべはよく眠ねむれましたか。

男：

1　はい、にっこり
2　はい、しっとり
3　はい、ぐっすり

해석 ▶

여: 어젯밤은 잘 주무셨습니까?

남:

1　예. 생긋
2　예. 촉촉하게
3　예. 푹

포인트문법 ▶

眠(ねむ)る(자다) → 眠(ねむ)れる(잘 수 있다-1그룹동사의 가능형 う단 어미를 え단으로 바꾸고 る를 접속) → よく眠(ねむ)れましたか(잘 잘 수 있었습니까? 즉, 잘 주무셨습니까? 라는 의미)

정답 ▶　3

3번 문제

男：上原うえはらはただ今いま出でかけておりま
　　すが…。

女：

1　はい、そうしたいです。
2　では、また後あとでかけなおします。
3　はい、お願ねがいします。

해석 ▶

남: 우에하라는 지금 외출중입니다만····.

여:

1　예, 그렇게 하고 싶습니다.
2　그럼, 나중에 다시 걸겠습니다.
3　예, 부탁합니다.

포인트문법 ▶

① おる(있다)는 いる(있다)의 특수겸양동사이다.
　出(で)かける(나가다) → 出(で)かけています
　(나가 있습니다) → 出(で)かけております(나가
　있습니다. 즉, 외출중이라는 의미)
② 동사의 ます형+なおす(다시 ~하다)
　かける(걸다) → かけます(겁니다) → かけな
　おす(다시 걸다)

정답 ▶　2

4번 문제

女：眠ねむそうですね。

男：

1　さっき起おきたばかりです。
2　早はやく寝ねたほうがいいです。
3　寝ねてばかりいます。

해석 ▶

여: 졸린 것 같네요.

남:

1　조금 전에 막 일어났습니다.
2　빨리 자는 편이 좋습니다.
3　자고만 있습니다.

포인트문법 ▶

① 동사의 た형+ばかりだ(~한지 얼마 되지 않았다)
　起(お)きる(일어나다) → 起(お)きたばかりだ
　(일어난 지 얼마 되지 않았다) → 起(お)きたば
　かりです(일어난 지 얼마 되지 않았습니다)
② 동사의 た형+ほうがいい(~하는 편이 좋다)
　寝(ね)る(자다) → 寝(ね)たほうがいいです(자
　는 편이 좋습니다)
③ 동사의 て형+ばかりいる(~하고만 있다)
　寝(ね)る(자다) → 寝(ね)てばかりいます(자고
　만 있습니다)

정답 ▶　1

MeMo

PracticeTest 1 문자/어휘

問題1 ＿＿＿の言葉の読み方として最もよいものを1·2·3·4から一つえらびなさい。

1 下品な言葉づかいにガッカリする男性もいます。

1　かひんな　　　2　しもひんな　　3　げひんな　　　4　じょうひんな

2 ドバイの地下鉄は完全に自動化されているという。

1　あんせんに　　2　あんぜんに　　3　がんぜんに　　4　かんぜんに

3 インスタント食品は健康に悪い。

1　いんすたんと　2　いんすたそと　3　いんぬたんと　4　いそたんと

4 顔の広いおじに就職を頼んだ。

1　ほおのひろい　　　　　　　2　かおのひろい

3　てのひろい　　　　　　　　4　みみのひろい

5 彼の短所は気が短いところです。

1　きがみじかい　　　　　　　2　きがながい

3　けがみじかい　　　　　　　4　けがながい

問題2　＿＿＿＿のことばを漢字（カタカナ）で書くとき最もよいものを１・２・３・４から一つえらびなさい。

6　しあわせな家庭を築くのが彼女の夢である。

　　1　辛な　　　　　2　卒な　　　　　3　幸な　　　　　4　新な

7　体もじょうぶだし，頭も優秀な子ですね。

　　1　丈部だ　　　　2　丈不だ　　　　3　大夫だ　　　　4　丈夫だ

8　ぐらうんどをひとまわりするのに10分もかかりそうだ。

　　1　グラウンド　　2　グチウンド　　3　ジラウンド　　4　グラウレド

9　みなさんはめをとじるとどんなものが見えますか。

　　1　目を開じる　　2　目を閉じる　　3　目を問じる　　4　目を門じる

10　やくそくをやぶったことがありますか。

　　1　役束を破った　　　　　　　　2　薬束を破った

　　3　約束を破った　　　　　　　　4　焼束を破った

問題3（　　　　　）に入れるのに最もよいものを1・2・3・4から一つえらびなさい。

11 仕事が（　　　　　）運んでいて嬉しい。
1 順調に　　　　2 不安に　　　　3 素直に　　　　4 新鮮に

12 これくらいで諦めては（　　　　　）。
1 重要だ　　　　2 素敵だ　　　　3 大好きだ　　　　4 駄目だ

13 アメリカで買った（　　　　　）の映りが悪いのですが。
1 カラオケ　　　　　　　　　　2 ヒーター
3 デジタルカメラ　　　　　　　4 ラジオ

14 曇り（　　　　　）雨でしょう。
1 あらゆる　　　　2 あるいは　　　　3 つまり　　　　4 ただし

15 収入は十分だ。（　　　　　）いつも赤字である。
1 それで　　　　2 それとも　　　　3 それなら　　　　4 それなのに

問題4　＿＿＿＿＿に意味が最も近いものを1・2・3・4から一つえらびなさい。

16　英語は得意（とくい）でしたが、数学は<u>苦手</u>でした。

　　1　不得意　　　　2　不便　　　　3　不思議　　　　4　不機嫌（ふきげん）

17　<u>プライバシー</u>を守る権利はだれでもある。

　　1　自分　　　　2　約束　　　　3　家庭　　　　4　私生活

18　小さい時の<u>思い出</u>について話してください。

　　1　経験　　　　2　追憶（ついおく）　　　　3　趣味　　　　4　特技

問題5　つぎのことばの使い方として最もよいものを１・２・３・４から一つえらびなさい。

19　変だ

　　1　家具の位置を<u>変</u>だけです。

　　2　会議の予定を<u>変</u>いたします。

　　3　この生ビールちょっと味が<u>変</u>ですね。

　　4　冬から春に移り<u>変</u>ですね。

20　リサイクル

　　1　彼は<u>リサイクル</u>シップに欠けている。

　　2　健康のために毎日１<u>リサイクル</u>ぐらいの水を飲んだほうがいい。

　　3　ダイエットのために先月から<u>リサイクル</u>をはじめました。

　　4　環境のために<u>リサイクル</u>をするべきだ。

PracticeTest 2 문법

問題1　つぎの文の（　　　）に入れるのに最もよいものを、1・2・3・4から一つえらびなさい。

1　会社に（　　　）ばかりなので、まだ何が何だか分かりません。

　　1　入社する　　　　2　入社して　　　　3　入社し　　　　4　入社した

2　部屋の窓から公園で子供たちの遊んでいる（　　　）よく見える。

　　1　ことが　　　　2　ことを　　　　3　のが　　　　4　のを

3　お仕事に行っている（　　　）、郵便配達の人が来たようだ。

　　1　あいだに　　　　2　あいだは　　　　3　あいだ　　　　4　あいだで

4　自分で決めたことだから、たとえ失敗（　　　）後悔しない。

　　1　したら　　　　2　しても　　　　3　して　　　　4　しながら

5　景気はよくなる（　　　）、ますます悪くなりつつありますね。

　　1　どころか　　　　2　とはいえ　　　　3　とともに　　　　4　としたら

6　心配することはない。緊張さえ（　　　）絶対合格しますよ。

　　1　すれば　　　　2　しなければ　　　　3　したければ　　　　4　できれば

7 新しい情報が（　　　）次第、お知らせします。

　　1　入って　　　　　2　入る　　　　　　3　入った　　　　　4　入り

8 池田さんが急な用事で出かけたので、私が（　　　）来た次第です。

　　1　くせに　　　　　2　おきに　　　　　3　代わりに　　　4　かぎりに

9 アメリカでは州（　　　）法律が違う。

　　1　にかわって　　　2　によって　　　　3　に関して　　　4　にわたって

10 この曲を（　　　）、昔の恋人を思い出す。

　　1　聞くために　　　　　　　　　　　　2　聞くたびに

　　3　聞いたくせに　　　　　　　　　　　4　聞いたばかりに

問題2　つぎの文の＿★＿に入る最もよいものを、1・2・3・4から一つえらびなさい。

11　電気も＿＿＿＿、＿＿＿＿　＿★＿、＿＿＿＿誰もいないようです。

1　部屋には　　　　　　　　　　　2　鍵も

3　消えているし　　　　　　　　　4　かかっているし

12　その人とは＿＿＿＿　＿＿＿＿　＿＿＿＿　＿★＿する。

1　どこかで　　　2　気が　　　　3　ような　　　　4　会った

13　最近の子供は、＿＿＿＿　＿＿＿＿　＿★＿　＿＿＿＿ようだ。

1　くせに　　　　2　体力は　　　3　体は大きい　　4　ない

14　日本＿＿＿＿　＿★＿　＿＿＿＿　＿＿＿＿食べました。

1　寿司を　　　　2　はじめて　　3　来て　　　　4　に

15　あの事件＿★＿　＿＿＿＿　＿＿＿＿、＿＿＿＿教えてください。

1　に関して　　　　　　　　　　　2　ことがあれば

3　ぜひ　　　　　　　　　　　　　4　知っている

問題3　つぎの文章を読んで、16 から 20 の中に入る最もよいものを、1・2・3・4から一つえらびなさい。

私はよく「化粧の時代」だというんです。男性も女性も流行という化粧をする。そこで鏡を見るのですが、実は、鏡は自分を美しく装（よそお）う前に自分の短所や欠点を発見するためにあるということを 16 。その意味で、自分自身の鏡をいつもポケットにしまっておく必要があります。なぜこういうことをいうかといいますと、テレビ、劇画、漫画、それに学校教育の 17 でもあるのですが、いまの人は人間をすぐ「良い人」と「悪い人」に分けてしまう。良い人とは、自分 18 都合のいいことを言ってくれる人、逆に自分の欠点や醜（みにく）い面を指摘（してき）してくれる人は悪い人なんですね。 19 、人間というのは「良い人」「悪い人」がいるのではなく、「弱い人」しかいないのです。誰だって人からほめられたいし、誘惑（ゆうわく）には 20 し、おいしいものは食べたいんです。

草柳大蔵　「花のある人花になる人」より

16
1 忘れるべきです　　　　2 忘れてはいけません
3 忘れたに違いない　　　4 忘れてもいいです

17
1 せい　　　　2 おかげ
3 わけ　　　　4 くせ

18
1 にくらべて　　　　2 にかわって
3 にとって　　　　　4 によって

19
1 それに　　　　2 しかし
3 そして　　　　4 それで

20
1 負けそうだ　　　　2 負けたい
3 負けにくい　　　　4 負けやすい

PracticeTest 1 문자/어휘

문제 1

1 해석 ▶ <u>품위가 없는</u> 말투에 실망 하는 남성도 있습니다.

　해설 ▶ 　1 X　　　　　　　　　　　　　2 X

　　　　　3 품위가 없는　下品げひん**な** / 품위가 없다　下品げひん**だ**

　　　　　4 품위가 있는, 고상한　上品じょうひん**な** / 고상하다　上品じょうひん**だ**

　단어 ▶ 　言葉ことば**づかい** 말투　　　ガッカリする 낙담하다, 실망하다　　　男性だんせい 남성

　정답 ▶ 　3

2 해석 ▶ 두바이의 지하철은 <u>완전하게</u> 자동화 되었다고 한다.

　해설 ▶ 　1 암선(검은 선)에 暗線あんせん**に**　　　　　2 안전하게 安全あんぜん**に**

　　　　　3 눈앞에 眼前がんぜん**に**　　　　　　　　4 완전하게, 완전히 完全かんぜん**に**

　포인트문법 ▶ される는 する의 수동표현 → ~당하다, 되어 지다

　　　　　예) する → される → 自動化(じどうか)される 자동화 되다

　　　　동사의 う단 형태 + という → ~라고 말한다(한다)

　　　　　예) 休(やす)む → 今日(きょう)はやすむという 오늘은 쉰다고 한다

　단어 ▶ 　地下鉄ちかてつ 지하철　　　自動化じどうか 자동화

　정답 ▶ 　4

3 해석 ▶ <u>인스턴트</u>식품은 건강에 나쁘다.

　해설 ▶ 　1 인스턴트　インスタント　　　　　2 X

　　　　　3 X　　　　　　　　　　　　　　4 X

　포인트문법 ▶ 명사 + に悪(わる)い → ~에 나쁘다

　　　　　예) 体(からだ)に悪(わる)い 몸에 나쁘다, 目(め)に悪(わる)い 눈에 안 좋다

　단어 ▶ 　食品しょくひん 식품　　　健康けんこう 건강　　　悪わるい 나쁘다

　정답 ▶ 　1

4 해석 ▶ <u>발이 넓은</u> 삼촌에게 취직을 부탁했다.

　해설 ▶ 　1 뺨이 넓다 頬ほおの広ひろい　　　　　2 발이 넓다, 얼굴이 넓다 顔かおの広ひろい

　　　　　3 손이 넓다 手ての広ひろい　　　　　　4 귀가 넓다 耳みみの広ひろい

　포인트문법 ▶ む로 끝나는 1그룹 동사의 과거형

　　　　　예) 頼(たの)む → 頼(たの)んだ 부탁했다, 飲(の)む → 飲(の)んだ 마셨다, 読(よ)む →

　　　　　読(よ)んだ 읽었다

　단어 ▶ 　顔かお 얼굴　　　広ひろい 넓다　　　就職しゅうしょく 취직, 취업

　정답 ▶ 　2

5 해석 ▶ 그의 단점은 <u>성미가 급한</u> 점입니다.

해설 ▶ 1 성미가 급하다　気_きが短_{みじか}い　　　　2 성미가 느긋하다　気_きが長_{なが}い

3 털이 짧다　毛_けが短_{みじか}い　　　　4 털이 길다　毛_けが長_{なが}い

단어 ▶ 彼_{かれ} 그, 그 남자　　短所_{たんしょ} 단점　　所_{ところ} 점, 부분, 곳, 장소

정답 ▶ 1

문제 2

6 해석 ▶ <u>행복한</u> 가정을 이루는 것이 그녀의 꿈이다.

해설 ▶ 1 X　　　　　　　　　　　　　2 X

3 행복한　幸_{しあわせ}な / 행복하다　幸_{しあわせ}だ　　　　4 X

단어 ▶ 築_{きず}く 이루다, 구축하다, 쌓다　　彼女_{かのじょ} 그녀, 그 여자　　夢_{ゆめ} 꿈

정답 ▶ 3

7 해석 ▶ 몸도 <u>튼튼하고</u>, 머리도 우수한 아이군요!

해설 ▶ 1 X　　　　　　　　　　　　　2 X

3 대부이다　大夫_{たいふ}だ　　　　4 튼튼하다　丈夫_{じょうぶ}だ

포인트문법 ▶ な형용사의 기본형 + し → ～이(하)고, ～인데다가

예) 丈夫(じょうぶ)だ → 丈夫(じょうぶ)だし 튼튼하고, きれいだ → きれいだし 예쁘고

단어 ▶ 体_{からだ} 몸, 신체　　頭_{あたま} 머리　　優秀_{ゆうしゅう}な 우수한　　子_こ 아이

정답 ▶ 4

8 해석 ▶ <u>운동장을 한 바퀴 도는데</u> 10분이나 걸릴 것 같다.

해설 ▶ 1 운동장　グラウンド　　　　　2 X

3 X　　　　　　　　　　　4 X

포인트문법 ▶ 동사의 う단 형태 + のに → ～인데, ～인데도 불구하고

예) ひとまわりする → ひとまわりするのに 한 바퀴 도는데

수량적인 말 + も → 이나(생각보다 많다는 뉘앙스로 표현할 때)

예) 二(ふた)つも 두 개나, 三杯(さんばい)も 세 잔이나, 세 그릇이나

동사의 ます형 + そうだ → ～할 것 같다(추측)

예) かかる → かかります → かかりそうだ 걸릴 것 같다

단어 ▶ 運動場_{うんどうじょう} 운동장　　ひとまわりする 한 바퀴 돌다　　かかる (시간)걸리다

정답 ▶ 1

9 해석 ▶ 여러분들은 눈을 감으면 어떤 것이 보입니까?

해설 ▶ 1 X   2 (눈)을 감다 目めを閉とじる

3 X   4 X

포인트문법 ▶ 동사의 う단 형태 + と → ~면(조건)

예) 閉(と)じる → 目(め)を閉(と)じると 눈을 감으면

단어 ▶ 目め 눈   閉とじる 닫다, (눈)감다   見みえる 보이다

정답 ▶ 2

---

10 해석 ▶ 약속을 깬 적이 있으십니까?

해설 ▶ 1 X   2 X

3 약속을 깼다 約束やくそくを破やぶった / 약속을 깨다 約束やくそくを破やぶる

4 X

포인트문법 ▶ 동사의 た형(과거형) + ことがある → ~한 적이 있다(과거의 경험)

예) 破(やぶ)る → 破(やぶ)った → 約束(やくそく)を破(やぶ)ったことがある 약속을 깬
적이 있다

단어 ▶ 約束やくそく 약속   破やぶる (약속) 깨다, 찢다, 부수다

정답 ▶ 3

문제 3

---

11 해석 ▶ 일이 (순조롭게   ) 진행이 되고 있어서 기쁘다.

해설 ▶ 1 순조롭게 順調じゅんちょうに   2 불안하게 不安ふあんに

3 솔직하게 素直すなおに   4 신선하게 新鮮しんせんに

포인트문법 ▶ な형용사의 부사형(だ를 지우고 に를 써준다) → ~하게

예) 順調(じゅんちょう)だ → 順調(じゅんちょう)に 순조롭게

きれいだ → きれいに 깨끗하게

단어 ▶ 仕事しごと 일   運はこぶ 나르다, 진행되다   嬉うれしい 기쁘다

정답 ▶ 1

---

12 해석 ▶ 이 정도로 체념해서는 (안 된다   ).

해설 ▶ 1 중요하다 重要じゅうようだ   2 멋지다 素敵すてきだ

3 정말 좋아하다 大好だいすきだ   4 안 된다 駄目だめだ

포인트문법 ▶ 동사의 て형 + ては駄目(だめ)だ → ~해서는 안 된다

예) 諦(あきら)める → 諦(あきら)めて → 諦(あきら)めては駄目(だめ)だ 체념해서는 안
된다

단어 ▶ これくらい 이 정도   諦あきらめる 단념하다, 체념하다

정답 ▶ 4

13 해석 ▶ 미국에서 산 (　　디지털카메라　　)의 영상이 나쁩니다만.

　　해설 ▶ 1 가라오케　カラオケ　　　　　　　　　2 히터　ヒーター

　　　　　　 3 디지털카메라　デジタルカメラ　　　　 4 라디오　ラジオ

　　포인트문법 ▶ 동사의 た형(과거형) + 명사 → ~한 명사

　　　　　　　　예) 買(か)う → 買(か)った → 買(か)ったカメラ 산(구입한) 카메라

　　단어 ▶ 買かう 사다　　映うつり 비침, 영상

　　정답 ▶ 3

14 해석 ▶ 흐리거나(흐림) (　　또는　　) 비가 내리겠습니다.

　　해설 ▶ 1 모든　あらゆる　　　　　　　　　　2 혹은, 또는　あるいは

　　　　　　 3 즉, 요컨대　つまり　　　　　　　　 4 다만　ただし

　　단어 ▶ 흐림 曇くもり　　　비 雨あめ

　　정답 ▶ 2

15 해석 ▶ 수입은 충분하다. (　　그런데도　　) 언제나 적자다.

　　해설 ▶ 1 그래서　それで　　　　　　　　　　2 그렇지 않으면　それとも

　　　　　　 3 그렇다면　それなら　　　　　　　　 4 그런데도　それなのに

　　단어 ▶ 収入しゅうにゅう 수입　　十分じゅうぶんだ 충분하다　　赤字あかじ 적자

　　정답 ▶ 4

문제 4

16 해석 ▶ 영어는 잘했습니다만, 수학은 서툴렀습니다.

　　해설 ▶ 1 서툼 不得意ふとくい　　　　　　　　2 불편 不便ふべん

　　　　　　 3 불가사의 不思議ふしぎ　　　　　　　 4 기분이 언짢음 不機嫌ふきげん

　　단어 ▶ 英語えいご 영어　　得意とくいだ 자신이 있다, 잘하다　　数学すうがく 수학

　　　　　 苦手にがてだ 서투르다, 잘 하지 못하다

　　정답 ▶ 1

17 해석 ▶ 프라이버시를 지킬 권리는 누구라도 있다.

　　해설 ▶ 1 자기 자신 自分じぶん　　　　　　　　2 약속 約束やくそく

　　　　　　 3 가정 家庭かてい　　　　　　　　　　4 사생활 私生活しせいかつ

　　단어 ▶ 守まもる 지키다　　権利けんり 권리　　だれでも 누구라도

　　정답 ▶ 4

18 해석 ▶ 어릴 때의 <u>추억</u>에 대해서 이야기해 주세요.

해설 ▶ 1 경험 **経験**けいけん 2 추억 **追憶**ついおく

3 취미 **趣味**しゅみ 4 특기 **特技**とくぎ

포인트문법 ▶ 명사 + について → ~에 대해서

예) 日本(にほん)文化(ぶんか)について → 일본 문화에 대해서

단어 ▶ 小ちいさい 어리다, 작다 思おもい出で 추억 話はなす 이야기하다

정답 ▶ 2

문제 5

19 해석 ▶ 이상하다

1 가구의 위치를 <u>이상</u> 뿐입니다. (X)

2 회의의 예정(스케줄)을 <u>이상</u> 하겠습니다. (X)

3 이 생맥주 조금 맛이 <u>이상</u>하네요. (O)

4 겨울에서 봄으로 이동 <u>이상</u>하네요. (X)

단어 ▶ 家具かぐ 가구 位置いち 위치 会議かいぎ 회의 予定よてい 예정(스케줄)

味あじ 맛 冬ふゆ 겨울 春はる 봄 移うつる 이동하다, 변하다

정답 ▶ 3

20 해석 ▶ 리사이클(재활용)

1 그는 <u>리사이클</u>십이 부족하다. (X)

2 건강을 위해서 매일 1 <u>리사이클</u> 정도의 물을 마시는 편이 좋다. (X)

3 다이어트를 위해서 지난달부터 <u>리사이클</u>을 시작했습니다. (X)

4 환경을 위해서 <u>리사이클</u>을 해야 한다. (O)

포인트문법 ▶ 명사 + のために → ~을 위해서

예) 健康(けんこう)のために 건강을 위해서

동사의 た형 + ほうがいい → ~하는 편이 좋다

동사의 う단 형태 + べきだ → ~해야 한다

예) 結婚(けっこん)するべきだ 결혼해야한다

단어 ▶ 欠かける 모자라다, 부족하다 健康けんこう 건강 毎日まいにち 매일 飲のむ 마시다

先月せんげつ 지난달 始はじめる 시작하다 環境かんきょう 환경

정답 ▶ 4

PracticeTest 2 문법

문제1

1 **해석 ▶** 회사에 입사한 지 얼마 안 됐기 때문에 아직 뭐가 뭔지 모릅니다.

해설 ▶ 「동사의 た형+ばかりだ」는 「~한 지 얼마 안 됐다」라는 표현이다.

入社(にゅうしゃ)する(입사하다) → 入社(にゅうしゃ)したばかりだ(입사한 지 얼마 안 됐다) → 入社(にゅうしゃ)したばかりなので(입사한 지 얼마 안 됐기 때문에)

단어 ▶ 会社かいしゃ 회사　　まだ 아직　　何なにが何なんだか 뭐가 뭔지　　分わかる 알다

정답 ▶ 4

2 **해석 ▶** 방의 창에서 공원에서 아이들이 놀고 있는 것이 잘 보인다.

해설 ▶ 「の」는 형식명사로서 주로 구체적인 일이나 동작을 나타낸다. 見(み)る(보다), 見(み)える(보이다), 聞(き)く(듣다), 聞(き)こえる(들리다)와 같은 지각동사 앞에서는 「の」가 쓰인다. 뒤에 오는 동사가 「見(み)える(보이다)」이므로 「のを(것을)」이 아니라 「のが(것이)」가 되어야 한다.

단어 ▶ 部屋へや 방　　窓まど 창　　公園こうえん 공원　　子供こどもたち 아이들
遊あそぶ 놀다　　よく 자주, 잘

정답 ▶ 3

3 **해석 ▶** 일하러 가 있는 사이에 우편배달부가 온 것 같다.

해설 ▶ ① 「あいだ」는 어떤 동작이나 상태가 그 동안에 쭉 지속됨을 나타내고, 「あいだに」는 기간 내에 행해지는 상태나 동작 등을 나타내는데 「あいだ」처럼 쭉 지속되는 의미가 아니라 일회성으로 사건이 발생한다는 뉘앙스를 지닌다. 위 문제에서는 일하러 간 사이에 우편배달부가 한 번 온 것이므로 「あいだに」가 정답이다.

② ～ようだ(~한 것 같다–아마도 그런 것 같다고 주관적으로 추측하는 표현)
来(く)る(오다) → 来(き)た(왔다) → 来(き)たようだ(온 것 같다)

단어 ▶ 仕事しごと 일　　郵便ゆうびん 우편　　配達はいたつ 배달

정답 ▶ 1

4 **해석 ▶** 스스로 정한 일이므로 설령 실패하더라도 후회하지 않는다.

해설 ▶ ① する(하다) → したら(하면–たら조건표현)

② たとえ　～ても(설령 ~하더라도) → たとえ失敗(しっぱい)しても(설령 실패하더라도)

③ する(하다) → して(하고/해서–연결형)

④ 동사의 ます형+ながら(~하면서–동시진행)
する → しながら(하면서)

단어 ▶ 自分じぶんで 스스로　　決きめる 정하다　　たとえ 설령　　失敗しっぱい 실패
後悔こうかい 후회

정답 ▶ 2

5 해석 ▶ 경기는 좋아지기는커녕, 더욱 더 나빠지고 있습니다.

해설 ▶ ① ～どころか(～는커녕)

② ～とはいえ(～라고는 하나, ～라 하더라도)

③ ～とともに(～함께, ～더불어)

④ ～としたら(～라고 한다면)

⑤ 동사의 ます형+つつある(～하고 있다)

悪(わる)い(나쁘다) → 悪(わる)くなる(나쁘게 되다, 나빠지다) → 悪(わる)くなりつつある(나빠지고 있다)

단어 ▶ **景気**けいき 경기　　**ますます** 더욱 더

정답 ▶ 1

6 해석 ▶ 걱정할 필요는 없다. 긴장만 하지 않으면 절대 합격해요.

해설 ▶ ① 「～さえ ～ば(～만 ～면)」는 「조건만 맞으면」이라는 표현이다. 緊張(きんちょう)さえすれば(긴장만 하면)

② 緊張(きんちょう)さえしなければ(긴장만 하지 않으면)

③ 緊張(きんちょう)さえしたければ(긴장만 하고 싶으면)

④ 緊張(きんちょう)さえできれば(긴장만 할 수 있다면)

⑤ ～ことはない(～할 필요는 없다)

心配(しんぱい)する(걱정하다) → 心配(しんぱい)することはない(걱정할 필요는 없다)

단어 ▶ **心配**しんぱい**する** 걱정하다　　**緊張**きんちょう 긴장　　**絶対**ぜったい 절대로

合格ごうかく**する** 합격하다

정답 ▶ 2

7 해석 ▶ 새로운 정보가 들어오는 대로 알려 드리겠습니다.

해설 ▶ ① 동사의 ます형+次第(しだい)(～하는 대로 즉시)

入(はい)る(들어오다) → 入(はい)ります(들어옵니다) → 入(はい)り次第(しだい)(들어오는 대로)

② 「お+ます형+する(하다-자기 쪽의 행동을 낮추는 겸양표현)」

知(し)らせる(알리다) → お知(し)らせする(알리다) → お知(し)らせします(알려 드리겠습니다)

단어 ▶ **新**あたら**しい** 새롭다　　**情報**じょうほう 정보　　**入**はい**る** 들어오다, 들어가다

知し**らせる** 알리다

정답 ▶ 4

8 해석 ▶ 이케다씨가 갑작스러운 용무로 나갔으므로, 내가 대신 온 것입니다.

해설 ▶ ① ～くせに(～주제에)

② ～おきに(～걸러서, ～간격으로)

③ ～代(か)わりに(～대신에)

④ ～をかぎりに(～을 끝으로)

⑤ 「次第(しだい)だ」는 어떤 연유를 설명하고 「～이렇게 된 것이다. ～이렇게 된 셈이다」라는 뜻이 있다.

단어 ▶ 急きゅうだ 갑작스럽다   用事ようじ 용무   出でかける 외출하다, 나가다   来くる 오다

정답 ▶ 3

9 해석 ▶ 미국에서는 주에 따라 법률이 다르다.

해설 ▶ ① ～にかわって(～을 대신하여)

② ～によって(～에 의해, ～에 따라)

③ ～に関(かん)して(～에 관해서)

④ ～にわたって(～에 걸쳐-넓은 범위에 걸쳐서)

단어 ▶ 州しゅう 주(연방 국가의 행정 구획의 하나)   法律ほうりつ 법률   違ちがう 다르다

정답 ▶ 2

10 해석 ▶ 이 곡을 들을 때마다, 옛 애인이 생각난다.

해설 ▶ ① ～ために(～위해서) → 聞(き)くために(듣기 위해서)

② ～たびに(～할 때마다) → 聞(き)くたびに(들을 때마다)

③ ～くせに(주제에) → 聞(き)いたくせに(들은 주제에)

④ ～ばかりに(～바람에, ～탓으로) → 聞(き)いたばかりに(들은 바람에)

단어 ▶ 曲きょく 곡   聞きく 듣다, 묻다   昔むかし 옛날   恋人こいびと 애인
思おもい出だす 생각나다

정답 ▶ 2

문제2

11 電気(でんき)も消(き)えているし、鍵(かぎ)も　★ かかっているし、部屋(へや)には誰(だれ)もいないようです。

해석 ▶ 전등도 꺼져 있고, 열쇠도 잠겨져 있고, 방에는 아무도 없는 것 같습니다.

해설 ▶ ① 「し」는 열거를 하거나 원인과 이유를 나타냄.

② ～ようだ(～한 것 같다-아마도 그런 것 같다고 주관적으로 추측하는 표현)
いる(있다) → いない(없다) → いないようだ(없는 것 같다) → いないようです(없는 것 같습니다)

단어 ▶ 電気でんき 전기, 전등   消きえる 꺼지다   鍵かぎ 열쇠   かかる 잠기다, 설리다
部屋へや 방   誰だれ 누구

정답 ▶ 4

12 その人(ひと)とはどこかで　会(あ)った　ような　★気(き)がする。

해석 ▶　그 사람과는 어디선가에서 만난 것 같은 생각이 든다

해설 ▶　① 「気(き)がする」는 「그런 생각이 든다, 기분이 든다」라는 표현이다.

　　　② ～ような(～같은)

　　　　　会(あ)う(만나다) → 会(あ)った(만났다) → 会(あ)ったような(만난 것 같은)

단어 ▶　人ひと　사람　　どこか 어디서인가(か는 불확실한 뜻을 나타냄. …ㄴ가)

정답 ▶　2

13 最近(さいきん)の子供(こども)は、体(からだ)は大(おお)きい　くせに　★体力(たいりょく)は　ないようだ。

해석 ▶　최근의 아이들은 체구는 큰 주제에 체력은 없는 것 같다.

해설 ▶　① ～くせに(주제에)

　　　② ～ようだ(～한 것 같다–아마도 그런 것 같다고 주관적으로 추측하는 표현)

　　　　　ある(있다) → ない(없다) → ないようだ(없는 것 같다)

단어 ▶　最近さいきん 최근　　子供こども 아이　　体からだ 몸, 체구　　大おおきい 크다

　　　体力たいりょく 체력

정답 ▶　2

14 日本(にほん)に　★来(き)て　はじめて　寿司(すし)を食(た)べました。

해석 ▶　일본에 와서야 비로소 초밥을 먹었습니다.

해설 ▶　「～てはじめて」는 「～하고서야 비로소」라는 뜻이다. 来(く)る(오다) → 来(き)て(오고/와서) → 来(き)てはじめて(와서야 비로소)

단어 ▶　日本にほん 일본　　寿司すし 초밥　　食たべる 먹다

정답 ▶　3

15 あの事件(じけん)★に関(かん)して　知(し)っている　ことがあれば、ぜひ教(おし)えてください。

해석 ▶　그 사건에 관해서 알고 있는 것이 있으면 꼭 가르쳐 주세요.

해설 ▶　「～に関(かん)して」는 「～에 관해서」라는 표현이다.

단어 ▶　事件じけん 사건　　知しる 알다　　ぜひ 꼭　　教おしえる 가르치다

정답 ▶　1

문제3

해석 ▶

나는 자주 「화장의 시대」라고 합니다. 남성이나 여성이나 유행이라고 하는 화장을 한다. 그래서 거울을 봅니다만, 실은, 거울은 자신을 아름답게 치장하기 전에 자신의 단점이나 결점을 발견하기 위해서 있다는 것을 [16] 잊어서는 안 됩니다. 그런 의미로, 자기 자신의 거울을 언제나 포켓에 넣어 둘 필요가 있습니다. 왜 이런 것을 말하는가 하면, 텔레비전, 극화, 만화, 거기에 학교 교육의 [17] 탓도 있습니다만, 요즘 사람들은 인간을 곧바로 「좋은 사람」과 「나쁜 사람」으로 나누어 버린다. 좋은 사람이라는 것은, 자기 자신 [18] 에 있어서 형편에 맞게 말을 해 주는 사람, 반대로 자신의 결점이나 보기 흉한 면을 지적해 주는 사람은 나쁜 사람이군요. [19] 그러나, 인간이라고 하는 것은 「좋은 사람」「나쁜 사람」이 있는 것이 아니라, 「약한 사람」밖에 없습니다. 누구라도 다른 사람으로부터 칭찬받고 싶고, 유혹에는 [20] 지기 쉽고, 맛있는 것은 먹고 싶은 것입니다.

쿠사야나기 다이조우 「꽃이 있는 사람 꽃이 되는 사람」중에서

단어 ▶

化粧けしょう 화장	時代じだい 시대	男性だんせい 남성	女性じょせい 여성
流行りゅうこう 유행	そこで 그래서, 그런 까닭으로	鏡かがみ 거울	実じつは 사실은
自分じぶん 자기 자신	美うつくしい 아름답다	装よそおう 치장하다	短所たんしょ 단점
欠点けってん 결점	発見はっけん 발견	意味いみ 의미	自分自身じぶんじしん 자기 자신
必要ひつよう 필요	なぜ 왜	劇画げきが 극화	漫画まんが 만화 学校がっこう 학교
教育きょういく 교육	人間にんげん 인간	悪わるい 나쁘다	都合つごう 형편, 사정
逆ぎゃくに 반대로	醜みにくい 보기 흉하다, 추하다	面めん 면	指摘してきする 지적하다
弱よわい 약하다	～しか ～밖에	～だって ～라도	ほめる 칭찬하다
ほめられる 칭찬받다	誘惑ゆうわく 유혹	負まける 지다	

16 해설 ▶
① ～べきだ(～해야 한다) → 忘(わす)れるべきです(잊어야 합니다)
② ～てはいけない(～해서는 안 된다) → 忘(わす)れてはいけません(잊어서는 안 됩니다)
③ ～に違(ちが)いない(～임에 틀림없다) → 忘(わす)れたに違(ちが)いない(잊은 것임에 틀림없다)
④ ～てもいい(～해도 된다) → 忘(わす)れてもいいです(잊어도 됩니다)

정답 ▶ 2

17 해설 ▶
① せい(탓)
② おかげ(덕분)
③ わけ(이유/사정)
④ くせ(버릇)

정답 ▶ 1

18 해설 ▶ ① ～にくらべて(～에 비해서)
② ～にかわって(～을 대신하여)
③ ～にとって(～에게 있어서)
④ ～によって～에 의해, ～에 따라)

정답 ▶ 3

19 해설 ▶ ① それに(게다가)
② しかし(그러나)
③ そして(그리고)
④ それで(그래서)

정답 ▶ 2

20 해설 ▶ ① 동사의 ます형+そうだ(～할 것 같다–추측) 負(ま)ける(지다) → 負(ま)けそうだ(질 것 같다)
② 동사의 ます형+たい(～하고 싶다) → 負(ま)けたい(지고 싶다)
③ 동사의 ます형+にくい(～하기 어렵다) → 負(ま)けにくい(지기 어렵다)
④ 동사의 ます형+やすい(～하기 쉽다) → 負(ま)けやすい(지기 쉽다)

정답 ▶ 4

부록

- N3 핵심 접속사
- N3 문법 패턴
- N3 모의고사

01. 역접

+ **だが** 그러나, 그렇지만

この本はおもしろい。だが、字が小さすぎて読みにくい。
이 책은 재미있다. 그러나 글자가 너무 작아서 읽기 어렵다.

+ **けれども** 그렇지만, 하지만

一生懸命勉強した。けれども、試験に落ちた。
열심히 공부했다. 그렇지만 시험에 떨어졌다.

+ **なのに** 그런데도

ずっと待っていた。なのに、結局彼は来なかった。
계속 기다렸다. 그런데도 결국 그는 오지 않았다.

+ **ところが** 그러나, 그런데

大企業に入った。ところが、給料が少なかった。
대기업에 들어갔다. 그런데 급료가 적었다.

+ **でも** 하지만, 그렇지만

体の具合が悪い。でも、学校を休むほどじゃない。
몸 상태가 나쁘다. 하지만 학교를 쉴 정도는 아니다.

+ **しかし** 그러나

野村さんに会いに行った。しかし、野村さんはいなかった。
노무라씨를 만나러 갔다. 그러나 노무라씨는 없었다.

+ **しかしながら** 그렇긴 하나, 그렇지만

こんなことは言いたくない。しかしながら、言わなければならない。
이런 말은 하고 싶지 않다. 그렇긴 하나 말하지 않으면 안 된다.

+ **それにしても** 그렇다고 하더라도

品質はいい。それにしても値段が高すぎる。
품질은 좋다. 그렇다고 하더라도 가격이 너무 비싸다.

+ **それにしては** 그런 것 치고는

風邪を引いたと聞いたけど、それにしては顔色がいいですね。
감기에 걸렸다는 이야기를 들었는데 그런 것 치고는 안색이 좋네요.

+ **それなのに** 그럼에도 불구하고, 그런데도

明日から試験だ。それなのに、彼は遊んでばかりいる。

내일부터 시험이다. 그럼에도 불구하고 그는 놀고만 있다.

+ **それでも** 그래도, 그런데도

塩辛いので水を入れたが、それでもまだ塩辛い。

짜서 물을 넣었지만 그런데도 아직 짜다.

+ **とはいえ** 그렇다고 하더라도

もう９月だ。とはいえ昼間はまだ暑い。

벌써 9월이다. 그렇다고 하더라도 낮은 아직 덥다.

+ **とはいうものの** 그렇다고 하더라도

春も近い。とはいうもののまだだいぶ寒い。

봄도 가깝다. 그렇다고 하더라도 아직 꽤 춥다.

+ **だって** 하지만, 그런데

「早く寝なさい」「だって眠くないんだもの」

「빨리 자거라」「하지만 졸리지 않은걸요」

02. 순접

+ **そして** 그리고

靴を買った。そして、かばんも買った。

구두를 샀다. 그리고 가방도 샀다.

+ **それから** 그리고 나서

お酒を飲んだ。それから、カラオケに行った。

술을 마셨다. 그리고 나서 노래방에 갔다.

+ **すると** 그러자

玄関のベルを鳴らした。すると、ドアが開いた。

현관 벨을 울렸다. 그러자 문이 열렸다.

+ **それなら** 그러면

「道路が渋滞だそうだ」「それなら、歩いて帰ろう」

「도로가 정체라고 해」「그러면 걸어서 돌아가자」

+ それで 그래서

毎晩食べすぎた。それで、太ってしまった。

매일 밤 과식했다. 그래서 살이 찌고 말았다.

+ だから 그래서, 그렇기 때문에

午後から雪らしい。だから、傘を持っていったほうがいいよ。

오후부터 눈이 온다고 해. 그렇기 때문에 우산을 가지고 가는 편이 좋아.

+ したがって 따라서

この島は火山が多い。したがって温泉も多い。

이 섬은 화산이 많다. 따라서 온천도 많다.

+ そうしたら 그랬더니, 그렇게 하면

本を整理した。そうしたら一万円札が出てきた。

책을 정리했다. 그랬더니 만 원권 지폐가 나왔다.

今日中に仕上げよう。そうしたら明日は休める。

오늘 중으로 일을 끝내자. 그렇게 하면 내일은 쉴 수 있다.

03. 화제의 전환

+ それでは 그럼, 그렇다면

それでは、今日はここまでにしましょう。

그럼. 오늘은 여기까지 합시다.

+ さて 그런데 (화제를 바꿀 때 사용)

さて、この件ですが。

그건 그렇고, 이 건에 대해서인데요.

+ ところで 그런데 (화제를 바꿀 때 사용)

もうすぐ今年も終わりね。ところで、お正月は田舎へ帰るの？

이제 곧 올해도 끝이네. 그런데 설날에는 고향에 돌아가니?

+ それに 게다가, 더욱이

彼女_{かのじょ}はかわいい。**それに**、頭_{あたま}もいい。

그녀는 예쁘다. 게다가 머리도 좋다.

+ そのうえ 더군다나, 게다가

品質_{ひんしつ}が悪_{わる}い。**そのうえ**、値段_{ねだん}も高_{たか}すぎる。

품질이 나쁘다. 더군다나 가격도 지나치게 비싸다.

+ しかも 게다가

このかばんは軽_{かる}くて、**しかも**、丈夫_{じょうぶ}だ。

이 가방은 가볍고 게다가 튼튼하다.

05. 선택

+ もしくは 혹은, 또는

漢字_{かんじ}、**もしくは**英語_{えいご}でサインしてください。

한자 또는 영어로 사인해 주세요.

+ あるいは 혹은, 또는

願書_{がんしょ}はメール**あるいは**ファックスで送_{おく}ってください。

원서는 메일 혹은 팩스로 보내 주세요.

+ または 혹은, 또는

鉛筆_{えんぴつ}か、**または**ボールペンで記入_{きにゅう}してください。

연필이나 혹은 볼펜으로 기입해 주세요.

+ および 및

ここでは飲食_{いんしょく}、**および**喫煙_{きつえん}は禁止_{きんし}されている。

여기에서는 마시고 먹는 것 및 흡연은 금지되어져 있다.

+ それとも 그렇지 않으면

ビールにしますか。**それとも**、ワインにしますか。

맥주로 하시겠습니까? 그렇지 않으면 와인으로 하시겠습니까?

06. 설명

＋ つまり 즉, 요컨대

つまりあなたが言いたいのはこういう事ですか？
요컨대 당신이 말하고 싶은 것은 이런 것입니까?

＋ すなわち 즉, 다시 말하면

彼女は母の妹、すなわち叔母である。
그녀는 엄마의 여동생, 즉 이모이다.

＋ ようするに 요컨대, 결국

ようするに早くしろということだ。
요컨대 빨리 하라는 것이다.

＋ なぜなら 왜냐하면

今日は公表できない。なぜなら、まだ検討中だからだ。
오늘은 공표할 수 없다. 왜냐하면 아직 검토중이기 때문이다.

＋ なお 덧붙여(말하면), 또한

なお、詳細は資料を参照してください。
또한 상세한 점은 자료를 참조해 주세요.

＋ ただし 단, 그러나

いくら食べても無料です。ただし、制限時間は一時間半です。
아무리 먹어도 무료입니다. 단 제한시간은 1시간 반입니다.

＋ ただ 다만, 그러나

このレストランは本当においしい。ただ少し値段が高い。
이 레스토랑은 정말 맛있다. 다만 조금 가격이 비싸다.

001 **동사의 ます형+たい** ～하고 싶다

行きたい 가고 싶다

行きたくない 가고 싶지 않다

行きたかった 가고 싶었다

002 **동사의 ます형+はじめる** ～하기 시작하다

貿易会社で働きはじめる
무역회사에서 일을 하기 시작하다

003 **동사의 ます형+だす** ～하기 시작하다(갑자기)

急に泣きだした 갑자기 울기 시작했다

004 **동사의 ます형+すぎる** 지나치게(너무) ～하다

冷たい物を食べすぎた 찬 것을 너무 많이 먹었다

高すぎる 지나치게 비싸다(형용사의 어간+すぎる-지나치게 ～이다)

005 **동사의 ます형+つづける** 계속 ～하다

フランス語を3年間勉強しつづけている
프랑스어를 3년간 계속 공부하고 있다

006 **동사의 ます형+おわる** 다 ～하다,～하기를 마치다

その雑誌、読みおわったら、貸してください
그 잡지 다 읽으면 빌려 주세요

007 **동사의 ます형+やすい**
～하기 쉽다, ～하기 편하다

このリモコンは使いやすい
이 리모컨은 사용하기 쉽다

008 **동사의 ます형+にくい**
～하기 어렵다, ～하기 불편하다

このリモコンは使いにくい
이 리모컨은 사용하기 어렵다

009 **동사의 ます형+方(かた)** ～하는 법

作り方を教えてください 만드는 법을 가르쳐 주세요

010 **～ないほうがいい** ～하지 않는 편이 좋다

行かないほうがいいです 가지 않는 편이 좋습니다

011 **～なくてもいい** ～하지 않아도 된다

行かなくてもいいです 가지 않아도 됩니다

012 **～なくてもかまわない** ～하지 않아도 상관없다

話さなくてもかまわない
이야기하지 않아도 상관없다

飲まなくてもかまいません
마시지 않아도 상관없습니다

013 **～なくてはいけない** ～하지 않으면 안 된다

規則だから守らなくてはいけない
규칙이므로 지키지 않으면 안 된다

早く寝なくてはいけません
빨리 자지 않으면 안 됩니다

014 **～なければならない** ～하지 않으면 안 된다

レポートを書かなければならない
리포트를 쓰지 않으면 안 된다

休まなければなりません 쉬지 않으면 안 됩니다

015 **～ずに** ～하지 않고

言わないで = 言わずに 말하지 않고

しないで = せずに 하지 않고

016 **～ていく** ～하고 가다/～해 가다

研究を続けていくつもりです
연구를 계속해 갈 생각입니다

017 **～てくる** ～하고 오다/～～해 오다/～하기 시작하다

仕事がおもしろくなってきました
일이 재미있어 지기 시작했습니다

018 **〜ておく** 〜해 두다, 〜해 놓다

飲み物を買っておきました 음료수를 사 놓았습니다

テーブルの上においておいてください
테이블 위에 놓아두세요

019 **〜てみる** 〜해 보다

一度行ってみましょう 한 번 가 봅시다

020 **〜てしまう** 〜해 버리다

約束を忘れてしまった (忘れちゃった─축약형)
약속을 잊어 버렸다

021 **〜てもいい** 〜해도 좋다, 〜해도 된다

家に帰ってもいいです 집에 돌아가도 됩니다

022 **〜てもかまわない** 〜해도 상관없다, 〜해도 괜찮다

ここに座ってもかまわない 여기에 앉아도 상관없다

明日来てもかまいません 내일 와도 상관없습니다

023 **〜てはいけない** 〜해서는 안 된다

ここで写真を撮ってはいけない
여기서 사진을 찍어서는 안 된다

うそをついてはいけません
거짓말을 해서는 안 됩니다

024 **〜ちゃ** 〜해서는

話しちゃだめだよ = 話してはだめだよ
이야기해서는 안 돼

025 **〜たことがある** 〜한 적이 있다 / **동사의 현재
형+ことがある** (때때로) 〜하는 경우가 있다

日本の歌を歌ったことがある
일본노래를 부른 적이 있다

ときどき日本の歌を歌うことがある
가끔 일본노래를 부르는 경우가 있다

026 **〜たことがない** 〜한 적이 없다

着物を着たことがない 기모노를 입은 적이 없다

027 **〜たほうがいい** 〜하는 편이 좋다

運動をしたほうがいい 운동을 하는 편이 좋다

028 **〜たまま** 〜한 채로

窓を開けたまま出かけた 창문을 연 채로 외출했다

029 **〜ことができる** 〜할 수 있다

日本語で話すことができる 일본어로 말할 수 있다

030 **동사의 가능형** 할 수 있다

1그룹동사의 가능형(う단 → え단+る)
飲(の)む(마시다) → 飲(の)める(마실 수 있다) →
飲(の)めない(마실 수 없다) → 飲(の)めます(마실
수 있습니다)

2그룹동사의 가능형(る → られる)
寝(ね)る(자다) → 寝(ね)られる (잘 수 있다) → 寝
(ね)られない (잘 수 없다) → 寝(ね)られます(잘
수 있습니다)

3그룹동사의 가능형
する(하다) → できる(할 수 있다) → できない
(할 수 없다) → できます(할 수 있습니다)
くる(오다) → こられる(올 수 있다) → こられな
い(올 수 없다) → こられます(올 수 있습니다)

031 **가능형과 헷갈리는 동사**

見える(보이다)와 聞こえる(들리다)는 見られる
(볼 수 있다─見る의 가능형) 聞ける(들을 수 있
다─聞く의 가능형)와 헷갈리므로 주의하자

032 **동사의 가능형+ようになる** 〜할 수 있게 되다

難しい漢字も読めるようになりました
어려운 한자도 읽을 수 있게 되었습니다

033 ～つもりだ ～할 생각이다

バイクの免許を取る**つもりです**
오토바이 면허를 딸 생각입니다

034 동사의 의지형 ～해야지/～하자

1그룹동사의 의지형(う단 → お단＋う)

書(か)く(쓰다) → 書(か)こう(써야지/쓰자)

2그룹동사의 의지형(る → よう)

食(た)べる(먹다) → 食(た)べよう(먹어야지/먹자)

3그룹동사의 의지형

する(하다) → しよう(해야지/하자)

くる(오다) → こよう(와야지/오자)

035 동사의 의지형＋と思(おも)う ～하려고 생각하다

水泳を習おうと思っています
수영을 배우려고 생각하고 있습니다

036 동사의 의지형＋とする ～하려고 하다

出かけようとした時、友達から電話がかかっ
てきた 외출하려고 했을 때, 친구에게서 전화가 걸려왔다

037 동사의 명령형 ～해

1그룹동사의 명령형(う단 → え단)

待(ま)つ(기다리다) → 待(ま)て(기다려)

2그룹동사의 명령형(る→ ろ)

食(た)べる(먹다) → 食(た)べろ(먹어)

3그룹동사의 명령형

する(하다) → しろ(해) / せよ(해)

くる(오다) → こい(와)

038 동사의 ます형＋なさい ～하시오, ～해라

きれいに片付けなさい 깨끗이 정리해라

039 동사의 원형＋な ～하지 마

静かにしなさい、騒ぐな 조용히 해라, 떠들지 마

040 ～ように言(い)う ～하도록 말하다

必ず出席するように言ってください
반드시 출석하도록 말해 주세요

一人では行かないように言ってください
혼자서는 가지 않도록 말해 주세요

お医者さんに、もっと運動をするように言わ
れた 의사선생님에게 더 운동을 하라는 말을 들었다

041 ～ようにする ～하도록 하다

なるべく野菜をたくさん食べるようにしてい
ます 되도록 야채를 많이 먹도록 하고 있습니다

甘いものは食べないようにしています
단것은 먹지 않도록 하고 있습니다

042 ～そうだ ～라고 하다

명사

恋人だそうだ (현재) 애인이라고 한다

恋人ではないそうだ (현재부정) 애인이 아니라고 한다

恋人だったそうだ (과거) 애인이었다고 한다

恋人ではなかったそうだ (과거부정)
애인이 아니었다고 한다

い형용사

安いそうだ 싸다고 한다

安くないそうだ 싸지 않다고 한다

安かったそうだ 쌌다고 한다

安くなかったそうだ 싸지 않았다고 한다

な형용사

便利だそうだ 편리하다고 한다

便利ではないそうだ 편리하지 않다고 한다

便利だったそうだ 편리했다고 한다

便利ではなかったそうだ 편리하지 않았다고 한다

동사

降るそうだ 내린다고 한다

降らないそうだ 내리지 않는다고 한다

降った**そうだ** 내렸다고 한다

降らなかった**そうだ** 내리지 않았다고 한다

043 ~と言(い)う ~라고 말하다, ~라고 하다

彼は私に「おやすみ」**と言いました**
그는 내게 「잘 자」라고 말했습니다

044 ~ようだ/~ような/~ように
~같다/~같은/~같이

顔が赤くてりんごの**ようです**
얼굴이 빨개서 사과 같습니다

りんごの**ような**顔です 사과 같은 얼굴입니다

りんごの**ように**赤いです 사과 같이 빨갛습니다

045 ~てやる/~てあげる/~てさしあげる
~해 주다/~해 주다/~해 드리다

私は弟の仕事を手伝っ**てやりました**
나는 남동생의 일을 도와 주었습니다

横井さんは野村さんの仕事を手伝っ**てあげました** 요코이씨는 노무라씨의 일을 도와 주었습니다

友達は先生の仕事を手伝っ**てさしあげました**
친구는 선생님의 일을 도와 드렸습니다

046 ~てくれる/~てくださる ~해 주다/~해 주시다

池田さんが私の仕事を手伝っ**てくれました**
이케다씨가 내 일을 도와 주었습니다

社長が私の仕事を手伝っ**てくださいました**
사장님께서 내 일을 도와 주셨습니다

047 ~てもらう/~ていただく
~해 받다/~해 받다(~해 주시다)

池田さんに仕事を手伝っ**てもらいました**
이케다씨에게 일을 도와 받았습니다(이케다씨가 일을 도와 주었습니다)

社長に仕事を手伝っ**ていただきました** 사장님께 일을 도와 받았습니다(사장님께서 일을 도와 주셨습니다)

048 ~ところだ/~ているところだ/~たところだ
~하려는 참이다/~하고 있는 중이다/막 ~한 참이다)

今から夕飯を食べる**ところです**
지금부터 저녁밥을 먹으려는 참입니다.

今夕飯を食べ**ているところです**
지금 저녁밥을 먹고 있는 중입니다.

ちょうど今夕飯を食べ**たところです**
지금 막 저녁을 먹은 참입니다.

049 ~ため(に) ~때문에/~하기 위해서

寝坊した**ため**遅刻してしまった
늦잠을 잤기 때문에 지각하고 말았다(원인)

健康の**ために**運動をしている
건강을 위해서 운동을 하고 있다(목적)

050 ~と ~하면/~하자

春になる**と**花が咲く 봄이 되면 꽃이 핀다

窓を開ける**と**雪が降っていました
창문을 열자 눈이 내리고 있었습니다

051 ~ば ~하면

雨が降れ**ば**、山登りをしません
비가 오면 등산을 하지 않습니다

052 ~たら ~하면/~하고나서/~했더니

暑かっ**たら**、窓を開けてもいい
더우면 창문을 열어도 된다

授業が終わっ**たら**映画を見に行きましょう
수업이 끝나면(끝나고 나서) 영화를 보러 갑시다

本屋に行っ**たら**、休みだった
서점에 갔더니 쉬는 날이었다

053 ~なら ~한다면, ~라면

カメラを買う**なら**、ここが安いですよ
카메라를 살 거라면 여기가 싸요

054 **명사+にする** ～로 하다

私はコーヒー**にします** 나는 커피로 하겠습니다

055 **동사+ことにする** ～하기로 하다(결정)

今日からタバコをやめる**ことにしました**
오늘부터 담배를 끊기로 했습니다

056 **동사+ことになる** ～하게 되다(외부결정)

東京に転勤する**ことになりました**
도쿄로 전근가게 되었습니다

057 **～だろう** ～할(일) 것이다

この計画は成功する**だろう** 이 계획은 성공할 것이다

058 **～だろうと思(おも)う** ～할(일) 것이라고 생각한다

今度の試験は難しい**だろうと思います**
이번 시험은 어려울 것이라고 생각합니다

059 **추측의 そうだ** ～할(일) 것 같다

명사(없음)

い형용사

辛**そうだ** 매울 것 같다

な형용사

静か**そうだ** 조용할 것 같다

동사

負け**そうだ** 질 것 같다

060 **～ようだ** ～한(인) 것 같다

명사

休みの**ようだ** 휴일인 것 같다

休みではない**ようだ** 휴일이 아닌 것 같다

休みだった**ようだ** 휴일이었던 것 같다

休みじゃなかった**ようだ** 휴일이 아니었던 것 같다

동사

行く**ようだ** 가는 것 같다

行かない**ようだ** 가지 않는 것 같다

行った**ようだ** 간 것 같다

行かなかった**ようだ** 가지 않은 것 같다

い형용사

痛い**ようだ** 아픈 것 같다

痛くない**ようだ** 아프지 않은 것 같다

痛かった**ようだ** 아팠던 것 같다

痛くなかった**ようだ** 아프지 않았던 것 같다

な형용사

親切な**ようだ** 친절한 것 같다

親切ではない**ようだ** 친절하지 않은 것 같다

親切だった**ようだ** 친절했던 것 같다

親切ではなかった**ようだ** 친절하지 않았던 것 같다

061 **～らしい** ～한(인) 것 같다

명사

休み**らしい** 휴일인 것 같다(들은 말에 의하면)

休みではない**らしい**
휴일이 아닌 것 같다(들은 말에 의하면)

休みだった**らしい**
휴일이었던 것 같다(들은 말에 의하면)

休みではなかった**らしい**
휴일이 아니었던 것 같다(들은 말에 의하면)

동사

行く**らしい** 가는 것 같다(들은 말에 의하면)

行かない**らしい** 가지 않는 것 같다(들은 말에 의하면)

行った**らしい** 간 것 같다(들은 말에 의하면)

行かなかった**らしい**
가지 않은 것 같다(들은 말에 의하면)

い형용사

痛い**らしい** 아픈 것 같다(들은 말에 의하면)

痛くない**らしい** 아프지 않은 것 같다(들은 말에 의하면)

痛かった**らしい** 아팠던 것 같다(들은 말에 의하면)

痛くなかった**らしい**
아프지 않았던 것 같다(들은 말에 의하면)

な형용사

親切**らしい** 친절한 것 같다(들은 말에 의하면)

親切ではない**らしい**
친절하지 않은 것 같다(들은 말에 의하면)

親切だった**らしい** 친절했던 것 같다(들은 말에 의하면)

親切ではなかった**らしい**
친절하지 않았던 것 같다(들은 말에 의하면)

062 ~**かもしれない** ~할(일)지도 모른다

명사

休み**かもしれない** 휴일일지도 모른다

休みではない**かもしれない** 휴일이 아닐지도 모른다

休みだった**かもしれない** 휴일이었을지도 모른다

休みではなかった**かもしれない**
휴일이 아니었을지도 모른다

동사

行く**かもしれない** 갈지도 모른다

行かない**かもしれない** 가지 않을지도 모른다

行った**かもしれない** 갔을지도 모른다

行かなかった**かもしれない** 가지 않았을지도 모른다

い형용사

痛い**かもしれない** 아플지도 모른다

痛くない**かもしれない** 아프지 않을지도 모른다

痛かった**かもしれない** 아팠을지도 모른다

痛くなかった**かもしれない** 아프지 않았을지도 모른다

な형용사

親切**かもしれない** 친절할지도 모른다

親切ではない**かもしれない**
친절하지 않을지도 모른다

親切だった**かもしれない** 친절했을지도 모른다

親切ではなかった**かもしれない**
친절하지 않았을지도 모른다

063 ~**はずだ** ~할(일) 것이다

명사

休みの**はずだ** 휴일일 것이다(분명히)

休みではない**はずだ** 휴일이 아닐 것이다(분명히)

休みだった**はずだ** 휴일이었을 것이다(분명히)

休みではなかった**はずだ**
휴일이 아니었을 것이다(분명히)

동사

行く**はずだ** 갈 것이다(분명히)

行かない**はずだ** 가지 않을 것이다(분명히)

行った**はずだ** 갔을 것이다(분명히)

行かなかった**はずだ** 가지 않았을 것이다(분명히)

い형용사

痛い**はずだ** 아플 것이다(분명히)

痛くない**はずだ** 아프지 않을 것이다(분명히)

痛かった**はずだ** 아팠을 것이다(분명히)

痛くなかった**はずだ** 아프지 않았을 것이다(분명히)

な형용사

親切な**はずだ** 친절할 것이다(분명히)

親切ではない**はずだ** 친절하지 않을 것이다(분명히)

親切だった**はずだ** 친절했을 것이다(분명히)

親切ではなかった**はずだ**
친절하지 않았을 것이다(분명히)

064 ~**はずがない** ~할(일) 리가 없다

명사

休みの**はずがない** 휴일일 리가 없다

休みではない**はずがない** 휴일이 아닐 리가 없다

休みだった**はずがない** 휴일이었을 리가 없다

休みではなかった**はずがない**
휴일이 아니었을 리가 없다

동사

行く**はずがない** 갈 리가 없다

行かないはずがない 가지 않을 리가 없다

行ったはずがない 갔을 리가 없다

行かなかったはずがない 가지 않았을 리가 없다

い형용사

痛いはずがない 아플 리가 없다

痛くないはずがない 아프지 않을 리가 없다

痛かったはずがない 아팠을 리가 없다

痛くなかったはずがない 아프지 않았을 리가 없다

な형용사

親切なはずがない 친절할 리가 없다

親切ではないはずがない 친절하지 않을 리가 없다

親切だったはずがない 친절했을 리가 없다

親切ではなかったはずがない
친절하지 않았을 리가 없다

065 동사의 수동형
~되다, ~(동작을) 받다, ~함을 당하다(피해)

1그룹동사의 수동형(う단 → あ단+れる)
踏(ふ)む(밟다) → 踏(ふ)まれる(밟히다)

2그룹동사의 수동형(る→ られる)
ほめる(칭찬하다) → ほめられる(칭찬받다)

3그룹동사의 수동형
くる(오다) → こられる(오게 되다/오다)
する(하다) → される(받다/당하다)

066 Aに ～られる(피해수동)
A(상대방)가 어떤 동작을 해서 피해를 많이 받다

突然夫に死なれて大変でした
갑자기 남편이 죽어서 힘들었습니다

雨に降られて、風邪を引いてしまった
비를 맞아서 감기에 걸려버렸다

067 동사의 사역형 ~하게 하다, ~시키다

1그룹동사의 사역형(う단 → あ단+せる)
書(か)く(쓰다) → 書(か)かせる(쓰도록 시키다)

2그룹동사의 사역형(る → させる)
見(み)る(보다) → 見(み)させる(보게 하다)

3그룹동사의 사역형
くる(오다) → こさせる(오게 하다)
する(하다) → させる(시키다)

068 사역수동형 상대가 시켜서 억지로(어쩔 수 없이) 하다

両親にピアノを習わせられました
부모님이 시켜 억지로 피아노를 배웠습니다

**069 ～(さ)せてください/～(さ)せていただけま
せんか** ~하게 해 주세요

今日は早く帰らせてください
오늘은 일찍 돌아가게 해 주세요

今日は早く帰らせていただけませんか
오늘은 일찍 돌아가게 해 주세요

070 특수 존경어

기본어	존경어
言(い)う 말하다	おっしゃる 말씀하시다
見(み)る 보다	ごらんになる 보시다
する 하다	なさる 하시다
食(た)べる 먹다 飲(の)む 마시다	召(め)し上(あ)がる 드시다
行(い)く 가다 来(く)る 오다 いる 있다	いらっしゃる/おいでになる 가시다, 오시다, 계시다
知(し)っている 알고 있다	ご存(ぞん)じだ 아시다
くれる 주다	くださる 주시다

071 ～(ら)れる ~하시다

乗(の)る(타다) → 乗(の)られる(타시다)
寝(ね)る(자다) → 寝(ね)られる(주무시다)

先生は毎朝散歩をされます
선생님은 매일 아침 산책을 하십니다

072 **お+ます형+になる** 〜하시다

使(つか)う(사용하다) → お使(つか)いになる(사용하시다)

今日(きょう)は何時(なんじ)にお帰(かえ)りになりますか
오늘은 몇 시에 돌아가십니까?

073 **お+ます형+ください** 〜해 주십시오

少々(しょうしょう)お待(ま)ちください 잠시 기다려 주십시오

074 **존경의 접두사 お/ご**

お仕事(しごと) 일 / お知(し)らせ 알림 / お名前(なまえ)이름
(お는 순수일본어에 주로 붙음)

ご住所(じゅうしょ) 주소 / ご注文(ちゅうもん) 주문 / ご趣味(しゅみ) 취미
(ご는 한자어 단어에 주로 붙음)

075 **특수 겸양어**

기본어	겸양어
言(い)う 말하다	申(もう)す/申(もう)し 上(あ)げる 말씀드리다
見(み)る 보다	拝見(はいけん)する 보다
する 하다	いたす 하다
食(た)べる 먹다 飲(の)む 마시다 もらう 받다	いただく 먹다, 마시다, 받다
行(い)く 가다 来(く)る 오다	まいる 가다, 오다
いる 있다	おる 있다
あげる 주다	さしあげる 드리다
知(し)っている 알고 있다	存(ぞん)じておる 알고 있다
会(あ)う 만나다	お目(め)にかかる 만나뵙다
聞(き)く 묻다, 듣다 訪問(ほうもん)する 방문하다	伺(うかが)う 여쭙다, 찾아뵙다

076 **お+ます형+する** (제가) 〜하다

作(つく)る(만들다) → お作(つく)りする(만들다/만들어 드리다)

メールをお送(おく)りします 메일을 보내 드리겠습니다

077 **お+ます형+いたす** (제가) 〜하다

私がかばんをお持(も)ちいたします 제가 가방을 들어 드리겠습니다

078 **명사+でございます/ございます**
〜입니다/있습니다

お手洗(てあら)いは3階(がい)でございます 화장실은 3층입니다
ここに書類(しょるい)がございます 여기에 서류가 있습니다

079 **〜あいだ(に)** 〜동안(에)

夏休(なつやす)みのあいだ、ずっとボランティア活動(かつどう)を
していた 여름방학동안 계속 봉사활동을 했다
夏休(なつやす)みのあいだに、一人(ひとり)で旅行(りょこう)をしようと思(おも)
っている 여름방학동안 혼자서 여행을 하려고 생각하고 있다

080 **いくら(どんなに) 〜ても/たとえ 〜ても**
아무리 〜해도/설령 〜하더라도

いくら読(よ)んでも分(わ)からない 아무리 읽어도 모른다
たとえ読(よ)んでも分(わ)からない 설령 읽어도 모른다

081 **〜うちに/〜ないうちに** 〜하는 동안에/〜하기 전에

熱(あつ)いうちに食(た)べてください
뜨거울 때(뜨거운 동안에) 드세요

冷(さ)めないうちに食(た)べてください 식기 전에 드세요

082 **〜おかげで** 〜덕분에

先生(せんせい)のおかげで合格(ごうかく)しました
선생님 덕분에 합격했습니다

083 **〜おきに** 〜걸러, 〜간격으로

5メートルおきに桜(さくら)が植(う)えてあります
5미터 간격으로 벚나무가 심어져 있습니다

084　**～がする**　～이 나다

においが**する**　냄새가 나다

味が**する**　맛이 나다

音が**する**　소리가 나다

声が**する**　목소리가 나다

気が**する**　기분이 들다

085　**～かねない**　～하기 쉽다

倒産し**かねない**　도산하기 쉽다

086　**～かわりに**　～대신에

私の**かわりに**電話に出てください
제 대신에 전화를 받아 주세요

087　**～がちだ**　자주 ～하다

遅れ**がちだ**　자주 늦다

病気**がちだ**　자주 앓다

088　**～きり**　～한 채

部屋に入った**きり**、出てこない
방에 들어간 채 나오지 않는다

089　**～きる/～きれる/～きれない**
완전히 ～하다/완전히 ～할 수 있다/완전히 ～할 수 없다

一晩で読み**きった**　하룻밤에 다 읽었다

今日中に覚え**きれる**　오늘 중에 다 외울 수 있다

一人では食べ**きれない**　혼자서는 다 먹을 수 없다

090　**～くせに**　～인 주제에, ～이면서도

男の**くせに**いくじがない　남자인 주제에 패기가 없다

091　**～くらいだ(～ぐらいだ)/～くらい(～ぐらい)**
～정두이다/～할 정도로

足が痛くて歩けない**くらいです**
다리가 아파서 걸을 수 없을 정도입니다

眠れない**ぐらい**歯が痛い
잠을 잘 수 없을 정도로 이가 아프다

092　**～こと/～の**　～것

犬が吠えている**の**が聞こえます (지각동사 앞에는
の가 쓰임) 개가 짖고 있는 것이 들립니다

中田さんが交通事故にあった**こと**を聞きまし
たか (이야기/사실/내용을 듣다 라고 할 때는 こと를 쓴다)
나카타씨가 교통사고가 났다는 것을 들었습니까?

093　**～ことに**　～하게도(놀람이나 감동을 나타냄)

驚いた**ことに**　놀랍게도

困った**ことに**　곤란하게도

悲しい**ことに**　슬프게도

嬉しい**ことに**　기쁘게도

残念な**ことに**　유감스럽게도

不思議な**ことに**　이상하게도

094　**～ことはない**　～할 필요는 없다

わざわざ行く**ことはない**　굳이 갈 필요는 없다

095　**～さえ ～ば**　～만 ～면

お金**さえあれば**　돈만 있으면

便利で**さえあれば**　편리만 하면

安く**さえあれば**　싸기만 하면

薬を飲み**さえすれば**　약을 먹기만 하면

096　**～し**　～하고

この部屋は狭い**し**、交通の便も不便だ**し**～
이 방은 좁고, 교통편도 불편하고~

097　**～次第(しだい)/～次第(しだい)だ/～次第(し
だい)で(は)**　～하는 대로 즉시/～여하에 달렸다/～
여하에 따라서(는)

駅に着き**次第**、連絡ください
역에 도착하는 대로 연락주세요

それは君の決心次第だ
그것은 자네의 결심 여하에 달렸다

天気次第で予定が～ 날씨 여하에 따라서 예정이～

098 ～ずにはいられない ～하지 않을 수 없다

同情せずにはいられない 동정하지 않을 수 없다

同情しないではいられない 동정하지 않을 수 없다

099 ～せいだ/～せいで/～せいか
～탓이다/～탓으로/～탓인지

試合に負けたのは私のせいだ
시합에 진 것은 내 탓이다

私のせいで試合に負けてしまった
내 탓으로 시합에 져 버렸다

風邪薬のせいか眠くてしょうがない
감기약 탓인지 졸려서 견딜 수 없다

100 ～たつもりで ～한 셈치고

騙されたつもりで、一個買ってみた
속은 셈치고 한 개 사 봤다

101 ～たびに ～할 때마다

日本に行くたびに渋谷で買い物をする
일본에 갈 때마다 시부야에서 쇼핑을 한다

102 ～ついでに ～하는 김에

銀行に行ったついでに、郵便局にも寄った
은행에 간 김에 우체국에도 들렀다

103 ～っぽい ～의 경향이 강하다

子供っぽい 아이 같다

大人っぽい 어른스럽다

黒っぽい 거무스름하다

忘れっぽい 잘 잊다

怒りっぽい 화를 잘 내다

104 ～どころか ～커녕

忙しくて、デートするどころか、休む暇さえ
ない 바빠서 데이트는커녕 쉴 시간조차 없다

105 ～としたら/～とすれば ～라고 한다면

海外旅行に行くとしたら、どこがいいですか
해외여행을 간다고 하면 어디가 좋아요?

106 ～とともに ～함께, ～와 더불어

恋人とともに過ごしたい 애인과 함께 보내고 싶다

医学の進歩とともに平均寿命が長くなった
의학의 진보와 더불어 평균수명이 길어졌다

107 ～ながら ～면서도, ～데도

体に悪いと知りながら～ 몸에 나쁜 줄 알면서도～

108 ～など/～なんか/～なんて
～따위(～같은 것)/～라니(～하다니)

お茶などいかがですか 차 같은 것 어떠세요?

あんたの顔なんか見たくない
네 얼굴 따위 보고 싶지 않아

彼が私に嘘をついたなんて信じられない
그가 내게 거짓말을 했다니 믿을 수 없다

109 ～において ～에서, ～에 있어서

ワールドカップはフランスにおいて行われた
월드컵은 프랑스에서 열렸다

110 ～に限(かぎ)る ～가 제일이다

疲れた時は寝るに限る
피곤할 때는 자는 게 제일이다

111 ～にかけて/～にわたって ～에 걸쳐

この祭りは4月上旬から中旬にかけて行われ
る 이 축제는 4월 초순부터 중순에 걸쳐 열린다

この祭りは2週間にわたって行われる
이 축제는 2주일에 걸쳐 열린다

112 **〜にかわって** 〜을 대신하여

課長にかわって、私が取引先に行った
과장님을 대신하여 내가 거래처에 갔다

113 **〜に関(かん)して** 〜에 관해서

この件に関して、言いたいことがあります
이 건에 관해서 하고 싶은 말이 있습니다

114 **〜に決(き)まっている** 반드시 〜이다

合格するに決まっている 반드시 합격할 것이다

115 **〜にくらべて** 〜에 비해

去年にくらべて寒い 작년에 비해 춥다

116 **〜にしたがって/〜につれて** 〜에 따라

年をとるにしたがって記憶力が悪くなった
나이를 먹음에 따라 기억력이 나빠졌다

年をとるにつれて記憶力が悪くなった
나이를 먹음에 따라 기억력이 나빠졌다

上司の命令にしたがって行動する
상사의 명령에 따라 행동한다

117 **〜にしては/〜わりには** 〜치고는, 〜비해

彼は30才にしては老けて見える
그는 30살치고는 늙어 보인다

彼は30才のわりには老けて見える
그는 30살치고는 늙어 보인다

118 **〜にすぎない** 〜에 불과하다(〜에 지나지 않는다)

それは単なる噂にすぎない
그것은 단순한 소문에 지나지 않는다

119 **〜に対(たい)して** 〜에 대해(〜에게)

彼は部下に対して厳しすぎる
그는 부하에 내해 지나치게 엄격하다

120 **〜に違(ちが)いない. 〜に相違(そうい)ない**
〜임에 틀림없다

彼は約束を忘れたに違いない
그는 약속을 잊은 것임에 틀림없다

121 **〜について** 〜에 대해서

地球温暖化について調べてみた
지구 온난화에 대해서 조사해 봤다

122 **〜につき** 〜당/〜이기 때문에

一人につき1000円です 한 명당 1000엔입니다

ただいま準備中につき、しばらくお待ちくだ
さい 지금 준비 중이기 때문에 잠시 기다려 주세요

123 **〜にとって** 〜에게 있어서

この写真は私にとって何よりも大切なもので
す 이 사진에 내게 있어서 무엇보다도 소중한 것입니다

124 **〜に反(はん)して** 〜와는 반대로, 〜에 반해

予想に反して、予選で負けてしまった
예상과는 반대로 예선에서 져 버렸다

125 **〜に基(もと)づいて** 〜에 의거하여

アンケート調査に基づいてレポートをまとめ
た 앙케트조사에 의거하여 리포트를 정리했다

126 **〜によって** 〜에 의해, 〜에 따라

不注意によって事故が起こった
부주의에 의해 사고가 일어났다(원인/이유)

考え方は人によって違う
사고방식은 사람에 따라 다르다(각각 다름)

127 **〜によると** 〜에 따르면, 〜에 의하면

天気予報によると、明日雨が降るそうです
일기예보에 따르면 내일 비가 온다고 합니다

128 **~ば ~ほど** ~하면 할수록, ~이면 일수록

見れば見るほどすばらしい作品だ
보면 볼수록 훌륭한 작품이다

早ければ早いほどいい 빠르면 빠를수록 좋다

129 **~ばかり** ~뿐, ~만

カップルばかりです 커플뿐입니다

食べてばかりいる 먹기만 하다

買ったばかりだ 산지 얼마 안 됐다

130 **~ばかりか(~ばかりでなく)/~ばかりに**
~뿐만 아니라/~바람에(~탓으로)

英語ばかりか(ばかりでなく)ドイツ語も上手
だ 영어뿐만 아니라 독일어도 잘한다

勉強しなかったばかりに、試験に落ちてしま
った 공부하지 않은 바람에 시험에 떨어져 버렸다

131 **~ほどだ/~ほど** ~할 정도이다/~할 정도(~할 만큼)

水が冷たくて、手を入れると痛いほどだった
물이 차가워서 손을 넣으면 아플 정도였다

涙が出るほどうれしかった 눈물이 나올 만큼 기뻤다

132 **~べきだ/~べきではない**
~해야 한다/~해서는 안 된다

皆で決めたことは守るべきだ
모두 같이 정한 일은 지켜야 한다

人の悪口は言うべきではない
남의 욕은 해서는 안 된다

133 **~まで(に)** ~까지

レポートは金曜日までに出してください
리포트는 금요일까지 내세요

今日は11時まで仕事をします
오늘은 11시까지 일을 합니다

134 **~ものだ/~ことだ** ~하는 법이다/~해야 한다

人間は死ぬものだ 인간은 죽는 법이다

上達するためには、繰り返して練習するこ
とだ 능숙해지기 위해서는 반복해서 연습해야 한다

135 **~わけだ/~わけがない/~わけではない/~
わけにはいかない** ~하는 셈이다/~일 리가 없
다/~하는 것은 아니다/~할 수는 없다

彼はアメリカに10年もいたから、英語が上
手なわけだ
그는 미국에 10년이나 있었기 때문에 영어가 능숙한 것이다

先生がそんなことをするわけがない
선생님이 그런 일을 할 리가 없다

魚を食べないからといって、嫌いなわけでは
ない 생선을 먹지 않는다고 해서 싫어하는 것은 아니다

行くわけにはいかない 갈 수는 없다

行かないわけにはいかない 가지 않을 수는 없다

136 **~を問(と)わず** ~을 불문하고

老若男女を問わず~ 남녀노소를 불문하고~

137 **~をはじめ/~てはじめて**
~을 비롯해/~서야 비로소

現金をはじめ、宝石などが盗まれた
현금을 비롯하여 보석 등이 도난당했다

家へ帰ってはじめて時計をなくしたのに気づ
いた 집에 돌아와서야 비로소 시계를 잃어버린 것을 알았다

N3

言語知識（文字・語彙）

問題1 ＿＿＿＿のことばの読み方として最もよいものを、1・2・3・4から一つえ
らびなさい。

1　棚の酒を友だちに飲まれてしまった。
1　だな　　　　　2　たな　　　　　3　ぼう　　　　　4　ぽう

2　家の小さな窓から、きれいな海の風景が眺められたらうれしいです。
1　まど　　　　　2　もん　　　　　3　やね　　　　　4　いま

3　カリスマカウンセラーが交通事故問題を円満に解決してくれます。
1　かいやく　　　2　かいどく　　　3　かいけつ　　　4　かいしょう

4　学生時代サッカーに夢中になっていたことがある。
1　どきよ　　　　2　ときだい　　　3　じよ　　　　　4　じだい

5　私はいつも彼女の幸せを祈っている。
1　いわって　　　2　いのって　　　3　つもって　　　4　つのって

6　11時まで仕事をしないといけないから、会社に残った。
1　のこった　　　2　もどった　　　3　あまった　　　4　はいった

7　ピアノの演奏も素晴らしかったけど、歌がとてもよかったです。
1　すべらしかった　　　　　　　2　そばらしかった
3　すはらしかった　　　　　　　4　すばらしかった

8　面接で髪の色が明るすぎると下品にみえるかも。
1　かひんに　　　2　げひんに　　　3　じょうひんに　　4　じょひんに

問題2　＿＿＿＿＿のことばを漢字で書くとき、最もよいものを、１・２・３・４から一
　　　　つえらびなさい。

9　引退して世界りょこうをするのが彼の夢らしい。

　　1　一周　　　　　2　一週　　　　　3　旅行　　　　　4　族行

10　初めてかいがいへ行く時は何かと不安があります。

　　1　会外　　　　　2　界外　　　　　3　介外　　　　　4　海外

11　ぜひ定期的に健康しんだんを受けるようにしましょう。

　　1　診断　　　　　2　検査　　　　　3　診察　　　　　4　点検

12　岩の上を水がちょろちょろながれている。

　　1　切れて　　　　2　流れて　　　　3　倒れて　　　　4　触れて

13　彼のわらう時の顔がとても好きだ。

　　1　酔う　　　　　2　吸う　　　　　3　払う　　　　　4　笑う

14　ふかい海の底でも、月の光は届くのでしょうか。

　　1　浅い　　　　　2　深い　　　　　3　広い　　　　　4　狭い

問題3　（　　　　　　　）に入れるのに最もよいものを、1・2・3・4からひとつえらび
　　　　なさい。

15　夏休みの間だけ（　　　　　）でアルバイトをしようと思っている。

　　1　コンビニ　　　　2　サービス　　　　3　クーラー　　　　4　スケジュール

16　（　　　　　）は広いようで狭い。

　　1　人生　　　　　　2　夜中　　　　　　3　世の中　　　　　4　夜明け

17　このホテルは毎年5月になると日本人観光（　　　　　）でいっぱいになるそう
　　だ。

　　1　額　　　　　　　2　所　　　　　　　3　地　　　　　　　4　客

18　今の政治のニュースを見るたびに腹が（　　　　　）ことがあります。

　　1　空く　　　　　　2　立つ　　　　　　3　座る　　　　　　4　怒る

19　バスで行こうか、（　　　　　）電車で行こうか。

　　1　そういえば　　　2　それで　　　　　3　それとも　　　　4　それなのに

20　せっかく来たのに大西先生がいなくて（　　　　　）した。

　　1　がっかり　　　　2　うっかり　　　　3　かなり　　　　　4　ぐっすり

21　（　　　　　）ときに仕事や勉強などをすると効率が悪くなります。

　　1　嬉しい　　　　　2　若い　　　　　　3　正しい　　　　　4　眠い

22　アイフォーン（iPhone）のパスワード入力はちょっと（　　　　　）でいやだ。

　　1　楽で　　　　　　2　便利で　　　　　3　面倒で　　　　　4　見事で

23 相手が食べ（　　　　　）までスピードを合わせるのが食事のマナーである。

  1　終わる　　　　　　2　しまう　　　　　　3　走る　　　　　　4　作る

24 趣味で漢方薬を（　　　　　）いる会社員もいるらしい。

  1　戻って　　　　　　2　忘れて　　　　　　3　住んで　　　　　　4　学んで

25 私の趣味は近所の（　　　　　）ビデオ店でDVDを借りて映画を見ることです。

  1　レシート　　　　　2　レンタル　　　　　3　レコード　　　　　4　レストラン

問題４　　　　　　に意味が最も近いものを１・２・３・４から一つえらびなさい。

26 歌舞伎（かぶき）の切符を<u>手に入れる</u>のに苦労しました。

1　得る　　　　　　2　集める　　　　　3　売る　　　　　4　作る

27 健康には<u>常に</u>気をつけている。

1　できるだけ　　2　本当に　　　　　3　たまに　　　　4　いつも

28 花束（はなたば）を持って歩くのはちょっと<u>照れくさかった</u>。

1　羨（うらや）ましかった　　　　　　2　恥（は）ずかしかった
3　美（うつく）しかった　　　　　　　4　かっこよかった

29 地震で親が亡くなるなんて<u>気の毒（きどく）だ</u>。

1　安心（あんしん）だ　　2　危険（きけん）だ　　3　かわいそうだ　4　幸せだ

30 中国にいる<u>ゆうじん</u>への贈（おく）り物（もの）として3、000円ほどのお菓子を買いました。

1　ともだち　　　　2　しんせき　　　　3　かれし　　　　　4　こども

問題5　つぎのことばの使い方として最もよいものを1・2・3・4から一つえらびな
　　　さい。

31　ピンポン

1　ステーキと一緒に飲んだピンポンは見事だった。

2　夏休みにパリにいる友達に会いにピンポンに行こうと思っている。

3　テニスだけじゃなくピンポンもなかなか上手だ。

4　プールで週に一回ピンポンをしている。

32　行方

1　警察は犯人の行方を追っている

2　この町ははじめてなので銀行への行方を教えて下さい。

3　人それぞれ、価値観も行方も違います。

4　考えを行方に移すのはやさしいことではないです。

33　まずしい

1　まずしい環境の中で育った彼が羨ましい。

2　いまだに豊かな国よりまずしい国のほうが多いかもしれない。

3　まずしい笑顔と、やさしい言葉に、心がいやされた。

4　ゆうじんや親のようにまずしい関係でも礼儀は必要だ。

34　平気だ

1　平気な気持ちで一晩中眠れなかった。

2　余震などにより平気性があります。

3　欲求平気で子供は泣いているのだ。

4　ひとに何と言われようと私は平気だ。

35 過ごす

1 クリスマスを家で過ごす人は20代では52％という結果がでた。

2 母の時計はほかの人の時計より10分も過ごしている。

3 結婚準備が過ごさないので、最近少しいらいらしている。

4 お腹が過ごしてたまらないときみなさんはどうしますか。

N3

言語知識（文法）・読解

問題1　つぎの文の（　　　　　）に入れるのに最もよいものを、1・2・3・4から一つえらびなさい。

1　父が陽気なの（　　　　　）、母は無口だ。

　1　に対して　　　　2　において　　　　3　について　　　　4　によって

2　先週オープン（　　　　　）の店なのでとてもきれいです。

　1　しているところ　　　　　　　2　したところ
　3　してばかり　　　　　　　　　4　したばかり

3　明日、7時までに学校へ来る（　　　　　）言われました。

　1　ことに　　　　2　ために　　　　3　ように　　　　4　そうに

4　家を（　　　　　）としたときに、電話がなりました。

　1　出よう　　　　2　出る　　　　3　出ろう　　　　4　出た

5　明日の旅行に、浜田さんが行くかどうかをお（　　　　　）ください。

　1　聞いて　　　　2　聞き　　　　3　聞かせて　　　　4　聞こえ

6　国の経済が発展する（　　　　　）、国民の生活も豊かになりました。

　1　に反して　　　　2　に関して　　　　3　にとって　　　　4　にしたがって

7　荷物は私が（　　　　　）。

　1　持ちします　　　　　　　　　2　持ちになります
　3　お持ちします　　　　　　　　4　お持ちになります

8 小さい頃、私は掃除が嫌いでしたが、母に部屋の掃除を（　　　　　）。

1　させられました　　　　　　　　2　させました

3　されました　　　　　　　　　　4　しました

9 2月も寒いですが、1月（　　　　　）。

1　よりです　　　　　　　　　　　2　よりではありません

3　ほどです　　　　　　　　　　　4　ほどではありません

10 部屋を（　　　　　）、インターネットで調べてみたほうがいいですよ。

1　借りたら　　　2　借りるなら　　　3　借りれば　　　4　借りると

11 校長先生が話している（　　　　　）、私はずっと寝ていました。

1　間　　　　　2　間に　　　　　3　間で　　　　　4　間と

12 今日忙しいから帰るのが遅く（　　　　　）。

1　ならないわけだ　　　　　　　　2　ならないでしょう

3　なりそうです　　　　　　　　　4　なるはずがない

13 飛行機が飛んでいく（　　　　　）見ました。

1　のを　　　　　2　のが　　　　　3　ことを　　　　　4　ことが

問題2　つぎの文の＿＿★＿＿に入る最もよいものを、1・2・3・4から一つえらび
　　　　なさい。

（問題例）

　　会社 ＿＿＿＿＿ ＿＿＿＿＿ ＿＿★＿＿ ＿＿＿＿＿ です。

　　1　ところ　　　　2　帰って　　　　3　きた　　　　4　から

（解答の仕方）

1. 正しい文はこうです。

　　　　会社 ＿＿＿＿＿ ＿＿＿＿＿ ＿＿★＿＿ ＿＿＿＿＿ です。
　　　　　　　4　から　2　帰って　3　きた　1　ところ

2. ＿＿★＿＿に入る番号を解答用紙にマークします。

　　　　　　　（解答用紙）　　例　①　②　●　④

14 中国人 ＿＿＿＿ ＿＿＿＿ ＿＿★＿＿ ＿＿＿＿ 違いない。

 1　簡単に　　　　2　日本語の　　　　3　漢字学習は　　4　にとって

15 たくさんの本を ＿＿＿＿ ＿＿★＿＿、＿＿＿＿ ＿＿＿＿ だろう。

 1　読むほど　　　　　　　　　　2　たくさんの事を
 3　知る　　　　　　　　　　　　4　読めば

16 冬は風邪を ＿＿＿＿ ＿＿★＿＿、＿＿＿＿ ＿＿＿＿ と、なかなか治ら
ない。

 1　一度　　　　　2　がちで　　　　3　ひき　　　　4　ひいてしまう

17 この写真を ＿＿★＿＿ ＿＿＿＿ ＿＿＿＿ ＿＿＿＿ を思い出す。

 1　楽しかった　　2　たびに　　　　3　見る　　　　4　子供時代

18 もう３カ月も日本語を勉強しているのに、＿＿＿＿ ＿＿＿＿ ＿＿＿＿
＿＿★＿＿ 書けない。

 1　ひらがな　　　2　漢字　　　　　3　どころか　　　4　さえ

問題3　つぎの文を読んで、 $\boxed{19}$ から $\boxed{23}$ の中に入る最もよいものを、1・2・3・4から一つえらびなさい。

　私の名前は池田雅幸（いけだまさゆき）です。もちろん親がつけて $\boxed{19}$ 名前です。今、貿易会社で働いています。最近は仕事で海外へ出張することが多くなり、外国人と話す機会も増えてきました。その $\boxed{20}$ 感じることなのですが、ホテルや銀行でサインをするとき、日本人はどうして名字と名前を反対に書くのでしょうか。「Ikeda, Masayuki」ではいけないのでしょうか。 $\boxed{21}$ 、これは学生の頃のことですが、英語の先生は私に「Masayuki, Ikeda」と $\boxed{22}$ 。とても変だと思いました。

　もし私が「Ikeda, Masayuki」と言わなければならないならば、アメリカのスミス・アダムさんは、日本語で「私はアダム・スミスです」と言わなければならないことになります。そんな人はいないでしょうし、日本語の先生もそんなことはしないでしょう。私はこの日本人の名字と名前を反対にするやり方は、どうしても $\boxed{23}$ 。

19

1 いただいた　　　2 あげた　　　　3 もらった　　　4 くれた

20

1 ために　　　　　2 たびに　　　　3 ことに　　　　4 ように

21

1 したがって　　　2 すると　　　　3 また　　　　　4 ところが

22

1 言わせました　　　　　　　　2 言われました
3 言えました　　　　　　　　　4 言ってしまいました

23

1 納得しました　　　　　　　　2 納得がいきません
3 納得したいです　　　　　　　4 納得がいきます

問題4　次の（1）から（4）の文を読んで、質問に答えなさい。答えは、1・2・3・
　　　　4から最もよいものを一つえらびなさい。

（1）

　私たちは必要なものを買い、また必要でないものも買います。役に立つものを買
い、役に立たないものも買います。成功する方もあり、大半は失敗をします。でも、
そうやってものを買うという行為を積み重ねてゆく中で、少しずつ少しずつ何かを学
んでいるのではないでしょうか。
　ある日、あまりに無秩序な部屋を呆然と見まわしながら、ぼくはそんなことを考え
ていたのでした。

五木ひろゆき「生きるヒント」より

24　この内容について、正しいものはどれか。
　1　役に立たないものはなるべく買わないほうがいい。
　2　ものを買っているうちに、すこしずつ何かを学んでいるのだろう。
　3　私たちが買っているものは大半は失敗しない。
　4　私たちは必要なものと役に立つものだけを買うべきだ。

（2）

　オカン（お母さん）。

　ボクも、もう少しこっちで頑張るから、ちゃんとみててね。体にも気をつけるよう
にする。最近は自分で料理も作って食べているよ。オカンはメモ帳に「さようなら」
って書いておいたけど、なんでそんなこと言ったのよ。オカンはずっとぼくのそばに
いるって言ったじゃない。それに、どうなってもぼくとオカンはずっとこれからも親
子だろう。なんでそんなこと言ったの？

　オカンが死んでからしばらくの間は、何もする気がしなかったけど、今はちゃんと
頑張らないといけないと思っている。

　オカン。今までいろいろ、ごめんね。そして、ありがとうね。オカンに育ててもら
ったことを、ぼくは誇りに思っているよ。

リリー・フランキー「東京タワー」より

25　この人はどこにいるお母さんに話をしているのか。

　1　故郷（ふるさと）にいるお母さんに話をしている。

　2　病院に入院しているお母さんに話をしている。

　3　東京にいるお母さんに話をしている。

　4　亡くなったお母さんに話をしている。

（3）

下のメールは、今村さんが中村さんに送ったものである。
あて先：nakamura@global21.co.jp
件名：「新刊」について

日本出版者
営業部　中村様

　いつもお世話になっております。

　先日送っていただきました「新刊」のメールを拝見しました。
ぜひ一度、お話をうかがいたいので、こちらに来ていただけますでしょうか。ご都合
のよい日をお知らせください。
よろしくお願いいたします。

さくら書店
新刊担当　今村なおこ

26　今村さんは中村さんと会って何について話をするつもりなのか。

1　出版の営業について話をするつもりである。

2　お世話になっているのであいさつの話をするつもりである。

3　新しく出る本について話をするつもりである。

4　新しくオープンする書店について話をするつもりである。

（４）

　恋人でも、夫婦でもつきあいが長くなってくると、困ったことに、相手が自分に対して何かをしてくれるのは当たり前、という感情がおきがちだ。いつもしている動作だから、そんなふうに言葉に出さなくても相手には感謝の気持ちは伝わっているはずだ、などと思いこんでは絶対にいけない。ときには相手がびっくりするぐらいニコニコして、深い感謝の気持ちをこめて「ありがとう」を言ってみよう。誰だってお礼を言われれば悪い気はしないものだ。
　今朝起きて夕方までの、あなたの行動を思い浮かべてほしい。美しい微笑みや会釈とともに、「ありがとう」をきちんと言うこと。そんなことができるあなたは、愛を上手に育てていけるのだ。

佐藤綾子さんの「一分間で自分を変える」より

27　この人が言っていることと合っていないものはどれか。

　1　ときにはまわりのひとに感謝の気持ちを表すべきだ。

　2　「ありがとう」と言葉に出さないと相手に気持ちが伝わらない。

　3　誰だってお礼を言われたら良い気はしないものだ。

　4　感謝の気持ちを表現できる人は愛をうまく育てていけるのだ。

問題5　次の（1）と（2）の文章を読んで質問に答えなさい。答えは、1・2・3・
　　　　4から最もよいものを一つえらびなさい。

（1）

　親が子どものしつけにどれほど努力しているのか。休日の朝など、電車に乗ってみ
ると、まだ疲れてもいない小学生くらいの子どもに、①座席を取らせたり、取ってや
ったりしている親がいます。私も疲れて立ったまま眠ってしまいそうな親子に席を譲
ったことはありますが、一般的に言えば、小学校へ入る直前になれば、子どもは乗り
物の中で立たせるべきだと思っています。
　一日でも早く子どもの大人への甘えを断ち切りたいと思うなら、乗り物の中で立た
せる訓練は、そのためのよいチャンスであることはまちがいありません。そして、も
っとも理想的なのは、座りたいと思う子どもを叱りつけて立たせるのではなく、最初
から子どもに、座りたいという甘えの気持ちをおこさせないことでしょう。
　そのためにもっとも有効と思われるのは、親自信が、つねに子どもといっしょに乗
り物に乗るときに、座席に座ることに関心を示さないことです。親が座ろうとしない
で、子どもにも座らせようなどと思わないで、②そしらぬ顔をしていると、子どもは
自分から座ろうとは言い出しにくくなるものです。こうした体験を通じて、子どもは
座席に座るものではないことを言い聞かせていけばいいのです。

　　　　　　　　　　　　　　　　　タゴアキラさんの「しつけの知恵」より

28 ①<u>座席を取らせたり、取ってやったりしている親</u>とあるが、なぜ席を取ろうと
　　しているのか。

　　1　疲れて立っている親子を座らせるために

　　2　親が座席に座るために

　　3　自分の子どもを座席に座らせるために

　　4　立っているとなりの子どもを座らせるために

29 ②<u>そしらぬ顔をしている</u>とあるが、誰がなにをそしらぬ顔をするのか。

　　1　子どもが空いている席を

　　2　親が空いている席を

　　3　子どもが立っている親を

　　4　親が立っている子どもを

30 この文章を書いた人が一番伝えたいことは何か。

　　1　子どものしつけのためには、小学校へ入る直前の子どもは乗り物で立たせる
　　　　べきだと言っている。

　　2　子どものしつけのためには、小さい子どもでも乗り物では座らせてはいけな
　　　　いと言っている。

　　3　子どものしつけのためには、乗り物では親だけが座るべきだと言っている。

　　4　子どものしつけのためには、乗り物では子どもだけが座るべきだと言ってい
　　　　る。

（２）

　人間の信用の一番の基本は、、約束を守ることです。政治家はなぜ信用できないかというと、選挙で公約した約束を守らないからです。親も子どもの信用を得るには、小さな約束でもきちんと守らなければなりません。特に、家族や子どもとの約束はつい忘れしまいがちで、「まぁ、今度いつか」とごまかしてしまうことがよくあります。

　なぜあのとき、子どもたちが私を必要としていたときに約束を守らなかったのか、悪いことをしたと後悔しています。あのときは家族よりも仕事が大事だと思っていましたが、今ではそれが不思議でなりません。

　どんなに忙しくても、子どもとの約束は優先しましょう。そのためには「できない約束はしない」と心に固く決めておきましょう。もちろん、そう心がけていてもしかたない事情で約束を守れない事態はおきます。その時は、どうして約束を守れなかったのか、どんな問題がおきたのか、まだ小さい子どもでも誠実に説明しましょう。そのような親の態度が、約束を守ることの重要性を子どもに理解させ、約束を守る子に育てます。

　逆に、子どもが約束を守らなかった場合は、厳しく批判し、「ごめんなさい」としっかり謝らせ、その理由をはっきり説明させましょう。そして、できない約束はしないことを、きちんと教えなげればなりません。

板東まりこさんの「親の品格」より

31 この文章では、人間の信用の基本はなんだと言っているのか。

1 大事な約束だけ守ること

2 仕事を一番に思うこと

3 約束の時間をはっきり決めること

4 約束をきちんと守ること。

32 この人は昔は家族との約束をどう思っていたのか。

1 仕事よりも子どもたちとの約束が大事だと思っていた。

2 家族との約束より仕事が大事だと思っていた。

3 子どもとの約束を優先しようと思っていた。

4 家族との約束を守れないときは悪いことをしたと思っていた。

33 子どもが約束を破った場合に親としてするべきことではないものはどれか。

1 厳しく批判してやるべきだ。

2 破った理由をはっきり説明させるべきだ。

3 やさしく事情をきいてやるべきだ。

4 しっかり謝らせるべきだ。

問題6　次の文章を読んで、質問に答えなさい。答えは、1・2・3・4から最もよい
　　　　ものを一つえらびなさい。

　はらが立ったらひと呼吸。これはイライラ防止に効果的なアイデアだ。恋人同士の
イライラや欲求不満を最小限にしてくれるからだ。ここで言っているのはパートナの
ちょっとした言動に、つい大げさに反応してしまうくせのこと。このことを心がけれ
ば、日常のちょっとしたトラブルを大ごとに発展させずにすむ。

　後になってみれば、喧嘩の原因はじつにささいなことだったと思えるのはよくある
話。大げさにしてしまう理由の一つは、ひと息ついて冷静に考える余裕をもたない
で、最初にムカッときて相手に返してしまうからだ。つまり、一つの考えに固まって
しまって、そのまま走ってしまうところに問題がある。

　しりあいの友達がいい例だ。普段の彼は、心も広く、他人への思いやりもあるとて
もいい男だ。だが、彼と付きあっているガールフレンドの一つのなやみは、小さいこ
とに大騒ぎをしては、すぐに悪いほうへ悪いほうへ考えてしまいがちな彼のくせ。よ
く事件やトラブルがおこると彼はあっというまに度を失い、とんでもない騒ぎにして
しまう。

　みなさんはどうでしょうか。勘ちがいの大騒ぎを減らせば時間もエネルギーも無駄
にせずにすみ、二人の関係もよくなる。どんな場合でも大切なのは、ひと呼吸おいて
冷静になること。それさえできれば後は自然に解決するものだ。

　必ずとは言えないが、ほとんどの場合で、感情的に返す前にひと呼吸おけば、がま
んする力も生まれ、正しい判断力ももどってくる。ひと呼吸おくことにはそれだけで
意味がある。心に落ちつきを取りもどし、それによって知恵がはたらきはじめる。

　まずはひと呼吸。これで小さなトラブルもおこらずにすむだろう。その努力一つ
で、あなたとパートナーの関係もずっとよくなるはずだ。

リチャード＆クリスティーンカールソンの
「小さいことにくよくよするな！」より

34 喧嘩の原因とあるが、この人は何が原因だと言っているか。

1 本当にささいなこと

2 男の人が余裕がないこと

3 とても大ごと

4 一つの考えに固まってしまったこと

35 ガールフレンドの一つのなやみとあるが、彼のどんな性格を表すのか。

1 事件がおこったら冷静になる性格

2 小さいことに大騒ぎをして、すぐに悪いほうへ考えてしまう性格

3 事件やトラブルがおこってもすぐに度を失わない性格

4 はらが立ったらまずひと呼吸をする性格

36 まずはひと呼吸とあるが、なぜひと呼吸が必要だと言っているか。

1 冷静に考える余裕をもつことができないから

2 イライラや欲求不満を最大限にしてくれるからだ

3 ひと呼吸おけば、正しい判断力がもどってくるから

4 がまんする力も生まれてくるし、感情的に返せるから

37 この人はイライラ防止に一番効果的なのは何だと言うのか。

1 がまんしないで大騒ぎすること

2 ため息をつくこと

3 言いたいことはためないこと

4 ひと呼吸すること

問題7　下は「グローバル美術専門学校」のお知らせである。次の文章を読んで、質
　　　　問に答えなさい。答えは、1・2・3・4から最もよいものを一つえらびなさ
　　　　い。

38　これは何のお知らせなのか。

　1　学科とジャンルのお知らせ

　2　入学式のお知らせ

　3　学校説明会のお知らせ

　4　見学と受付のお知らせ

39　お知らせの内容と合っていないものはどれか。

　1　3月は4回説明会が行われる。

　2　各日程10時半からと1時半から2回実施する。

　3　学校説明会は予約しないで行ってもいい。

　4　親とか友だちと一緒に行っていけない。

学校からのお知らせ

グローバル美術専門学校に来てみよう♪

感じてみよう♪やってみよう♪

学校説明会に行ってみよう！

★ 学校説明会3月は毎週学校説明会を開催します！

　　3月 6日（日）、12日（土）、20日（日）、26日（土）

各日程　10：30 ～　と　13：30 ～　2回実施

学校説明会は予約不要。学年を問わず、友達や保護者との来校もOK!!

※ 学校見学は随時受付中！(時間/ 祝日は除く 月～土　9:30～16:30 頃まで)

　⇒　ご希望の方は・・・お電話(03-3313-****) もしくはメール(info@
　global.**.jp)で希望日をお知らせください！

ジャンル	デザイン・美術、絵画・水墨画、アニメ・マンガ、放送 映像・写真、 CG・ゲーム・画像処理、WEB制作 DTP、マスコミ・編集・広告、 建築・設備 インテリア、フラワー・雑貨、機械・製図・CAD、文芸 文学・絵本
学科	■ 視覚デザイン科/グラフィック、編集、タイポグラフィ、 広告、イラストレーション、写真 ■ メディアデザイン科/Webデザイン、3DCG、映像、 アニメーション ■ スペースデザイン科/インテリア、家具、雑貨、 プロダクト、空間デザイン ■ イメージクリエイション科/現代美術 ■ 絵画表現科/油彩、水彩、アクリル画、版画

〒166-0011

東京都杉並区梅里1-*-*

Tel.03-3313-****

E-mail info@global.**.jp

N3

聴解

問題1

問題1では、まず質問を聞いてください。それから話を聞いて問題用紙の1から4の中から正しい答えを一つ選んでください。

1番

2番

3番

1　課長に相談します

2　旅行に行く人の人数をチェックします

3　ホテルを調べます

4　皆と会議をします

4番

1　銀行に行く

2　郵便局に行く

3　文房具屋に行く

4　手紙を書く

5番

1　映画のチケットを買う

2　デパートに行く

3　映画を見る

4　ご飯を食べに行く

6番

1　コーヒー

2　サラダ

3　オムライス

4　オレンジジュース

もんだい
問題2

問題2では、まず質問を聞いてください。そのあと、問題用紙を見てください。読む時間があります。それから話を聞いて、問題用紙の1から4の中から、正しい答えを一つ選んでください。

1番

1 ジョギングをします

2 歩きます

3 水泳をします

4 フィットネスクラブに通います

2番

1 薬を安くしてくれたから

2 親切に話を聞いてくれたから

3 店が閉まる時間なのに薬を売ってくれたから

4 いい薬を教えてくれたから

3番

1 　男の人が曜日を間違えたから

2 　女の人が曜日を間違えたから

3 　男の人が時間を間違えたから

4 　女の人が時間を間違えたから

4番

1 　電車の信号が壊れたから

2 　予定の電車に乗れなかったから

3 　車の事故にあったから

4 　寝坊したから

5番

1 まだ日本語が下手だから

2 忙しいから

3 自分の話がつまらないから

4 たくさんの人の前で話すのが苦手だから

6番

1 病院に寄ってきたから

2 ご飯を食べてきたから

3 仕事が忙しかったから

4 道がこんでいたから

問題3

問題3では、問題用紙に何も印刷されていません。まず話を聞いてください。それから、質問を聞いて、正しい答えを1から4の中から一つ選んでください。

ー　メモ　ー

問題4

問題4では、絵を見ながら質問を聞いてください。それから、正しい答えを1から3の中から、一つ選んでください。

1番

2番

3番

問題5

問題5では、問題用紙に何も印刷されていません。まず、文を聞いてください。それから、その返事を聞いて、1から3の中から、正しい答えを一つ選んでください。

— メモ —

| 종결자 N3 모의고사 정답 |

언어지식(문자/어휘)

문제 1 1 ② 2 ① 3 ③ 4 ④ 5 ② 6 ① 7 ④ 8 ②

문제 2 9 ③ 10 ④ 11 ① 12 ② 13 ④ 14 ②

문제 3 15 ① 16 ③ 17 ④ 18 ② 19 ③ 20 ① 21 ④ 22 ③ 23 ① 24 ④
25 ②

문제 4 26 ① 27 ④ 28 ② 29 ③ 30 ①

문제 5 31 ③ 32 ① 33 ② 34 ④ 35 ①

언어지식(문법)/독해

문제 1 1 ① 2 ④ 3 ③ 4 ① 5 ② 6 ④ 7 ③ 8 ① 9 ④ 10 ②
11 ① 12 ③ 13 ①

문제 2 14 ③ 15 ① 16 ② 17 ③ 18 ④

문제 3 19 ④ 20 ② 21 ③ 22 ① 23 ②

문제 4 24 ② 25 ④ 26 ③ 27 ③

문제 5 28 ③ 29 ② 30 ① 31 ④ 32 ② 33 ③

문제 6 34 ① 35 ② 36 ③ 37 ④

문제 7 38 ③ 39 ④

청해

문제 1 1 ① 2 ③ 3 ② 4 ② 5 ④ 6 ④

문제 2 1 ② 2 ③ 3 ② 4 ① 5 ④ 6 ①

문제 3 1 ④ 2 ① 3 ③

문제 4 1 ① 2 ② 3 ① 4 ②

문제 5 1 ② 2 ③ 3 ③ 4 ② 5 ① 6 ② 7 ① 8 ③ 9 ①